税收业务提升好帮手系列丛书

最新增值税政策深度解析与核查实务通解

2020年版

王文清　杨　泳　吕　明　编著
刘志坚　余婉祯

税务人员
纳税人
税务爱好者等
案头必备手册

立信会计 出版社
LIXIN ACCOUNTING PUBLISHING HOUSE

图书在版编目(CIP)数据

最新增值税政策深度解析与核查实务通解 / 王文清
等编著. —上海：立信会计出版社，2020.6
ISBN 978-7-5429-6530-1

Ⅰ.①最…　Ⅱ.①王…　Ⅲ.①增值税—税收政策
—研究—中国　Ⅳ.①F812.422

中国版本图书馆 CIP 数据核字(2020)第 098105 号

策划编辑　　张巧玲
责任编辑　　方士华

最新增值税政策深度解析与核查实务通解

Zuixin Zengzhishui zhengce Shendu Jiexi Yu Hecha Shiwu Tongjie

出版发行	立信会计出版社			
地　　址	上海市中山西路 2230 号	邮政编码	200235	
电　　话	(021)64411389	传　　真	(021)64411325	
网　　址	www.lixinaph.com	电子邮箱	lixinaph2019@126.com	
网上书店	http://lixin.jd.com		http://lxkjcbs.tmall.com	
经　　销	各地新华书店			

印　　刷	涿州市新华印刷有限公司		
开　　本	787 毫米×1092 毫米	1/16	
印　　张	23		
字　　数	575 千字		
版　　次	2020 年 6 月第 1 版		
印　　次	2020 年 6 月第 1 次		
书　　号	ISBN 978-7-5429-6530-1/F		
定　　价	89.00 元		

如有印订差错，请与本社联系调换

清,使读者充分体会到一种意想不到的获知感,特别适合从事增值税行业管理、风险管理、纳税评估、税务稽查等工作的税务干部。此外,本书增加附录,收录了涉税案件相关司法主要文件和涉税案件相关税法主要文件,给读者查阅参考。

"装点此关山,今朝更好看"。本书实用性强,将最新的增值税政策与独家稽查案例有机结合;可读性强,既有案例的有序铺陈,也有深刻的剖析解读,是财务、税务、法律工作人员工作中的重要参考书目;综合性强,对增值税发票管理、风险疑点、核查手段进行全面概括,是目前国内少有的一本关于增值税较全、较实、较细的可读精本。

前　言

"人事有代谢，往来成古今"。在当前"放管服"改革深化，国地税机构合并，金税三期全覆盖，增值税发票新系统上线，以及票表税比对、纳税信用管理与黑名单、稽查双随机制度的推行，税收征管进入信息管税时代，这是不可逆转的时代趋势，也是我国税制改革的必由之路。自2016年5月1日起，中国全面实施营业税改征增值税，实施了60多年的营业税退出历史舞台，实现了增值税全覆盖，消除了营业税"道道征收，全额征税"的不合理税制，沿用增值税"环环征收、层层抵扣"的链条式管理。科学、合理，符合国际惯例，全面营改增在中国税制改革史上具有里程碑式的意义。

"潮平两岸阔，风正一帆悬"。随着增值税改革的深化，减税降费政策也接连出台，"放管服"惠及民生。对此，为企业、税务和法律工作人员更好地掌握最新增值税税收政策及管理运行机制，有效控制增值税涉税法律风险，把握增值税新政策带来的挑战与机遇，在全面实施营改增4周年之际，我们根据增值税业务特点和税务干部学习需求，结合税务稽查案例，聚集全国在此方面经验丰富、业务精湛的知名专家，共同完成《最新增值税政策深度解析与核查实务通解》一书。

本书围绕全行业增值税管理进行研究，多维度归纳梳理增值税政策，其中政策法规截至2020年5月13日。全书共分五个章节，第一章"增值税概述与基本要素"、第二章"营改增行业政策规定"、第三章"减税降费增值税优惠政策"、第四章"增值税会计处理"、第五章"增值税发票及行业核查"。在设计架构上分为政策分析、会计处理、税务核查技巧三个层面。其中，政策分析主要以营改增后税制要素为主线，讲解增值税税收政策管理，并把减税降费与抗疫情期间税收优惠政策融入其中，让读者全方位了解增值税专业知识；会计处理主要以营改增后的《财政部关于印发〈增值税会计处理规定〉的通知》（财会〔2016〕22号）为依据，将会计处理细化到每一个行业、每一个环节，分步骤讲解、实操运用，带给读者耳目一新的豁然感知；税务核查技巧主要按行业分类介绍税务核查的重点与技巧，并通过案例分析把涉税中的疑点难点问题及处理的风险点理顺弄

目　　录

第一章 增值税概述与基本要素

本章从增值税原理入手,围绕增值税的基本要素,如增值税纳税人和扣缴义务人、增值税纳税人的分类、征税范围、税率与征收率、计税方法与计算、进口环节税收政策、出口退(免)税,以及出口货物劳务及服务征税范围等内容分步展开,并辅之以经典案例,以飨读者。

第一节 增值税纳税人和扣缴义务人

增值税纳税人与扣缴义务人有着不同的基本定义与性质,实务中应当要加以区分。

一、增值税纳税人

(一) 一般规定

根据《国务院关于废止〈中华人民共和国营业税暂行条例〉和修改〈中华人民共和国增值税暂行条例〉的决定》(国务院令第 691 号)第一条的规定,在中华人民共和国境内(以下简称境内)销售货物或者加工、修理修配劳务(以下简称劳务),销售服务、无形资产、不动产以及进口货物的单位和个人,为增值税的纳税人,应当依照《中华人民共和国增值税暂行条例》(以下简称《增值税暂行条例》)缴纳增值税。

上述单位是指企业、行政单位、事业单位、军事单位、社会团体及其他单位。

上述个人是指个体工商户和其他个人。

(二) 承包、承租与挂靠

单位以承包、承租、挂靠方式经营的,承包人、承租人、挂靠人(以下统称承包人)以发包人、出租人、被挂靠人(以下统称发包人)名义对外经营并由发包人承担相关法律责任的,以该发包人为纳税人。否则,以承包人为纳税人。

采用承包、承租、挂靠经营方式,应区分以下两种情形的纳税人:

(1) 同时满足以下两个条件的,以发包人为纳税人:

① 以发包人名义对外经营。

② 由发包人承担相关法律责任。

(2) 不同时满足上述两个条件的,以承包人为纳税人。

条文理解 对于上述挂靠的理解,从《国家税务总局关于纳税人对外开具增值税专用发票有关问题的公告》(国家税务总局公告 2014 年第 39 号)的政策解读中看到,纳税人以挂靠方式开展经营活动在社会经济生活中是普遍存在的,具体行为应当按不同的情况分别确定。如果挂靠方以被挂靠方名义,向受票方纳税人销售货物、提供增值税应税劳务或者应税服务,应以被挂靠方为纳税人。被挂靠方作为货物的销售方或者应税劳务、应税服务的提供方,按照相关规定向受票方开具增值税专用发票,属于正常经营行为。如果挂靠方以自己名义向受票方纳税人销售货物,提供增值税应税劳务或者应税服务,被挂靠方与此项业务无关,则应以挂靠方为纳税人。

(三) 合并纳税

两个或者两个以上的纳税人,经财政部和国家税务总局批准可以视为一个纳税人合并纳税。具体办法由财政部和国家税务总局另行制定。

纳税人应当按照国家统一的会计制度进行增值税会计核算。

二、增值税扣缴义务人

中华人民共和国境外(以下简称境外)单位或者个人在境内发生应税行为,在境内未设有经营机构的,以购买方为增值税扣缴义务人。财政部和国家税务总局另有规定的除外。

条文理解 上述境内的理解,应根据《财政部 国家税务总局关于全面推开营业税改征增值税试点的通知》(财税〔2016〕36 号)附件 1《营业税改征增值税试点实施办法》第十二条的规定,在境内销售服务、无形资产或者不动产,是指:

(1) 服务(租赁不动产除外)或者无形资产(自然资源使用权除外)的销售方或者购买方在境内。

(2) 所销售或者租赁的不动产在境内。

(3) 所销售自然资源使用权的自然资源在境内。

(4) 财政部和国家税务总局规定的其他情形。

但下列情形不属于在境内销售服务或者无形资产:

(1) 境外单位或者个人向境内单位或者个人销售完全在境外发生的服务。

(2) 境外单位或者个人向境内单位或者个人销售完全在境外使用的无形资产。

(3) 境外单位或者个人向境内单位或者个人出租完全在境外使用的有形动产。

(4) 财政部和国家税务总局规定的其他情形。

根据《国家税务总局关于营改增试点若干征管问题的公告》(国家税务总局公告 2016 年第 53 号)的规定,境外单位或者个人发生的下列行为不属于在境内销售服务或者无形资产:

(1) 为出境的函件、包裹在境外提供的邮政服务、收派服务。

(2) 向境内单位或者个人提供的工程施工地点在境外的建筑服务、工程监理服务。

(3) 向境内单位或者个人提供的工程、矿产资源在境外的工程勘察勘探服务。

(4) 向境内单位或者个人提供的会议展览地点在境外的会议展览服务。

第二节 增值税纳税人的分类

增值税纳税人实行分类管理,按照不同的标准分为一般纳税人和小规模纳税人两类。

一、增值税一般纳税人

(一) 一般纳税人定义

应税行为的年应征增值税销售额(以下简称应税销售额)超过财政部和国家税务总局规定标准的纳税人为一般纳税人,未超过规定标准的纳税人为小规模纳税人(具体标准详见本节第二部分增值税小规模纳税人内容)。

(二) 一般纳税人登记及管理

根据《增值税一般纳税人登记管理办法》(国家税务总局令第43号)第二条的规定,增值税纳税人(以下简称纳税人),年应税销售额超过财政部、国家税务总局规定的小规模纳税人标准的,除纳税人不符合办理一般纳税人登记的条件外,应当向主管税务机关办理一般纳税人登记。

年应税销售额是指纳税人在连续不超过12个月或4个季度的经营期内累计应征增值税销售额,包括纳税申报销售额、稽查查补销售额、纳税评估调整销售额等。

(1) 上述"经营期"是指根据《国家税务总局关于增值税一般纳税人登记管理若干事项的公告》(国家税务总局公告2018年第6号,以下简称2018年第6号公告)的规定,在纳税人存续期内的连续经营期间,含未取得销售收入的月份或季度。例如,小规模纳税人A企业按季申报增值税纳税,2019年除第二季度未取得销售收入外,其他三个季度均发生了销售收入,并累计额超过了小规模纳税人应税销售额标准。因此,除《增值税一般纳税人登记管理办法》的不办理一般纳税人登记的情况外,纳税人应当向主管税务机关办理一般纳税人登记。

条文理解 《增值税一般纳税人登记管理办法》(国家税务总局令第43号) 第四条规定的不办理一般纳税人登记的情况是指:

(1)《中华人民共和国增值税暂行条例实施细则》(以下简称《增值税暂行条例实施细则》)第二十九条规定,非企业性单位、不经常发生应税行为的企业可选择按照小规模纳税人纳税。

(2) 根据《财政部 国家税务总局关于全面推开营业税改征增值税试点的通知》(财税〔2016〕36号)附件1《营业税改征增值税试点实施办法》第三条的规定,年应税销售额超过规定标准但不经常发生应税行为的单位和个体工商户可选择按照小规模纳税人纳税。

(3) 年应税销售额超过规定标准的其他个人。

(2) 上述"纳税申报销售额"指纳税人自行申报的全部应征增值税销售额,其中包括免税销售额和税务机关代开发票销售额等。

（3）上述"稽查查补销售额"和"纳税评估调整销售额"是指查补企业税款计入申报当月（或当季）的销售额，不能算是税款发生所属期的销售额。例如，小规模纳税人A公司按季申报增值税纳税，主要经营纺织品的生产及销售（忽略其他情况），2019年全年发生应税销售额480万元，在第四季度税务机关对该企业进行稽查，查补了2018年度销售额80万元。对此，税务稽查查补的销售额80万元不计入2018年度所属期的销售额，应该计入2019年查补申报的第四季度的销售额内，2019年该公司实际发生应税销售额为560万元，超过《财政部 税务总局关于统一增值税小规模纳税人标准的通知》（财税〔2018〕33号）规定的"增值税小规模纳税人标准为年应征增值税销售额500万元及以下"的标准，应当向主管税务机关办理一般纳税人登记。

（4）《增值税一般纳税人登记管理办法》第二条规定，销售服务、无形资产或者不动产（以下简称应税行为）有扣除项目的纳税人，其应税行为年应税销售额按未扣除之前的销售额计算。纳税人偶然发生的销售无形资产、转让不动产的销售额，不计入应税行为年应税销售额。

年应税销售额未超过小规模纳税人标准的纳税人，会计核算健全，能够提供准确税务资料的，可以向主管税务机关办理一般纳税人登记。

上述"会计核算健全"是指能够按照国家统一的会计制度规定设置账簿，根据合法、有效凭证进行核算。

上述"能够提供准确税务资料"是指能够规定如实填报增值税纳税申报表及其他相关资料，并按期进行申报纳税。

条文理解 《财政部 国家税务总局关于全面推开营业税改征增值税试点的通知》（财税〔2016〕36号）附件1《营业税改征增值税试点实施办法》第四条规定，年应税销售额未超过规定标准的纳税人，会计核算健全，能够提供准确税务资料的，可以向主管税务机关办理一般纳税人资格登记，成为一般纳税人。按照上述规定，如果未超过小规模纳税人标准的企业，只要会计核算健全，能够提供准确的税务资料，就符合办理一般纳税人资格登记的规定。

（5）纳税人登记为一般纳税人后，不得转为小规模纳税人，国家税务总局另有规定的除外。例如，《国家税务总局关于小规模纳税人免征增值税政策有关征管问题的公告》（国家税务总局公告2019年第4号，以下简称2019年第4号公告）第五条规定，转登记日前连续12个月（以1个月为1个纳税期）或者连续4个季度（以1个季度为1个纳税期）累计销售额未超过500万元的一般纳税人，在2019年12月31日前，可选择转登记为小规模纳税人。又如，《国家税务总局关于明确二手车经销等增值税征管问题的公告》（国家税务总局公告2020年第9号）第六条规定，一般纳税人符合以下条件的，在2020年12月31日前，可选择转登记为小规模纳税人，转登记前连续12个月（以一个月为一个纳税期）或连续四个季度（以一个季度为一个纳税期）累计销售额未超过500万元。

条文理解 2018年，将小规模纳税人标准统一至500万元时，允许此前按照较低标准认定（登记）的一般纳税人，在2018年年底前自愿选择转登记为小规模纳税人。自2019年

1月1日起,提高增值税免税标准至10万元,相当于年销售额120万元以下的小规模纳税人都可以享受免税政策。在这种情况下,可能会有一般纳税人提出转登记为小规模纳税人,以享受免税政策的诉求。为确保纳税人充分享受税收减免政策,2019年第4号公告明确一般纳税人如果年销售额不超过500万元的,可在2019年度选择转登记为小规模纳税人,转登记后可享受免税政策。曾在2018年选择过转登记的纳税人,在2019年仍可选择转登记;但是,2019年选择转登记的,再次登记为一般纳税人后,不得再转登记为小规模纳税人。

(三) 办理一般纳税人登记程序

纳税人应填报《增值税一般纳税人资格登记表》一式两份,一份办税服务厅留存,一份纳税人留存。纳税人应向主管税务机关提供加载统一社会信用代码的营业执照或登记证件。

纳税人提交资料齐全、符合法定形式的,办税服务厅即时为纳税人办理增值税一般纳税人登记,经核对后退还纳税人留存的《增值税一般纳税人登记表》,可以作为证明纳税人具备增值税一般纳税人资格的凭据。纳税人提交资料不齐全或者不符合法定形式的,制作《税务事项通知书》(补正内容通知),一次性告知纳税人需补正的内容,提示纳税人申请增值税税控系统的流程等事项。

(四) 办理一般纳税人登记时限

纳税人办理业务时限要求:纳税人在年应税销售额超过规定标准的月份(或季度)的所属申报期结束后15日内按照规定办理相关手续;未按规定时限办理的,主管税务机关应当在规定时限结束后5日内制作《税务事项通知书》,告知纳税人应当在5日内向主管税务机关办理相关手续;逾期仍不办理的,次月起按销售额依照增值税税率计算应纳税额,不得抵扣进项税额,直至纳税人办理相关手续为止。

税务机关办理业务的时限要求:即时办结。

(五) 特殊行业一般纳税人管理

成品油零售加油站凡经经贸委批准从事成品油零售业务,并已办理工商、税务登记,有固定的经营场所,使用加油机自动计量销售成品油的单位和个体经营者(简称加油站),一律按照《国家税务总局关于加油站一律按照增值税一般纳税人征税的通知》(国税函〔2001〕882号)的规定认定为增值税一般纳税人,并根据《增值税暂行条例》有关规定进行征收管理。

条文理解 按照《国家税务总局关于小规模纳税人免征增值税政策有关征管问题的公告》(国家税务总局公告2019年第4号)第五条的规定,符合条件的一般纳税人转登记为小规模纳税人无行业限制,但明确规定必须登记为一般纳税人的情况除外。按照《成品油零售加油站增值税征收管理办法》的规定,成品油零售加油站一律认定为增值税一般纳税人。因此,成品油零售加油站不能转登记为小规模纳税人。

(六) 增值税一般纳税人迁移管理

增值税一般纳税人因住所、经营地点变动,按照相关规定,在市场监督管理部门作变更登记处理,但因涉及改变税务登记机关,需要办理注销税务登记并重新办理税务登记的,在迁达地重新办理税务登记后,其增值税一般纳税人资格予以保留,办理注销税务登记前尚未抵扣的进项税额允许继续抵扣。

【案例1-1】 A工业企业为增值税一般纳税人,因经营地点变动该公司按照相关规定在原登记税务机关办理注销登记后,在迁达地重新办理了税务登记,其增值税一般纳税人资格予以保留。在迁移前该公司尚未抵扣的进项税额还有100万元,根据《国家税务总局关于一般纳税人迁移有关增值税问题的公告》(国家税务总局公告2011年第71号)第一条的规定,增值税一般纳税人因住所、经营地点变动,按照相关规定,在市场监督管理部门作变更登记处理,但因涉及改变税务登记机关,需要办理注销税务登记并重新办理税务登记的,在迁达地重新办理税务登记后,其增值税一般纳税人资格予以保留,办理注销税务登记前尚未抵扣的进项税额允许继续抵扣。因此,该公司迁移前尚未抵扣的100万元期末留抵税额可以在迁移后继续抵扣。

(七)风险管理

主管税务机关应当加强对税收风险的管理。对税收遵从度低的一般纳税人,主管税务机关可以实行纳税辅导期管理,具体办法由国家税务总局另行制定。

二、增值税小规模纳税人

小规模纳税人是指年销售额在规定标准以下,并且会计核算不健全,不能按规定报送有关税务资料的增值税纳税人。

(一)小规模纳税人标准

增值税小规模纳税人标准为年应征增值税销售额500万元及以下。年应税销售额超过小规模纳税人标准的其他个人按小规模纳税人纳税;非企业性单位、不经常发生应税行为的企业可选择按小规模纳税人纳税。

条文理解 (1)按照《增值税暂行条例》的规定,我国将增值税纳税人分为一般纳税人和小规模纳税人两种,划分标准按照纳税人年应税销售额。只要年应税销售额超过小规模纳税人标准,原则上就应该申请认定为一般纳税人,但对于自然人,仍然允许继续按小规模纳税人纳税。现实生活中,一个自然人也可能偶然发生应税行为,销售额有高有低,如果一律要求其认定为一般纳税人,那么将大大地扩大增值税征收范围,使税收征管的网络扩张到全社会所有角落,这就有悖于征税的初衷,增加社会运行成本。同时要求每个自然人都按照一般纳税人的申报方法去申报缴纳增值税也不现实。(2)在现实生活中,非企业单位、不经常发生应税行为的企业的经营行为与其他纳税人相比,没有较大的差别,要求这些人成为一般纳税人不利于其参与市场竞争,为保证税收政策的公允,这两类纳税人可以选择成为一般纳税人或小规模纳税人。

(二)小规模纳税人管理

小规模纳税人发生应税销售行为,实行按照销售额和征收率计算应纳税额的简易办法,并不得抵扣进项税额。应纳税额计算公式：

$$应纳税额＝销售额×征收率$$

$$销售额＝含税销售额÷（1＋征收率）$$

小规模纳税人增值税征收率为 3‰，国务院另有规定的除外。

小规模纳税人会计核算健全，能够提供准确税务资料的，可以向主管税务机关办理登记，不作为小规模纳税人，依照有关规定计算应纳税额。

条文理解 增值税为价外税，无论是增值税一般纳税人还是小规模纳税人，其销售额皆为不含税销售额。例如，小规模纳税人 A，2019 年 5 月提供餐饮服务含税销售额为 103 元，在计算时应先扣除税额，即：不含税销售额＝103 ÷（1＋3‰）＝100（元），则增值税应纳税额＝100×3‰＝3（元）。

第三节 增值税征税范围

增值税的征税范围，主要包括：销售和进口货物，提供加工、修理修配劳务，销售服务、无形资产以及不动产。其分为一般规定和特殊规定两类。

一、一般规定

现行增值税征税范围的一般规定包括销售货物或者加工、修理修配劳务，销售服务、无形资产、不动产以及进口货物。具体规定如下。

（一）销售货物

货物是指有形动产，包括电力、热力和气体。

销售货物是指有偿转让货物的所有权。有偿是指从购买方取得货币、货物或者其他经济利益。

（二）提供加工和修理修配劳务

加工是指受托加工货物，即委托方提供原料及主要材料，受托方按照委托方的要求，制造货物并收取加工费的业务。

委托加工业务是指由委托方提供原料及主要材料，受托方按照委托方的要求制造货物并收取加工费的业务。

修理修配是指受托方对损伤和丧失功能的货物进行修复，使其恢复原状和功能的业务。

提供加工、修理修配劳务是指有偿提供加工、修理修配劳务。单位或者个体工商户聘用的员工为本单位或者雇主提供加工、修理修配劳务，不属于增值税的征税范围。加工、修理修配的对象限于"有形动产"，对建筑物、构筑物的修补、加固、养护、改善、使之恢复原来的使用价值或者延长其使用期限的工程作业，属于修缮服务，按照按建筑服务——修缮服务征收增值税。

（三）销售服务

销售服务是指提供交通运输服务、邮政服务、电信服务、建筑服务、金融服务、现代服务、生活服务。具体内容详见第二章"营改增行业政策规定"。

（四）销售无形资产

销售无形资产是指转让无形资产所有权或者使用权的业务活动。无形资产是指不具实物形态，但能带来经济利益的资产，包括技术、商标、著作权、商誉、自然资源使用权和其他权益性无形资产。具体内容详见第二章"营改增行业政策规定"。

（五）销售不动产

销售不动产是指转让不动产所有权的业务活动。不动产是指不能移动或者移动后会引起性质、形状改变的财产，包括建筑物、构筑物等。具体内容详见第二章"营改增行业政策规定"。

（六）进口货物

进口货物是指申报进入我国海关境内的货物，确定一项货物是否属于进口货物，必须看其是否办理了报关进口手续。通常境外产品要输入境内，必须向我国海关申报进口，并办理有关报关手续，只要是报关进口的应税货物均属于增值税征税范围，在进口环节缴纳增值税（享受免税政策的货物除外）。

（七）非经营活动的界定

按照《财政部　国家税务总局关于全面推开营业税改征增值税试点的通知》（财税〔2016〕36号）附件1《营业税改征增值税试点实施办法》第十条的规定，销售服务、无形资产或者不动产是指有偿提供服务、有偿转让无形资产或者不动产，但属于下列非经营活动的情形除外：

（1）行政单位收取的同时满足以下条件的政府性基金或者行政事业性收费。

① 由国务院或者财政部批准设立的政府性基金，由国务院或者省级人民政府及其财政、价格主管部门批准设立的行政事业性收费。

② 收取时开具省级以上（含省级）财政部门监（印）制的财政票据。

③ 所收款项全额上缴财政。

（2）单位或者个体工商户聘用的员工为本单位或者雇主提供取得工资的服务。

（3）单位或者个体工商户为聘用的员工提供服务。

（4）财政部和国家税务总局规定的其他情形。

（5）按照《财政部　国家税务总局关于进一步明确全面推开营改增试点有关再保险不动产租赁和非学历教育等政策的通知》（财税〔2016〕68号）第十条的规定，各党派、共青团、工会、妇联、中科协、青联、台联、侨联收取党费、团费、会费，以及政府间国际组织收取会费，属于非经营活动，不征收增值税。

条文理解 理解上述规定应从以下四个方面掌握：

（1）纳税人只有发生有偿提供应税服务、有偿转让无形资产或者不动产的行为才能征收增值税。

（2）非经营活动即使是有偿的，也不征收增值税。非经营活动包括行政单位收取的同时满足规定条件的政府性基金或者行政事业性收费；单位或者个体工商户聘用的员工为本单位或者雇主提供取得工资的服务；单位或者个体工商户为聘用的员工提供服务；财政部和国家税务总局规定的其他情形。

（3）如何理解"有偿"。有偿，是确立一项经济行为是否缴纳增值税的前置条件之一，包括取得货币、货物或者其他经济利益。但有例外情形，按照《财政部　国家税务总局关于全面推开营业税改征增值税试点的通知》（财税〔2016〕36号）附件1《营业税改征增值税试点实施办法》第十四条的规定，单位或者个体工商户向其他单位或者个人无偿提供服务、无偿转让无形资产或者不动产，除用于公益事业或者以社会公众为对象的外，应视同销售服务、无形资产或者不动产，征收增值税。

（4）如何理解单位或者个体工商户聘用的员工为本单位或者雇主提供取得工资的服务，虽然发生有偿行为但不属于增值税的征收范围。

"应税服务必须是为他人提供的"是确立一项经济行为是否缴纳增值税的四个必备条件之一，也就是说服务的接受者是除自己以外的其他单位或者个人，即自我服务不征收增值税。员工为本单位或雇主提供服务就是属于自我服务的范畴。对此，可以从以下两个方面来理解：

① 只有单位或个体经营者聘用的员工为本单位或者雇主提供取得工资的服务才属于非经营活动，不缴纳增值税，非本单位或个体经营者聘用的员工为本单位或者雇主提供的服务，属于应税行为，应照章缴纳增值税。

② 员工为本单位或者雇主提供的服务不需要缴纳增值税，应限定为其提供的职务性服务，即取得工资范围内的服务。

但并不是说只要具备了员工的条件，对员工为本单位或者雇主提供的所有服务都不征税。例如，员工将自己的房屋出租给本单位使用收取房租；员工利用自己的交通工具为本单位运输货物收取运费；员工将自有资金贷给本单位使用收取利息等。对这些情况如果不征税显然与增值税立法精神不符，对于其他单位和个人也不公平，因此，员工为本单位或者雇主提供的不征税的服务应仅限于员工为本单位或雇主提供的取得工资的职务性服务。员工向用人单位或雇主提供与工作（职务）无关的服务，凡属于《财政部　国家税务总局关于全面推开营业税改征增值税试点的通知》（财税〔2016〕36号）附件《销售服务、无形资产、不动产注释》范围的，仍应当征收增值税。

二、特别规定

（一）视同销售

单位或者个体工商户的下列行为，视同销售货物，征收增值税：

（1）将货物交付给其他单位或者个人代销。

（2）销售代销货物。

（3）设有两个以上机构并实行统一核算的纳税人，将货物从一个机构移送到其他机构用于销售，但相关机构设在同一县（市）的除外。

（4）将自产、委托加工的货物用于集体福利或者个人消费。

（5）将自产、委托加工或购进的货物作为投资，提供给其他单位或个体工商户。

（6）将自产、委托加工或者购进的货物分配给股东或投资者。

（7）将自产、委托加工或者购进的货物无偿赠送其他单位或者个人。

（8）单位或者个体工商户向其他事业单位或者个人无偿提供服务、无偿转让无形资产或者不动产，但用于公益事业或者以社会公众为对象的除外。

条文理解 视同销售货物是相对销售货物行为而言的，是指那些提供货物的行为其本身不符合增值税税法中销售货物所定义的"有偿转让货物的所有权"条件，或不符合财务会计制度规定的"销售"条件，而增值税在征税时要视同为销售货物征税的行为。

纳税人确定视同销售货物行为时，需要注意以下几个的问题：

一是在确定视同销售货物行为时，其规定只适用《增值税暂行条例》规定的"单位"和"个体工商户"，不包括"其他个人"。"其他个人"发生的上述行为无须比照视同销售货物征税。

二是对单位和个体工商户外购货物的处理办法不同，其外购的货物只有用于投资、分配给股东或投资者和无偿赠送才视同销售货物征税；用于集体福利或者个人消费的不征税，而是属于不得抵扣的进项税额，应作进项税额转出处理。

三是纳税人将自产、委托加工或购买的货物用于奖励和用作实物折扣的，也属于税法所说的"无偿赠送他人"的范围。

（9）自 2014 年 1 月 1 日，纳税人将煤矸石无偿提供给他人，应根据《增值税暂行条例实施细则》（财政部 国家税务总局令第 50 号）第四条的规定征收增值税；销售额应根据《增值税暂行条例实施细则》第十六条的规定确定。

（10）药品生产企业销售自产创新药的销售额，为向购买方收取的全部价款和价外费用，其提供给患者后续免费使用的相同创新药，不属于增值税视同销售范围。创新药是指经国家食品药品监督管理部门批准注册、获批前未曾在中国境内外上市销售，通过合成或者半合成方法制得的原料药及其制剂。

（11）财政部和国家税务总局规定的其他情形。

上述视同销售销售额的确定，应根据视同销售货物劳务及服务行为而无销售额者或者价格明显偏低并无正当理由的情况，按下列顺序确定销售额：

（1）按纳税人最近时期同类货物的平均销售价格确定。

（2）按其他纳税人最近时期同类货物的平均销售价格确定。

（3）按组成计税价格确定。组成计税价格的公式为：

$$组成计税价格＝成本×（1＋成本利润率）$$

属于应征消费税的货物，其组成计税价格中应加计消费税额。

公式中的成本是指销售自产货物的为实际生产成本，销售外购货物的为实际采购成本。

公式中的成本利润率由国家税务总局确定。

【案例 1-2】 某市税务机关在对 A 食品生产企业检查时,发现该企业将新研发的自产食品作为福利无偿赠送本企业职工,在确定视同销售价格时,由于该企业此前未生产过此类食品,没有最近时期同类货物的平均销售价格,所以全部采用组成计税价格进行核算,在单位生产成本为 30 元的基础上,按 10% 的利润率确定视同销售计税价格为 33 元,而市场上同类的食品的平均销售价格为 40 元。根据规定,组成计税价格是核定视同销售销售额应当采用的最后一种方法。因此,该企业直接采用组成计税价格不符合规定,应按照核定销售额的顺序,采用第二种方法,即以其他纳税人最近时期同类货物的平均销售价格 40 元来确定食品的销售价格。

(二) 混合销售

1. 混合销售定义

一项销售行为如果既涉及服务又涉及货物,为混合销售。从事货物的生产、批发或者零售的单位和个体工商户的混合销售行为,按照销售货物缴纳增值税;其他单位和个体工商户的混合销售行为,按照销售服务缴纳增值税。

上述所称从事货物的生产、批发或者零售的单位和个体工商户,包括以从事货物的生产、批发或者零售为主,并兼营销售服务的单位和个体工商户。

条文理解 混合销售行为成立的标准有两点:一是其销售行为只能是一项;二是该项行为必须既涉及服务又涉及货物。其中,"货物"是指《增值税暂行条例》规定的有形动产,包括电力、热力和气体;服务是指属于营业税改征增值税(以下简称营改增)范围的交通运输服务、建筑服务、金融保险服务、邮政服务、电信服务、现代服务、生活服务等。上述两点必须是同时存在,如果一项销售行为只涉及销售服务,不涉及货物,这种行为就不是混合销售行为;反之,如果涉及销售服务和涉及货物的行为,不是存在一项销售行为之中,这种行为也不是混合销售行为。例如,A 机械生产企业,在销售货物时附带运输服务,其货物销售的税率为13%,运输服务税率为 9%,由于该企业销售货物及提供运输的行为属于混合销售行为,所收取的货物款项及运输费用应一律按销售货物 13% 的税率计算缴纳增值税。

2. 不属于混合销售的特殊规定

根据《国家税务总局关于进一步明确营改增有关征管问题的公告》(国家税务总局公告2017 年第 11 号)第一条的规定,纳税人销售活动板房、机器设备、钢结构件等自产货物的同时提供建筑、安装服务,不属于混合销售,应分别核算货物和建筑服务的销售额,分别适用不同的税率或者征收率。根据《国家税务总局关于明确中外合作办学等若干增值税征管问题的公告》(国家税务总局公告 2018 年第 42 号)的规定,一般纳税人销售自产机器设备的同时提供安装服务,应分别核算机器设备和安装服务的销售额,安装服务可以按照甲供工程选择适用简易计税方法计税。

条文理解 以纳税人销售机器设备同时提供安装服务为例,其包括以下两种情形:

（1）纳税人销售自产机器设备的同时提供安装服务。按照现行规定，这种情况下纳税人应分别核算机器设备和安装服务的销售额。机器设备销售给甲方后，又交给机器设备销售企业负责安装，可以将此机器设备视为"甲供"的机器设备，机器设备销售企业提供的安装服务也可视为甲供工程提供的安装服务，可以选择适用简易计税方法计税。

（2）纳税人销售外购机器设备的同时提供安装服务，这种情形下又分两种情况：一是纳税人未分别核算机器设备和安装服务的销售额，那么应按照混合销售的有关规定，确定其适用税目和税率。二是纳税人已按照兼营的有关规定，分别核算机器设备和安装服务的销售额，同样可以将此机器设备视为"甲供"的机器设备，将纳税人提供的安装服务视为为甲供工程提供的安装服务，选择适用简易计税方法计税。

（三）兼营行为

（1）纳税人兼营销售货物、劳务、服务、无形资产或者不动产，适用不同税率或者征收率的，应当分别核算适用不同税率或者征收率的销售额；未分别核算的，从高适用税率。

（2）纳税人兼营免税、减税项目的，应当分别核算免税、减税项目的销售额；未分别核算的，不得免税、减税。

条文理解 纳税人销售货物、加工修理修配劳务、服务、无形资产或者不动产适用不同税率或者征收率的，应当分别核算适用不同税率或者征收率的销售额，未分别核算销售额的，按照以下方法适用税率或者征收率：

（1）兼有不同税率的销售货物、加工修理修配劳务、服务、无形资产或者不动产，从高适用税率。

（2）兼有不同征收率的销售货物、加工修理修配劳务、服务、无形资产或者不动产，从高适用征收率。

（3）兼有不同税率和征收率的销售货物、加工修理修配劳务、服务、无形资产或者不动产，从高适用税率。例如，增值税一般纳税人 A 企业，既销售不动产又提供经纪代理服务，如果该纳税人能够分别核算上述两项应税行为的销售额，则销售不动产适用 9％的增值税税率，提供经纪代理服务适用 6％的增值税税率；如果该纳税人没有分别核算上述两项应税行为的销售额，则销售不动产和提供经纪代理服务均从高适用 9％的增值税税率。

（四）征税范围的具体规定

1. 货物性期货（包括商品期货和贵金属期货）

（1）期货交易所为纳税人：交割时由期货交易所开具发票，增值税按次计算，其进项税额为该货物交割时供货会员单位开具的增值税专用发票上注明的销项税额，期货交易所发生的各种进项不得抵扣。但应注意的是，根据《财政部 税务总局关于支持货物期货市场对外开放增值税政策的公告》（财政部 税务总局公告 2020 年第 12 号）的规定，自 2018 年 11 月 30 日至 2023 年 11 月 29 日，对经国务院批准对外开放的货物期货品种保税交割业务，暂免征收增值税。上述期货交易中实际交割的货物，如果发生进口或者出口的，统一按照现行货物进出口税收政策执行。非保税货物发生的期货实物交割仍按《国家税务总局关于下发

〈货物期货征收增值税具体办法〉的通知》(国税发〔1994〕244号)的规定执行。

(2) 供货会员单位为纳税人:交割时由供货会员单位直接将发票开给购货会员单位。

2. 执罚部门和单位查处的商品

属于一般商业部门经营的商品,具备拍卖条件的,由执罚部门或单位商同级财政部门同意后,公开拍卖。其拍卖收入作为罚没收入由执罚部门和单位如数上缴财政,不予征税。对经营单位购入拍卖物品再销售的,应照章征收增值税。

3. 印刷企业增值税规定

印刷企业接受出版单位委托,自行购买纸张,印刷有统一刊号(CN)以及采用国际标准书号编序的图书、报纸和杂志,按货物销售征收增值税。图书、报纸和杂志适用9%的增值税税率。

4. 纳税人转让土地使用权或者销售不动产的同时一并销售固定资产的政策

纳税人应分别核算增值税应税货物和不动产的销售额,未分别核算或核算不清的,从高适用税率(征收率),计算缴纳增值税。

5. 单用途商业预付卡的增值税规定

(1) 单用途卡发卡企业或者售卡企业(以下统称售卡方)销售单用途卡,或者接受单用途卡持卡人充值取得的预收资金,不缴纳增值税。售卡方可按照《国家税务总局关于营改增试点若干征管问题的公告》(国家税务总局公告2016年第53号)第九条的规定,向购卡人、充值人开具增值税普通发票,不得开具增值税专用发票。

单用途卡是指发卡企业按照国家有关规定发行的,仅限于在本企业、本企业所属集团或者同一品牌特许经营体系内兑付货物或者服务的预付凭证。

发卡企业是指按照国家有关规定发行单用途卡的企业。售卡企业是指集团发卡企业或者品牌发卡企业指定的,承担单用途卡销售、充值、挂失、换卡、退卡等相关业务的本集团或同一品牌特许经营体系内的企业。

条文理解 根据《国家税务总局关于营改增试点若干征管问题的公告》(国家税务总局公告2016年第53号)第九条的规定,《国家税务总局关于全面推开营业税改征增值税试点有关税收征收管理事项的公告》(国家税务总局公告2016年第23号)附件《商品和服务税收分类与编码(试行)》中的分类编码调整以下内容,纳税人应将增值税税控开票软件升级到最新版本(V2.0.11):增加6"未发生销售行为的不征税项目",用于纳税人收取款项但未发生销售货物、应税劳务、服务、无形资产或不动产的情形。"未发生销售行为的不征税项目"下设601"预付卡销售和充值",使用"未发生销售行为的不征税项目"编码,发票税率栏应填写"不征税",不得开具增值税专用发票。

(2) 售卡方因发行或者销售单用途卡并办理相关资金收付结算业务取得的手续费、结算费、服务费、管理费等收入,应按照现行规定缴纳增值税。

(3) 持卡人使用单用途卡购买货物或服务时,货物或者服务的销售方应按照现行规定缴纳增值税,且不得向持卡人开具增值税发票。

（4）销售方与售卡方不是同一个纳税人的，销售方在收到售卡方结算的销售款时，应向售卡方开具增值税普通发票，并在备注栏注明"收到预付卡结算款"，不得开具增值税专用发票。

售卡方从销售方取得的增值税普通发票，作为其销售单用途卡或接受单用途卡充值取得预收资金不缴纳增值税的凭证，留存备查。

【案例 1-3】 假设王某向售卡方甲方购卡 2 000 元，甲方收款后向其开具增值税普通发票 2 000 元，发票备注栏注明"预付卡销售和充值"，发票税率栏填写"不征税"；王某凭此卡向乙商场购买货物 500 元，按照规定，乙商场不能向王某开具增值税发票。乙商场收到售卡方甲方结算的销售货款 500 元时，向甲方开具增值税普通发票，并在备注栏注明"收到预付卡结算款"，不得开具增值税专用发票。实务中，甲方结算并支付给乙商场的款项，有可能少于 500 元，其差额部分相当于售卡方向销售方提供了代理售卡或结算服务，乙商场可就差额部分向甲方要求开具增值税专用发票以用于抵扣进项税额，甲方收取的售卡或结算服务费用应按照现行规定缴纳增值税。

6. 支付机构预付卡（多用途卡）的增值税规定

（1）支付机构：（售卡）销售多用途卡、接受多用途卡充值，不缴纳增值税，不得开具增值税专用发票；（收佣）支付机构因发行或者受理多用途卡并办理相关资金收付结算业务取得的手续费、结算费、服务费、管理费等收入，应按照现行规定缴纳增值税。

（2）特约商户：（提供服务）持卡人使用多用途卡，特约商户应按照现行规定缴纳增值税，且不得向持卡人开具增值税发票；（结算）特约商户收到支付机构结算的销售款时，应向支付机构开具增值税普通发票。

第四节　税率与征收率

增值税税率与征收率具有一定区别。一般情形下，征收率是指在纳税人因财务会计核算制度不健全，不能提供税法规定的课税对象和计税依据等资料的条件下，由税务机关经调查核定，按与课税对象和计税依据相关的其他数据计算应纳税额的比例。而税率是指应纳税额与征税对象数额之间的比例，是计算应纳税额的尺度。从类别上划分为基本税率、低税率、零税率与征收率。

一、基本税率

为落实党中央、国务院关于深化增值税改革的决策部署，《财政部　税务总局　海关总署关于深化增值税改革有关政策的公告》（财政部　税务总局　海关总署公告 2019 年第 39 号）第一条明确规定，增值税一般纳税人发生增值税应税销售行为或者进口货物，原适用 16% 税率的，税率调整为 13%；原适用 10% 税率的，税率调整为 9%，保持 6% 一档的税率不变。对于出口货物劳务及服务退税率调整变化详见本章第七节"增值税出口退(免)税的基本要素"。

根据《国家税务总局关于明确二手车经销等若干增值税征管问题的公告》(国家税务总局公告 2020 年第 9 号)第二条的规定,纳税人受托对垃圾、污泥、污水、废气等废弃物进行专业化处理,即运用填埋、焚烧、净化、制肥等方式,对废弃物进行减量化、资源化和无害化处理处置,按照以下规定适用增值税税率:专业化处理后产生货物,且货物归属委托方的,受托方属于提供"加工劳务",其收取的处理费用适用 13% 的增值税税率。

二、低税率

(一) 9%税率

(1) 转让土地使用权、销售不动产、提供不动产租赁、提供建筑服务、提供交通运输服务、提供邮政服务、提供基础电信服务,税率为 9%。

(2) 纳税人销售或者进口下列货物,税率为 9%。

农产品(含粮食)、自来水、暖气、石油液化气、天然气、食用植物油、冷气、热水、煤气、居民用煤炭制品、食用盐、农机、饲料、农药、农膜、化肥、沼气、二甲醚、图书、报纸、杂志、音像制品、电子出版物。

具体范围如下:

① 农产品。农产品是指种植业、养殖业、林业、牧业、水产业生产的各种植物、动物的初级产品。具体征税范围暂继续按照《财政部 国家税务总局关于印发〈农业产品征税范围注释〉的通知》(财税字〔1995〕52 号)及现行相关规定执行,并包括挂面、干姜、姜黄、玉米胚芽、动物骨粒、按照《食品安全国家标准——巴氏杀菌乳》(GB 19645—2010)生产的巴氏杀菌乳、按照《食品安全国家标准——灭菌乳》(GB 25190—2010)生产的灭菌乳。

② 食用植物油、自来水、暖气、冷气、热水、煤气、石油液化气、天然气、沼气、居民用煤炭制品、图书、报纸、杂志、化肥、农药、农机、农膜。上述货物的具体征税范围暂继续按照《国家税务总局关于印发〈增值税部分货物征税范围注释〉的通知》(国税发〔1993〕151 号)及现行相关规定执行,并包括棕榈油、棉籽油、茴油、毛椰子油、核桃油、橄榄油、花椒油、杏仁油、葡萄籽油、牡丹籽油、由石油伴生气加工压缩而成的石油液化气、西气东输项目上游中外合作开采天然气、中小学课本配套产品(包括各种纸制品或图片)、国内印刷企业承印的经新闻出版主管部门批准印刷且采用国际标准书号编序的境外图书、农用水泵、农用柴油机、不带动力的手扶拖拉机、三轮农用运输车、密集型烤房设备、频振式杀虫灯、自动虫情测报灯、粘虫板、卷帘机、农用挖掘机、养鸡设备系列、养猪设备系列产品、动物尸体降解处理机、蔬菜清洗机。

③ 饲料。饲料是指用于动物饲养的产品或其加工品。具体征税范围按照《国家税务总局关于修订"饲料"注释及加强饲料征免增值税管理问题的通知》(国税发〔1999〕39 号)执行,并包括豆粕、宠物饲料、饲用鱼油、矿物质微量元素舔砖、饲料级磷酸二氢钙产品。

④ 音像制品。音像制品是指正式出版的录有内容的录音带、录像带、唱片、激光唱盘和激光视盘。

⑤ 电子出版物。电子出版物是指以数字代码方式,使用计算机应用程序,将图文声像

等内容信息编辑加工后存储在具有确定的物理形态的磁、光、电等介质上,通过内嵌在计算机、手机、电子阅读设备、电子显示设备、数字音/视频播放设备、电子游戏机、导航仪以及其他具有类似功能的设备上读取使用,具有交互功能,用以表达思想、普及知识和积累文化的大众传播媒体。载体形态和格式主要包括只读光盘(CD 只读光盘 CD-ROM、交互式光盘 CD-I、照片光盘 Photo-CD、高密度只读光盘 DVD-ROM、蓝光只读光盘 HD-DVD ROM 和 BD ROM)、一次写入式光盘(一次写入 CD 光盘 CD-R、一次写入高密度光盘 DVD-R、一次写入蓝光光盘 HD-DVD/R,BD-R)、可擦写光盘(可擦写 CD 光盘 CD-RW、可擦写高密度光盘 DVD-RW、可擦写蓝光光盘 HDDVD-RW 和 BD-RW、磁光盘 MO)、软磁盘(FD)、硬磁盘(HD)、集成电路卡(CF 卡、MD 卡、SM 卡、MMC 卡、RR-MMC 卡、MS 卡、SD 卡、XD卡、T-Flash 卡、记忆棒)和各种存储芯片。

⑥ 二甲醚。二甲醚是指化学分子式为 CH_3OCH_3,常温常压下为具有轻微醚香味,易燃、无毒、无腐蚀性的气体。

⑦ 食用盐。食用盐是指符合《食用盐》(GB/T 5461—2016)和《食用盐卫生标准》(GB 2721—2003)两项国家标准的食用盐。

(二) 6%税率

金融服务、增值电信服务、现代服务(租赁服务除外)、提供生活服务、销售无形资产、研发和技术服务信息技术服务、文化创意服务、物流辅助服务、鉴证咨询服务、广播影视服务、商务辅助服务、其他现代服务、文化体育服务、教育医疗服务、旅游、娱乐服务、餐饮、住宿服务、居民日常服务、其他生活服务,税率为 6%。

根据《国家税务总局关于明确二手车经销等若干增值税征管问题的公告》(国家税务总局公告 2020 年第 9 号)第二条的规定,纳税人受托对垃圾、污泥、污水、废气等废弃物进行专业化处理,即运用填埋、焚烧、净化、制肥等方式,对废弃物进行减量化、资源化和无害化处理处置,按照以下规定适用增值税税率:

(1)采取填埋、焚烧等方式进行专业化处理后未产生货物的,受托方属于提供《销售服务、无形资产、不动产注释》(财税〔2016〕36 号文件印发)"现代服务"中的"专业技术服务",其收取的处理费用适用 6%的增值税税率。

(2)专业化处理后产生货物,且货物归属受托方的,受托方属于提供"专业技术服务",其收取的处理费用适用 6%的增值税税率。受托方将产生的货物用于销售时,适用货物的增值税税率。

三、零税率

根据《国务院关于废止〈中华人民共和国营业税暂行条例〉和修改〈中华人民共和国增值税暂行条例〉的决定》(国务院令第 691 号)第二条第四款的规定,纳税人出口货物,税率为零;但是,国务院另有规定的除外。第五款规定,境内单位和个人跨境销售国务院规定范围内的服务、无形资产,税率为零。税率的调整,由国务院决定。具体办法详见本章第七节"增值税出口退(免)税的基本要素"。

四、征收率

(一) 征收率 3%

小规模纳税人销售货物或者加工、修理修配劳务,销售应税服务、无形资产;一般纳税人发生按规定适用或者可以选择适用简易计税方法计税的特定应税行为,但适用5%征收率的除外。

(二) 征收率 5%

(1) 销售不动产。

① 一般纳税人销售其 2016 年 4 月 30 日前取得的不动产,可以选择适用简易计税方法,按照5%的征收率计算应纳税额。

② 小规模纳税人销售其取得的不动产(不含个体工商户销售购买的住房和其他个人销售不动产),按照5%的征收率计算应纳税额。

③ 房地产开发企业中的一般纳税人,销售、出租自行开发的房地产老项目,可以选择适用简易计税方法的,按照5%的征收率计税。

④ 房地产开发企业中的小规模纳税人,销售自行开发的房地产项目,按照5%的征收率计算应纳税额。

⑤ 其他个人销售其取得(不含自建)的不动产(不含其购买的住房),按照5%的征收率计算应纳税额。

(2) 不动产经营租赁服务。

① 一般纳税人出租其 2016 年 4 月 30 日前取得的不动产,可以选择适用简易计税方法,按照5%的征收率计算应纳税额。

② 小规模纳税人出租其取得的不动产(不含个人出租住房),应按照5%的征收率计算应纳税额。

③ 其他个人出租其取得的不动产(不含住房),应按照5%的征收率计算应纳税额。

(3) 一般纳税人 2016 年 4 月 30 日前签订的不动产融资租赁合同,或以 2016 年 4 月 30 日前取得的不动产提供的融资租赁服务,可以选择适用简易计税方法,按照5%的征收率计算缴纳增值税。

(4) 中外合作油(气)田开采的原油、天然气。

(5) 选择差额纳税的劳务派遣、安全保护服务。

(6) 选择适用简易计税方法的一般纳税人提供人力资源外包服务。

(7) 收取试点前开工的一级二级公路、桥、闸(老项目)通行费。

(三) 减按 2%、1.5%、0.5%税率

(1) 适用 2%的特殊情况:

① 一般纳税人销售自己使用过的不得抵扣且未抵扣进项税额的固定资产,按照简易办法依照3%征收率减按2%征收增值税。

② 小规模纳税人(除其他个人外,下同)销售自己使用过的固定资产,减按2%征收率征

收增值税。

③ 纳税人销售旧货,按照简易办法依照 3% 征收率减按 2% 征收增值税。所称旧货,是指进入二次流通的具有部分使用价值的货物(含旧汽车、旧摩托车和旧游艇),但不包括自己使用过的物品。

$$应纳税额＝销售额×2\%$$
$$销售额＝含税销售额÷(1＋3\%)$$

【案例 1-4】 某一般纳税人销售自己使用过的 2013 年 8 月 1 日之前购入的小汽车,取得含税收入 72 100 元,未放弃减税优惠。按照 3% 减按 2% 征收增值税,应纳增值税＝72 100÷(1＋3%)×2%＝1 400(元)。

(2) 适用 1.5% 的特殊情况:

个人出租住房,按照 5% 的征收率减按 1.5% 计算应纳税额。

(3) 适用 0.5% 的特殊情况:

根据《国家税务总局关于明确二手车经销等若干增值税征管问题的公告》(国家税务总局公告 2020 年第 9 号)第一条和《财政部 税务总局关于二手车经销有关增值税政策的公告》(财政部 税务总局公告 2020 年第 17 号)的规定,自 2020 年 5 月 1 日至 2023 年 12 月 31 日,从事二手车经销业务的纳税人销售其收购的二手车,由原按照简易办法依 3% 征收率减按 2% 征收增值税,改为减按 0.5% 征收增值税。按以下规定执行:

① 纳税人减按 0.5% 征收率征收增值税,并按下列公式计算销售额:销售额＝含税销售额÷(1＋0.5%),本公告发布后出台新的增值税征收率变动政策,比照上述公式原理计算销售额。

② 纳税人应当开具二手车销售统一发票。购买方索取增值税专用发票的,应当再开具征收率为 0.5% 的增值税专用发票。

③ 一般纳税人在办理增值税纳税申报时,减按 0.5% 征收率征收增值税的销售额,应当填写在《增值税纳税申报表附列资料(一)》(本期销售情况明细)"二、简易计税方法计税"中"3% 征收率的货物及加工修理修配劳务"相应栏次;对应减征的增值税应纳税额,按销售额的 2.5% 计算填写在《增值税纳税申报表(一般纳税人适用)》"应纳税额减征额"及《增值税减免税申报明细表》减税项目相应栏次。

小规模纳税人在办理增值税纳税申报时,减按 0.5% 征收率征收增值税的销售额,应当填写在《增值税纳税申报表(小规模纳税人适用)》"应征增值税不含税销售额(3% 征收率)"相应栏次;对应减征的增值税应纳税额,按销售额的 2.5% 计算填写在《增值税纳税申报表(小规模纳税人适用)》"本期应纳税额减征额"及《增值税减免税申报明细表》减税项目相应栏次。

第五节　增值税计税方法与计算

增值税计税方法一般分为一般计税方法和简易计税方法。一般计税方法适用于一般纳税人;简易计税方法适用于小规模纳税人及一般纳税人特定销售项目。

一、增值税计税方法

增值税的计税方法,包括一般计税方法和简易计税方法。

(一) 一般计税方法

一般纳税人发生应税销售行为适用一般计税方法。其计算公式是:

$$当期应纳增值税税额＝当期销项税额－当期进项税额$$

当期销项税额小于当期进项税额不足抵扣时,其不足部分可以结转下期继续抵扣。

条文理解 目前,我国增值税实行购进扣税法,也就是纳税人发生应税行为时按照销售额计算销项税额,购进货物、劳务、服务、无形资产或不动产时,以支付或负担的税款为进项税额,同时允许从销项税额中抵扣进项税额。这样,就相当于仅对发生应税行为的增值部分征税。当销项税额小于进项税额时,不足抵扣的部分可以结转下期继续抵扣。例如,增值税一般纳税人 A 企业,2019 年 10 月取得交通运输收入 109 万元(含税),当月外购汽油 10 万元(不含税金额,取得增值税专用发票上注明的增值税税额为 1.3 万元),购入运输车辆 20 万元(不含税金额,取得机动车销售统一发票上注明的增值税税额为 2.6 万元),发生的联运支出 50 万元(不含税金额,取得增值税专用发票上注明的增值税税额为 4.5 万元)。该纳税人 2019 年 10 月的应纳税额＝109÷(1+9%)×9%－1.3－2.6－4.5=0.6(万元)。

(二) 简易计税方法

(1) 一般规定。

简易计税方法的应纳税额是指按照销售额和增值税征收率计算的增值税税额,不得抵扣进项税额。应纳税额计算公式:

$$应纳税额＝销售额×征收率$$

简易计税方法的销售额不包括其应纳税额,纳税人采用销售额和应纳税额合并定价方法的,按照下列公式计算销售额:

$$销售额＝含税销售额÷(1+征收率)$$

(2) 小规模纳税人一律采用简易计税方法计税,一般纳税人提供的特定应税服务可以选择适用简易计税方法。

【案例 1-5】 小规模纳税人 A 企业,2019 年 10 月,提供餐饮服务含税销售额为 103 元,在计算时应先将含税销售额换算为不含税销售额,即:不含税销售额＝103÷(1+3%)=100(元),则增值税应纳税额＝100×3%=3(元)。

(3) 一般纳税人发生下列应税行为可以选择适用简易计税方法计税,适用 3% 的征收率:

① 县级以下小型水力发电单位生产的电力。小型水力发电单位是指各类投资主体建

设的装机容量为 5 万千瓦以下(含 5 万千瓦)的小型水力发电单位。

② 建筑用和生产建筑材料所用的砂、土、石料。

③ 以自己采掘的砂、土、石料或其他矿物连续征税的砖、瓦、石灰(不含粘土实心砖、瓦)。

④ 用微生物、微生物代谢产物、动物毒素、人或动物的血液或组织制成的生物制品。

⑤ 对属于一般纳税人的自来水公司销售自来水按简易办法依照 3% 的征收率征收增值税,不得抵扣其购进自来水取得增值税扣凭证上注明的增值税税款。

⑥ 提供物业管理服务的纳税人,向服务接受方收取的自来水水费,以扣除其对外支付的自来水水费后的余额为销售额,按照简易计税方法依 3% 的征收率计算缴纳增值税。

⑦ 商品混凝土(仅限于以水泥为原料生产的水泥混凝土)。

⑧ 单采血浆站销售非临床用人体血液。

⑨ 药品经营企业销售生物制品。

⑩ 商店代销寄售物品(包括居民个人寄售的物品在内)。

⑪ 典当业销售死当物品。

⑫ 公共交通运输服务,包括轮客渡、公交客运、地铁、城市轻轨、出租车、长途客运、班车。班车是指按固定路线、固定时间运营并在固定站点停靠的运送旅客的陆路运输服务。

⑬ 经认定的动漫企业为开发动漫产品提供的动漫脚本编撰、形象设计、背景设计、动画设计、分镜、动画制作、摄制、描线、上色、画面合成、配音、配乐、音效合成、剪辑、字幕制作、压缩转码(面向网络动漫、手机动漫格式适配)服务,以及在境内转让动漫版权(包括动漫品牌、形象或者内容的授权及再授权)。

⑭ 电影放映服务、仓储服务、装卸搬运服务、收派服务和文化体育服务。

⑮ 以纳入营改增试点之日前取得的有形动产为标的物提供的经营租赁服务。

⑯ 在纳入营改增试点之日前签订的尚未执行完毕的有形动产租赁合同。

⑰ 一般纳税人以清包工方式提供的建筑服务,可以选择适用简易计税方法计税。以清包工方式提供建筑服务,是指施工方不采购建筑工程所需的材料或只采购辅助材料,并收取人工费、管理费或者其他费用的建筑服务。

⑱ 一般纳税人为甲供工程提供的建筑服务,可以选择适用简易计税方法计税。甲供工程是指全部或部分设备、材料、动力由工程发包方自行采购的建筑工程。

⑲ 一般纳税人为建筑工程老项目提供的建筑服务,可以选择适用简易计税方法计税。建筑工程老项目是指:

A.《建筑工程施工许可证》注明的合同开工日期在 2016 年 4 月 30 日前的建筑工程项目。

B. 未取得《建筑工程施工许可证》的,建筑工程承包合同注明的开工日期在 2016 年 4 月 30 日前的建筑工程项目。

⑳ 提供非学历教育。

㉑ 生产销售和批发、零售抗癌药品、罕见病药品。

A. 自 2018 年 5 月 1 日起,增值税一般纳税人生产销售和批发、零售抗癌药品,可选择按照简易办法依照 3% 征收率计算缴纳增值税。

B. 自 2019 年 3 月 1 日起,增值税一般纳税人生产销售和批发、零售罕见病药品,可选择按照简易办法依照 3% 征收率计算缴纳增值税。

(4) 一般纳税人发生下列应税行为可以选择适用简易计税方法计税,适用 5% 的征收率:

① 销售其 2016 年 4 月 30 日前取得(不含自建)的不动产。

② 房地产开发企业中的一般纳税人,销售自行开发的房地产老项目。

③ 出租其 2016 年 4 月 30 日前取得的不动产,可以选择适用简易计税方法。

④ 提供劳务派遣服务选择差额纳税的。

⑤ 一般纳税人 2016 年 4 月 30 日前签订的不动产融资租赁合同,或以 2016 年 4 月 30 日前取得的不动产提供的融资租赁服务,选择适用简易计税方法的。

⑥ 一般纳税人收取试点前开工的一级公路、二级公路、桥、闸通行费,选择适用简易计税方法的。

⑦ 一般纳税人提供人力资源外包资源外包服务,选择适用简易计税方法的。

⑧ 纳税人转让 2016 年 4 月 30 日前取得的土地使用权,选择适用简易计税方法的。

二、一般计税方法应纳税额的计算

(一) 销项税额

1. 内销销项税额的计算

纳税人发生应税销售行为,按照销售额和适用税率计算收取的增值税税额,为销项税额。销项税额计算公式:

$$销项税额 = 销售额 \times 税率$$

或:

$$销项税额 = 组成计税价格 \times 税率$$

条文理解 从销项税额的定义和公式中分析,其是由购买方在购买应税行为支付价款时,一并向销售方支付的税额。对于属于一般纳税人的销售方来说,在没有抵扣其进项税额前,销售方收取的销项税额还不是其应纳增值税税额。销项税额的计算取决于销售额和适用税率两个因素。在适用税率既定的前提下,销项税额的大小主要取决于销售额的大小,销售额越大销项税额就越大。

2. 销售额

销售额为纳税人发生应税销售行为收取的全部价款和价外费用,但是不包括收取的销项税额。具体地说,应税销售额包括以下内容:

(1) 发生应税销售行为取自于购买方的全部价款。

(2) 向购买方收取的各种价外费用。具体包括价外向购买方收取的手续费、补贴、基金、集资费、返还利润、奖励费、违约金、滞纳金、延期付款利息、赔偿金、代收款项、代垫款项、包装费、包装物租金、储备费、优质费、运输装卸费以及其他各种性质的价外费用。但不包括下列项目：

① 受托加工应征消费税的消费品所代收代缴的消费税。

② 同时符合以下条件的代垫运输费用：承运部门的运输费用发票开具给购买方的；纳税人将该项发票转交给购买方的。

③ 同时符合下列条件代为收取的政府性基金或者行政事业性收费：由国务院或者财政部批准设立的政府性基金，由国务院或者省级人民政府及其财政、价格主管部门批准设立的行政事业性收费；收取时开具省级以上（含省级）财政部门监（印）制的财政票据；所收款项全额上交财政。

④ 销售货物的同时代办保险等而向购买方收取的保险费，以及向购买方收取的代购买方缴纳的车辆购置税、车辆牌照费。

⑤ 各燃油电厂从政府财政专户取得的发电补贴不属于规定的价外费用，不计入应税销售额，不征收增值税。

【案例 1-6】 甲企业销售给乙公司货物 15 000 件，每件不含税售价为 20.5 元，税率为 13%，交由丙运输公司负责运输，并代垫运输费用 6 800 元，其运费发票已转交给乙公司，销项税＝15 000×20.5×13%＝39 975（元）。

上述向购买方收取的，如违约金、包装费、包装物租金、优质费、储备费、运输装卸费、代收款项、代垫款项及其他各种性质的价外收费，视为含税价，在并入销售额征税时应价税分离。

条文理解 应当注意的是，当价款和税款合并收取时，须将含税销售额换算成不含税销售额，作为增值税的税基。其换算公式为：不含税销售额＝含税销售额÷（1＋税率）。例如，A 饭店为增值税一般纳税人，2019 年 6 月餐饮服务收入收费 430 000 元，另收取包间服务费 15 000 元，其销项税额＝（430 000＋15 000）÷（1＋6%）×6%＝25 188.68（元）。

（3）消费税。由于消费税属于价内税，因此，凡征收消费税的货物在计征增值税税额时，其应税销售额应包括消费税。

【案例 1-7】 A 生产企业为增值税一般纳税人，2019 年 5 月销售收入为 140.4 万元（含增值税和消费税），本期逾期未归还包装物押金为 2.26 万元。该企业本期应申报的销项税额＝（140.4＋2.26）÷（1＋13%）×13%＝16.41（万元）。其中，140.4 万元收入额中只将增值税分离之后，以不含税价计算增值税，而消费税包含在收入额中一并计算增值税。

3. 特殊销售方式的销售额

（1）以折扣方式销售货物。折扣销售是指销售方在发生应税销售行为时，因购买方需求量大等原因，而给予的价格方面的优惠。纳税人采取折扣方式销售服务、无形资产或者不动产的，如果将价款和折扣额在同一张发票上分别注明的，纳税人可以按价款减除折扣额后的金额作为销售额计算缴纳增值税；如果没有在同一张发票上分别注明的，纳税人不得按价款减除折扣额后的金额作为销售额,应以价款作为销售额计算缴纳增值税。价款和折扣额在同一张发票上分别注明是指价款和折扣额在同一张发票上的"金额"栏分别注明。

【案例1-8】 纳税人A企业,2019年10月提供应税服务的价款为100元、折扣额为10元,如果将价款100元和折扣额10元在同一张发票上的"金额"栏分别注明,以90元为销售额,如果未在同一张发票上的"金额"栏分别注明,则以100元为销售额。

(2) 以旧换新方式销售货物。以旧换新销售,是纳税人在销售过程中,折价收回同类旧货物,并以折价款部分冲减货物价款的一种销售方式。纳税人采取以旧换新方式销售货物的(金银首饰除外),应按新货物的同期销售价格确定销售额。

【案例1-9】 某市A金店是中国人民银行批准的金银首饰经营单位,增值税一般纳税人。2019年4月采取"以旧换新"方式向消费者销售金项链50条,新项链的对外零售价格为3 000元/条,旧项链作价1 200元/条。同时,该金店向消费者提供金银首饰修理劳务,取得含税收入1 170元。对金银首饰以旧换新业务,按销售方实际收取的不含增值税的全部价款计缴增值税。该金店以旧换新销售金项链时实际收取的价款为$(3\ 000-1\ 200)\times50=90\ 000$(元),同时该金店提供首饰修理劳务属于加工修理修配劳务,应缴纳增值税,因此该商店应缴纳的增值税税额$=(90\ 000+1\ 170)\div(1+13\%)\times13\%=10\ 488.58$(元)。

(3) 还本销售方式销售货物。还本销售是指销货方将货物出售之后,按约定的时间,一次或分次将购货款部分或全部退还给购货方,退还的货款即为还本支出。纳税人采取还本销售货物的,不得从销售额中减除还本支出。

【案例1-10】 甲公司2019年11月销售一批货物给乙公司,货款(不含税价格)共计100万元,按合同规定,甲公司月底要给乙公司退还10万元,共分为8次退付,该笔业务应按货款100万元确认销售收入。销项税额$=100\times13\%=13$(万元)。

(4) 采取以物易物方式销售。以物易物是一种较为特殊的购销活动,是指购销双方不是以货币结算,而是以同等价款的货物相互结算,实现货物购销的一种方式。以物易物双方都应作购销处理,以各自发出的货物核算销售额并计算销项税额,以各自收到的货物核算购货额及进项税额。

按照《增值税暂行条例实施细则》第三条的规定,销售货物是指有偿转让货物的所有权。有偿是指从购买方取得货币、货物或者其他经济利益。

以物易物双方从对方取得了"其他经济利益",是"有偿转让货物的所有权"。

【案例1-11】 甲商贸公司为增值税一般纳税人,2019年10月用15万元不含税价格的玉米与乙公司不含税价格8万元的罐头进行交换,差价款由乙公司以银行存款方式支付,双方均向对方开具增值税专用发票,假定当月取得的相关票据均符合税法规定,并在当月抵扣进项税,甲商贸公司当月应纳增值税$=15\times9\%-8\times13\%=0.31$(万元)。

(5) 自2013年3月1日起,直销企业增值税销售额按以下规定确定:

① 直销企业先将货物销售给直销员,直销员再将货物销售给消费者的,直销企业的销

售额为其向直销员收取的全部价款和价外费用。直销员将货物销售给消费者时,应按照现行规定缴纳增值税。

② 直销企业通过直销员向消费者销售货物,直接向消费者收取货款,直销企业的销售额为其向消费者收取的全部价款和价外费用。

(6) 包装物押金计税规定。纳税人为销售货物而出租出借包装物收取的押金,单独记账的,时间在 1 年内,又未逾期的,不并入销售额征税;但对逾期未收回不再退还的包装物押金,应按所包装货物的适用税率计算纳税。这里需要注意两个问题:一是"逾期"的界定,以 1 年(12 个月)为期限;二是押金属于含税收入,应先将其换算为不含税销售额再并入销售额征税。另外,包装物押金与包装物租金不能混淆,包装物租金属于价外费用,在收取时并入销售额征税。

从 1995 年 6 月 1 日起,对销售除啤酒、黄酒以外的其他酒类产品收取的包装物押金,无论是否返还以及会计上如何核算,均应并入销售额征税。

【案例 1-12】 某啤酒厂 2019 年 6 月办理了增值税一般纳税人,8 月销售啤酒开具增值税专用发票上的销售额为 800 万元,已收取包装物押金 23.4 万元,本月逾期未退还包装物押金 58.5 万元。8 月应纳增值税税额＝800×13％＋58.5÷(1＋13％)×13％＝110.73(万元),其中,23.4 万元啤酒包装物押金只有在逾期未收回不再退还时,才缴纳增值税,否则不计算税款。

(7) 发卡机构、清算机构和收单机构提供银行卡跨机构资金清算服务的规定。

① 发卡机构以其向收单机构收取的发卡行服务费为销售额,并按照此销售额向清算机构开具增值税发票。

② 清算机构以其向发卡机构、收单机构收取的网络服务费为销售额,并按照发卡机构支付的网络服务费向发卡机构开具增值税发票,按照收单机构支付的网络服务费向收单机构开具增值税发票。

清算机构从发卡机构取得的增值税发票上记载的发卡行服务费,一并计入清算机构的销售额,并由清算机构按照此销售额向收单机构开具增值税发票。

③ 收单机构以其向商户收取的收单服务费为销售额,并按照此销售额向商户开具增值税发票。

(8) 贷款服务,以提供贷款服务取得的全部利息及利息性质的收入为销售额。

(9) 直接收费金融服务,以提供直接收费金融服务收取的手续费、佣金、酬金、管理费、服务费、经手费、开户费、过户费、结算费、转托管费等各类费用为销售额。

(10) 自 2018 年 1 月 1 日起,金融机构开展贴现、转贴现业务,以其实际持有票据期间取得的利息收入作为贷款服务销售额计算缴纳增值税。

(11) 自 2018 年 1 月 1 日起,资管产品管理人运营资管产品提供的贷款服务、发生的部分金融商品转让业务,以自 2018 年 1 月 1 日起产生的利息及利息性质的收入为销售额。

【案例 1-13】 对于按贷款服务缴纳增值税的运营资管产品收益，其对应的应纳税额为：应纳税额＝销售额（含增值税）÷（1＋征收率）×征收率。以持有债券到期收益为例，某资管产品购买新发行的面值为 10 000 元，票面利率 5.15％，按月确认利息收入，该债券拟持有至到期。则到期后该债券应缴纳增值税：应纳税额＝10 000×5.15％÷（1＋3％）×3％＝15（元）。

【案例 1-14】 对于按照金融商品转让缴纳增值税的运营资管产品收益，其对应的应纳税额为：应纳税额＝转让价差的销售额（含增值税）÷（1＋征收率）×征收率，其中转让价差的销售额＝卖出价－买入价（可正负抵扣）。例如，某资管产品处置金融资产取得收入 10 000 元，该项金融资产原账面成本 8 970 元。则处置该金融资产应缴纳增值税＝（10 000－8 970）÷（1＋3％）×3％＝30（元）。

4. 按差额确定销售额

1）金融商品转让

金融商品转让，按照卖出价扣除买入价后的余额为销售额。转让金融商品出现的正负差，按盈亏相抵后的余额为销售额。若相抵后出现负差，可结转下一纳税期与下期转让金融商品销售额相抵，但年末时仍出现负差的，不得转入下一个会计年度。

金融商品的买入价，可以选择按照加权平均法或者移动加权平均法进行核算，选择后36 个月内不得变更。金融商品转让，不得开具增值税专用发票。

【案例 1-15】 A 金融机构公司为增值税一般纳税人，2019 年 5 月买入国债，买入价为 10 万元，2019 年 12 月卖出，卖出价为 20 万元，未开具发票；2019 年 5 月买入股票，买入价为 20 万元，2019 年 12 月卖出，卖出价为 15 万元，未开具发票。该项业务为金融商品转让，按照上述规定，应按国债和股票 12 月的卖出价减去买入价的余额为销售额，案例中未开具发票，应按未开票收入申报。需要注意的是，金融商品转让不得开具增值税专用发票。金融商品卖出价＝200 000＋150 000＝350 000（元）；金融商品买入价＝100 000＋200 000＝300 000（元）；金融商品转让销售额＝350 000－300 000＝50 000（元）；不含税销售额＝50 000÷（1＋6％）＝47 169.81（元），销项税额＝47 169.81×6％＝2 830.19（元）。

2）经纪代理服务

经纪代理服务，以取得的全部价款和价外费用扣除向委托方收取并代为支付的政府性基金或者行政事业性收费后的余额为销售额。向委托方收取的政府性基金或者行政事业性收费，不得开具增值税专用发票。

【案例 1-16】 A 公司为增值税一般纳税人，主要从事商标经纪代理服务，2019 年 10 月，向法国政府有关部门申请商标而支付的商标费，是否可以按照上述规定，以经纪代理服务的差额计税。对此，案例中要注意经纪代理服务允许扣除的行政事业性收费应以省级以上（含省级）财政部门监（印）制的财政票据为合法有效凭证，国外支付的行政事业性收费不得差额扣除。

3）融资租赁和融资性售后回租

（1）提供融资租赁服务，以取得的全部价款和价外费用扣除支付的借款利息（包括外汇借款和人民币借款利息）、发行债券利息和车辆购置税后的余额为销售额。

【案例1-17】 A公司与B公司于2019年10月签订不动产融资租赁合同，合同约定A公司按照B公司的要求购入价值1 200万元的不动产，并将其出租给B公司，租期10年，每月固定收取租金12万元，其中本金10万元，利息及价外费用2万元，并开具增值税普通发票。A公司用于购买不动产的1 200万元是向银行借款取得，借款期限为8年，每月需向银行支付借款利息0.5万元。A公司为增值税一般纳税人且符合差额征税条件，因此，A公司可以以取得的全部价款和价外费用扣除对外支付的银行贷款利息后计算缴纳增值税。

不含税销售额＝(120 000－5 000)÷(1＋9%)＝105 504.59(元)；

不动产融资租赁应缴纳的增值税＝105 504.59×9%＝9 495.41(元)。

（2）提供融资性售后回租服务，以取得的全部价款和价外费用（不含本金）扣除对外支付的借款利息（包括外汇借款和人民币借款利息）、发行债券利息后的余额作为销售额。

（3）有形动产融资性售后回租过渡政策。根据2016年4月30日前签订的有形动产融资性售后回租合同，在合同到期前提供的有形动产融资性售后回租服务，可继续按照有形动产融资租赁服务缴纳增值税。可以选择以下方法之一计算销售额：

① 以向承租方收取的全部价款和价外费用，扣除向承租方收取的价款本金，以及对外支付的借款利息（包括外汇借款和人民币借款利息）、发行债券利息后的余额为销售额。

可以扣除的价款本金，为书面合同约定的当期应当收取的本金。无书面合同或者书面合同没有约定的，为当期实际收取的本金。向承租方收取的有形动产价款本金，不得开具增值税专用发票，可以开具普通发票。

条文理解 本金即为承租方出售资产时从出租方取得的价款，应以合理的方法将本金部分在租赁期内进行分摊，并实行总额控制，在融资性售后回租业务结束时差额扣除的本金不得超过初始确认的本金总额。

② 以向承租方收取的全部价款和价外费用，扣除支付的借款利息（包括外汇借款和人民币借款利息）、发行债券利息后的余额为销售额。

条文理解 为什么方式①下扣除价款本金，而方式②不扣除价款本金。主要是两者在承租方出售有形动产时对本金的处理不同。方式①下，承租方对本金不开具发票或按"606"编码开具不征税发票；方式②下，承租方对本金全额开具专用发票。应当注意的是，2016年5月1日后签订的融资租赁售后回租合同，承租方出售资产时不开具发票，或按"606"编码开具不征税发票；出租方收回本金时做同样处理。本金不属于销售额的组成部分，承租方、出租方的销售额中均不包括本金。因其业务实质不是销售资产，而是融资行为。

4）航空运输

航空运输企业的销售额，不包括代收的机场建设费和代售其他航空运输企业客票而代收转付的价款。

【案例1-18】　A航空运输公司为增值税一般纳税人,2019年10月提供航空运输服务销售额1 000万元。其中,代收机场建设费70万元,代售其他航空公司客票收入200万元,则2019年10月应税销售额=(1 000-70-200)÷(1+9%)=669.72(万元)。

5)客运场站服务

试点纳税人中的一般纳税人提供客运场站服务,以其取得的全部价款和价外费用,扣除支付给承运方运费后的余额为销售额。

【案例1-19】　某客运场站为增值税一般纳税人,为客运公司提供客源组织、售票、检票、发车、运费结算等服务,该企业选择差额征税方式,以取得的全部价款和价外费用扣除支付给承运方运费后的余额为销售额。2019年10月,该企业收取旅客票款100万元,支付客运公司30万元,则2019年10月差额征收增值税的销售额为:(100-30)÷(1+6%)=66.04(万元)。

6)旅游服务

试点纳税人提供旅游服务,可选择以取得的全部价款和价外费用扣除向旅游服务购买方收取并支付给其他单位或者个人的住宿费、餐饮费、交通费、签证费、门票费和支付给其他接团旅游企业的旅游费用后的余额为销售额。

选择上述办法计算销售额的试点纳税人,向旅游服务购买方收取并支付的上述费用,不得开具增值税专用发票,可以开具普通发票。

【案例1-20】　某旅游公司为增值税一般纳税人,2019年10月取得旅游收入120万元,支付住宿费、交通费、签证费、门票费共计40万元,支付给其他接团旅游企业的旅游费用20万元,上述支出均取得合法有效凭证。该公司选择差额计税方式,则该企业应税销售额=(120-40-20)÷(1+6%)=56.60(万元)。

7)建筑服务

试点纳税人提供建筑服务适用简易计税方法的,以取得的全部价款和价外费用扣除支付的分包款后的余额为销售额。

【案例1-21】　某建筑企业是一般纳税人,2019年10月取得建筑工程款500万元,支付分包款200万元,该企业符合且选择简易计税,则该企业应税销售额=(500-200)÷(1+3%)=291.26(万元)。

8)销售房地产项目

房地产开发企业中的一般纳税人销售其开发的房地产项目(选择简易计税方法的房地产老项目除外),以取得的全部价款和价外费用扣除受让土地时向政府部门支付的土地价款后的余额为销售额。

房地产老项目是指《建筑工程施工许可证》注明的合同开工日期在2016年4月30日前的房地产项目。

9）转让不动产

纳税人转让不动产,按照有关规定差额缴纳增值税的,如因丢失等原因无法提供取得不动产时的发票,可向税务机关提供其他能证明契税计税金额的完税凭证等资料,进行差额扣除。

纳税人以契税计税金额进行差额扣除的,按照下列公式计算增值税应纳税额:

（1）2016年4月30日及以前缴纳契税的:

$$\begin{matrix}增值税\\应纳税额\end{matrix} = \left[\begin{matrix}全部交易价格\\（含增值税）\end{matrix} - \begin{matrix}契税计税金额\\（含营业税）\end{matrix}\right] \div (1+5\%) \times 5\%$$

（2）2016年5月1日及以后缴纳契税的:

$$\begin{matrix}增值税\\应纳税额\end{matrix} = \left[\begin{matrix}全部交易价格\\（含增值税）\end{matrix} \div (1+5\%) - \begin{matrix}契税计税金额\\（不含增值税）\end{matrix}\right] \times 5\%$$

（3）纳税人同时保留取得不动产时的发票和其他能证明契税计税金额的完税凭证等资料的,应当凭发票进行差额扣除。

【案例 1-22】 甲公司为增值税一般纳税人,2019年10月将办公楼转让,转让价格为1 000万元,办公楼购于2015年9月,原价700万元,甲公司不慎将取得不动产时的发票丢失,但甲公司能提供证明契税计税金额的完税证明。因此,甲公司可以选择差额计税,增值税应纳税额＝（1 000－700）÷（1＋5％）×5％＝14.29（万元）。

10）劳务派遣服务

一般纳税人提供劳务派遣服务,可以选择差额纳税,以取得的全部价款和价外费用扣除代用工单位支付给劳务派遣员工的工资、福利和为其办理社会保险费及住房公积金后的余额为销售额,按照简易计税方法依5％的征收率计算缴纳增值税。

【案例 1-23】 A劳务派遣公司为增值税一般纳税人,选择差额计税,征收率5％,于2019年11月为B道路工程有限公司提供劳务派遣服务,取得劳务派遣收入100 000元(不含税收入95 238.10元),其中代支付工资、福利及社保费等共计97 000元,这笔业务使用差额开票功能开具了一张专用发票,票面不含税金额99 857.14元,税额为142.86元[（100 000－97 000）÷（1＋5％）×5％],价税合计100 000元。

11）转让2016年4月30日前取得的土地使用权

纳税人转让2016年4月30日前取得的土地使用权,可以选择适用简易计税方法,以取得的全部价款和价外费用减去取得该土地使用权的原价后的余额为销售额,按照5％的征收率计算缴纳增值税。

【案例 1-24】 A县房地产开发企业为增值税一般纳税人,转让一块2012年取得的地块,面积16 000平方米,双方协议转让价款726万元。该地块取得时支付土地出让金500万元,缴纳耕地占用税10万元、契税15万元。转让方可以选择适用简易计税方法,计算应缴纳增值税＝（726－500）÷（1＋5％）×5％＝10.76（万元）。

12）人力资源外包服务

纳税人提供人力资源外包服务，按照经纪代理服务缴纳增值税，其销售额不包括受客户单位委托代为向客户单位员工发放的工资和代理缴纳的社会保险费、住房公积金。

【案例1-25】 A人力资源外包服务公司为增值税一般纳税人，选择适用简易计税方法，2019年7月收取服务对象款项120 000元，其中115 000元为代服务对象发放的工资，5 000元为收取的服务费，计算应缴纳的增值税＝(120 000－115 000)÷(1＋5%)×5%＝238.10(元)。

13）物业管理服务中收取自来水水费

提供物业管理服务的纳税人，向服务接受方收取的自来水水费，以扣除其对外支付的自来水水费后的余额为销售额，按照简易计税方法依3%的征收率计算缴纳增值税。

【案例1-26】 A物业公司为增值税一般纳税人，支付当月水电费100万元，向用户收取了103万元，应缴纳增值税＝(103－100)÷(1＋3%)×3%＝0.09(万元)。

14）安全保护服务

纳税人提供安全保护服务，比照劳务派遣服务政策执行。

15）境外单位通过教育部考试中心及其直属单位在境内开展考试

教育部考试中心及其直属单位应以取得的考试费收入扣除支付给境外单位考试费后的余额为销售额，按提供"教育辅助服务"缴纳增值税；就代为收取并支付给境外单位的考试费统一扣缴增值税。

【案例1-27】 A公司为教育部考试中心下直属单位，是增值税一般纳税人，选择简易计税方式。该公司为部分境外机构在境内安排考试，取得考试收入109万元，支付给境外单位考试费106万元。则应代扣代缴境外机构增值税＝106÷(1＋6%)×6%＝6(万元)；应缴纳增值税＝(109－106)÷(1＋3%)×3%＝0.087(万元)。

注：增值税一般纳税人提供教育辅助服务可以选择简易计税方式和一般计税方式。

16）纳税人提供签证代理服务

以取得的全部价款和价外费用扣除向服务接受方收取并代为支付给外交部和外国驻华使(领)馆的签证费、认证费后的余额为销售额。

【案例1-28】 A公司为增值税一般纳税人，代理签证服务，代理签证服务收费15万元，支付签证费、认证费10万元，应缴纳增值税＝(15－10)÷(1＋6%)×6%＝0.28(万元)。

17）代理进口免征进口增值税货物

纳税人代理进口按规定免征进口增值税的货物，其销售额不包括向委托方收取并代为支付的货款。

【案例1-29】 A纳税人为增值税一般纳税人，其代理进口按规定免征进口增值税的货物，代收了500万元的货款，另收取36万元的代理进口手续费，应缴纳增值税＝36÷(1＋6%)×6%＝2.04(万元)。

18）航空运输销售代理企业提供境外航段机票代理服务

自 2018 年 1 月 1 日起,航空运输销售代理企业提供境外航段机票代理服务,以取得的全部价款和价外费用扣除向客户收取并支付给其他单位或者个人的境外航段机票结算款和相关费用后的余额为销售额。

【案例 1-30】 A 公司是一家航空运输销售代理企业,为增值税一般纳税人,2019 年 9 月,该公司提供境外航段机票代理服务,取得含税收入 56.8 万元,向客户收取并支付给其他单位境外航段机票结算款为 22.5 万元(含税金额),相关费用为 3.6 万元(含税金额),支付给境外单位的款项,取得有效的签收单据。2019 年 9 月该公司应确认销项税额＝(56.8－22.5－3.6)÷(1＋6％)×6％＝1.74(万元)。

19）航空运输销售代理企业提供境内机票代理服务

航空运输销售代理企业提供境内机票代理服务,以取得的全部价款和价外费用扣除向客户收取并支付给航空运输企业或其他航空运输销售代理企业的境内机票净结算款和相关费用后的余额为销售额。

【案例 1-31】 甲公司为增值税一般纳税人,2019 年 12 月代理企业提供机票代理服务共收了 5 000 万元,将 4 800 万元支付给国内航空乙公司作为境内机票款,则甲公司应按 200 万元差额计税,即 200÷(1＋6％)×6％＝11.32(万元)。

20）电信企业为公益性机构接受捐款

电信企业通过手机短信公益特服号为公益机构接受捐款提供服务,如果捐款人索取增值税专用发票的,应以捐款人支付的全部价款和价外费用扣除支付给公益性机构捐款后的余额开具增值税专用发票。

【案例 1-32】 A 中国移动通信集团公司通过手机短信公益特服号为公益性机构接受捐款,取得的全部价款和价外费用 530 万元,支付公益性机构捐款 424 万元,应确认销项税额＝(530－424)÷(1＋6％)×6％＝6(万元)。

注:根据《财政部　国家税务总局关于全面推开营业税改征增值税试点的通知》(财税〔2016〕36 号)附件 2《营业税改征增值税试点有关事项的规定》第一条第(三)项第十一点的规定,试点纳税人按照规定从全部价款和价外费用中扣除的价款,应当取得符合法律、行政法规和国家税务总局规定的有效凭证。否则,不得扣除。上述凭证是指:

(1)支付给境内单位或者个人的款项,以发票为合法有效凭证。

(2)支付给境外单位或者个人的款项,以该单位或者个人的签收单据为合法有效凭证,税务机关对签收单据有疑义的,可以要求其提供境外公证机构的确认证明。

(3)缴纳的税款,以完税凭证为合法有效凭证。

(4)扣除的政府性基金、行政事业性收费或者向政府支付的土地价款,以省级以上(含省级)财政部门监(印)制的财政票据为合法有效凭证。

(5)国家税务总局规定的其他凭证。

纳税人取得的上述凭证属于增值税扣税凭证的,其进项税额不得从销项税额中抵扣。

5. 出口视同内销计算

1）出口视同内销征税的理解

主要包括：不适用增值税退（免）税和免税政策的出口货物劳务及服务，按视同内销货物征收增值税[具体内容详见本章第七节"增值税出口退（免）税的基本要素"]。需要注意的是，不含《财政部 税务总局关于明确国有农用地出租等增值税政策的公告》（财政部 税务总局公告2020年第2号，以下简称2020年第2号公告）第四条规定的"纳税人出口货物劳务、发生跨境应税行为，未在规定期限内申报出口退（免）税或者开具《代理出口货物证明》的，在收齐退（免）税凭证及相关电子信息后，即可申报办理出口退（免）税；未在规定期限内收汇或者办理不能收汇手续的，在收汇或者办理不能收汇手续后，即可申报办理退（免）税"。

条文理解 对于出口货物劳务及服务视同内销征税的规定渊源已久，主要包括三个方面：一是属于逾期申报出口退税或免税的应税货物劳务及服务。二是出口退税率为零的应税货物劳务及服务。三是出口违规操作适用征税范围的应税货物劳务及服务。2020年第2号公告第四条规定，主要是针对属于逾期申报出口退税或免税的应税货物劳务及服务停止执行视同内销征税的规定，即取消原《财政部 国家税务总局关于出口货物劳务增值税和消费税政策的通知》（财税〔2012〕39号）第六条第（一）项第三点的"出口企业或其他单位未按规定申报或未补齐增值税退（免）税凭证的出口货物劳务。具体是指：（1）未在国家税务总局规定的期限内申报增值税退（免）税的出口货物劳务。（2）未在规定期限内申报开具《代理出口货物证明》的出口货物劳务。（3）已申报增值税退（免）税，却未在国家税务总局规定的期限内向税务机关补齐增值税退（免）税凭证的出口货物劳务"，第七条第（一）项第六点规定的"出口企业或其他单位未在国家税务总局规定期限内申报免税核销以及经主管税务机关审核不予免税核销的出口卷烟"，第九条第（二）项第二点规定的"出口企业或其他单位出口货物劳务适用免税政策的，除特殊区域内企业出口的特殊区域内货物、出口企业或其他单位视同出口的免征增值税的货物劳务外，如果未按规定申报免税，应视同内销货物和加工修理修配劳务征收增值税、消费税"等逾期申报出口货物劳务（服务参照）退税及免税视同内销征税的规定。对于出口退税率为零与出口违规操作的应税货物劳务及服务不在停止执行之列，按现行规定照样视同内销征税。

2）出口视同内销征税计算方法

出口货物劳务及服务视同内销征税的应纳增值税计算方法，主要分为一般纳税人和小规模纳税人两种情形。

（1）增值税一般纳税人出口货物劳务及服务应纳增值税的计算。

根据《财政部 国家税务总局关于出口货物劳务增值税和消费税政策的通知》（财税〔2012〕39号）第七条第（二）项的规定，适用增值税征税政策的出口货物劳务，其应纳增值税的计算方法如下（跨境服务参照）：

① 一般纳税人出口货物劳务。

一般纳税人出口货物劳务视同内销征税增值税的计算,分为一般贸易业务和进料加工业务两类情形。

$$\frac{一般贸易}{销项税额}=\frac{出口货物}{离岸价}\div(1+适用税率)\times 适用税率$$

$$\frac{进料加工}{销项税额}=\left(\frac{出口货物}{离岸价}-\frac{出口货物耗用的进料加工}{保税进口料件金额}\right)\div\left(1+\frac{适用}{税率}\right)\times\frac{适用}{税率}$$

$$\frac{出口货物耗用的进料加}{工保税进口料件金额}=\frac{主营业}{务成本}\times\left(\frac{投入的保税}{进口料件金额}\div\frac{生产}{成本}\right)$$

主营业务成本、生产成本均为不予退(免)税的进料加工出口货物的主营业务成本、生产成本。当耗用的保税进口料件金额大于不予退(免)税的进料加工出口货物金额时,耗用的保税进口料件金额为不予退(免)税的进料加工出口货物金额。

进料加工手册海关核销后,出口企业应对出口货物耗用的保税进口料件金额进行清算。清算公式为:

$$\frac{清算耗用的保税}{进口料件总额}=\frac{实际保税进}{口料件总额}-\frac{退(免)税出口货物耗用}{的保税进口料件总额}-\frac{进料加工副产品耗用}{的保税进口料件总额}$$

若耗用的保税进口料件总额与各纳税期扣减的保税进口料件金额之和存在差额时,应在清算的当期相应调整销项税额。当耗用的保税进口料件总额大于出口货物离岸金额时,其差额部分不得扣减其他出口货物金额。

条文理解 一般贸易和进料加工出口货物视同内销征税的不同点在于:对一般纳税人以进料加工复出口视同内销的货物,征收增值税按征收率计算的方法以按出口销售额(FOB价)扣除出口货物耗用进口料件金额后的余额乘以适用税率计算销项税额;而一般贸易视同内销的货物直接按出口销售额换算为FOB价乘以适用税率计算销项税额。需要注意的是,计算征税的视同内销销售额FOB价为含税价,应当先换算为不含价格再计算销项税额。

【案例1-33】 A外贸企业为增值税一般纳税人,2020年1月,以一般贸易方式出口了一批商品代码为44083919的热带木制饰面用薄板,其出口额美元FOB价格换算人民币为113万元,此货物出口退税率为0,征税率为13%,按照税法规定不在退税及免税的范围之内。因此,该企业在出口货物的次月即2月的征期内按视同内销申报纳税,销项税额=出口货物离岸价÷(1+适用税率)×适用税率=113÷(1+13%)×13%=13(万元)。

需要注意的是,如果是实行免抵退税的出口货物视同内销征税,如生产企业在计算免抵退税时,若已按征退税率之差计算不得免征和抵扣税额并已经转入成本的,相应的税额应转回进项税额,与视同内销的销项税额进行抵扣来计算本期应纳税额。

② 一般纳税人跨境应税服务。

若跨境应税服务应纳增值税:

$$\frac{销项}{税额}=\frac{增值税零税率应}{税服务取得的收入}\div\left(1+\frac{适用}{税率}\right)\times\frac{适用}{税率}$$

纳税人提供跨境服务免征增值税的,应单独核算应税服务的销售收入,准确计算不得抵扣的进项税额,其免税收入不得开具增值税专用发票。

上述规定,出口企业应分别核算内销货物劳务及服务和增值税征税的出口货物劳务及服务的生产成本、主营业务成本。未分别核算的,其相应的生产成本、主营业务成本由主管税务机关核定。

(2) 增值税小规模纳税人出口货物劳务及服务应纳增值税的计算。

$$\text{出口货物劳务应纳税额} = \text{出口货物离岸价} \div (1 + \text{征收率}) \times \text{征收率}$$

若跨境应税服务应纳增值税:

$$\text{应纳税额} = \text{增值税零税率应税服务取得的收入} \div (1 + \text{征收率}) \times \text{征收率}$$

增值税一般纳税人按简易计税的出口货物劳务及服务应纳增值税,适用上述公式。

【案例1-34】 甲国际船运A公司为增值税一般纳税人,主要从事国内至境外的海上运输业务,计税方式按简易计税(税率3%),其国际运输收入实行免征增值税办法。2019年10月,A公司向境外运输货物,取得海上运输收入103 000元(换算人民币价格),并在当月计入国际运输收入。由于A公司未按规定向税务机关申报出口退(免)税,也未申报免税,按照政策规定逾期未申报退税并且又超过免税申报期的,应当按视同内销征税。当期应纳税额=103 000÷(1+3%)×3%=3 000(元)。

需要注意的是,如果是小规模纳税人或按简易计税的与一般纳税人出口货物劳务视同内销计算方式不同。小规模纳税人是计算应纳税额,一般纳税人是计算销项税额。且计算的税率也不同,小规模纳税人按征收率3%计算。

(3) 研发机构和外资研发中心补缴已退税的国产设备。

根据《国家税务总局关于发布〈研发机构采购国产设备增值税退税管理办法〉的公告》(国家税务总局公告2017年第5号)第十六条的规定,研发机构已退税的国产设备,自增值税发票开具之日起3年内,设备所有权转移或移作他用的,研发机构须按照下列计算公式,向主管税务机关补缴已退税款。注意施行期限为2016年1月1日至2018年12月31日,以增值税发票开具日期为准。

$$\text{应补税款} = \text{增值税发票上注明的金额} \times \left(\text{设备折余价值} \div \text{设备原值} \right) \times \text{增值税适用税率}$$

$$\text{设备折余价值} = \text{设备原值} - \text{累计已提折旧}$$

设备原值和已提折旧按照企业所得税法的有关规定计算。

(二) 进项税额

进项税额是指纳税人购进货物、加工修理修配劳务、服务、无形资产或者不动产,支付或者负担的增值税税额。进项税额的抵扣凭证有:增值税专用发票、机动车销售统一发票、增值税电子普通发票、海关进口增值税专用缴款书、农产品收购发票或农产品销售发票、解缴税款完税凭证、道路(桥闸)通行费、旅客运输凭证。

1. 进项税额的基本计算方法

(1) 从销售方取得的增值税专用发票(含税控机动车销售统一发票)上注明的增值税税额。

(2) 从海关取得的海关进口增值税专用缴款书上注明的增值税税额。

(3) 购进农产品,取得一般纳税人开具的增值税专用发票或海关进口增值税专用缴款书的,以增值税专用发票或海关进口增值税专用缴款书上注明的增值税税额为进项税额;从按照简易计税方法依照3%征收率计算缴纳增值税的小规模纳税人取得增值税专用发票的,以增值税专用发票上注明的金额和9%的扣除率计算进项税额;取得(开具)农产品销售发票或收购发票的,以农产品销售发票或收购发票上注明的农产品买价和9%的扣除率计算进项税额。计算公式为:

$$进项税额＝买价×扣除率$$

买价是指纳税人购进农产品在农产品收购发票或者销售发票上注明的价款和按照规定缴纳的烟叶税。购进农产品,按照《农产品增值税进项税额核定扣除试点实施办法》购进农产品抵扣进项税额的除外。

纳税人购进用于生产或者委托加工13%税率货物的农产品,按照10%的扣除率计算进项税额。

【案例1-35】 A公司为增值税一般纳税人,未纳入农产品增值税进项税额核定扣除试点,主要生产13%税率货物,2019年8月从小规模纳税人购进农产品取得的3%征收率的增值税专用发票一张,不含税金额10 000元,当月全部领用,用于生产或者委托加工13%税率货物的农产品,按照10%的扣除率计算进项税额10 000×9%＋10 000×1%＝1 000(元)。

特别提醒:在本例中,该纳税人正确的申报方式是将9%的农产品发票税额900元填入《增值税纳税申报表附列资料(二)》(本期进项税额明细)第6栏"农产品收购发票或者销售发票"栏,将1%的加计扣除进项税额100元填入附表2《本期进项税额明细》第8a栏"加计扣除农产品进项税额"。

(4) 自境外单位或者个人购进劳务、服务、无形资产或者境内的不动产,从税务机关或者扣缴义务人取得的代扣代缴税款的完税凭证上注明的增值税税额。

条文理解 纳税人凭完税凭证抵扣进项税额的,应当具备书面合同、付款证明和境外单位的对账单或者发票。资料不全的,其进项税额不得从销项税额中抵扣。

(5) 纳税人购进国内旅客运输服务,其进项税额允许从销项税额中抵扣。需要注意的是,"国内旅客运输服务"限于与本单位签订了劳动合同的员工,以及本单位作为用工单位接受的劳务派遣员工发生的国内旅客运输服务。例如,某公司为外聘授课老师购买的往返车票不在抵扣范围之内。

纳税人未取得增值税专用发票的,暂按照以下规定确定进项税额:

① 取得增值税电子普通发票的,为发票上注明的税额。

需要注意的是,增值税电子普通发票上注明的购买方"名称""纳税人识别号"等信息,应当与实际抵扣税款的纳税人一致,否则不予抵扣。

② 取得注明旅客身份信息的航空运输电子客票行程单的,为按照下列公式计算进项税额:

$$航空旅客运输进项税额=(票价+燃油附加费)÷(1+9\%)×9\%$$

【案例 1-36】　A 企业员工小王乘坐飞机从北京去杭州出差,取得航空运输电子客票行程单,注明票价 1 000 元,民航发展基金 50 元,燃油附加费 100 元。可抵扣的进项税额=(1 000+100)÷(1+9\%)×9\%=90.83(元)。需要注意是,航空运输的电子客票行程单上的价款分项列示,包括票价、燃油附加费和民航发展基金。因民航发展基金属于政府性基金,不计入航空运输企业的销售收入。因此,计算抵扣的基础是票价加燃油附加费。

③ 取得注明旅客身份信息的铁路车票的,为按照下列公式计算的进项税额:

$$铁路旅客运输进项税额=票面金额÷(1+9\%)×9\%$$

【案例 1-37】　A 企业员工小王乘坐高铁从北京去长沙出差,取得高铁车票,票价 1 000 元,可抵扣的进项税额=1 000÷(1+9\%)×9\%=82.57(元)。

④ 取得注明旅客身份信息的公路、水路等其他客票的,按照下列公式计算进项税额:

$$公路、水路等其他旅客运输进项税额=票面金额÷(1+3\%)×3\%$$

【案例 1-38】　某企业员工乘坐长途客车在国内出差,取得了注明身份信息的车票,票价 1 000 元。可抵扣的进项税额=1 000÷(1+3\%)×3\%=29.13(元)。

条文理解　纳税人允许抵扣的国内旅客运输服务进项税额是指纳税人 2019 年 4 月 1 日及以后实际发生,并取得合法有效增值税扣税凭证注明的或依据其计算的增值税税额。以增值税专用发票或增值税电子普通发票为增值税扣税凭证的,为 2019 年 4 月 1 日及以后开具的增值税专用发票或增值税电子普通发票。

需要注意的是,一是只有国内旅客运输服务才可以抵扣进项税。实行国际运输适用零税率或免税政策的纳税人,不得开具增值税专用发票。因此,不存在下一环节抵扣进项税额的问题。二是除增值税专用发票和电子普通发票外,其他的旅客运输扣税凭证,都必须是注明旅客身份信息的凭证才可以计算抵扣进项税,纳税人手写无效。三是除扣税凭证和进项税计算方法的特殊规定外,对于旅客运输的进项税抵扣原则,需要符合现行增值税进项抵扣的基本规定。例如,用于免税、简易计税,或者用于集体福利、个人消费、非正常损失等情形的纳税人不得抵扣等。

(6) 收费公路通行费增值税抵扣规定。

纳税人支付的道路通行费,按照收费公路通行费增值税电子普通发票上注明的增值税税额抵扣进项税额。

2018年1月1日至6月30日,纳税人支付的高速公路通行费,如暂未能取得收费公路通行费增值税电子普通发票,可凭取得的通行费发票(不含财政票据,下同)上注明的收费金额按照下列公式计算可抵扣的进项税额:

$$高速公路通行费可抵扣进项税额 = 高速公路通行费发票上注明的金额 \div (1+3\%) \times 3\%$$

2018年1月1日至12月31日,纳税人支付的一级、二级公路通行费,如暂未能取得收费公路通行费增值税电子普通发票,可凭取得的通行费发票上注明的收费金额按照下列公式计算可抵扣进项税额:

$$一级、二级公路通行费可抵扣进项税额 = 一级、二级公路通行费发票上注明的金额 \div (1+5\%) \times 5\%$$

纳税人支付的桥、闸通行费,暂凭取得的通行费发票上注明的收费金额按照下列公式计算可抵扣的进项税额:

$$桥、闸通行费可抵扣进项税额 = 桥、闸通行费发票上注明的金额 \div (1+5\%) \times 5\%$$

通行费是指有关单位依法或者依规设立并收取的过路、过桥和过闸费用。

(7)纳税人购进其他权益性无形资产无论是专用于简易计税方法计税项目、免征增值税项目、集体福利或者个人消费,还是兼用于上述不允许抵扣项目,均可以抵扣进项税额。

其他权益性无形资产,包括基础设施资产经营权、公共事业特许权、配额、经营权(包括特许经营权、连锁经营权、其他经营权)、经销权、分销权、代理权、会员权、席位权、网络游戏虚拟道具、域名、名称权、肖像权、冠名权、转会费等。

条文理解 由于其他权益性无形资产涵盖面广,涉及纳税人生产经营的各个方面,没有具体使用对象。因此,将其从专用于简易计税方法计税项目、免征增值税项目、集体福利或者个人消费的购进的无形资产不得抵扣进项税额范围中剔除。

(8)自2018年1月1日起,纳税人租入固定资产、不动产,既用于一般计税方法计税项目,又用于简易计税方法计税项目、免征增值税项目、集体福利或者个人消费的,其进项税额准予从销项税额中全额抵扣。

(9)不动产进项税额抵扣规定。

自2019年4月1日起,纳税人取得不动产或者不动产在建工程的进项税额不再分两年抵扣。此前尚未抵扣完毕的待抵扣进项税额,可自2019年4月税款所属期起从销项税额中抵扣。

【案例1-39】 A公司为增值税一般纳税人,2018年9月购进不动产,取得增值税专用发票并认证,发票注明金额1 000万元,税率10%,税额100万元,当期已抵扣60万元,待抵扣不动产进项税额40万元。2019年4月购进不动产,取得增值税专用发票并认证,发票注明金额 1 000 万元,税率 9％,税额 90 万元,则当期可抵扣不动产进项税额＝90＋40＝130(万元)。

条文理解 一般情况下,纳税人从自身税款缴纳、资金占用角度考虑,在 2019 年 4 月所属期就应该将待抵扣部分转入进项税额。但是,如果发生个别纳税人在 2019 年 4 月以后要求转入的,也允许。在此,还应注意纳税人在 2016 年 5 月 1 日至 2019 年 3 月 31 日,取得不动产或者不动产在建工程的进项税额可以分两年抵扣,适用不动产进项税额分期抵扣办法。

① 增值税一般纳税人于 2016 年 5 月 1 日至 2019 年 3 月 31 日取得并在会计制度上按固定资产核算的不动产,以及在 2016 年 5 月 1 日至 2019 年 3 月 31 日发生的不动产在建工程,其进项税额分两年从销项税额中抵扣,第一年抵扣比例为 60％,第二年抵扣比例为 40％。

取得的不动产,包括以直接购买、接受捐赠、接受投资入股以及抵债等各种形式取得的不动产。纳税人新建、改建、扩建、修缮、装饰不动产,属于不动产在建工程。房地产开发企业自行开发的房地产项目,融资租入的不动产,以及在施工现场修建的临时建筑物、构筑物,其进项税额不适用上述分两年抵扣的规定。

② 纳税人在 2016 年 5 月 1 日至 2019 年 3 月 31 日购进货物和设计服务、建筑服务,用于新建不动产,或者用于改建、扩建、修缮、装饰不动产并增加不动产原值超过 50％的,其进项税额分两年从销项税额中抵扣。

不动产原值是指取得不动产时的购置原价或作价。上述分两年从销项税额中抵扣的购进货物,是指构成不动产实体的材料和设备,包括建筑装饰材料和给排水、采暖、卫生、通风、照明、通讯、煤气、消防、中央空调、电梯、电气、智能化楼宇设备及配套设施。

条文理解 《财政部 国家税务总局关于固定资产进项税额抵扣问题的通知》(财税〔2009〕113 号)规定,建筑物或构筑物上的给排水、采暖、卫生、通风、照明、通讯、煤气、消防、中央空调、电梯、电气、智能化楼宇设备和配套设施,都作为以建筑物或者构筑物为载体的附属设备和配套设施,无论在会计处理上是否单独记账与核算,均应作为建筑物或者构筑物的组成部分。在 2016 年 5 月 1 日至 2019 年 3 月 31 日,构成不动产实体的这类货物可以抵扣进项税额,和建筑材料等一样,分两年抵扣。

③ 纳税人从销项税额中抵扣进项税额,应取得 2016 年 5 月 1 日至 2019 年 3 月 31 日开具的合法有效的增值税扣税凭证。上述进项税额中,60％的部分于取得扣税凭证的当期从销项税额中抵扣;40％的部分为待抵扣进项税额,于取得扣税凭证的当月起第 13 个月从销项税额中抵扣。

④ 购进时已全额抵扣进项税额的货物和服务,转用于不动产在建工程的,其已抵扣进项税额的 40％部分,应于转用的当期从进项税额中扣减,计入待抵扣进项税额,并于转用的当月起第 13 个月从销项税额中抵扣。

⑤ 纳税人销售其取得的不动产或者不动产在建工程时,尚未抵扣完毕的待抵扣进项税额,允许于销售的当期从销项税额中抵扣。

2. 进项税额不得抵扣规定

（1）取得的增值税扣税凭证不符合法律、行政法规或者国家税务总局有关规定的，其进项税额不得从销项税额中抵扣。

条文理解 纳税人如取得虚开发票，解缴税款完税凭证资料不全，发票联未加盖发票章，未按规定使用商品编码开票，未使用税控设备开具销售清单，运费发票（汇总清单）未开具起运地、到达地、车牌号、运输货物品名数量，建筑服务发票未准确备注建筑服务发生地县（市、区）名称及项目名称等信息等违反发票管理规定的，其进项税额不得抵扣。

（2）用于简易计税方法计税项目、免征增值税项目、集体福利或者个人消费的购进货物、加工修理修配劳务、服务、无形资产和不动产。纳税人的交际应酬消费属于个人消费。

条文理解 上述项目不能抵扣的原因主要包括：一是增值税遵循征扣税一致的原则，征多少扣多少，未征税或免税则不扣税；二是购进的用于集体福利或个人消费的货物及其他应税行为，并非用于企业生产经营，也就无权要求抵扣税款，而应负担相应的税金；三是交际应酬消费不属于生产经营中的生产投入和支出，是一种生活性消费活动，而增值税是对消费行为征税的，消费者即是负税者。因此，交际应酬消费需要负担对应的进项税额。四是交际应酬消费和个人消费难以准确划分，征管中不宜掌握界限，如果对交际应酬消费和个人消费分别适用不同的税收政策，容易诱发偷避税行为。

（3）固定资产、无形资产、不动产进项税额的处理原则。对纳税人取得的固定资产、无形资产（不包括其他权益性无形资产）、不动产项目的进项税额，凡专用于简易计税方法计税项目、免征增值税项目、集体福利或者个人消费项目的，该进项税额不得予以抵扣。但发生兼用于上述不允许抵扣项目和允许抵扣项目的，该进项税额准予全部抵扣。

固定资产是指使用期限超过 12 个月的机器、机械、运输工具以及其他与生产经营有关的设备、工具、器具等有形动产。

条文理解 固定资产、无形资产、不动产的进项税额抵扣原则与其他允许抵扣的项目相比有一定的特殊性。一般情况下，对纳税人用于适用简易计税方法计税项目、免征增值税项目、集体福利或者个人消费的购进货物、加工修理修配劳务、服务、无形资产和不动产的进项税额不得从销项税额中抵扣。但是，涉及的固定资产、无形资产、不动产，仅指专用于简易计税方法计税项目、免征增值税（以下简称免税）项目、集体福利或者个人消费的情况；对属于兼用于允许抵扣项目和上述不允许抵扣项目情况的，其进项税额准予全部抵扣。之所以如此规定，主要是因为固定资产、无形资产、不动产项目发生上述兼用情况较多且比例难以准确区分。以固定资产进项税额抵扣为例：纳税人购进一台发电设备，既可以用于增值税应税项目，也可以用于增值税免税项目，二者共用且比例并不固定，难以准确区分。如果按照对其他项目进项税额的一般处理原则办理，不具备可操作性。因此，选取了有利于纳税人的特殊处理原则。

（4）非正常损失的购进货物，以及相关的加工修理修配劳务和交通运输服务。

非正常损失的在产品、产成品所耗用的购进货物（不包括固定资产）、加工修理修配劳务和交通运输服务；非正常损失的不动产，以及该不动产所耗用的购进货物、设计服务和建筑服务；非正常损失的不动产在建工程所耗用的购进货物、设计服务和建筑服务。

纳税人新建、改建、扩建、修缮、装饰不动产，均属于不动产在建工程。

非正常损失的不动产及不动产在建工程所耗用的购进货物是指构成不动产实体的材料和设备，包括建筑装饰材料和给排水、采暖、卫生、通风、照明、通讯、煤气、消防、中央空调、电梯、电气、智能化楼宇设备及配套设施。

条文理解　非正常损失是指因管理不善造成货物被盗、丢失、霉烂变质，以及因违反法律法规造成货物或者不动产被依法没收、销毁、拆除的情形。这些非正常损失是由纳税人自身原因造成导致征税对象实体的灭失，为保证税负公平，其损失不应由国家承担，因而纳税人无权要求抵扣进项税额。这里所指的在产品，是指仍处于生产过程中的产品，与产成品对应，包括正在各个生产工序加工的产品和已加工完毕但尚未检验或已检验但尚未办理入库手续的产品。产成品是指已经完成全部生产过程并验收入库，可以按照合同规定的条件送交订货单位，或者可以作为商品对外销售的产品。

（5）购进的贷款服务、餐饮服务、居民日常服务和娱乐服务。

（6）因销售折让、中止或者退回而收回的增值税税额，应当从当期的进项税额中扣减。

条文理解　对于增值税而言，销售折让是指纳税人提供应税行为后因劳务成果（包括无形资产或不动产）质量不合格等原因在售价上给予的减让。一般纳税人开具增值税专用发票，发生销售退回、开票有误、应税行为中止以及发票抵扣联、发票联均无法认证等情形但不符合作废条件，或者因销货部分退回及发生销售折让，需要开具红字专用发票，暂按以下方法处理：

专用发票已交付购买方、购买方可在增值税发票管理系统中填开并上传《开具红字增值税专用发票信息表》（以下简称《信息表》）。《信息表》所对应的蓝字专用发票应经税务机关认证（所购货物或服务等不属于增值税扣税项目范围的除外）。经认证结果为"认证相符"并且已经抵扣增值税进项税额的，购买方在填开《信息表》所列增值税税额从当期进项税额中转出，未抵扣增值税进项税额的可列入当期进项税额，待取得销售方开具的红字专用发票后，与《信息表》一并作为记账凭证；经认证结果"无法认证""纳税人识别号认证不符""专用发票代码、号码认证不符"，以及所购货物或服务不属于增值税扣税项目范围的，购买方不列入进项税额，不作进项税额转出，填开《信息表》时应填写相对应的蓝字专用发票信息。

专用发票尚未交付购买方或者购买方拒收的，销售方应于专用发票认证期限内在增值税发票管理系统中填开并上传《信息表》。主管税务机关通过网络接收纳税人上传的信息表，系统自动校验通过后，生成带有"红字发票信息表编号"的《信息表》，并将信息同步至纳税人端系统中。销售方凭税务机关校验通过的《信息表》开具红字专用发票，在增值税发票系统升级版中以销项负数开具。红字专用发票应与《信息表》一一对应。纳税人也可凭《信息表》电子信息或纸质资料到税务机关对《信息表》内容进行系统校验。

纳税人需要开具红字增值税普通发票的,可以在所对应的蓝字发票金额范围内开具多份红字发票。红字机动车销售统一发票需与原蓝字机动车销售统一发票一一对应。

(7) 有下列情形之一者,应当按照销售额和增值税税率计算应纳税额,不得抵扣进项税额,也不得使用增值税专用发票:一般纳税人会计核算不健全,或者不能够提供准确税务资料的;应当办理一般纳税人资格登记而未办理的。

3. 兼营进项税额的划分

(1) 兼营简易计税方法计税项目、免征增值税项目而无法划分不得抵扣的进项税额,按照下列公式计算不得抵扣的进项税额:

$$\text{不得抵扣的进项税额} = \text{当期无法划分的全部进项税额} \times \left(\text{当期简易计税方法计税项目销售额} + \text{免征增值税项目销售额} \right) \div \text{当期全部销售额}$$

主管税务机关可以按照上述公式依据年度数据对不得抵扣的进项税额进行清算。

(2) 用于即征即退或先征后退项目的进项税额无法划分的:

$$\text{无法划分进项税额中用于增值税即征即退或者先征后退项目的部分} = \text{当月无法划分的全部进项税额} \times \text{当月增值税即征即退或者先征后退项目销售额} \div \text{当月全部销售额}$$

主管税务机关可以按照上述公式依据年度数据对不得抵扣的进项税额进行清算。

条文理解 (1)关于适用范围。上述计算公式仅适用于企业兼营免税项目、简易征收项目、即征即退项目等进项税额的转出、划分。(2)关于转出范围。企业当月认证抵扣的所有无法划分的进项税额,不包括固定资产、无形资产和不动产。(3)关于计算公式。专用于计算无法划分的进项税额中不得抵扣的部分,可准确划分的进项税额不参与公式计算,直接计入各个项目。(4)关于年度清算。对于纳税人而言,进项税额转出是按月进行的,但由于年度内取得进项税额的不均衡性,有可能会造成按月计算的进项转出与按年度计算的进项转出产生差异,主管税务机关可在年度终了对纳税人进项转出进行清算,对相关差异进行调整。

(3) 已抵扣进项税额的购进货物(不含固定资产)、劳务、服务,发生进项税额不得从销项税额中抵扣的情形的,应当将该进项税额从当期进项税额中扣减;无法确定该进项税额的,按照当期实际成本计算应扣减的进项税额。

(4) 已抵扣进项税额的固定资产、无形资产,发生进项税额不得从销项税额中抵扣的情形的,按照下列公式计算不得抵扣的进项税额:

$$\text{不得抵扣的进项税额} = \text{固定资产、无形资产净值} \times \text{适用税率}$$

固定资产、无形资产净值是指纳税人根据财务会计制度计提折旧或摊销后的余额。

(5) 已抵扣进项税额的不动产,发生非正常损失,或者改变用途,专用于简易计税方法计税项目、免征增值税项目、集体福利或者个人消费的,按照下列公式计算不得抵扣的进项

税额,并从当期进项税额中扣减:

$$不得抵扣的进项税额＝已抵扣进项税额×不动产净值率$$

$$不动产净值率＝(不动产净值÷不动产原值)×100\%$$

【案例1-40】 A公司为增值税一般纳税人,2018年9月购进不动产,取得增值税专用发票并认证,发票注明金额1 000万元、税率10%、税额100万元,当期已抵扣60万元,待抵扣不动产进项税额40万元已于2019年4月一次性抵扣。A公司自2019年10月起将该不动产专用于简易计税项目,折扣年限为20年,残值率5%,采用平均年限法计提折旧。则当期不动产进项税额应转出:

不动产净值率＝(不动产净值÷不动产原值)×100%＝[1 000－1 000×(1－5%)÷20]÷1 000×100%＝95.25%;

不得抵扣的进项税额＝已抵扣进项税额×不动产净值率＝100×95.25%＝95.25(万元)。

4. 其他问题

(1)不得抵扣进项税额的不动产,发生用途改变,用于允许抵扣进项税额项目的,按照下列公式在改变用途的次月计算可抵扣进项税额。

$$\frac{可抵扣进}{项税额}=\frac{增值税扣税凭证注明}{或计算的进项税额}×\frac{不动产}{净值率}$$

(2)纳税人注销税务登记时,其尚未抵扣完毕的待抵扣进项税额于注销清算的当期从销项税额中抵扣。

(3)待抵扣进项税额计入"应交税费——待抵扣进项税额"科目核算,并于可抵扣当期转入"应交税费——应交增值税(进项税额)"科目。

对不同的不动产和不动产在建工程,纳税人应分别核算其待抵扣进项税额。

5. 农产品增值税进项税额核定扣除

自2012年7月1日起,以购进农产品为原料生产销售液体乳及乳制品、酒及酒精、植物油的增值税一般纳税人,纳入农产品增值税进项税额核定扣除试点范围,其购进农产品无论是否用于生产上述产品,增值税进项税额均按照《农产品增值税进项税额核定扣除试点实施办法》的规定抵扣。

试点纳税人购进农产品不再凭增值税扣税凭证抵扣增值税进项税额,购进除农产品以外的货物、劳务和应税服务,增值税进项税额仍按现行有关规定抵扣。

(1)农产品增值税进项税额核定方法。

试点纳税人以购进农产品为原料生产货物的,农产品增值税进项税额可按照以下方法核定:

① 投入产出法:参照国家标准、行业标准(包括行业公认标准和行业平均耗用值)确定销售单位数量货物耗用外购农产品的数量(以下简称农产品单耗数量)。

当期允许抵扣农产品增值税进项税额依据农产品单耗数量、当期销售货物数量、农产品

平均购买单价(含税,下同)和农产品增值税进项税额扣除率(以下简称扣除率)计算。公式为:

$$\begin{array}{c}\text{当期允许抵扣农产品}\\ \text{增值税进项税额}\end{array} = \begin{array}{c}\text{当期农产品}\\ \text{耗用数量}\end{array} \times \begin{array}{c}\text{农产品平均}\\ \text{购买单价}\end{array} \times \text{扣除率} \div (1 + \text{扣除率})$$

$$\begin{array}{c}\text{当期农产品}\\ \text{耗用数量}\end{array} = \begin{array}{c}\text{当期销售货物数量(不含采购除农产品}\\ \text{以外的半成品生产的货物数量)}\end{array} \times \begin{array}{c}\text{农产品}\\ \text{单耗数量}\end{array}$$

对以单一农产品原料生产多种货物或者多种农产品原料生产多种货物的,在核算当期农产品耗用数量和平均购买单价时,应依据合理的方法归集和分配。

平均购买单价是指购买农产品期末平均买价,不包括买价之外单独支付的运费和入库前的整理费用。期末平均买价计算公式:

$$\begin{array}{c}\text{期末平}\\ \text{均买价}\end{array} = \left(\begin{array}{c}\text{期初库存}\\ \text{农产品数量}\end{array} \times \begin{array}{c}\text{期初平}\\ \text{均买价}\end{array} + \begin{array}{c}\text{当期购进}\\ \text{农产品数量}\end{array} \times \begin{array}{c}\text{当期}\\ \text{买价}\end{array} \right) \div \left(\begin{array}{c}\text{期初库存}\\ \text{农产品数量}\end{array} + \begin{array}{c}\text{当期购进}\\ \text{农产品数量}\end{array} \right)$$

【案例 1-41】 甲企业为增值税一般纳税人,从事乳制品的生产和销售,2020 年 1 月销售 20 000 吨巴士杀菌牛乳,原乳单耗数量为 1.055,该企业 2020 年 1 月期初库存原乳 10 000 吨,平均购买单价为 6 000 元/吨,当月新购入 15 000 吨原乳,购买价格为 6 500 元/吨,该企业 1 月购入农产品的进项税额计算过程如下:

当期农产品耗用数量=当期销售货物数量(不含采购除农产品以外的半成品生产的货物数量)×农产品单耗数量=20 000×1.055=21 100(吨)。

原乳期末平均买价=(期初库存农产品数量×期初平均买价+当期购进农产品数量×当期买价)÷(期初库存农产品数量+当期购进农产品数量)=(10 000×6 000+15 000×6 500)÷(10 000+15 000)=6 300(元/吨);

巴氏杀菌牛乳适用增值税税率为 9%,则扣除率为 9%。

当期允许抵扣农产品增值税进项税额=当期农产品耗用数量×农产品平均购买单价×扣除率÷(1+扣除率)=21 100×6 300×9%÷(1+9%)=10 975 871.56(元)。

② 成本法:依据试点纳税人年度会计核算资料,计算确定耗用农产品的外购金额占生产成本的比例(以下简称农产品耗用率)。当期允许抵扣农产品增值税进项税额依据当期主营业务成本、农产品耗用率以及扣除率计算。公式为:

$$\begin{array}{c}\text{当期允许抵扣农产品}\\ \text{增值税进项税额}\end{array} = \begin{array}{c}\text{当期主营}\\ \text{业务成本}\end{array} \times \begin{array}{c}\text{农产品}\\ \text{耗用率}\end{array} \times \text{扣除率} \div (1 + \text{扣除率})$$

$$\begin{array}{c}\text{农产品}\\ \text{耗用率}\end{array} = \begin{array}{c}\text{上年投入生产的}\\ \text{农产品外购金额}\end{array} \div \begin{array}{c}\text{上年生}\\ \text{产成本}\end{array}$$

农产品外购金额(含税)不包括不构成货物实体的农产品(包括包装物、辅助材料、燃料、低值易耗品等)和在购进农产品之外单独支付的运费、入库前的整理费用。

对以单一农产品原料生产多种货物或者多种农产品原料生产多种货物的,在核算当期主营业务成本以及核定农产品耗用率时,试点纳税人应依据合理的方法进行归集和分配。

农产品耗用率由试点纳税人向主管税务机关申请核定。

年度终了,主管税务机关应根据试点纳税人本年实际对当年已抵扣的农产品增值税进项税额进行纳税调整,重新核定当年的农产品耗用率,并作为下一年度的农产品耗用率。

【案例1-42】 A家具加工厂为增值税一般纳税人,外购原木生产家具并销售。2020年农产品耗率为80%,2020年1月结转家具主营业务成本100万元,家具适用的扣除率是13%。所以,2020年1月允许抵扣农产品增值税进项税额=当期主营业务成本×农产品耗用率×扣除率÷(1+扣除率)=1 000 000×80%×13%÷(1+13%)=92 035.40(元)。

③ 参照法:新办的试点纳税人或者试点纳税人新增产品的,试点纳税人可参照所属行业或者生产结构相近的其他试点纳税人确定农产品单耗数量或者农产品耗用率。次年,试点纳税人向主管税务机关申请核定当期的农产品单耗数量或者农产品耗用率,并据此计算确定当年允许抵扣的农产品增值税进项税额,同时对上一年增值税进项税额进行调整。核定的进项税额超过实际抵扣增值税进项税额的,其差额部分可以结转下期继续抵扣;核定的进项税额低于实际抵扣增值税进项税额的,其差额部分应按现行增值税的有关规定将进项税额做转出处理。

【案例1-43】 某工业产业园内2020年1月新成立一家A家具生产企业,工业园内的其他产品、规模相近的纳税人购进原木农产品耗用率为80%,则该企业在2020年计算购进农产品进项税额时耗用率暂定为80%,2021年再根据该纳税人实际财务数据核定农产品耗用率,用新的耗用率调整2020年度进项税额并作为2021年度计算农产品进项税额的耗用率。

(2)试点纳税人购进农产品直接销售的,农产品增值税进项税额按照以下方法核定扣除:

$$当期允许抵扣农产品增值税进项税额=当期销售农产品数量÷(1-损耗率)×农产品平均购买单价×9\%÷(1+9\%)$$
$$损耗率=损耗数量÷购进数量$$

(3)试点纳税人购进农产品用于生产经营且不构成货物实体的(包括包装物、辅助材料、燃料、低值易耗品等),增值税进项税额按照以下方法核定扣除。

$$当期允许抵扣农产品增值税进项税额=当期耗用农产品数量×农产品平均购买单价×9\%÷(1+9\%)$$

农产品单耗数量、农产品耗用率和损耗率统称为农产品增值税进项税额扣除标准(以下简称扣除标准)。

【案例1-44】 A企业是《农产品增值税进项税额核定扣除试点实施办法》的试点抵扣单位,是增值税一般纳税人。2019年5月,该企业外购购进农产品100吨,直接销售90吨。该批农产品购买单价每吨40万元,损耗率5%,则当期允许抵扣的增值税进项税=当期销售农产品数量÷(1-损耗率)×农产品平均购买单价×9%÷(1+9%)=90÷(1-5%)×40

×9%÷(1+9%)=312.89(万元)。

(三) 应纳税额

$$一般纳税人应纳税额 = 当期销项税额 - 当期进项税额$$

1. 计算应纳税额的时间界定

(1) 纳税人发生应税销售行为,其纳税义务发生时间为收讫销售款项或者取得索取销售款项凭据的当天;先开具发票的,为开具发票的当天。

条文理解 收讫销售款项是指纳税人发生应税行为过程中或者完成后收到款项。按照收讫销售款项确认应税行为纳税义务发生时间的,应以发生应税行为为前提;除了提供租赁服务采取预收款方式外,在发生应税行为之前收到的款项不属于收讫销售款项,不能按照该时间确认纳税义务发生。取得索取销售款项凭据的当天是指书面合同确定的付款日期的当天;未签订书面合同或者书面合同未确定付款日期的,为应税行为完成的当天。

关于"先开具发票的,纳税义务发生时间为开具发票的当天"的理解。由于增值税实行凭票抵税,购买方即使未向提供方支付相关款项,也可按照规定凭专用发票抵扣进项税额。因此,如果再以收讫销售款项或者取得索取销售款项凭据的当天作为销售方的纳税义务发生时间,就会造成增值税的征收与抵扣相脱节,即销售方尚未申报纳税,购买方已提前抵扣税款。为使纳税人开具增值税普通发票与专用发票的征税原则保持一致,《增值税暂行条例》第十九条规定,如果纳税人发生应税行为时先开具发票的,纳税义务发生时间为开具发票的当天。需要注意的是,以开具发票的当天为纳税义务发生时间的前提,是纳税人发生应税行为。

(2) 纳税人进口货物,其纳税义务发生时间为报关进口的当天。

(3) 增值税扣缴义务发生时间为纳税人增值税纳税义务发生的当天。

(4) 采取直接收款方式销售货物的,不论货物是否发出,均为收到销售款或取得索取销售款凭据的当天。

(5) 采取托收承付和委托银行收款方式销售货物,为发出货物并办妥托收手续的当天。

(6) 采取赊销和分期收款方式销售货物,为书面合同约定的收款日期当天,无书面合同的或者书面合同没有约定收款日期的,为货物发出的当天。

【案例1-45】 A企业为增值税一般纳税人,2019年10月采用分期收款方式销售货物,合同约定当月收取60%货款,11月收取40%,则该企业增值税纳税义务发生时间为书面合同约定的收款日期的当天,10月应纳增值税为总额的60%。

(7) 采取预收货款方式销售货物,为货物发出的当天,但生产销售生产工期超过12个月的大型机械设备、船舶、飞机等货物,为收到预收款或书面合同约定的收款日期的当天。

(8) 委托其他纳税人代销货物,为收到代销单位的代销清单或者收到全部或者部分货款的当天;未收到代销清单及货款的,为发出代销货物满180天的当天。

（9）销售应税劳务，为提供劳务同时收讫销售款或者取得索取销售款的凭据的当天。

（10）纳税人发生视同销售货物行为（委托他人代销货物、销售代销货物除外），为货物移送的当天。

（11）纳税人提供租赁服务采取预收款方式的，其纳税义务发生时间为收到预付款的当天。

条文理解　纳税人提供租赁服务与提供其他应税服务的处理原则有所不同。如果纳税人采取预收款方式的，以收到预收款的当天作为纳税义务发生时间。例如，A为增值税一般纳税人，出租一辆小轿车，租金5 000元/月，一次性预收了对方1年的租金共60 000元，则应在收到60 000元租金的当天确认纳税义务发生。而不能将60 000元租金采取按月分摊确认收入的方法，也不能在该业务完成后再确认收入。

（12）纳税人从事金融商品转让的，为金融商品所有权转移的当天。

（13）纳税人发生视同销售服务、无形资产或者不动产情形的，其纳税义务发生时间为服务、无形资产转让完成的当天或者不动产权属变更的当天。

条文理解　由于无偿提供应税服务、无偿转让无形资产或者不动产不存在收讫销售款项或者取得索取销售款项凭据的情况。因此，将其纳税义务发生时间确定为应税行为完成的当天。

（14）纳税人销售建筑服务，被工程发包方从应支付的工程款中扣押的质押金、保证金，未开具发票的，以纳税人实际收到质押金、保证金的当天为纳税义务发生时间。

（15）金融企业发放贷款后，自结息日起90天内发生的应收未收利息按现行规定缴纳增值税，自结息日起90天后发生的应收未收利息暂不缴纳增值税，待实际收到利息时按规定缴纳增值税。

上述所称金融企业，是指银行（包括国有、集体、股份制、合资、外资银行以及其他所有制形式的银行）、城市信用社、农村信用社、信托投资公司、财务公司、证券公司、保险公司、金融租赁公司、证券基金管理公司、证券投资基金以及其他经人民银行、银监会、证监会、保监会批准成立且经营金融保险业务的机构。

（16）银行提供贷款服务按期计收利息（纳税人提供贷款服务，一般按月或按季结息）的，结息日当日计收的全部利息收入，均应计入结息日所属期（增值税纳税义务发生时间）的销售额，按照现行规定计算缴纳增值税。

2. 进项税额抵扣时限的界定

（1）增值税一般纳税人取得2017年1月1日及以后开具的增值税专用发票、海关进口增值税专用缴款书、机动车销售统一发票、收费公路通行费增值税电子普通发票，取消认证确认、稽核比对、申报抵扣的期限。纳税人在进行增值税纳税申报时，应当通过本省（自治区、直辖市和计划单列市）增值税发票综合服务平台对上述扣税凭证信息进行用途确认。

【案例1-46】　2017年4月，甲公司从乙公司购买10台电脑，取得乙公司开具的增值税专用发票，发票开具日期为2017年4月10日，票面注明税额为1万元。由于企业内部人员工作交接的疏忽,直到 2018 年 5 月才将这张发票入账。此时已经超过 360 天的认证抵扣期限。甲公司未按期认证抵扣的原因不符合《国家税务总局关于逾期增值税扣税凭证抵扣问题的公告》(国家税务总局公告 2011 年第 50 号)规定的客观原因,一直未能将这张发票认证抵扣。按照上述规定,甲公司可于 2020 年 3 月 1 日后,通过本省(自治区、直辖市和计划单列市)增值税发票综合服务平台对增值税专用发票信息进行用途确认,抵扣进项税额。

(2)增值税一般纳税人取得 2016 年 12 月 31 日及以前开具的增值税专用发票、海关进口增值税专用缴款书、机动车销售统一发票,超过认证确认、稽核比对、申报抵扣期限,但符合规定条件的,仍可按照《国家税务总局关于逾期增值税扣税凭证抵扣问题的公告》(国家税务总局公告 2011 年第 50 号公布,国家税务总局公告 2017 年第 36 号、国家税务总局公告 2018 年第 31 号修改)、《国家税务总局关于未按期申报抵扣增值税扣税凭证有关问题的公告》(国家税务总局公告 2011 年第 78 号公布,国家税务总局公告 2018 年第 31 号修改)的规定,继续抵扣进项税额。

(3)未按期申报抵扣增值税扣税凭证抵扣规定。

增值税一般纳税人发生真实交易但由于客观原因造成增值税扣税凭证(包括增值税专用发票、海关进口增值税专用缴款书和机动车销售统一发票)未能按照规定期限办理认证、确认或者稽核比对的,经主管税务机关核实、逐级上报,由省税务局认证并稽核比对后,对比对相符的增值税扣税凭证,允许纳税人继续抵扣其进项税额。客观原因包括如下类型:

① 因自然灾害、社会突发事件等不可抗力因素造成增值税扣税凭证逾期。

② 增值税扣税凭证被盗、抢,或者因邮寄丢失、误递导致逾期。

③ 有关司法、行政机关在办理业务或者检查中,扣押增值税扣税凭证,纳税人不能正常履行申报义务,或者税务机关信息系统、网络故障,未能及时处理纳税人网上认证数据等导致增值税扣税凭证逾期。

④ 买卖双方因经济纠纷,未能及时传递增值税扣税凭证,或者纳税人变更纳税地点,注销旧户和重新办理税务登记的时间过长,导致增值税扣税凭证逾期。

⑤ 由于企业办税人员伤亡、突发危重疾病或者擅自离职,未能办理交接手续,导致增值税扣税凭证逾期。

⑥ 国家税务总局规定的其他情形。

3. 抵扣凭证丢失后进项税额的抵扣

纳税人同时丢失已开具增值税专用发票或机动车销售统一发票的发票联和抵扣联,可凭加盖销售方发票专用章的相应发票记账联复印件,作为增值税进项税额的抵扣凭证、退税凭证或记账凭证。

纳税人丢失已开具增值税专用发票或机动车销售统一发票的抵扣联,可凭相应发票的发票联复印件,作为增值税进项税额的抵扣凭证或退税凭证;纳税人丢失已开具增值税专用发票或机动车销售统一发票的发票联,可凭相应发票的抵扣联复印件,作为记账凭证。

4. 扣减当期销项税额的规定

纳税人在销售货物时,因货物质量、规格等原因而发生销货退回或销售折让,由于销货退回或折让不仅涉及销货价款或折让价款的退回,还涉及增值税的退回。因此,销货方应对当期销项税额进行调整。税法规定,一般纳税人因销货退回和折让而退还给购买方的增值税税额,应从发生销货退回或折让当期的销项税额中扣减。

5. 扣减当期进项税额的规定

1) 进货退回或折让的税务处理规定

纳税人在购进货物时,因货物质量、规格等原因而发生进货退回或折让,由于进货退回或折让不仅涉及货款或折让价款的收回,还涉及增值税的收回,因此,购货方应对当期进项税额进行调整。一般纳税人因进货退回和折让而从销货方收回的增值税税额,应从发生进货退回或折让当期的进项税额中扣减。

【案例 1-47】　A 公司为增值税一般纳税人,2018 年 12 月开给客户 2019 年网上服务费发票共计 98 000 元,合同执行至 2019 年 8 月,因客户公司业绩不好,调整成本费用,客户提出终止服务,协商退回客户 5 万元服务费(不含增值税),在客户开出 5 万元的红字通知单后,该公司根据客户开出的红字通知单,开具 5 万元的红字发票。当月,客户方企业应做进项税额转出 50 000×6% =3 000(元),该企业应冲减销项税额 3 000 元。

2) 向供货方收取的返还收入的税务处理规定

自 2004 年 7 月 1 日起,对商业企业向供货方收取的与商品销售量、销售额挂钩(如以一定比例、金额、数量计算)的各种返还收入,均应按平销返利行为的有关规定冲减当期增值税进项税额。冲减进项税额的计算公式为:

$$\text{当期应冲减进项税额} = \text{当期取得的返还资金} \div \left(1 + \text{所购货物适用增值税税率}\right) \times \text{所购货物适用增值税税率}$$

商业企业向供货方收取的各种返还收入,一律不得开具增值税专用发票。

【案例 1-48】　某市 A 商场为增值税一般纳税人,与供货方电视机生产厂家达成协议,按照电视机销售额的 15% 收取返还收入。2019 年 12 月 A 商场销售电视机取得含增值税销售额 20 000 元,则 A 商场收取的返还收入应当冲减当期增值税进项税额= 20 000×15% ÷(1+13%)×13% =345.13(元)。

3) 已经抵扣进项税额的购进货物发生用途改变的税务处理规定

由于增值税采用"购进扣税法",当期购进的货物或劳务如果未确定用于非经营性项目,其进项税额会在当期销项税额中予以抵扣。但纳税人已经抵扣进项税额的购进货物或劳务,如果事后改变用途,如用于非应税项目、免税项目、职工福利或个人消费,购进货物发生非正常损失,在产品或产成品发生非正常损失,根据税法规定,应将购进货物或劳务的进项税额从当期的进项税额中扣减。无法准确确定该项进项税额的,按当期实际成本计算应扣减的进项税额。"按当期实际成本计算应扣减的进项税额"是指扣减进项税额的计算依据不是按该货物或劳务的原进价,而是按当期该货物或劳务的实际成本,并且是按照实际成本的各个组成部分所负担的进项税额计算应扣减的进项税额。

【案例 1-49】 A 公司为增值税一般纳税人，2019 年 8 月，外购一批免税农产品，因管理不善全部毁损，账面成本 22 620 元，外购库存的一批包装物因发生自然灾害全部毁损，账面成本 32 000 元，农产品和包装物的进项税额均已抵扣，A 公司自身管理不善导致损失外购农产品的进项税额不可以抵扣，因自然灾害损失的包装物进项税额，可以抵扣。农产品的进项税额转出应使用还原转出法，同时注意扣除率的适用。应转出进项税额＝22 620÷(1－9%)×9%＝2 237.14(元)。

假如 A 公司外购库存的一批包装物因管理不善全部被毁，属于不可抵扣范围。则包装物应转出的税额计算，则采用"购进扣税法"。应转出进项税额＝32 000×13%＝4 160(元)。

4) 进项税额不足抵扣的税务处理规定

纳税人在计算应纳税额时，如果当期销项税额小于当期进项税额不足抵扣的部分，可以结转下期继续抵扣。

5) 一般纳税人注销时存货及留抵税额处理规定

增值税一般纳税人注销或被取消辅导期一般纳税人资格，转为小规模纳税人时，其存货不作进项税额转出处理，其留抵税额也不予以退税。

6) 纳税人既欠缴增值税，又有增值税留抵税额问题的税务处理规定

纳税人因销项税额小于进项税额而产生期末留抵税额的，应以期末留抵税额抵减增值税欠税。抵减欠缴税款时，应按欠税发生时间逐笔抵扣，先发生的先抵。抵缴的欠税包含呆账税金及欠税滞纳金。确定实际抵减金额时，按填开《增值税进项留抵税额抵减增值税欠税通知书》的日期作为截止期，计算欠缴税款的应缴未缴滞纳金金额，应缴未缴滞纳金金额加欠税金额为欠缴总额。若欠缴总额大于期末留抵税额，实际抵减金额应等于期末留抵税额，并按配比方法计算抵减的欠税和滞纳金；若欠缴总额小于期末留抵税额，实际抵减金额应等于欠缴总额。

增值税一般纳税人拖欠纳税检查应补缴的增值税税款，如果有进项留抵税额，可按照《国家税务总局关于增值税一般纳税人用进项留抵税额抵减增值税欠税问题的通知》(国税发〔2004〕112 号)的规定，用增值税留抵税额抵减查补税款欠税。

三、简易计税方法应纳税额的计算

(一) 应纳税额的计算

简易计税方法的应纳税额是指按照销售额和征收率计算的增值税税额，不得抵扣进项税额，计算公式：

$$应纳税额＝销售额×征收率$$

$$销售额＝含增值税销售额÷(1＋征收率)$$

条文理解 (1)简易计税方法的适用对象，既包括小规模纳税人销售货物、提供应税劳务或应税服务，也包括一般纳税人的特殊销售或提供特定应税服务。

(2) 销售额的含义与一般计税方法中销售额的含义一样，均是不含增值税的销售额。

简易计税方法与一般计税方法的基本计税差异是:

① 一般计税方法计算价税分离时使用的是税率,简易计税方法使用征收率计算价税分离。

② 一般计税方法用销售额计算的是销项税额,简易计税方法用销售额计算的是应纳税额。

(3) 增值税征收率为 3%,国务院另有规定的除外。

(4) 小规模纳税人会计核算健全,能够提供准确税务资料的,可以向主管税务机关办理登记,不作为小规模纳税人,依照有关规定计算应纳税额。

(二) 含税销售额的换算

由于小规模纳税人销售货物自行开具的发票是普通发票,发票上列示的为含税销售额。因此,在计算时需要将其换算为不含税销售额。换算公式为:

$$不含税销售额 = 含税销售额 \div (1 + 征收率)$$

【案例 1-50】 A 餐馆为增值税小规模纳税人,2019 年 5 月取得餐饮收入总额为 15.45 万元,该餐馆 3 月应纳增值税的计算方式为:不含增值税的销售额 = 15.45 ÷ (1 + 3%) = 15 (万元),应纳税额 = 15 × 3% = 0.45 (万元)。

(三) 小规模纳税人开具增值税专用发票应纳税额的计算

自 2020 年 2 月 1 日起,所有增值税小规模纳税人(其他个人除外)均可以自愿使用增值税发票管理系统自行开具增值税专用发票。选择自行开具增值税专用发票的小规模纳税人,税务机关不再为其代开增值税专用发票。

自愿选择自行开具增值税专用发票的小规模纳税人销售其取得的不动产,需要开具增值税专用发票的,税务机关不再为其代开。

货物运输业小规模纳税人可以根据自愿原则选择自行开具增值税专用发票;未选择自行开具增值税专用发票的纳税人,按照《国家税务总局关于发布〈货物运输业小规模纳税人申请代开增值税专用发票管理办法〉的公告》(国家税务总局公告 2017 年第 55 号公布,国家税务总局公告 2018 年第 31 号和国家税务总局公告 2019 年第 45 号修改)的相关规定,向税务机关申请代开。

增值税小规模纳税人应当就开具增值税专用发票的销售额计算增值税应纳税额,并在规定的纳税申报期内向主管税务机关申报缴纳。在填写增值税纳税申报表时,应当将当期开具增值税专用发票的销售额,按照 3% 和 5% 的征收率,分别填写在《增值税纳税申报表》(小规模纳税人适用)第 2 栏和第 5 栏"税务机关代开的增值税专用发票不含税销售额"的"本期数"相应栏次中。

(四) 小规模纳税人购进税控收款机可抵免当期应纳税额

自 2004 年 12 月 1 日起,增值税小规模纳税人购置税控收款机,经主管税务机关审核批准后,可凭购进税控收款机取得的增值税专用发票,按照发票上注明的增值税税额,抵免当

期应纳税额。或者按照购进税控收款机取得的普通发票上注明的价款,依下列公式计算可抵免的税额:

$$可抵免的税额=价款÷(1+13\%)×13\%$$

当期应纳税额不足抵免的,未抵免的部分可在下期继续抵免。

【案例1-51】 A超市是增值税小规模纳税人,2019年4月取得零售收入20.6万元,当月购置税控收款机一台,取得增值税专用发票注明增值税税额227.5元,当月应纳增值税税额的计算方法为:零售业务应纳税额=20.6÷(1+3%)×3%=0.6(万元),当月应纳增值税=6 000-227.5=5 772.5(元)。

条文理解 税控收款机不等同于防伪税控专用设备,购进税控收款机时只抵税款;购进防伪税控专用设备抵价税合计。

(五)增值税纳税人购进防伪税控专用设备及服务费

增值税纳税人购买增值税税控系统专用设备支付的费用以及缴纳的技术维护费(以下简称两项费用)可在增值税应纳税额中全额抵减。

(1)增值税纳税人2011年12月1日(含,下同)以后初次购买增值税税控系统专用设备(包括分开票机)支付的费用,可凭购买增值税税控系统专用设备取得的增值税专用发票,在增值税应纳税额中全额抵减(抵减额为价税合计额),不足抵减的可结转下期继续抵减。增值税纳税人非初次购买增值税税控系统专用设备支付的费用,由其自行负担,不得在增值税应纳税额中抵减。

增值税税控系统包括:增值税防伪税控系统,货物运输业增值税专用发票税控系统,机动车销售统一发票税控系统,公路、内河货物运输业发票税控系统。

增值税防伪税控系统的专用设备包括金税卡、IC卡、读卡器或金税盘和报税盘。货物运输业增值税专用发票税控系统专用设备包括税控盘和报税盘。机动车销售统一发票税控系统和公路、内河货物运输业发票税控系统专用设备包括税控盘和传输盘。

(2)增值税纳税人2011年12月1日以后缴纳的技术维护费(不含补缴的2011年11月30日以前的技术维护费),可凭技术维护服务单位开具的技术维护费发票,在增值税应纳税额中全额抵减,不足抵减的可结转下期继续抵减。技术维护费按照价格主管部门核定的标准执行。

条文理解 一是购置设备应为初次购买;二是抵减范围为增值税税控系统购置费和技术维护费,但要注意的是,增值税一般纳税人支付的两项费用在增值税应纳税额中全额抵减的,其增值税专用发票不作为增值税抵扣凭证,其进项税额不得从销项税额中抵扣。三是抵减金额归属为减征税额。上述抵减增值税的费用,不属于进项税额抵扣,而是作为增值税的减征税额。因此,纳税人在填写纳税申报表时,对当期可在增值税应纳税额中全额或部分抵减的增值税税控系统专用设备费用以及技术维护费,应按以下要求填报:增值税一般纳税人和小规模纳税人均应将抵减金额填入相应的《增值税纳税申报表》中的"应纳税额减征额"

栏,本期应纳税额不足抵减减征额部分结转下期继续抵减。

(3)抵减税额会计上应作为收入处理。

由于上述抵减金额不作为进项税额,因此允许抵减的两项费用不能作为"应交税费——应交增值税(进项税额)"核算处理。考虑到属于增值税的减征税额,根据相关会计制度规定,一般将抵减的应纳税额计入"其他收益"科目,或者冲减"管理费用"科目。

第六节　进口环节税收政策

进口环节税是进口货物关税、增值税与消费税的统称。其中,增值税与消费税由海关代征。

一、进口环节税收课税范围

《增值税暂行条例》第十九条第(二)项规定,进口货物增值税纳税义务发生时间,为报关进口的当天。《增值税暂行条例》第二十条规定,增值税由税务机关征收,进口货物的增值税由海关代征。个人携带或者邮寄进境自用物品的增值税,连同关税一并计征。具体办法由国务院关税税则委员会会同有关部门制定。

进口货物增值税纳税地点在报关地海关申报纳税。纳税人进口货物,应当自海关填发海关进口增值税专用缴款书之日起 15 日内缴纳税款。

条文理解　由于海关所征的各种税收,其管理有别于国内其他税种,所以,我们可以将海关征收的各种税收统称为海关税收。目前海关税收不仅包括关税,还包括进口环节增值税和进口环节消费税,以及船舶吨税。增值税是对货物劳务及服务生产、流通环节新增价值征收的一种国家税收。目前,国内生产、流通环节的增值税由国内税务机关负责征收,但是对于进口货物的增值税,国家授权由海关在进口环节代为征收。因此,进口环节增值税通常又称为海关代征税(含消费税)。

在我国,海关征收的关税、进口环节增值税和消费税,以及船舶吨税都是直接上缴国库,归中央政府支配,属于中央税。关税、进口环节增值税和消费税属于货物和劳务税(或者说属于流转税),船舶吨税属于一种财产税。关税和进口环节增值税属于价外税,而进口环节消费税属于价内税。

二、进口环节税收课税凭证

海关进口增值税专用缴款书(以下简称海关缴款书)是纳税人进口货物取得海关签发的合法海关完税凭证,其注明的增值税税额准予从销项税额中扣除。根据《国家税务总局关于加强海关进口增值税抵扣管理的公告》(国家税务总局公告 2017 年第 3 号,以下简称 2017 年第 3 号公告)的规定,增值税一般纳税人进口货物时应准确填报企业名称,确保海关缴款书上的企业名称与税务登记的企业名称一致。税务机关将进口货物取得的属于增值税抵扣范围的海关缴款书信息与海关采集的缴款信息进行稽核比对。经稽核比对相符后,海关缴款书上注明的增值税税额可作为进项税额在销项税额中抵扣。稽核比对不相符,所列税额暂不得抵扣,待核查确认海关缴款书票面信息与纳税人实际进口业务一致后,海关缴款书上注明的增值税税额可作为进项税额在销项税额中抵扣。

条文理解 2017年第3号公告发布后将海关缴款书上的缴款单位名称纳入稽核比对项目后,杜绝了冒用海关专用缴款书信息骗抵税额的情况。但实践中,仍然存在用票企业虚构进口业务串通实际进口企业以他人名义取得海关缴款书骗抵税额虚开发票;利用海关缴款书货物名称汉字信息不稽核比对的盲区,不法分子通过票货分离套取海关缴款书抵扣税款后,再变造货物名称通过换取发票内容对外虚开发票;以虚假委托进口企业名义利用"双抬头"海关缴款书骗抵税额再对外虚开发票的情况。

三、进口环节税收的计算

(一)一般贸易进口货物计算方式

进口货物应纳增值税税额＝(完税价格＋实征关税税额＋实征消费税税额)×增值税税率。其中,应纳关税税额＝完税价格×实征关税税额,应纳消费税税额＝(完税价格＋实征关税税额)÷(1－消费税税率)×消费税税率。

【案例1-52】 A企业为增值税一般纳税人,由于没有进出口经营权特委托B外贸企业为其代理进口货物。2019年8月10日从国外购进一批化妆品,到时岸价为25 000元人民币。其中,进口商品的消费税税率为30%,增值税税率为16%,关税为25%,应纳增值税如下:

应纳关税税额＝完税价格×实征关税税额＝25 000×25%＝6 250(元)。

应纳消费税税额＝(完税价格＋实征关税税额)÷(1－消费税税率)×消费税税率＝(25 000＋6 250)÷(1－30%)×30%＝13 392.86(元)。

应纳增值税税额＝(完税价格＋实征关税税额＋实征消费税税额)×增值税税率＝(25 000＋6 250＋13 392.86)×16%＝7 142.86(元)。

合计进口税收应纳税额＝实征关税税额＋实征消费税税额＋实征增值税税额＝25 000＋6 250＋13 392.86＋7 142.86＝51 785.72(元)。

(二)跨境电商进口零销商品计算方式

根据《财政部 海关总署 国家税务总局关于完善跨境电子商务零售进口税收政策的通知》(财关税〔2018〕49号)的规定,自2019年1月1日起,国内消费者从跨境电子商务企业(以下简称跨境电商)购进零售进口商品的单次交易限额由人民币2 000元提高至5 000元,年度交易限值由人民币20 000元提高至26 000元。按照关税税率暂按0%、进口环节增值税、消费税暂按法定应纳税额的70%的优惠政策征收。通过跨境电商购进上述限额内的进口商品,关税税率暂设为 0;增值税按适用税率的 70% 征收,如进口税率为 16% 的商品,按 70% 换算为 11.2%(16%×70%);消费税按适用税率的 70% 征收,如进口税率为 30% 的商品,按 70% 换算为 21%(30%×70%)。

进口货物应纳增值税税额=(完税价格+实征关税税额+实征消费税税额)×增值税税率×70%,其中,应纳关税税额=完税价格×实征关税税额=0,应纳消费税税额=(完税价格+实征关税税额)÷(1-消费税税率)×消费税税率×70%。

【案例 1-53】 2019 年 8 月 1 日,国内消费者王女士在海关联网电子商务交易平台进行身份信息认证后,单次购买一件跨境电子商务零售进口化妆品 3 000 元人民币(完税价格,下同)。其中,化妆品的消费税税率为 30%,增值税税率为 16%,关税为 25%。由于王女士单次购买跨境电子商务零售进口化妆品未超过 5 000 元范围,关税适用税率暂为 0%。

那么,王女士此次购物的应纳消费税税额=(完税价格+实征关税税额)÷(1-消费税税率)×消费税税率×70%=(3 000+0)÷(1-30%)×30%×70%=900(元)。应纳增值税税额=(完税价格+实征关税税额+实征消费税税额)×增值税税率×70%=(3 000+0+900)×16%×70%=436.80(元)。合计进口税收应纳税额=实征关税税额+实征消费税税额+实征增值税税额=0+436.80+900=1 336.80(元)。

第七节　增值税出口退(免)税的基本要素

增值税出口退(免)税的基本要素,主要包括出口货物劳务及服务的范围、税率、计税依据、方法等。

一、出口货物劳务及服务的范围

出口退(免)税是出口货物劳务及服务退(免)税的简称。它是指对出口货物、劳务以及提供增值税零税率服务免征其国内生产、流通环节的间接税(增值税、消费税),并退还其在国内生产、流通环节已缴纳的间接税的一种税收制度。出口退(免)税是国际贸易中通常采用并为各国所接受的一项税收制度,主要目的在于出口货物、劳务及服务以不含国内间接税价格进入国际市场,避免对跨国流动货物劳务及服务重复征收国内税。

《国务院关于废止〈中华人民共和国营业税暂行条例〉和修改〈中华人民共和国增值税暂行条例〉的决定》(国务院令第 691 号)第二条第四款规定:"纳税人出口货物,税率为零;但是,国务院另有规定的除外。"第五款规定:"境内单位和个人跨境销售国务院规定范围内的服务、无形资产,税率为零。税率的调整,由国务院决定"。

(一) 出口退(免)税的企业范围

根据《财政部　国家税务总局关于出口货物劳务增值税和消费税政策的通知》(财税〔2012〕39 号)第一条第(一)项的规定,出口企业是指依法办理工商登记、税务登记、对外贸易经营者备案登记,自营或委托出口货物的单位或个体工商户,以及依法办理工商登记、税务登记但未办理对外贸易经营者备案登记,委托出口货物的生产企业。同时,根据《财政部 国家税务总局关于全面推开营业税改征增值税试点的通知》(财税〔2016〕36 号)的规定,包括向境外提供零税率应税服务及无形资产的境内的单位和个人。以及根据《国家税务总局关于调整完善外贸综合服务企业办理出口货物退(免)税有关事项的公告》(国家税务总局公告 2017 年第 35 号)的规定为生产企业代办出口退税的外贸综合服务企业。

条文理解 按经营类型划分为生产型企业(以下简称生产企业)、外贸型企业(以下简称外贸企业)、外贸综合服务企业(以下简称外综服企业)三类:

(1) 生产企业。它是指具有生产能力(包括加工修理修配能力)的单位或个体工商户。

(2) 外贸企业。它是指不具有生产能力的出口企业。

(3) 外综服企业。根据《商务部 海关总署 税务总局 质检总局 外汇局关于促进外贸综合服务企业健康发展有关工作的通知》(商贸函〔2017〕759 号)第一条的规定,它是指具备对外贸易经营者身份,接受国内外客户委托,依法签订综合服务合同(协议),依托综合服务信息平台,代为办理包括报关报检、物流、退税、结算、信保等在内的综合服务业务和协助办理融资业务的企业。外综服企业是代理服务企业,应具备较强的进出口专业服务、互联网技术应用和大数据分析处理能力,建立较为完善的内部风险防控体系。外综服企业代国内生产企业办理出口退(免)税事项同时符合规定条件的,可由外综服企业向外综服企业所在地主管税务机关集中代为办理出口退(免)税事项(以下简称代办退税)。主要适用于外综服企业为生产企业代办退税业务。

(二) 出口退(免)税货物劳务及服务的范围

出口企业主要是从事出口货物劳务及服务的行业,具体可分为出口企业出口货物、视同出口货物、修理修配劳务和增值税零税率应税服务(含无形资产)等四类情形[明确规定不予退(免)税或出口不符合出口退(免)税条件的货物除外]。

1. 出口企业出口货物

根据《财政部 国家税务总局关于出口货物劳务增值税和消费税政策的通知》(财税〔2012〕39 号)第一条第(一)项的规定,出口货物是指向海关报关后实际离境并销售给境外单位或个人的货物。

条文理解 一般情况下享受出口退(免)税的货物应同时具备以下四个条件:

(1) 必须是属于增值税和消费税征税范围内的货物。

(2) 必须是报关离境的货物。凡报关不离境的货物,无论以外币或人民币结算、无论财务上如何处理,均不能视为出口货物予以退(免)税(视同出口货物及修理修配、跨境应税服务等国家规定的其他情形除外)。

(3) 必须是在财务上作销售处理的货物。生产企业出口货物劳务(进料加工复出口货物除外)增值税退(免)税的计税依据,为出口货物劳务的实际离岸价(FOB)。实际离岸价应以出口发票上的离岸价为准,但如果出口发票不能反映实际离岸价,主管税务机关有权予以核定。外贸企业出口货物劳务参照执行。实行退（免）税办法的跨境应税服务和无形资产，如果主管税务机关认定出口价格偏高的，有权按照核定的出口价格计算退（免）税，核定的出口价格低于外贸企业购进价格的，低于部分对应的进项税额不予退税，转入成本。

（4）必须是出口收汇的货物。根据《国家税务总局关于出口企业申报出口货物退（免）税提供收汇资料有关问题的公告》（国家税务总局公告2013年第30号，以下简称2013年第30号公告）第一条、第五条和《财政部　税务总局关于明确国有农用地出租等增值税政策的公告》（财政部　税务总局公告2020年第2号）第四条的规定，出口企业申报退（免）税的货物，须在退（免）税申报期限内进行收汇。不能收汇或未在规定期限内收汇的，如按会计制度规定须冲减出口销售收入的，在冲减销售收入后，属于2013年第30号公告第二条所列出口企业应在申报退（免）税时，属于2013年第30号公告第四条所列出口企业应在退（免）税申报期截止之日内，向主管税务机关报送《出口货物不能收汇申报表》，提供2013年第30号附件3所列九种原因对应的有关证明材料，经主管税务机关审核确认后，可视同收汇处理。在办理在收汇或者办理不能收汇手续后，即可申报办理退（免）税。

注：2013年第30号公告附件3所列出口企业出口货物因下列九种原因导致不能收汇的，应提供相应的证明材料，报主管税务机关：

（1）因国外商品市场行情变动的，提供有关商会出具的证明或有关交易所行情报价资料。原因代码：01。

（2）因出口商品质量原因的，提供进口商的有关函件和进口国商检机构的证明；由于客观原因无法提供进口国商检机构证明的，提供进口商的检验报告、相关证明材料和出口单位书面保证函。原因代码：02。

（3）因动物及鲜活产品变质、腐烂、非正常死亡或损耗的，提供进口商的有关函件和进口国商检机构的证明；由于客观原因确实无法提供商检证明的，提供进口商有关函件、相关证明材料和出口单位书面保证函。原因代码：03。

（4）因自然灾害、战争等不可抗力因素的，提供报刊等新闻媒体的报道材料或中国驻进口国使领馆商务处出具的证明。原因代码：04。

（5）因进口商破产、关闭、解散的，提供报刊等新闻媒体的报道材料或中国驻进口国使领馆商务处出具的证明。原因代码：05。

（6）因进口国货币汇率变动的，提供报刊等新闻媒体刊登或外汇局公布的汇率资料。原因代码：06。

（7）因溢短装的，提供提单或其他正式货运单证等商业单证。原因代码：07。

（8）因出口合同约定全部收汇最终日期在申报退（免）税截止期限以后的，提供出口合同。原因代码：08。

（9）因其他原因的，提供主管税务机关认可的有效凭证。原因代码：09。

2. 出口企业视同出口货物

在出口退（免）税中，有一些虽然不完全具备上述出口货物退（免）税的四个条件，但由于这些货物销售方式、消费环节、结算办法的特殊性，国家允许其退（免）增值税或消费税。按照《财政部　国家税务总局关于出口货物劳务增值税和消费税政策的通知》（财税〔2012〕39

号)及其他相关规定,可以统一归并到视同出口货物范围,主要包括:

(1)出口企业经海关报关进入国家批准的出口加工区、保税物流园区、保税港区、综合保税区、珠澳跨境工业区(珠海园区)、中哈霍尔果斯国际边境合作中心(中方配套区域)、保税物流中心(B型)(以下统称七类特殊区域)并销售给特殊区域内单位或境外单位、个人的货物。

(2)出口企业或其他单位销售给特殊区域内生产企业生产耗用且不向海关报关输入七类特殊区域的水(包括蒸汽)、电力、燃气(需要注意的是,海关特殊监管区域一般纳税人试点企业及平潭等自贸区内企业除外,下同)。

(3)出口企业对外援助、对外承包、境外投资的出口货物。

(4)免税品经营企业销售的货物(国家规定不允许经营和限制出口的货物、卷烟和超出免税品经营企业《企业法人营业执照》规定经营范围的货物除外)。

(5)出口企业或其他单位销售用于国际金融组织或外国政府贷款国际招标建设项目的中标机电产品(本书称中标机电产品)。

(6)生产企业向海上石油天然气开采企业销售的自产的海洋工程结构物。需要注意的是,自2017年1月1日起,生产企业销售自产的海洋工程结构物,或者融资租赁企业及其设立的项目子公司、金融租赁公司及其设立的项目子公司购买并以融资租赁方式出租的国内生产企业生产的海洋工程结构物,应按规定缴纳增值税,不再适用《财政部 国家税务总局关于出口货物劳务增值税和消费税政策的通知》(财税〔2012〕39号)或者《财政部 海关总署 国家税务总局关于在全国开展融资租赁货物出口退税政策试点的通知》(财税〔2014〕62号)规定的增值税出口退税政策,但购买方或者承租方为按实物征收增值税的中外合作油(气)田开采企业的除外。2017年1月1日前签订的海洋工程结构物销售合同或者融资租赁合同,在合同到期前,可继续按现行相关出口退税政策执行。

(7)出口企业或其他单位销售给国际运输企业用于国际运输工具上的货物。只适用于外轮供应公司、远洋运输供应公司销售给外轮、远洋国轮的货物,国内航空供应公司生产销售给国内和国外航空公司国际航班的航空食品。

3. 对外提供修理修配劳务

根据《财政部 国家税务总局关于出口货物劳务增值税和消费税政策的通知》(财税〔2012〕39号)第一条第(三)项的规定,对外提供加工修理修配劳务是指对进境复出口货物或从事国际运输的运输工具进行的加工修理修配,如修理修配飞机等。

4. 零税率应税服务

根据《财政部 国家税务总局关于全面推开营业税改征增值税试点的通知》(财税〔2016〕36号)附件4《跨境应税行为适用增值税零税率和免税政策的规定》的规定,境内的单位和个人销售国际运输服务、航天运输服务、向境外单位提供的完全在境外消费的研发设计、无形资产等服务、财政部和国家税务总局规定的其他服务。

5. 跨境电子商务出口企业的出口货物

跨境电子商务出口企业的出口货物,即自建跨境电子商务销售平台的电子商务出口企业和利用第三方跨境电子商务平台开展电子商务出口的企业,以海关监管方式代码1210和

9610 出口的货物。

6. 外综服企业代办退税货物

外综服企业代办退税货物是指外综服企业为生产企业代办出口退税的货物。

7. 其他情形

其他情形主要包括:融资租赁货物出口退税;对境外带料加工装配业务所使用的出境设备、原材料和散件;对符合条件的出口企业从启运地口岸启运报关出口,由符合条件的运输企业承运,从水路转关直航或经停指定口岸,自离境地口岸离境的集装箱货物,实行启运港退税政策;对从经停港报关出口、由符合条件的运输企业途中加装的集装箱货物,符合上述规定的运输方式、离境地点要求的,以经停港作为货物的启运港,也实行启运港退税政策;出口至列名出口监管仓库的货物;外国驻华使(领)馆(包括特定国际组织驻华代表机构)及其人员在华购买的物品和劳务;内资研发机构和外资研发中心采购的国产设备;境外旅客购物离境退税;软件出口;国家规定的其他出口货物。

二、出口模式

目前,对于出口企业而言适用于退(免)税的出口的模式,主要分为自营出口退税、代理出口退税、外综服代办退税三类。

自营出口是指出口企业自行生产或经营的出口或转口商品的销售业务。包括:以贸易形式直接对国外销售;进口原材料加工复制出口;出售出国展品、样品;批准供应外轮和远洋货轮、外国驻华使馆商品;取得外汇收入的商品销售。出口退(免)税的申报主体是自营出口企业本身。

出口代理是指一家企业(委托方)委托有进出口资质的另一家企业(受托方,即代理方)从事出口业务。委托方主要分为两种情形:一是委托方有进出口权,但由于某些原因无法顺利办理进出口业务的,如缺乏专业的业务或财务人员等;二是委托方没有进出口权。需要委托代理方报关出口,并取得代理方向主管税务机关申报开具的《出口货物代理证明》和出口货物报关单向所属地税务机关申报退(免)税。退(免)税申报主体是委托方而不是受托方。

外综服代办退税是指外贸综合服务企业代国内生产企业办理出口退(免)税事项。同时符合下列条件的,可由外综服企业向外综服企业所在地主管税务机关集中代为办理出口退(免)税事项:一是符合《商务部　海关总署　税务总局　质检总局　外汇局关于促进外贸综合服务企业健康发展有关工作的通知》(商贸函〔2017〕759 号)第一条规定的外综服企业,并向主管税务机关备案;二是企业内部已建立较为完善的代办退税内部风险管控制度并已向主管税务机关备案。对于外综服企业而言既可以采取自营出口、代理出口方式,也可以采用生产企业代办退税模式。

三、出口退(免)税的税种与税率

出口退税率是指出口货物劳务及服务应退税额和退税计税依据的比率。它是出口退税的中心环节,体现国家在一定时期的经济政策,反映出口货物实际征税水平。出口退税率是根据出口货物的实际整体税负确定的,同时也是零税率原则和宏观调控原则相结合的产物,主要分为增值税与消费税两种。

(一)出口退税率与商品代码的关系

出口退税率由国务院决定,国家税务总局根据规定将退税率通过出口货物劳务退税率文库予以发布,供征纳双方执行。每个出口退税率的查询均以商品代码作为索引,在出口货物劳务退税率文库中进行查询。因此,每个出口退税率的确定与海关商品代码(2020年进出口税则)有着直接的关联关系。

对适用不同退税率的货物劳务,应分开报关、核算并申报退(免)税。未分开报关、核算或划分不清的,从低适用退税率。

(二)增值税出口退税率

1. 基本退税率

根据《财政部 税务总局 海关总署关于深化增值税改革有关政策的公告》(财政部 税务总局 海关总署公告2019年第39号,以下简称2019年第39号公告)的规定,自2019年4月1日起,原适用16%税率且出口退税率为16%的出口货物劳务,出口退税率调整为13%;原适用10%税率且出口退税率为10%的出口货物、跨境应税行为,出口退税率调整为9%。除上述调整外,其他退税率保持不变。调整后增值税出口退税率为:0%、6%、9%、10%、13%五档。2020年3月,为应对新型冠状病毒感染的肺炎疫情的影响,稳定外贸出口增长,财政部、国家税务总局出台的《关于提高部分产品出口退税率的公告》(财政部 税务总局公告2020年第15号)规定,自2020年3月20日起,将瓷制卫生器具等1084项产品的出口退税率提高至13%;将植物生长调节剂等380项产品出口退税率提高至9%。除"两高一资"产品(高污染、高耗能、资源型产品)外,所有出口产品不再有征退税率之差。由此,现行出口退税率由原2019年第39号公告规定的五档缩减为四档,分别是13%、9%、6%、0。

需要注意的是,除上述财政部和国家税务总局根据国务院决定而明确的增值税出口退税率以外,特殊情况下出口退税率还有另行的其他特殊规定,如外贸企业从小规模纳税人购进的出口货物,其退税率与征收率采用孰低原则确定出口退税率,因此,一般情况下出口退税率为征收率3%。某外贸企业从小规模纳税人企业购进一批服装出口,取得小规模纳税人向税务机关代开的3%增值税专用发票,已知服装的出口退税率为13%,则该企业申报出口退税时,只能按3%为依据计算免退税额。

2. 出口退税率执行时限

退税率有调整的,执行时间一般以货物(包括被加工修理修配的货物)出口报关单上注明的出口日期为准。如果属于非报关出口销售的货物,以增值税专用发票、出口发票或普通发票的开具时间为准。保税区外出口企业经保税区仓储出口的货物,以货物离境时海关出具的最后一批出境货物备案清单上注明的出口日期为准。启运港退(免)税政策的出口货物退税率执行时间以启运地海关签发的退税证明联上注明的"出口日期"为准。

四、现行出口退（免）税办法

目前，我国增值税出口退（免）税方法，主要分为免退税、免抵退税和代办退税三种。

（一）免抵退税办法

免抵退税办法是指生产企业出口自产货物、视同自产货物及对外提供加工修理修配劳务，列名生产企业出口非自产货物，以及外贸企业直接将服务或自行研发的无形资产出口，免征增值税，相应的进项税额抵减应纳增值税税额（不包括适用增值税即征即退、先征后退政策的应纳增值税税额），未抵减完的部分予以退还。

条文理解 上述免抵退税的界定是根据《财政部 国家税务总局关于出口货物劳务增值税和消费税政策的通知》（财税〔2012〕39号）第二条第一项、《财政部 国家税务总局关于全面推开营业税改征增值税试点的通知》（财税〔2016〕36号）第四条、《国家税务总局关于调整完善外贸综合服务企业办理出口退（免）税有关事项的公告》（国家税务总局公告2017年第35号）第一条的规定，进行了组合整理而形成的。主要适用于有进出口自主经营权和委托代理出口的生产企业、生产型集团公司、外贸企业出口自主研发设计的零税率应税服务。

（二）免退税办法

免退税办法是指不具备生产能力的出口企业或其他单位出口货物劳务，以及外贸企业外购服务或者无形资产出口，免征增值税，相应的进项税额予以退还。主要适用于有进出口自主经营权和委托代理出口的外贸企业。

（三）代办退税办法

外综服企业代国内生产企业办理出口退（免）税事项同时符合规定条件的，可由外综服企业向外综服企业所在地主管税务机关集中代为办理出口退（免）税事项（以下简称代办退税）。

生产企业出口货物，同时符合以下条件的，可由外综服企业代办退税：一是出口货物为生产企业的自产货物或视同自产货物；二是生产企业为增值税一般纳税人并已按规定办理出口退（免）税备案；三是生产企业已与境外单位或个人签订出口合同；四是生产企业已与外综服企业签订外贸综合服务合同（协议），约定由外综服企业提供包括报关报检、物流、代办退税、结算等在内的综合服务，并明确相关法律责任；五是生产企业向主管税务机关提供代办退税的开户银行和账号。主要适用于外综服企业为生产企业代办退税业务。

五、出口退（免）税的计税依据与计算

出口货物劳务及服务的增值税退（免）税计税依据，按出口货物劳务的出口发票（外销发票）、其他普通发票或购进出口货物劳务的增值税专用发票、海关进口增值税专用缴款书来确定。不同情形下，计税依据也有所区别，主要包括以下范围。

（一）免抵退税的计税依据与计算

免抵退税的计税依据通常分为一般贸易与进料加工两种，按政策规定分别计算。

1. 一般贸易免抵退计税依据

根据《财政部　国家税务总局关于出口货物劳务增值税和消费税政策的通知》（财税〔2012〕39号）第四条的规定，生产企业出口货物劳务（进料加工复出口货物除外）增值税退（免）税的计税依据，为出口货物劳务的实际离岸价（FOB）。实际离岸价应以出口发票上的离岸价为准，但如果出口发票不能反映实际离岸价，主管税务机关有权予以核定。

2. 一般贸易免抵退税计算

（1）生产企业出口货物劳务增值税一般贸易免抵退税，依下列公式计算。

① 当期应纳税额的计算：

$$当期应纳税额 = 当期销项税额 - (当期进项税额 - 当期不得免征和抵扣税额) - 上期留抵税额$$

$$当期不得免征和抵扣税额 = 当期出口货物离岸价 \times 外汇人民币折合率 \times (出口货物适用税率 - 出口货物退税率)$$

条文理解 上述当期出口货物离岸价为当期收齐单证及信息齐全部分（下同）。出口退税率低于适用税率差额部分的税款计入出口货物劳务的成本核算。

外汇人民币折合率的换算应根据《增值税暂行条例实施细则》第十五条的规定，纳税人按人民币以外的货币结算销售额的，其销售额的人民币折合率可以选择销售额发生的当天或者当月1日的人民币汇率中间价。纳税人应在事先确定采用何种折合率，确定后1年内不得变更。（下同）

② 当期免抵退税额的计算：

当期免抵退税额＝当期出口货物离岸价×外汇人民币折合率×出口货物退税率

③ 当期应退税额和免抵税额的计算：

A. 当期应纳税额大于0时，当期免抵退税额＝当期免抵税额。

B. 当期期末留抵税额≤当期免抵退税额，则当期应退税额＝当期期末留抵税额，当期免抵税额＝当期免抵退税额－当期应退税额。

C. 当期期末留抵税额＞当期免抵退税额，则当期应退税额＝当期免抵退税额，当期免抵税额＝0，当期期末留抵税额为当期增值税纳税申报表中"期末留抵税额"。

从上公式，对于生产企业一般贸易免抵退税的计算应当分为三步走：第一步计算当期应纳税额；第二步计算当期免抵退税额；第三步确定当期应退税额和免抵税额。

【案例1-54】 A企业2019年8月发生进项税额130 000元，销项税额70 000元，结转上月留抵税额87 000元，当月报关出口折合人民币FOB价格为600 000元，出口货物报关单信息齐全。同时，还报关出口一笔货物折合人民币价格为1 000 000元，出口货物报关单未收齐且信息不齐全。已知出口货物征税率为13%，退税率为9%。请计算当期免抵退税不得免征和抵扣税额、免抵及退税额。

当月免抵退税不得免征和抵扣税额＝当期出口货物离岸价×外汇人民币折合率×（出口货物适用税率－出口货物退税率）＝600 000×（13%－9%）＝24 000（元）。

当期应纳税额＝当期销项税额－（当期进项税额－当期免抵退不得免征和抵扣税额）－上期留抵税额＝70 000－（130 000－24 000）－87 000＝－123 000（元），期末留抵税额为123 000元。

当期免抵退税额＝600 000×9％＝54 000（元），已知应纳税额＝－123 000（元），当期期末留抵税额123 000元＞当期免抵退税额54 000元，则当期应退税额＝当期免抵退税额＝54 000（元）。

结转下期留抵税额＝123 000－54 000＝69 000（元）。

需要注意的是，如果当期期末留抵税额小于免抵退税额情况时，当期应退税额＝当期期末留抵税额，当期免抵税额＝当期免抵退税额－当期应退税额；如果当期有应纳税额时，当期免抵税额＝当期免抵退税额，当期应退税额为0。

假设，上例中计算出的应纳税额＝－54 000（元），免抵退税为123 000元。当期期末留抵税额54 000元＜当期免抵退税额123 000元，则当期应退税额＝当期期末留抵税额＝54 000（元），免抵税额＝免抵退税额－应退税额＝123 000－54 000＝69 000（元）。

3. 进料加工免抵退计税依据

生产企业进料加工复出口货物增值税退（免）税的计税依据，按出口货物的离岸价（FOB）扣除出口货物所含的海关保税进口料件的金额后确定。

4. 进料加工免抵退税计算

根据《国家税务总局关于〈出口货物劳务增值税和消费税管理办法〉有关问题的公告》（国家税务总局公告2013年第12号）的规定，自2013年7月1日起，进料加工使用原"实耗法"或"购进法"计算免、抵、退税的生产企业，统一采用"实耗法"计算办理相关免、抵、退税申报。

生产企业出口货物劳务增值税进料加工免抵退税，依下列公式计算。

（1）当期应纳税额的计算：

$$\text{当期应纳税额} = \text{当期销项税额} - (\text{当期进项税额} - \text{当期不得免征和抵扣税额}) - \text{上期结转留抵进项税额}$$

$$\text{当期不得免征和抵扣税额} = (\text{出口货物离岸价} - \text{出口货物耗用的保税进口料件金额}) \times \text{外汇人民币折合率} \times (\text{出口货物适用税率} - \text{出口货物退税率})$$

出口退税率低于适用税率差额部分的税款计入出口货物劳务的成本核算。

（2）当期免抵退税额的计算：

$$\text{当期免抵退税额} = (\text{出口货物离岸价} - \text{出口货物耗用的保税进口料件金额}) \times \text{外汇人民币折合率} \times \text{出口货物退税率}$$

上述出口货物耗用的保税进口料件金额是指当期出口货物对应所耗用的保税进口料件的进口额。

$$\text{出口货物耗用的保税进口料件金额} = \text{进料加工复出口货物离岸价} \times \text{进料加工计划分配率}$$

$$进料加工计划分配率＝计划进口总值÷计划出口总值×100\%$$

（3）当期应退税额和免抵税额的计算：

① 当期期末留抵税额≤当期免抵退税额，则当期应退税额＝当期期末留抵税额，当期免抵税额＝当期免抵退税额－当期应退税额。

② 当期期末留抵税额＞当期免抵退税额，则当期应退税额＝当期免抵退税额，当期免抵税额＝0，结转下期结转留抵进项税额＝当期期末留抵税额－当期应退税额。

当期期末留抵税额为当期增值税纳税申报表中"期末留抵税额"。

③ 当期有应纳税额时，则当期免抵税额＝当期免抵退税额。

从上公式，对于生产企业进料加工免抵退税的计算应当分为四步走：第一步确定进料加工计划分配率；第二步计算当期应纳税额；第三步计算当期免抵退税额；第四步确定当期应退税额和免抵税额。

【案例1-55】 A生产企业为增值税一般纳税人，取得了进出口经营权与出口退（免）税备案资格，属于出口企业分类管理二类，采用无纸化申报出口退税。2019年5月首次办理进料加工业务（之前未发生过进料加工业务），并在海关取得加工贸易进料加工手册C45678912356，其计划进口为100万美元，计划出口为200万美元。7月，发生两笔进料加工出口业务，一笔折合人民币价格为600 000元（FOB），并在当期收到出口货物报关单信息，符合免抵退税申报条件。另一笔为1 500 000元（FOB）未收到出口货物报关单信息，不符合免抵退税申报条件。按照政策规定，该企业在8月的增值税纳税申报期内申报了进料加工出口额600 000元计算的免抵退税。已知该企业当月进项税额为130 000元，销项税额为85 000元，结转上月留抵税额为87 000元，出口货物退税率为13％，征税率为13％，请计算当期免抵退税额和当期不得免征和抵扣税额。

第一步：确定进料加工计划分配率。

进料加工计划分配率＝计划进口总值÷计划出口总值×100％＝100÷200×100％＝50％。

出口货物耗用的保税进口料件金额＝进料加工出口货物人民币离岸价（单证收齐且信息齐全并已收汇）×进料加工计划分配率＝600 000×50％＝300 000（元）。

第二步：计算当期应纳税额。

当期不得免征和抵扣税额＝（出口货物离岸价－出口货物耗用的保税进口料件金额）×外汇人民币折合率×（出口货物适用税率－出口货物退税率）＝（600 000－300 000）×（13％－13％）＝0（元）。

当期应纳税额＝当期销项税额－（当期进项税额－当期不得免征和抵扣税额）－上期结转留抵进项税额＝85 000－（130 000－0）－87 000＝－132 000（元），其当期期末留抵税额为132 000元。

第三步：计算当期免抵退税额。

当期免抵退税额＝（出口货物离岸价－出口货物耗用的保税进口料件金额）×外汇人民

币折合率×出口货物退税率=(600 000-300 000)×13%=39 000(元)。

第四步:确定当期应退税额和免抵税额。

由于当期期末留抵税额132 000元>当期免抵退税额39 000元,则当期应退税额=当期免抵退税额=39 000(元)。

当期免抵税额=0,结转下期抵扣的进项税额=132 000-39 000=93 000(元)。

5. 国内购进免税原材料免抵退税计税依据

生产企业国内购进无进项税额且不计提进项税额的免税原材料加工后出口的货物的计税依据,按出口货物的离岸价(FOB)扣除出口货物所含的国内购进免税原材料的金额后确定。即比照进料加工的计税依据在出口货物离岸价中扣除后再计算免抵退税。

6. 国内购进免税原材料免抵退税计算

生产企业国内购进免税原料出口货物劳务增值税免抵退税,依下列公式计算:

(1) 当期应纳税额的计算:

$$\begin{aligned}\text{当期应}\atop\text{纳税额} = {\text{当期销}\atop\text{项税额}} - \left({\text{当期进}\atop\text{项税额}} - {\text{当期不得免}\atop\text{征和抵扣税额}}\right) - {\text{上期结转留}\atop\text{抵进项税额}}\end{aligned}$$

$$\begin{aligned}{\text{当期不得免}\atop\text{征和抵扣税额}} = \left({\text{出口货物}\atop\text{离岸价}} \times {\text{外汇人民}\atop\text{币折合率}} - {\text{国内购进的无进项税额且}\atop\text{不计提进项税额的免税原材料}}\right) \\ \times \left({\text{出口货物}\atop\text{适用税率}} - {\text{出口货物}\atop\text{退税率}}\right)\end{aligned}$$

出口退税率低于适用税率差额部分的税款计入出口货物劳务的成本核算。

(2) 当期免抵退税额的计算:

$$\begin{aligned}{\text{当期免抵}\atop\text{退税额}} = \left({\text{出口货物}\atop\text{离岸价}} \times {\text{外汇人民}\atop\text{币折合率}} - {\text{国内购进的无进项税额且}\atop\text{不计提进项税额的免税原材料}}\right) \times {\text{出口货}\atop\text{物退税率}}\end{aligned}$$

(3) 当期应退税额和免抵税额的计算:

① 当期期末留抵税额≤当期免抵退税额,则当期应退税额=当期期末留抵税额,当期免抵税额=当期免抵退税额-当期应退税额。

② 当期期末留抵税额>当期免抵退税额,则当期应退税额=当期免抵退税额,当期免抵税额=0,结转下期结转留抵进项税额=当期期末留抵税额-当期应退税额。

当期期末留抵税额为当期增值税纳税申报表中"期末留抵税额"。

③ 当期有应纳税额时,当期免抵税额=当期免抵退税额。

【案例1-56】 A生产企业为一般纳税人,取得了进出口经营权与出口退(免)税备案资格,属于出口企业分类管理二类,采用无纸化申报出口退税。2019年7月购进一批免税原材料成本价为500 000元,当月发生一笔出口业务折合人民币价格为600 000元(FOB),并在当期收到出口货物报关单信息,符合免抵退税申报条件。按照政策规定,该企业在8月的增值税纳税申报期内申报了免抵退税。已知该企业当月无其他进货,发生销项税额88 000元,结转上月留抵税额为87 000元,出口货物退税率为13%,征税率为13%,请计算当期免抵退税额和当期不得免征和抵扣税额。

第一步：计算当期应纳税额。

当期不得免征和抵扣税额＝（出口货物离岸价×外汇人民币折合率－国内购进的无进项税额且不计提进项税额的免税原材料）×（出口货物适用税率－出口货物退税率）＝（600 000－500 000）×（13％－13％）＝0（元）。

当期应纳税额＝当期销项税额－（当期进项税额－当期不得免征和抵扣税额）－上期结转留抵进项税额＝88 000－（0－0）－87 000＝1 000（元）。

第二步：计算当期免抵退税额。

当期免抵退税额＝（出口货物离岸价×外汇人民币折合率－国内购进的无进项税额且不计提进项税额的免税原材料）×出口货物退税率＝（600 000－500 000）×13％＝13 000（元）。

第四步：确定当期应退税额和免抵税额。

当期有应纳税额1 000元，则当期免抵退税额＝免抵税额＝13 000（元），无退税额。

（二）免退税的计税依据与计算

免退税的计税依据通常分为一般贸易与进料加工两种，而一般贸易出口货物劳务又分自营出口与委托加工收回出口两种方式。

1. 一般贸易

1）自营出口

（1）自营出口免退计税依据。

外贸企业出口货物（委托加工修理修配货物除外）增值税退（免）税的计税依据，为购进出口货物的增值税专用发票注明的金额或海关进口增值税专用缴款书注明的完税价格。

注：上述外贸企业出口委托加工修理修配货物以外的货物，主要是指外购的自营货物出口，以购进出口货物的增值税专用发票注明的金额或海关进口增值税专用缴款书注明的完税价格为计算退税的依据。

（2）自营出口免退免退税计算。

外贸企业购进出口货物劳务增值税免退税，依下列公式计算：

增值税应退税额＝增值税退（免）税计税依据×出口货物退税率

出口退税率低于适用税率的，相应计算出的差额部分的税款计入出口货物劳务成本。

【案例1-57】　A外贸公司为增值税一般纳税人，2019年11月购入淀粉计税金额为200 000元，税额13 000元。在当期报关出口FOB价220 000元（折合人民币数）并符合申报退税条件。假设，淀粉出口退税率为13％，征税率为13％，则出口退税额为：

当期应退出口退额＝200 000×13％＝26 000（元）；

增值税结转成本税额＝200 000×（13％－13％）＝0（元）。

2）委托加工收回出口

（1）委托加工收回出口免退税计税依据。

为加工修理修配费用增值税专用发票注明的金额。外贸企业应将加工修理修配使用的原材料（进料加工海关保税进口料件除外）作价销售给受托加工修理修配的生产企业，受托加工修理修配的生产企业应将原材料成本并入加工修理修配费用开具发票。

条文理解 上述外贸企业出口委托加工修理修配货物主要是指委托加工收回的货物出口，以加工修理修配费用增值税专用发票注明的金额为计算退税的依据。外贸企业应将加工修理修配使用的原材料（进料加工海关保税进口料件除外）作价销售给受托加工修理修配的生产企业，受托加工修理修配的生产企业应将原材料成本并入加工修理修配费用开具发票，即增值税退（免）税计税依据中含有原材料的作价成本。

（2）委托加工收回出口免退税计算。

外贸企业委托加工收回出口货物劳务增值税免退税，依下列公式计算：

$$\begin{matrix}\text{出口委托加工修理修配} \\ \text{货物的增值税应退税额}\end{matrix} = \begin{matrix}\text{委托加工修理修配的} \\ \text{增值税退（免）税计税依据}\end{matrix} \times \begin{matrix}\text{出口货物} \\ \text{退税率}\end{matrix}$$

出口退税率低于适用税率的，相应计算出的差额部分的税款计入出口货物劳务成本。

【案例1-58】 A外贸公司为增值税一般纳税人，取得了进出口经营权与出口退（免）税备案资格。2020年1月将国内购入服装面料作价销售给国内B公司进行服装加工，开给B公司增值税专用发票上的计税金额为100 000元，税额13 000元。3月收回服装并在当月出口，取得B公司将购进面料的成本及加工费合并开具的增值税专用发票，其计税金额为150 000元（其中加工费为50 000元），税额19 500元。A外贸公司在4月收齐出口货物报关单信息，因此，A外贸公司在5月的增值税纳税申报期进行了免退税的申报。假设，服装出口退税率为13%，征税率为13%，则A外贸公司的出口退税额为：

增值税出口退税额＝（100 000＋50 000）×13%＝19 500（元）；

增值税结转成本税额＝（100 000＋50 000）×（13%－13%）＝0（元）。

条文理解 外贸企业属于委托加工修理修配的出口货物，应注意两个方面：一是外贸企业购进原材料委托加工出口，应采用作价销售方式进行操作再收回出口，不再按加工费与原材料分别计算退税的方式。二是购进的原材料应以外贸企业的名义购进，不能以生产加工企业的名义代进或购进原材料进行加工。

2. 进料加工

（1）进料加工免退计税依据。

外贸企业进料加工复出口货物，应以国内委托加工收回的增值税专用发票的加工费为计税依据，取消进料加工海关保税进口料件以作价销售方式再收回的计税方式，即开展进料加工业务的出口企业（含生产企业）若发生未经海关批准将海关保税进口料件作价销售给其他企业加工的，应按规定征收增值税、消费税。

（2）进料加工免退计算。

外贸企业进料加工复出口的免退税计算比照一般贸易出口委托加工修理修配货物来计算，其公式为：

$$出口委托加工收回货物增值税应退税额 = \frac{委托加工增值税}{退（免）税计税依据} \times 出口货物退税率$$

出口退税率低于适用税率的，相应计算出的差额部分的税款计入出口货物劳务成本。

【案例 1-59】 A 外贸公司为增值税一般纳税人，取得了进出口经营权与出口退（免）税备案资格。2020 年 1 月从国外购入保税进口服装面料作价 100 000 元，并委托给 B 公司进行服装加工，2 月服装加工后转给 A 外贸公司开具增值税专用发票上的加工费金额为 5 000元，税额 650 元。该企业在 3 月收齐出口货物报关单信息进行了免退税的申报。假设，服装出口退税率为 13%，征税率为 13%，则 A 外贸公司的出口退税额为：

$$增值税出口退税额 = 5\ 000 \times 13\% = 650（元）$$
$$增值税结转成本税额 = 5\ 000 \times (13\% - 13\%) = 0$$

（三）代办退税的计税依据与计算

1. 代办退税的计税依据

外综服企业向其主管税务机关申报代办退税，应退税额按代办退税专用发票上注明的"金额"和出口货物适用的出口退税率计算。

$$应退税额 = 代办退税专用发票上注明的"金额" \times 出口货物适用的出口退税率$$

代办退税专用发票不得作为外综服企业的增值税扣税凭证。

2. 代办退税的计算

外综服企业购进出口货物劳务增值税退税，依下列公式计算：

$$代办退税应退税额 = 代办退税增值税专用发票上注明的"金额" \times 出口货物适用的出口退税率$$

当出口货物征、退税率不一致时，生产企业应将征、退税额差额计入成本核算。

【案例 1-60】 A 公司为增值税一般纳税人外综服企业，主要从事自营出口、代理出口及外贸综合服务业务。B 公司为增值税一般纳税人生产企业，主要生产经营各类皮箱及皮包。已知 A、B 两家公司已办理了委托代理退税备案和出口退（免）税备案，符合委托代办退税的条件。2019 年 11 月，B 公司与美国客户签订出口销售合同，并与 A 公司签订代办退税委托合同。2019 年 12 月，B 公司委托 A 公司代办报关出口一批箱包至美国（假设适用征税率 13%，退税率 13%），折合 FOB 价人民币 30 万元，将"代办退税"字样增值税专用发票转至 A 公司用于申报代办退税。

代办退税应退税额＝代办退税增值税专用发票上注明的"金额"×出口货物适用的出口退税率＝30×13%＝3.9（万元）。

(四) 零税率应税服务退(免)税的计税依据与计算

增值税零税率应税服务退(免)税办法包括免抵退税办法和免退税办法,具体计算公式按《财政部　国家税务总局关于出口货物劳务增值税和消费税政策的通知》(财税〔2012〕39号)有关出口货物劳务退(免)税的规定执行。

1. 免抵退税的计税依据与计算

增值税零税率应税服务提供者实行免抵退税办法的,如果同时出口货物劳务且未分别核算的,应一并计算免抵退税。税务机关在审批时,应按照增值税零税率应税服务、出口货物劳务免抵退税额的比例划分其退税额和免抵税额。如果出口自己开发的研发服务或设计服务,出口退(免)税办法由免退税改为免抵退税办法的外贸企业,主管税务机关认定出口价格偏高的,有权按照核定的出口价格计算退(免)税,核定的出口价格低于外贸企业购进价格的,低于部分对应的进项税额不予退税,转入成本。

增值税零税率应税服务提供者,是指提供适用增值税零税率应税服务,且认定为增值税一般纳税人,实行增值税一般计税方法的境内单位和个人。其免抵退税依下列公式计算。

(1) 当期免抵退税额的计算:

$$当期零税率应税服务免抵退税额 = 当期零税率应税服务免抵退税计税依据 \times 外汇人民币折合率 \times 零税率应税服务增值税退税率$$

(2) 当期应退税额和当期免抵税额的计算:

① 当期期末留抵税额≤当期免抵退税额时,当期应退税额＝当期期末留抵税额,当期免抵税额＝当期免抵退税额－当期应退税额。

② 当期期末留抵税额＞当期免抵退税额时,当期应退税额＝当期免抵退税额,当期免抵税额＝0。

"当期期末留抵税额"为当期《增值税纳税申报表》的"期末留抵税额"。

上述当期零税率应税服务免抵退税计税依据为提供增值税零税率应税服务取得的收入,并按以下情况确定:

A. 以铁路运输方式载运旅客的,为按照铁路合作组织清算规则清算后的实际运输收入。

B. 以铁路运输方式载运货物的,为按照铁路运输进款清算办法,对"发站"或"到站(局)"名称包含"境"字的货票上注明的运输费用以及直接相关的国际联运杂费清算后的实际运输收入。

C. 以航空运输方式载运货物或旅客的,如果国际运输或港澳台运输各航段由多个承运人承运的,为中国航空结算有限责任公司清算后的实际收入;如果国际运输或港澳台运输各航段由一个承运人承运的,为提供航空运输服务取得的收入。

D. 其他实行免抵退税办法的增值税零税率应税服务,为提供增值税零税率应税服务取得的收入。

【案例 1-61】 A 上海国际运输开发有限公司为增值税一般纳税人,主要从事水路运输,具有《国际船舶运输经营许可证》,符合应税服务零税率实行免抵退税办法的规定。2019 年 8 月,该公司取得国际运输收入 4 000 000 元(换算为人民币价格),国内运输收入 8 000 000 元,以上均在当月计入销售收入。购进一艘小型货船(固定资产)7 000 000 元,进项税额 910 000 元,零税率应税服务的退税税率为国际运输 9%,其当期的免抵退税额为:

当期国际运输收入免抵退税额=当期零税率应税服务免抵退税计税价格×外汇人民币牌价×零税率应税服务退税率=4 000 000×9%÷10 000=36(万元)。

当期应纳税额=销项税额-(进项税额-当期免抵退税不予抵扣税额)=[8 000 000×9%-(7 000 000×13%-0)]÷10 000=-19(万元)。

由于期末留抵税额小于免抵退税额,应退税额=期末留抵税额=19(万元),当期免抵税额=36-19=17(万元)。

该公司可根据以上计算的数额在 9 月的增值税申报期内,生成免抵退税正式申报电子数据,向税务机关申报免抵退税。

2. 免退税的计税依据与计算

外贸企业实行免退税办法的退(免)税计税依据为购进应税服务的增值税专用发票或解缴税款的中华人民共和国税收缴款凭证上注明的金额。零税率应税服务增值税免退税,依下列公式计算:

$$零税率应税服务应退税额=零税率应税服务免退税计税依据×零税率应税服务增值税退税率$$

上述提供适用增值税零税率应税服务,且认定为增值税一般纳税人,实行增值税一般计税方法的境内单位和个人。

【案例 1-62】 A 外贸公司为增值税一般纳税人,取得了进出口经营权与出口退(免)税备案资格。2020 年 1 月购入一批软件程序为境外 B 公司研发设计的某系统提供应税服务。已知国内购进软件程序作价 100 000 元,开具增值税专用发票上税额为 6 000 元。该公司在 2 月已到境外 B 公司支付的款项 100 000 元。假设,出口退税率为 6%,征税率为 6%,则 A 外贸公司的出口退税额为:

零税率应税服务应退税额=零税率应税服务免退税计税依据×零税率应税服务增值税退税率
$$=100\ 000×6\%=6\ 000(元)$$

增值税结转成本税额=100 000×(6%-6%)=0

(五) 其他情形退(免)税的计税依据与计算

(1)出口进项税额未计算抵扣的已使用过的设备增值税退(免)税的计税依据,为增值税专用发票上的金额或海关进口增值税专用缴款书注明的完税价格×已使用过的设备固定资产净值÷已使用过的设备原值。

按下列公式计算:

$$应退税额 = \frac{增值税专用发票上的金额或海关}{进口增值税专用缴款书注明的完税价格} \times \frac{已使用过的设备}{固定资产净值}$$

$$\div \frac{已使用过的}{设备原值} \times \frac{适用}{退税率}$$

$$\frac{已使用过的设备}{固定资产净值} = \frac{已使用过的}{设备原值} - \frac{已使用过的设备}{已提累计折旧}$$

上述已使用过的设备是指出口企业根据财务会计制度已经计提折旧的固定资产。需要注意的是,从国外购进的设备以海关进口增值税专用缴款书注明的完税价格为计算依据。

(2)免税品经营企业销售的货物增值税退(免)税的计税依据,为购进货物的增值税专用发票注明的金额或海关进口增值税专用缴款书注明的完税价格。

按下列公式计算:

$$\frac{应退增}{值税} = \frac{购进出口货物增值税}{专用发票所列明的进项金额} \times \frac{法定增值}{税退税率}$$

(3)中标机电产品增值税退(免)税的计税依据,生产企业为销售机电产品的普通发票注明的金额,外贸企业为购进货物的增值税专用发票注明的金额或海关进口增值税专用缴款书注明的完税价格。生产企业出口货物增值税比照免抵退税计算,外贸企业出口货物增值税比照免退税计算。

(4)生产企业向海上石油天然气开采企业销售的自产的海洋工程结构物增值税退(免)税的计税依据,为销售海洋工程结构物的普通发票注明的金额。(注:按政策规定不在企业范围内的除外)生产企业出口货物增值税比照免抵退税计算。

(5)输入特殊区域的水电气增值税退(免)税的计税依据,为作为购买方的特殊区域内生产企业购进水(包括蒸汽)、电力、燃气的增值税专用发票注明的金额。生产企业出口货物增值税比照免抵退税计算,外贸企业出口货物增值税比照免退税计算。

(6)融资租赁企业、金融租赁公司及其设立的项目子公司(以下统称融资租赁出租方)将融资租赁出口货物租赁给境外承租方、将融资租赁海洋工程结构物租赁给海上石油天然气开采企业,向融资租赁出租方退还其购进租赁货物所含增值税。

按下列公式计算:

$$\frac{增值税应}{退税额} = \frac{购进融资租赁货物的增值税专用发票注明的金额}{或海关(进口增值税)专用缴款书注明的完税价格} \times \frac{融资租赁货物适用的}{增值税退税率}$$

(7)境外旅客购物离境退税,以离境的退税物品的增值税普通发票金额(含增值税)为依据。

$$应退增值税税额 = 离境的退税物品销售发票金额(含增值税) \times 退税率$$
$$实退增值税税额 = 应退增值税税额 - 退税代理机构办理退税手续费$$

(8)研发机构采购国产设备增值税退税,为增值税发票(包括增值税专用发票、增值税普通发票,下同)上注明的税额。研发机构已退税的国产设备,自增值税发票开具之日起3年内,设备所有权转移或移作他用的,研发机构须按照下列计算公式,向主管税务机关补缴已退税款:

$$应补税款 = 增值税发票上注明的金额 \times \left(设备折余价值 \div 设备原值 \right) \times 增值税适用税率$$

$$设备折余价值 = 设备原值 - 累计已提折旧$$

设备原值和已提折旧按照企业所得税法的有关规定计算。

(9)外国驻华使(领)馆及其馆员个人购买货物和服务,除车辆和房租外,每人每年申报退税销售金额(含税价格)超过18万元人民币的部分,不适用增值税退税政策。使(领)馆及其馆员购买货物和服务,增值税退税额为发票上注明的税额,发票上未注明税额的,为按照不含税销售额和增值税征收率计算的税额。购买电力、燃气、汽油、柴油,发票上未注明税额的,增值税退税额为按照不含税销售额和相关产品增值税适用税率计算的税额。

按下列公式计算:

$$增值税应退税额 = 发票金额(含增值税) \div (1 + 增值税适用税率) \times 增值税适用税率$$

(10)电子商务出口货物退(免)税的计税依据,生产企业为出口货物劳务的实际离岸价(FOB)。实际离岸价应以出口发票上的离岸价为准,但如果出口发票不能反映实际离岸价,主管税务机关有权予以核定。外贸企业实行免退税办法的退(免)税计税依据为购进货物的增值税专用发票或解缴税款的中华人民共和国税收缴款凭证上注明的金额。生产企业出口货物增值税比照免抵退税计算,外贸企业出口货物增值税比照免退税计算。

六、出口退(免)税的资格备案

出口企业申报出口退(免)税之前应取得出口退税权即资格备案,一般情况下,应满足以下条件才能向主管税务机关申报出口退(免)税资格:

(1)在商务部门取得进出口经营权,也就是加盖备案登记专用章的《对外贸易经营者备案登记表》或《中华人民共和国外商投资企业批准证书》。

(2)报关出口地海关进行登记,取得中华人民共和国海关进出口货物收发货人《报关注册登记证书》。

(3)银行和外管部门办理手续,开设外汇账户,进行进出口企业名录登记。

(4)在主管税务机关取得增值税一般纳税人资格,小规模企业除外。

(5)办理备案登记发生委托出口业务的生产企业提供委托代理出口协议,可不提供《对外贸易经营者备案登记表》或《中华人民共和国外商投资企业批准证书》,以及《中华人民共和国海关进出口货物收发货人报关注册登记证书》。

出口企业符合以上条件的,在首笔申报出口退(免)税之前应向税务机关申请资格备案,否则,不予办理出口退(免)税。

对小规模纳税人实行出口免税政策,也应当办理出口退(免)税登记。

七、出口货物劳务及服务免税范围

(一) 出口货物劳务增值税免税

(1) 出口货物劳务:

① 增值税小规模纳税人出口的货物。

② 避孕药品和用具,古旧图书。

③ 软件产品。其具体范围是指海关税则号前四位为"9803"的货物。

④ 含黄金、铂金成分货物。

⑤ 含钻石及其饰品货物,主要包括下列海关税则号的货物:7102100000、7102310000、7102390000、7104201000、7104909100、7105101000、7l13111000、7113191100、7113199100、7113201000、7116200000。

⑥ 国家计划内的卷烟。

⑦ 购进时未取得增值税专用发票、海关进口增值税专用缴款书,但其他相关单证齐全的已使用过的设备。

⑧ 非出口企业委托出口的货物,它是指无出口经营资格的流通公司以及其他(如个人)委托出口的货物。

⑨ 非列名生产企业购进的非视同自产货物。非列名生产企业是指不在《财政部 国家税务总局关于出口货物劳务增值税和消费税政策的通知》(财税〔2012〕39 号)第二条第(一)项中列名之内的 74 家生产企业。非视同自产货物是指不在《财政部 国家税务总局关于出口货物劳务增值税和消费税政策的通知》(财税〔2012〕39 号)第二条第(一)项中所列范围之内的视同自产货物。

⑩ 农业生产者自产农产品〔农产品的具体范围按照《农业产品征税范围注释》(财税〔1995〕52 号)的规定执行〕。

⑪ 油画、花生果仁、黑大豆等财政部和国家税务总局规定的出口免税的货物。

⑫ 外贸企业取得普通发票、农产品收购发票、政府非税收入票据的货物。

⑬ 来料加工复出口的货物。

⑭ 特殊区域内的企业出口的特殊区域内的货物,它专指七类特殊区域内企业出口的货物。

⑮ 边境地区出口企业以一般贸易或边境小额贸易方式从所在省(自治区)的边境口岸出口到接壤毗邻国家,并采取以人民币现金作为结算方式的出口货物。

⑯ 以旅游购物贸易方式报关出口的货物。

⑰ 生产企业出口实行简易办法征税的货物劳务。

⑱ 出口但未计外销销售收入的样品、展品,如出口企业无偿赠送给国外客户的样品。

⑲ 国家批准的免税品经营企业销售给免税店的进口免税货物免征增值税。

⑳ 主管税务机关已受理出口企业或其他单位的退(免)税申报,但在免税申报期限之后审核发现按规定不予退(免)税的出口货物,若符合免税条件享受免税政策。

㉑ 出口企业或其他单位未按规定进行单证备案(因出口货物的成交方式特性,企业没有相关备案单证的情况除外)的出口货物,不得申报退(免)税,适用免税政策。已申报退(免)税的,应用负数申报冲减原申报。

㉒ 其他免税情形的出口货物。

(2)视同出口货物劳务适用免税范围:

① 国家批准设立的免税店销售的免税货物,包括进口免税货物和已实现退(免)税的货物。

② 特殊区域内的企业为境外的单位或个人提供加工修理修配劳务。

③ 同一特殊区域、不同特殊区域内的企业之间销售特殊区域内的货物。

④ 输入特殊区域的水电气,区内生产企业若用于出租、出让厂房的,区内生产企业不得申报退税,进项税额须转入成本。

(3)跨境电子商务零售出口货物免税适用范围。

对电子商务出口企业出口货物,不符合《财政部 国家税务总局关于跨境电子商务零售出口税收政策的通知》(财税〔2013〕96 号)第一条规定退(免)税条件的,但同时符合下列条件的,适用增值税免税政策:

① 电子商务出口企业已办理税务登记。

② 出口货物取得海关签发的出口货物报关单(已取消纸质单证)。

③ 购进出口货物取得合法有效的进货凭证。

《财政部 国家税务总局商务部海关总署关于跨境电子商务综合试验区零售出口货物税收政策的通知》(财税〔2018〕103 号)规定,对跨境电子商务综合试验区(以下简称综试区)电子商务出口企业出口未取得有效进货凭证的货物,同时符合下列条件的,试行增值税、消费税免税政策:

① 电子商务出口企业在综试区注册,并在注册地跨境电子商务线上综合服务平台登记出口日期、货物名称、计量单位、数量、单价、金额。

② 出口货物通过综试区所在地海关办理电子商务出口申报手续。

③ 出口货物不属于财政部和税务总局根据国务院决定明确取消出口退(免)税的货物。

(4)不能收汇或逾期收汇出口货物免税范围。

不能收汇或未在退(免)税申报期截止之日内收汇的出口货物,适用增值税免税政策。但以下两种情况除外:一是《国家税务总局关于出口企业申报出口货物退(免)税提供收汇资料有关问题的公告》(国家税务总局公告 2013 年第 30 号)所列九类不能收汇但在申报期内向主管税务机关申报《出口货物不能收汇申报表》的,应按照《财政部 税务总局关于明确国有农用地出租等增值税政策的公告》(财政部 税务总局公告 2020 年第 2 号)第四条的规定,未在规定期限内收汇或者办理不能收汇手续的,在收汇或者办理不能收汇手续后,即可申报办理退(免)税。例如,因动物及鲜活产品变质,出口企业无法在规定的退(免)税申报期内全额收汇,只收回部分国外客户验收合格产品的货款,其无法收回的另一部分货款在经主管税务机关同意认可后按视同收汇对待,在会计处理上按坏账处理,不按免税政策办理,根据《财政部　税务总局关于明确国有农用地出租等增值税政策的公告》(财政部　税务总局公告 2020 年第 2 号)的规定,可申报出口退(免)税。二是出口不需提供收汇资料的货物,可申报退税。具体范围包括对外援助、对外承包、境外投资、免税品经营企业销售货物、中标机电产品、海洋工程结构物、国际运输工具上的货物、输入特殊区域的水电气、对外提供加工修理修配劳务以及易货贸易出口货物、委托出口企业等。

(二)营改增应税服务免税范围

(1) 下列服务:

① 工程项目在境外的建筑服务。需要注意的是,境内单位和个人作为工程分包方,为施工地点在境外的工程项目提供建筑服务,从境内工程总承包方取得的分包款收入,属于《国家税务总局关于发布〈营业税改征增值税跨境应税行为增值税免税管理办法(试行)〉的公告》(国家税务总局公告 2016 年第 29 号公布,国家税务总局公告 2018 年第 31 号修改)第六条规定的"视同从境外取得收入"。

② 工程项目在境外的工程监理服务。

③ 工程、矿产资源在境外的工程勘察勘探服务。

④ 会议展览地点在境外的会议展览服务。

⑤ 存储地点在境外的仓储服务。

⑥ 标的物在境外使用的有形动产租赁服务。

⑦ 在境外提供的广播影视节目(作品)的播映服务。

⑧ 在境外提供的文化体育服务、教育医疗服务、旅游服务。

(2) 为出口货物提供的邮政服务、收派服务、保险服务。

(3) 向境外单位提供的完全在境外消费的下列服务和无形资产:

① 电信服务。

② 知识产权服务。

③ 物流辅助服务(仓储服务、收派服务除外)。

④ 鉴证咨询服务。

⑤ 专业技术服务。

⑥ 商务辅助服务。

⑦ 广告投放地在境外的广告服务。

⑧ 无形资产。

(4) 以无运输工具承运方式提供的国际运输服务。

(5) 为境外单位之间的货币资金融通及其他金融业务提供的直接收费金融服务,且该服务与境内的货物、无形资产和不动产无关。

(6) 财政部和国家税务总局规定的其他服务。

(三)离岛旅客购物免税范围

离岛免税政策是指对乘飞机离岛(不包括离境)旅客实行限次、限值、限量和限品种免进口税购物,在实施离岛免税政策的免税商店内付款,在机场隔离区提货离岛的税收优惠政策。

(四) 增值税违法行为适用出口免税的范围

(1) 增值税纳税人发生虚开增值税专用发票或者其他增值税扣税凭证,骗取国家出口退税款行为(以下简称增值税违法行为),被税务机关行政处罚或审判机关刑事处罚的,其销售的货物、提供的应税劳务和营改增应税服务(以下统称货物劳务及服务)执行以下政策:自2014年1月1日起,出口企业或其他单位发生两次增值税违法行为的,自税务机关行政处罚决定或审判机关判决或裁定生效之日的次日起,其出口的所有适用出口退(免)税政策的货物劳务及服务,一律改为适用增值税免税政策。纳税人如果已被停止出口退税权的,适用增值税免税政策的起始时间为停止出口退税权期满后的次日。

条文理解 (1)虚开增值税专用发票或其他增值税扣税凭证是指有为他人虚开、为自己虚开、让他人为自己虚开、介绍他人虚开增值税专用发票或其他增值税扣税凭证行为之一的,但纳税人善意取得虚开增值税专用发票或其他增值税扣税凭证的除外。(2)自2014年1月1日起,出口企业购进货物的供货纳税人有属于办理税务登记两年内被税务机关认定为非正常户或被认定为增值税一般纳税人两年内注销税务登记,且符合下列情形之一的,自主管税务机关书面通知之日起,在24个月内出口的适用增值税退(免)税政策的货物劳务及服务,改为适用增值税免税政策。

① 外贸企业使用上述供货纳税人开具的增值税专用发票申报出口退税,在连续12个月内达到200万元以上(含本数,下同)的,或使用上述供货纳税人开具的增值税专用发票,连续12个月内申报退税额占该期间全部申报退税额30%以上的。

② 生产企业在连续12个月内申报出口退税额达到200万元以上,且从上述供货纳税人取得的增值税专用发票税额达到200万元以上或占该期间全部进项税额30%以上的。

③ 外贸企业连续12个月内使用3户以上上述供货纳税人开具的增值税专用发票申报退税,且占该期间全部供货纳税人户数20%以上的。

④ 生产企业连续12个月内有3户以上上述供货纳税人,且占该期间全部供货纳税人户数20%以上的。

⑤ 自2014年1月1日前已出口的上述供货纳税人的货物,出口企业可联系供货纳税人,由供货纳税人举证其销售的货物真实、纳税正常的证明材料,经供货纳税人的主管税务机关盖章认可,并在2014年7月底前按国家税务总局的函调管理办法回函后,税务机关可按规定办理退(免)税,在此之前,没有提供举证材料或举证材料没有被供货纳税人主管税务机关盖章认可并回函的,实行增值税免税政策。

注:"连续12个月内"是指外贸企业自使用上述供货纳税人开具的增值税专用发票申报退税的当月开始计算,生产企业自上述供货纳税人取得的增值税专用发票认证当月开始计算。

(2) 出口企业或其他单位出口的适用增值税退(免)税政策的货物劳务及服务,如果货物劳务及服务的国内收购价格或出口价格明显偏高且无正当理由的,该出口货物劳务及服务适用增值税免税政策。主管税务机关按照下列方法确定货物劳务及服务价格是否偏高:

① 按照该企业最近时期购进或出口同类货物劳务及服务的平均价格确定。

② 按照其他企业最近时期购进或出口同类货物劳务及服务的平均价格确定。

③ 按照组成计税价格确定。组成计税价格的公式为：

$$组成计税价格＝成本×(1＋成本利润率)$$

成本利润率由国家税务总局统一确定并公布。

(3) 出口企业或其他单位存在下列情况之一的,其出口适用增值税退(免)税政策的货物劳务及服务,一律适用增值税免税政策：

① 法定代表人不知道本人是法定代表人的。

② 法定代表人为无民事行为能力人或限制民事行为能力人的。

八、出口货物劳务及服务征税范围

(一) 出口货物劳务适用征税的范围

(1) 出口企业出口或视同出口,财政部和国家税务总局根据国务院决定明确的取消出口退(免)税的货物(不包括来料加工复出口货物、中标机电产品、列名原材料、输入特殊区域的水电气、海洋工程结构物)。

(2) 出口企业或其他单位销售给特殊区域内的生活消费用品和交通运输工具。

(3) 出口企业或其他单位因骗取出口退税被税务机关停止办理增值税退(免)税期间出口的货物。对骗取国家出口退税款的,由省级以上(含本级)税务机关批准,停止其出口退(免)税资格,停止办理出口退税的时间以省级以上(含本级)税务机关批准后作出的《税务行政处罚决定书》的决定之日为起始日。

(4) 出口企业或其他单位提供虚假备案单证和增值税退(免)税凭证有伪造或内容不实的货物。主管税务机关如果发现出口货物劳务有下列情形之一的,视同内销征税：

① 提供的增值税专用发票、海关进口增值税专用缴款书等进货凭证为虚开或伪造。

② 提供的增值税专用发票是在供货企业税务登记被注销或被认定为非正常户之后开具。

③ 提供的增值税专用发票抵扣联上的内容与供货企业记账联上的内容不符。

④ 提供的增值税专用发票上载明的货物劳务与供货企业实际销售的货物劳务不符。

⑤ 提供的增值税专用发票上的金额与实际购进交易的金额不符。

⑥ 提供的增值税专用发票上的货物名称、数量与供货企业的发货单、出库单及相关国内运输单据等凭证上的相关内容不符,数量属合理损溢的除外。

⑦ 出口货物报关单上的出口日期早于申报退税匹配的进货凭证上所列货物的发货时间(供货企业发货时间)或生产企业自产货物发货时间。

需要注意的是,上述"进货凭证上所列货物的发货时间"是指出口货物从生产工厂发货至报关港口的出厂时间,如出库单等,并非增值税专用发票等用于办理出口退(免)税各类凭证上的开具时间。

⑧ 出口货物报关单上载明的出口货物与申报退税匹配的进货凭证上载明的货物或生产企业自产货物不符。

⑨ 出口货物报关单上的商品名称、数量、重量与出口运输单据载明的不符，数量、重量属合理损溢的除外。

⑩ 生产企业出口自产货物的，其生产设备、工具不能生产该种货物。

⑪ 供货企业销售的自产货物，其生产设备、工具不能生产该种货物。

⑫ 供货企业销售的外购货物，其购进业务为虚假业务。

⑬ 供货企业销售的委托加工收回货物，其委托加工业务为虚假业务。

⑭ 出口货物的提单或运单等备案单证为伪造、虚假。

⑮ 出口货物报关单是通过报关行等单位将他人出口的货物虚构为本企业出口货物的手段取得。

出口企业按规定向国家商检、海关、外汇管理等对出口货物相关事项实施监管核查部门报送的资料中，属于申报出口退（免）税规定的凭证资料及备案单证的，如果上述部门或主管税务机关发现为虚假或其内容不实的，其对应的出口货物不适用增值税退（免）税和免税政策，适用增值税征税政策。如果查实属于偷骗税的，按照相应的规定处理。

（5）边境地区出口企业代理报关出口的货物属国家明确取消出口退（免）税的，按有关规定，适用增值税征税政策。

（6）适用增值税免税政策的出口货物劳务，出口企业或其他单位可以放弃免税，实行按内销货物征税。出口企业或其他单位应向主管税务机关提出书面报告，一旦放弃免税，36个月内不得更改。

（二）出口违规操作适用征税的范围

出口企业或其他单位具有以下情形之一的出口货物劳务适用增值税征税政策：

（1）将空白的出口货物报关单、出口收汇核销单等退（免）税凭证交由除签有委托合同的货代公司、报关行，或由境外进口方指定的货代公司（提供合同约定或者其他相关证明）以外的其他单位或个人使用的。

（2）以自营名义出口，其出口业务实质上是由本企业及其投资的企业以外的单位或个人借该出口企业名义操作完成的。

（3）以自营名义出口，其出口的同一批货物既签订购货合同，又签订代理出口合同（或协议）的。

（4）出口货物在海关验放后，自己或委托货代承运人对该笔货物的海运提单或其他运输单据等上的品名、规格等进行修改，造成出口货物报关单与海运提单或其他运输单据有关内容不符的。

（5）以自营名义出口，但不承担出口货物的质量、收款或退税风险之一的，即出口货物发生质量问题不承担购买方的索赔责任（合同中有约定质量责任承担者除外）；不承担未按期收款导致不能核销的责任（合同中有约定收款责任承担者除外）；不承担因申报出口退（免）税的资料、单证等出现问题造成不退税责任的。

（6）未实质参与出口经营活动、接受并从事由中间人介绍的其他出口业务，但仍以自营名义出口的。

（三）出口收汇管理规定适用征税的范围

主管税务机关如果发现出口企业申报退（免）税时所附送的收汇资料存在"不能收汇的原因或证明材料为虚假""收汇凭证是冒用的"情形，除按《中华人民共和国税收征收管理法》（以下简称《税收征收管理法》）相应的规定处罚外，相应的出口货物适用增值税征税政策，若属于偷骗税的，应由稽查部门查处。

（四）虚开增值税专用发票或骗取出口退税适用征税的范围

根据《财政部　国家税务总局关于防范税收风险若干增值税政策的通知》（财税〔2013〕112号）第一条的规定，自2014年1月1日起，增值税纳税人发生虚开增值税专用发票或者其他增值税扣税凭证、骗取国家出口退税款行为（以下简称增值税违法行为），被税务机关行政处罚或审判机关刑事处罚的，其销售的货物、提供的应税劳务和营业税改征增值税应税服务（以下统称货物劳务服务）执行以下政策：

（1）出口企业或其他单位发生增值税违法行为对应的出口货物劳务服务，视同内销，按规定征收增值税（骗取出口退税的，按查处骗税的规定处理）。

（2）增值税纳税人发生增值税违法行为，被税务机关行政处罚或审判机关刑事处罚后，行政机关或审判机关对上述处罚决定有调整的，按调整后的决定适用政策，调整前已实行的政策可按调整后的适用政策执行。

（3）出口企业或其他单位骗取国家出口退税款的，按查处骗税的规定处理。发生其他增值税违法行为的，对应的出口货物劳务服务视同内销按规定征收增值税。如果发生骗税或其他违法行为的纳税人变更《税务登记证》纳税人名称或法定代表人新成立企业，继续按此规定执行。

（4）被停止出口退税权的纳税人在停止出口退税权期间，如果变更《税务登记证》纳税人名称或法定代表人担任新成立企业的法定代表人的企业，在被停止出口退税权的纳税人停止出口退税权期间出口的货物劳务服务，实行增值税征税政策。

上述虚开增值税专用发票或其他增值税扣税凭证是指有为他人虚开、为自己虚开、让他人为自己虚开、介绍他人虚开增值税专用发票或其他增值税扣税凭证行为之一的，但纳税人善意取得虚开增值税专用发票或其他增值税扣税凭证的除外。

（五）复函确认供货企业存在问题适用征税的范围

复函确认供货企业存在下列情况之一的，不得办理出口退税，对已办理出口退税的，应将出口退税款追回。按规定需要征税的，应予征税。

（1）供货企业销售该批货物开出的增值税专用发票为虚开发票。

（2）供货企业销售货物属自行生产的，其生产设备、工具不能生产该种货物，或该企业不具备该批货物产能的。

（3）供货企业销售该批非自产货物的购进业务不真实。

（4）供货企业销售该批货物为委托加工产品，其委托加工业务不真实。

（5）供货企业被注销或被认定为非正常户后开出增值税专用发票的。

（6）供货企业实际销售的货物与增值税专用发票所列货物不一致的，或出口企业从供货企业采购的货物与其实际出口货物不一致的。

（7）其他按规定不予办理出口退税的情况。

第二章 营改增行业政策规定

在我国营业税改征增值税(以下简称营改增)实施之前,营业税和增值税是我国两大主体税种。2011年,经国务院批准,财政部、国家税务总局联合下发营改增试点方案。从2012年1月1日起,在上海交通运输业和部分现代服务业开展营改增试点。自2012年8月1日起至2012年年底,国务院将扩大营改增试点至10省市。2013年8月1日,营改增范围已扩大到全国试行,并将广播影视服务业纳入试点范围。2014年1月1日起,将铁路运输和邮政服务业纳入营业税改征增值税试点,至此,交通运输业已全部纳入营改增范围。2016年3月18日,国务院常务会议决定,自2016年5月1日起,我国将全面推开营改增试点,将建筑业、房地产业、金融业、生活服务业全部纳入营改增试点,至此,营业税退出历史舞台,增值税制度将更加规范。这是自1994年分税制改革以来,财税体制的又一次重大变革,主要涉及交通运输业、房地产、现代服务业等行业。本章主要介绍营改增之后,各类行业的增值税政策变化及实务中遇到的问题,帮助读者加深理解并掌握,降低税收风险,提升日常实操。

第一节 交通运输业增值税政策规定

自2013年8月1日起,在全国范围内推行交通运输业营改增试点。

一、征税范围

根据《财政部 国家税务总局关于全面推开营业税改征增值税试点的通知》(财税〔2016〕36号)的规定,交通运输服务是指利用运输工具将货物或者旅客送达目的地,使其空间位置得到转移的业务活动,包括陆路运输服务、水路运输服务、航空运输服务和管道运输服务。

(一)陆路运输服务

陆路运输服务是指通过陆路(地上或者地下)运送货物或者旅客的运输业务活动,包括铁路运输服务和其他陆路运输服务。

铁路运输服务是指通过铁路运送货物或者旅客的运输业务活动。

其他陆路运输服务是指铁路运输以外的陆路运输业务活动,包括公路运输、缆车运输、索道运输、地铁运输、城市轻轨运输等。

出租车公司向使用本公司自有出租车的出租车司机收取的管理费用,按照陆路运输服务缴纳增值税。

(二) 水路运输服务

水路运输服务是指通过江、河、湖、川等天然、人工水道或者海洋航道运送货物或者旅客的运输业务活动。

水路运输的程租、期租业务,属于水路运输服务。

程租业务是指运输企业为租船人完成某一特定航次的运输任务并收取租赁费的业务。

期租业务是指运输企业将配备有操作人员的船舶承租给他人使用一定期限,承租期内听候承租方调遣,不论是否经营,均按天向承租方收取租赁费,发生的固定费用均由船东负担的业务。

(三) 航空运输服务

航空运输服务是指通过空中航线运送货物或者旅客的运输业务活动。

航空运输的湿租业务属于航空运输服务。

湿租业务是指航空运输企业将配备有机组人员的飞机承租给他人使用一定期限,承租期内听候承租方调遣,不论是否经营,均按一定标准向承租方收取租赁费,发生的固定费用均由承租方承担的业务。

航天运输服务按照航空运输服务缴纳增值税。

航天运输服务是指利用火箭等载体将卫星、空间探测器等空间飞行器发射到空间轨道的业务活动。

(四) 管道运输服务

管道运输服务是指通过管道设施输送气体、液体、固体物质的运输业务活动。

(五) 无运输工具承运业务

无运输工具承运业务,按照交通运输服务缴纳增值税。

无运输工具承运业务是指经营者以承运人身份与托运人签订运输服务合同,收取运费并承担承运人责任,然后委托实际承运人完成运输服务的经营活动。

【案例 2-1】 A 物流企业为增值税一般纳税人,2019 年 6 月与托运人 B 签订货运代理合同,合同约定 A 物流企业收取全程运费并承担承运人责任,之后 A 物流企业以自己名义委托实际承运人 C 企业完成该项运输服务。本例中 A 物流企业与托运人 B 签订的虽为货运代理合同,但业务的实质却是无运输工具承运业务。因此,A 物流公司应按照交通运输服务缴纳增值税,税率为 9%。

(六) 运输工具舱位承包和舱位互换业务

运输工具舱位承包和舱位互换业务按照交通运输服务缴纳增值税。

(1) 在运输工具舱位承包业务中,发包方以其向承包方收取的全部价款和价外费用为销售额,按照交通运输服务缴纳增值税。承包方以其向托运人收取的全部价款和价外费用为销售额,按照交通运输服务缴纳增值税。

运输工具舱位承包业务是指承包方以承运人身份与托运人签订运输服务合同,收取运费并承担承运人责任,然后以承包他人运输工具舱位的方式,委托发包方实际完成相关运输服务的经营活动。

条文理解 舱位承包业务中,对承包方来说,其以承运人身份对外承揽运输业务,然后通过承包他人运输工具舱位的方式委托对方实际完成相关运输服务,属于提供无运输工具承运业务,应以承揽该运输业务向托运人收取的全部价款和价外费用为销售额,按照交通运输服务缴纳增值税。对发包方来说,是以运输工具舱位承包的方式,使用自有运输工具实际提供了运输服务。因此,发包方应以其向运输工具舱位承包人收取的全部价款和价外费用为销售额,按照交通运输服务缴纳增值税。

(2) 在运输工具舱位互换业务中,互换运输工具舱位的双方均以各自换出运输工具舱位确认的全部价款和价外费用为销售额,按照交通运输服务缴纳增值税。

运输工具舱位互换业务是指纳税人之间签订运输协议,在各自以承运人身份承揽的运输业务中,互相利用对方交通运输工具的舱位完成相关运输服务的经营活动。

条文理解 舱位互换业务中,互换舱位的双方均以承运人身份与托运人签订运输服务合同,收取运费并承担承运人责任,然后通过互换运输工具舱位的方式,委托对方实际完成相关运输服务。因此,双方均以换出舱位的方式向对方提供了交通运输服务,各自应以换出运输工具舱位确认的全部价款和价外费用为销售额,按照交通运输服务缴纳增值税。

(七) 其他特殊规定

(1) 依据《财政部 国家税务总局关于租入固定资产进项税额抵扣等增值税政策的通知》(财税〔2017〕90 号)的规定,自 2018 年 1 月 1 日起,纳税人已售票但客户逾期未消费取得的运输逾期票证收入,按照交通运输服务缴纳增值税。

(2) 不属于交通运输服务的特殊规定。依据《财政部 国家税务总局关于明确金融、房地产开发、教育辅助服务等增值税政策的通知》(财税〔2016〕140 号)的规定,纳税人在游览场所经营索道、摆渡车、电瓶车、游船等取得的收入,按照文化体育服务缴纳增值税。

(3) 不征收增值税项目。根据国家指令无偿提供的铁路运输服务、航空运输服务,属于《营业税改征增值税试点实施办法》第十四条规定的用于公益事业的服务,不征收增值税。

二、税率及征收率

销售交通运输服务的适用税率为 9%,征收率为 3%。

三、应纳税额的计算

(一) 计税方法

增值税计税方法,包括一般计税方法和简易计税方法。

一般纳税人发生公共交通运输服务应税行为可以选择适用简易计税方法计税,征收率3%;也可以选择一般计税方法计税,税率 9%。小规模纳税人只能适用简易计税方法计税,征收率3%。

公共交通运输服务包括轮客渡、公交客运、地铁、城市轻轨、出租车、长途客运、班车。班车是指按固定路线、固定时间运营并在固定站点停靠的运送旅客的陆路运输服务。

航空运输服务、铁路运输服务、缆车运输、索道运输不属于公共交通运输服务。

纳税人一经选择简易计税方法的,36个月内不得变更为一般计算方法。

小规模纳税人发生应税行为适用简易计税方法计税。

（二）一般计税方法应纳税额的计算

一般计税方法应纳税额计算公式:

$$应纳税额＝当期销项税额－当期进项税额$$
$$销项税额＝销售额×税率$$
$$销售额＝含税销售额÷(1＋税率)$$

当期销项税额小于当期进项税额不足抵扣时,其不足部分可以结转下期继续抵扣。

【案例2-2】 某船运公司为增值税一般纳税人,2019年12月购进船舶配件取得的增值税专用发票上注明价款360万元、税额46.8万元,该批配件专用于国内运输业务;开具普通发票取得的含税收入包括国内运输收入1 276万元、期租业务收入253万元、打捞收入116.6万元。该公司12月应纳增值税＝(1 276＋253)÷(1＋9%)×9%＋116.6÷(1＋6%)×6%－46.8＝86.05(万元)。

（三）简易计税方法应纳税额的计算

简易计税方法应纳税额计算公式:

$$应纳税额＝销售额×征收率$$
$$销售额＝含税销售额÷(1＋征收率)$$

【案例2-3】 A公交公司是一般纳税人,采用简易计税方法,2019年10月取得公交客运收入20.6万元、长途客运收入51.5万元、班车收入10.3万元,12月应纳税额＝(20.6＋51.5＋10.3)÷(1＋3%)×3%＝2.4(万元)。

四、销售额的确定

（1）航空运输企业的销售额,为取得的全部价款和价外费用扣除代收的机场建设费(民航发展基金)、代售其他航空运输企业客票而代收转付的价款。

航空运输销售代理企业就取得的全部价款和价外费用,向购买方开具行程单,或开具增值税普通发票。

（2）航空运输销售代理企业提供境外航段机票代理服务,以取得的全部价款和价外费用扣除向客户收取并支付给其他单位或者个人的境外航段机票结算款和相关费用后的余额为销售额。

需要注意的是,航空运输销售代理业务不属于交通运输服务,按照经纪代理服务适用

6%的税率。

五、进项税额

(一) 基本规定

关于交通运输业增值税进项税额的基本要求,可详见第一章"增值税概述与基本要素",在此不再赘述。

(二) 其他规定

(1) 依据《国家税务总局关于跨境应税行为免税备案等增值税问题的公告》(国家税务总局公告 2017 年第 30 号)的规定,纳税人以承运人身份与托运人签订运输服务合同,收取运费并承担承运人责任,然后委托实际承运人完成全部或部分运输服务时,自行采购并交给实际承运人使用的成品油和支付的道路、桥、闸通行费,同时符合下列条件的,其进项税额准予从销项税额中抵扣:

① 成品油和道路、桥、闸通行费,应用于纳税人委托实际承运人完成的运输服务。

② 取得的增值税扣税凭证符合现行规定。

【案例 2-4】　自然人 B 带自有车辆,挂靠在 A 运输公司。双方约定 A 运输公司负担运输过程中的油费、过桥过路费,按合同总额 10% 支付自然人 B 运输费。A 运输公司承接客户 C 运输业务,运费合计 10 000 元,支付自然人 B 共 1 000 元运输费,该业务发生过桥过路费 2 000 元,油耗 5 000 元。只要上述过桥过路费、油费取得符合规定的增值税抵扣凭证,A 运输公司可以抵扣进项税额。需要注意的是,支付自然人 B 的 1 000 元运输费,A 运输公司无法抵扣,因为 B 为自然人,无法代开增值税专用发票。

(2) 自 2019 年 4 月 1 日起,纳税人购进国内旅客运输服务,其进项税额允许从销项税额中抵扣。纳税人允许抵扣的国内旅客运输服务进项税额是指纳税人 2019 年 4 月 1 日及以后实际发生,并取得合法有效增值税扣税凭证注明的或依据其计算的增值税税额。以增值税专用发票或增值税电子普通发票为增值税扣税凭证的,为 2019 年 4 月 1 日及以后开具的增值税专用发票或增值税电子普通发票。如果纳税人未取得增值税专用发票的,暂按照以下规定确定进项税额:

① 取得增值税电子普通发票的,为发票上注明的税额。

条文理解　增值税电子普通发票上注明的购买方"名称""纳税人识别号"等信息,应当与实际抵扣税款的纳税人一致,否则不得按票面税额抵扣。

② 取得注明旅客身份信息的航空运输电子客票行程单的。

$$航空旅客运输进项税额 = (票价 + 燃油附加费) \div (1 + 9\%) \times 9\%$$

【案例 2-5】　某增值税一般纳税人取得航空运输电子客票行程单,票价为 387 元,民航发展基金为 50 元,燃油附加费为 0 元。航空旅客运输进项税额 = (票价 + 燃油附加费) ÷ (1 + 9%) × 9% = (387 + 0) ÷ (1 + 9%) × 9% = 31.95(元)。

需要注意的是,假如纳税人取得是旅行社、航空票务代理等票务代理机构依 6% 税率开具的代理旅客运输费用电子普通发票,是购进"现代服务——商务辅助服务——经纪代理服务",不属于购进国内旅客运输服务,不能作为抵扣凭证。

③ 取得注明旅客身份信息的铁路车票的。

$$铁路旅客运输进项税额 = 票面金额 \div (1 + 9\%) \times 9\%$$

【案例 2-6】 某增值税一般纳税人取得铁路车票票价为 182 元,铁路旅客运输进项税额 = 票面金额 $\div (1 + 9\%) \times 9\% = 182 \div (1 + 9\%) \times 9\% = 15.03$(元)。

④ 取得注明旅客身份信息的公路、水路等其他客票的。

$$公路、水路等其他旅客运输进项税额 = 票面金额 \div (1 + 3\%) \times 3\%$$

【案例 2-7】 某增值税一般纳税人取得公路水路客票票价为 95 元,公路水路旅客运输进项税额 = 票面金额 $\div (1 + 3\%) \times 3\% = 95 \div (1 + 3\%) \times 3\% = 2.77$(元)。

(3)购进国内旅客运输服务,其进项税额允许从销项税额中抵扣,只限于与本单位签订了劳动合同的员工,以及本单位作为用工单位接受的劳务派遣员工发生的国内旅客运输服务。

条文理解 根据《财政部 税务总局 海关总署关于深化增值税改革有关政策的公告》(财政部 税务总局 海关总署公告 2019 年第 39 号)的规定,增值税一般纳税人购进国内旅客运输服务,其进项税额允许从销项税额中抵扣。这里指的是与本单位建立了合法用工关系的雇员,所发生的国内旅客运输费用允许抵扣其进项税额。纳税人如果为非雇员支付的旅客运输费用,不能纳入抵扣范围,如企业聘请专家授课往返的旅客运输费用的税款,不能抵扣进项税额。需要注意的是,上述允许抵扣的进项税额,应用于生产经营所需,如属于集体福利或者个人消费,其进项税额不得从销项税额中抵扣。

(4)购进国内旅客运输服务不得抵扣的情形。

① 不符合进项抵扣基本规定的,不得抵扣。

旅客运输服务的进项税额抵扣原则,需要符合现行增值税进项抵扣的基本规定。基本规定见第一章"增值税概述与基本要素"。

② 旅客运输服务自 2019 年 4 月 1 日起纳入抵扣范围,因此,服务提供日期在 2019 年 3 月 31 日之前(含)的,或增值税专用发票或电子普通发票开票时间在 2019 年 3 月 31 日之前的,不得抵扣。

③ 增值税普通发票不得抵扣。

④ 只有国内旅客运输服务才可以抵扣,国际旅客运输服务不得抵扣。国际旅客运输适用零税率或免税政策,上环节运输企业提供的国际运输未缴纳增值税,也就不存在下环节进项抵扣的问题。

⑤ 除增值税专用发票和电子普通发票外,其他客票未注明旅客身份信息的不可抵扣,纳税人手写无效。

⑥ 民航发展基金不得抵扣。航空运输的电子客票行程单上的价款是分项列示的,包括票价、燃油附加费和民航发展基金。因民航发展基金属于政府性基金,不计入航空企业的销售收入。因此计算抵扣的基础是票价加燃油附加费。

⑦ 未建立合法用工关系不得抵扣。

六、发票开具

(1) 货物运输服务发票开具基本规定。

根据《国家税务总局关于停止使用货物运输业增值税专用发票有关问题的公告》(国家税务总局公告 2015 年第 99 号)第一条的规定,增值税一般纳税人提供货物运输服务,使用增值税专用发票和增值税普通发票,开具发票时应将起运地、到达地、车种车号以及运输货物信息等内容填写在发票备注栏中,如内容较多可另附清单。

(2) 铁路运输企业发票开具规定。

铁路运输企业受托代征的印花税款信息,可填写在发票备注栏中。中国铁路总公司及其所属运输企业(含分支机构)提供货物运输服务,可自 2015 年 11 月 1 日起使用增值税专用发票和增值税普通发票,所开具的铁路货票、运费杂费收据可作为发票清单使用。

(3) 货物运输业小规模纳税人申请代开增值税专用发票,可以按照《国家税务总局关于发布〈货物运输业小规模纳税人申请代开增值税专用发票管理办法〉的公告》(国家税务总局公告 2017 年第 55 号公布,国家税务总局公告 2018 年第 31 号和国家税务总局公告 2019 年第 45 号修改)的相关规定,在税务登记地、货物起运地、货物到达地或运输业务承揽地(含互联网物流平台所在地)中任何一地,就近向税务机关(以下简称代开单位)申请代开增值税专用发票。

同时具备以下条件的增值税纳税人(以下简称纳税人)适用《货物运输业小规模纳税人申请代开增值税专用发票管理办法》:

① 在境内提供公路或内河货物运输服务,并办理了税务登记(包括临时税务登记)。

② 提供公路货物运输服务的(4.5 吨及以下普通货运车辆从事普通道路货物运输经营的除外),取得《中华人民共和国道路运输经营许可证》和《中华人民共和国道路运输证》;提供内河货物运输服务的,取得《国内水路运输经营许可证》和《船舶营业运输证》。

③ 在税务登记地主管税务机关按增值税小规模纳税人管理。

七、税收优惠

(一)即征即退

一般纳税人提供管道运输服务,对其增值税实际税负超过 3% 的部分实行增值税即征即退政策。

【案例 2-8】　某管道运输公司为增值税一般纳税人,主要从事天然气输送服务。2019 年 12 月该公司输送天然气取得不含税收入 3 000 万元,同时向客户收取管道维护费 50 万元(不含税),当月可抵扣的增值税进项税额为 150 万元。那么,该公司 2019 年 12 月即征即

退销项税额为 $3\,000\times9\%=270$（万元），即征即退进项税额为 $150\times[3\,000\div(3\,000+50)]$ $=147.54$（万元），应纳税额为 $270-147.54=122.46$（万元）。当期管道运输实际税负为 $122.46\div3\,000=4.08\%$，超过 3% 的标准。该管道运输公司 2019 年 12 月即征即退项目实际应缴纳的增值税为 $3\,000\times3\%=90$（万元）。该公司 12 月可申请办理即征即退的增值税为 $122.46-90=32.46$（万元）。

（二）免征增值税

（1）台湾航运公司、航空公司从事海峡两岸海上直航、空中直航业务在大陆取得的运输收入，免征增值税。

台湾航运公司是指取得交通运输部颁发的"台湾海峡两岸间水路运输许可证"且该许可证上注明的公司登记地址在中国台湾的航运公司。

台湾航空公司是指取得中国民用航空局颁发的"经营许可"或者依据《海峡两岸空运协议》和《海峡两岸空运补充协议》规定，批准经营两岸旅客、货物和邮件不定期（包机）运输业务，且公司登记地址在中国台湾的航空公司。

（2）境内的单位和个人以无运输工具承运方式提供的国际运输服务免征增值税，但财政部和国家税务总局规定适用增值税零税率的除外。

（3）青藏铁路公司提供的铁路运输服务免征增值税。

（三）零税率

境内的单位和个人销售的下列服务和无形资产，适用增值税零税率。

1. 国际运输服务

国际运输服务是指在境内载运旅客或者货物出境；在境外载运旅客或者货物入境；在境外载运旅客或者货物。

根据《财政部 国家税务总局关于全面推开营业税改征增值税试点的通知》（财税〔2016〕36 号）附件 4《跨境应税行为适用增值税零税率和免税政策的规定》的规定，按照国家有关规定应取得相关资质的国际运输服务项目，纳税人取得相关资质的，适用增值税零税率政策，未取得的，适用增值税免税政策。

【案例 2-9】 某运输公司为增值税一般纳税人，具备国际运输资质，2019 年 7 月发生国内旅客运输业务，按售票统计取得价税合计金额 177.6 万元；发生国际旅客运输业务，按售票统计取得价税合计金额 53.28 万元。

销项税额 $=177.6\div(1+9\%)\times9\%+53.28\div(1+9\%)\times0\%=14.66$（万元）。

提示：境内单位和个人提供的往返中国香港、中国澳门、中国台湾的交通运输服务也适用增值税零税率。

境内的单位或个人提供程租服务，如果租赁的交通工具用于国际运输服务和港澳台运输服务，由出租方按规定申请适用增值税零税率。

境内的单位和个人向境内单位或个人提供期租、湿租服务，如果承租方利用租赁的交通工具向其他单位或个人提供国际运输服务和港澳台运输服务，由承租方适用增值税零税率。

境内的单位或个人向境外单位或个人提供期租、湿租服务,由出租方适用增值税零税率。

境内单位和个人以无运输工具承运方式提供的国际运输服务,由境内实际承运人适用增值税零税率;无运输工具承运业务的经营者适用增值税免税政策。

根据《国家税务总局关于在境外提供建筑服务等有关问题的公告》(国家税务总局公告2016年第69号)的规定,享受国际运输服务免征增值税政策的境外单位和个人,到主管税务机关办理免税备案时,提交的备案资料包括:

(1)关于纳税人基本情况和业务介绍的说明。

(2)依据的税收协定或国际运输协定复印件。

特别说明:一般纳税人购进国际旅客运输服务不得抵扣。

2. 航天运输服务

根据《财政部　国家税务总局关于航天发射有关增值税政策的通知》(财税〔2015〕66号)的规定,根据航天运输服务增值税政策执行情况,结合航天发射业务特点,现将有关增值税政策通知如下:

(1)境内单位提供航天运输服务适用增值税零税率政策,实行免退税办法。其提供的航天运输服务免征增值税,相应购进航天运输器及相关货物,以及接受发射运行保障服务取得的进项税额予以退还。增值税应退税额按下列公式计算:

$$\begin{aligned}\frac{\text{增值税应}}{\text{退税额}} = &\frac{\text{购进航天运输器及相关货物的增值税专用发票注明的}}{\text{金额或海关(进口增值税)专用缴款书注明的完税价格}} \\ &\times \frac{\text{适用的增值税}}{\text{税率或征收率}} + \frac{\text{接受发射运行保障服务的}}{\text{增值税专用发票注明的金额}} \times \frac{\text{适用的增值税}}{\text{税率或征收率}}\end{aligned}$$

航天运输器及相关货物包括火箭、航天飞机等航天运输器及其组件、元器件,推进剂等。

发射运行保障服务包括与发射业务及在轨交付相关的测控、研发、设计、试验、检测、监造、航天系统集成服务,技术转让、技术协调、技术咨询、空间飞行器全寿命周期服务,轨位(频率)申请、咨询、租赁服务,卫星有效载荷的合作、购销、租赁服务,航天产品运输、航天相关培训服务,航天产品设施和技术的展览展示及其他相关服务等。

(2)境内单位在轨交付的空间飞行器及相关货物视同出口货物,适用增值税出口退税政策,实行免退税办法。其在轨交付的空间飞行器及相关货物免征增值税,相应购进空间飞行器及相关货物取得的进项税额予以退还。增值税应退税额按下列公式计算:

$$\frac{\text{增值税应}}{\text{退税额}} = \frac{\text{购进空间飞行器及相关货物的增值税专用发票注明的}}{\text{金额或海关(进口增值税)专用缴款书注明的完税价格}} \times \frac{\text{适用的增值税}}{\text{税率或征收率}}$$

在轨交付是指将空间飞行器及相关货物发射到预定轨道后再交付给境内、境外单位和个人使用的业务活动。

空间飞行器及相关货物包括卫星、空间探测器等空间飞行器及其组件、元器件,卫星有效载荷,卫星测控系统设备、软件、设施等。

(3)境内单位凭发射合同或在轨交付合同(包括补充合同,下同),发射合同或在轨交付合同对应的项目清单项下购进航天运输器及相关货物和空间飞行器及相关货物的增值税专用发票或海关（进口增值税）专用缴款书、接受发射运行保障服务的增值税专用发票，以及主管税务机关要求出具的其他要件，向主管税务机关申请办理退税手续。为简化退税手续，对于同时提供航天运输服务和在轨交付空间飞行器及相关货物的境内单位，可合并计算其增值税应退税额。

境内单位在发射合同或在轨交付合同注明的发射日期或合同交付日期等合同义务完成前购进或接受上述货物服务取得的进项税额，可向主管税务机关按月申请退税，主管税务机关对境内单位提供的材料审核无误后办理退税。接受空间飞行器全寿命周期服务取得的进项税额按实际发生时间申请退税。

第二节　邮政服务业增值税政策规定

自 2014 年 1 月 1 日起，在全国范围内开展邮政业营改增试点。

一、征税范围

邮政服务是指中国邮政集团公司及其所属邮政企业提供邮件寄递、邮政汇兑和机要通信等邮政基本服务的业务活动，包括邮政普遍服务、邮政特殊服务和其他邮政服务。

（一）邮政普遍服务

邮政普遍服务是指函件、包裹等邮件寄递，以及邮票发行、报刊发行和邮政汇兑等业务活动。

函件是指信函、印刷品、邮资封片卡、无名址函件和邮政小包等。

包裹是指按照封装上的名址递送给特定个人或者单位的独立封装的物品，其重量不超过 50 千克，任何一边的尺寸不超过 150 厘米，长、宽、高合计不超过 300 厘米。

条文理解　包裹是指按照封装上的名址递送给特定个人或者单位的独立封装的物品，其重量不超过 50 千克，任何一边的尺寸不超过 150 厘米，长、宽、高合计不超过 300 厘米。中国邮政集团公司及其所属邮政企业对超出上述函件、包裹标准的物品的寄递，不属于邮政普遍服务，应按照交通运输服务缴纳增值税。非中国邮政集团公司及其所属邮政企业提供的包裹寄递服务，也应按照交通运输服务缴纳增值税。

（二）邮政特殊服务

邮政特殊服务是指义务兵平常信函、机要通信、盲人读物和革命烈士遗物的寄递等业务活动。

（三）其他邮政服务

其他邮政服务是指邮册等邮品销售、邮政代理等业务活动。

二、税率和征收率

提供邮政服务，税率为 9%，征收率为 3%。

条文理解　对其他邮政服务中的邮册等邮品销售,适用税率9%。根据《财政部　国家税务总局关于增值税、营业税若干政策规定的通知》(财税字〔1994〕26号)第一条"关于集邮商品征税问题"的规定:"集邮商品包括邮票、小型张、小本票、明信片、首日封、邮折、集邮簿、邮盘、邮票目录、护邮袋、贴片及其他集邮商品。集邮商品的生产、调拨征收增值税。邮政部门销售集邮商品,征收营业税;邮政部门以外的其他单位与个人销售集邮商品,征收增值税。"邮政业营改增试点后,邮政企业销售邮品,征收增值税,适用税率9%。《财政部　国家税务总局关于全面推开营业税改征增值税试点的通知》(财税〔2016〕36号)中的"邮品"与财税字〔1994〕26号文中的"集邮商品"应为同一概念。因此,邮政企业销售非邮品应税货物,应按销售货物征收增值税。

三、应税、免税范围

(一) 免征增值税

(1) 中国邮政集团公司及其所属邮政企业提供的邮政普遍服务和邮政特殊服务免征增值税。

条文理解　根据《财政部　国家税务总局关于全面推开营业税改征增值税试点的通知》(财税〔2016〕36号,以下简称财税〔2016〕36号文件)的规定,邮政普遍服务和邮政特殊服务,专属于中国邮政集团公司及其所属邮政企业提供的应税项目,并适用免征增值税政策。中国邮政速递物流股份有限公司及其子公司(含各级分支机构),不属于财税〔2016〕36号文件所称的中国邮政集团公司所属邮政企业,其提供的类似于邮政普遍服务和邮政特殊服务的应税服务,不适用免征增值税政策。

(2) 自2016年1月1日起,中国邮政集团公司及其所属邮政企业为金融机构代办金融保险业务取得的代理收入,在营改增试点期间免征增值税。

(3) 为出口货物提供的邮政服务免征增值税。

(二) 应税项目范围

上述项目免税后,邮政公司的增值税应税项目仅有集邮业务(邮册等邮品销售)、部分邮政代理业务、信息业务、分销配送业务等。

(三) 不征收增值税

根据《国家税务总局关于营改增试点若干征管问题的公告》(国家税务总局公告2016年第53号)的规定,为出境的函件、包裹在境外提供的邮政服务、收派服务不属于在境内销售服务,不征收增值税。

四、汇总申报缴纳增值税

(一) 总机构申报规定

根据《国家税务总局关于发布〈邮政企业增值税征收管理暂行办法〉的公告》(国家税务

总局公告 2014 年第 5 号)的规定,经省、自治区、直辖市或者计划单列市财政厅(局)和税务局批准,邮政企业可以汇总申报缴纳增值税。

总机构应当汇总计算总机构及其分支机构提供邮政服务的增值税应纳税额,抵减分支机构提供邮政服务已缴纳(包括预缴和查补,下同)的增值税税额后,向主管税务机关申报纳税。总机构发生除邮政服务以外的增值税应税行为,按照《增值税暂行条例》《营业税改征增值税试点实施办法》及相关规定就地申报纳税。

(二)分支机构申报规定

分支机构提供邮政服务,按照销售额和预征率计算应预缴税额,按月向主管税务机关申报纳税,不得抵扣进项税额。计算公式为:

$$应预缴税额＝(销售额＋预订款)×预征率$$

销售额为分支机构对外(包括向邮政服务接受方和本总、分支机构外的其他邮政企业)提供邮政服务取得的收入;预订款为分支机构向邮政服务接受方收取的预订款。

销售额不包括免税项目的销售额,不包括分支机构为中国邮政速递物流股份有限公司及其所属机构代办速递物流类业务,从寄件人取得的收入;预订款不包括免税项目的预订款。

条文理解 根据《国家税务总局关于发布〈邮政企业增值税征收管理暂行办法〉公告》(国家税务总局公告 2014 年第 5 号)第八条的规定,分支机构提供邮政服务,按照销售额和预征率计算应预缴税额,按月向主管税务机关申报纳税,不得抵扣进项税额。

(三)总机构纳税期限

总机构及其分支机构,一律由主管税务机关认定为增值税一般纳税人。总机构的纳税期限为 1 个季度,应根据《邮政企业分支机构增值税汇总纳税信息传递单》,汇总计算当期提供邮政服务的应纳税额,抵减分支机构提供邮政服务当期已缴纳的增值税税额后,向主管税务机关申报纳税。抵减不完的,可以结转下期继续抵减。计算公式为:

总机构当期汇总应纳税额＝当期汇总销项税额－当期汇总的允许抵扣的进项税额
总机构当期应补(退)税额＝总机构当期汇总应纳税额－分支机构当期已缴纳税额

条文理解 按照《国家税务总局关于发布〈邮政企业增值税征收管理暂行办法〉的公告》(国家税务总局公告 2014 年第 5 号)第四条的规定,总机构汇总的销售额,为总机构及其分支机构提供邮政服务的销售额。对此,邮政企业发生邮政服务以外的应税业务,取得的收入,应按照相关规定就地申报纳税。

五、进项税额

(一)基本规定

关于邮政服务业增值税进项税额的基本要求,可详见第一章第五节"值税计税方法与计算"中关于进项税额的内容,在此不再赘述。

(二)其他规定

总机构汇总的进项税额是指总机构及其分支机构提供邮政服务而购进货物、接受加工修理修配劳务和应税服务,支付或者负担的增值税税额。总机构及其分支机构取得的与邮政服务相关的固定资产、专利技术、非专利技术、商誉、商标、著作权、有形动产租赁的进项税额,由总机构汇总缴纳增值税时抵扣。

总机构及其分支机构用于邮政服务以外的进项税额不得汇总。

总机构及其分支机构用于提供邮政服务的进项税额与不得汇总的进项税额无法准确划分的,按照下列公式计算不得汇总进项税额:

$$不得汇总进项税额 = 无法划分的全部允许抵扣进项税额 \times 当期属地纳税业务销售额 \div \left(当期汇总纳税业务销售额 + 当期属地纳税业务销售额 \right)$$

条文理解 适用一般计税方法的纳税人,兼营简易计税方法计税项目、免征增值税项目而无法划分不得抵扣的进项税额,按照下列公式计算不得抵扣的进项税额:不得抵扣的进项税额=当期无法划分的全部进项税额×(当期简易计税方法计税项目销售额+免征增值税项目销售额)÷当期全部销售额。但由于邮政企业增值税业务由总机构季度统一申报、缴纳,为使总机构做好审查核对工作,各单位计算转出比例时,按各省汇总业务中相关收入占比计算。同时,由于各省收入数据必须待各单位结账后才能确定,为及时对汇总业务的进项税额转出作相关账务处理,确保企业账面数据和纳税申报数据保持一致,进项税额转出比例按全省上季度收入占比计算确定。

六、发票开具

寄件人索取增值税专用发票的,邮政企业应向寄件人开具增值税专用发票。

条文理解 中国邮政集团公司及其所属邮政企业提供的邮政普遍服务和邮政特殊服务免征增值税。适用免征增值税项目只能开具增值税普通发票,不得开具增值税专用发票。例如,邮政企业提供海报投递业务属于邮政普遍服务,免征增值税,因此,不得开具增值税专用发票。

第三节 电信服务业增值税政策规定

经国务院批准,从2014年6月1日起,将电信业纳入营改增试点范围。财政部和国家税务总局于2014年4月29日联合下发《关于将电信业纳入营业税改征增值税试点的通知》(财税〔2014〕43号,以下简称财税〔2014〕43号文件),根据财税〔2014〕43号文件的规定,在我国境内提供电信业服务的单位和个人,为增值税纳税人,自2014年6月1日起按相关规定缴纳增值税,不再缴纳营业税。

一、征税范围

电信服务是指利用有线、无线的电磁系统或者光电系统等各种通信网络资源,提供语音通话服务,传送、发射、接收或者应用图像、短信等电子数据和信息的业务活动。包括基础电信服务和增值电信服务。

(1)基础电信服务。基础电信服务是指利用固网、移动网、卫星、互联网,提供语音通话服务的业务活动,以及出租或者出售带宽、波长等网络元素的业务活动。

条文理解 上述出租或者出售带宽、波长等网络元素服务是指通过出租或者出售通信设施(光缆、电缆、光纤、金属线、节电设备、线路设备、微波站、卫星地球站等物理资源,以及带宽、波长等功能资源),为各类用户提供在节点之间的数据或信息传送的服务(如数据传输服务、电视电话会议系统服务等)。

(2)增值电信服务。增值电信服务是指利用固网、移动网、卫星、互联网、有线电视网络,提供短信和彩信服务、电子数据和信息的传输及应用服务、互联网接入服务等业务活动。

卫星电视信号落地转接服务,按照增值电信服务缴纳增值税。

(3)纳税人通过楼宇、隧道等室内通信分布系统,为电信企业提供的语音通话和移动互联网等无线信号室分系统传输服务,分别按照基础电信服务和增值电信服务缴纳增值税。

二、税率

提供基础电信服务,税率为9%。提供增值电信服务,税率为6%。

条文理解 实务操作中,纳税人应该关注提供适用不同税率或者征收率的应税服务的税收处理原则。纳税人提供适用不同税率或者征收率的应税服务,应当分别核算适用不同税率或者征收率的销售额;未分别核算的,从高适用税率。例如,电信企业收取的月租费、保底消费、停机保号费、沉淀资金、滞纳金、违约金等,无法明确划分基础服务和增值服务收入的,全部按照基础电信服务从高适用税率。

三、销售额

(1)电信业务附带赠送的计税规定。

试点纳税人销售电信服务时,附带赠送用户识别卡、电信终端等货物或者电信服务的,应将其取得的全部价款和价外费用进行分别核算,按各自适用的税率计算缴纳增值税。

条文理解 纳税人提供电信业服务时附带赠送的货物、应税服务的价值,应以货物、应税服务的公允价值为基础,在纳税人取得的全部价款和价外费用中进行合理划分和确定。电信企业提供电信业服务附赠电信终端,取得的全部价款和价外费用中,电信终端的价格应根据《增值税暂行条例实施细则》第十六条的规定,确定货物价格,即视同销售货物行为而无销售额者,按下列顺序确定销售额:按纳税人最近时期同类货物的平均销售价格确定;按其他纳税人最近时期同类货物的平均销售价格确定;按组成计税价格确定,组成计税价格的公式为:组成计税价格＝成本×(1＋成本利润率);剩余部分按照公允价值拆分为基础电信价格和增值电信价格,按各自适用的税率计算缴纳增值税。

(2)电信宽带业务中提供终端产品的计税规定。

如果光猫、机顶盒等终端设备的所有权未发生转移,则不能按增值税"视同销售"处理,同时允许抵扣进项税额。

(3)向境外单位销售的完全在境外消费的电信服务免征增值税。纳税人向境外单位或者个人提供的电信服务,通过境外电信单位结算费用的,服务接受方为境外电信单位,属于完全在境外消费的电信服务。

条文理解　某中国公司为美国当地一家公司提供电信服务,该业务通过境外电信单位结算费用,服务接受方为境外电信单位,属于完全在境外消费的电信服务,可以享受跨境电信服务免征增值税政策。

(4)中国移动通信集团公司、中国联合网络通信集团有限公司、中国电信集团公司及其成员单位通过手机短信公益特服号为公益性机构接受捐款,以其取得的全部价款和价外费用,扣除支付给公益性机构捐款后的余额为销售额。其接受的捐款,不得开具增值税专用发票。

条文理解　对于扣除价款的凭证管理,应根据财税〔2016〕36号文件的规定,从全部价款和价外费用中扣除的价款,应当取得符合法律、行政法规和国家税务总局规定的有效凭证。否则,不得扣除。上述凭证是指:

(1)支付给境内单位或者个人的款项,以发票为合法有效凭证。

(2)支付给境外单位或者个人的款项,以该单位或者个人的签收单据为合法有效凭证,税务机关对签收单据有疑议的,可以要求其提供境外公证机构的确认证明。

(3)缴纳的税款,以完税凭证为合法有效凭证。

(4)扣除的政府性基金、行政事业性收费或者向政府支付的土地价款,以省级以上(含省级)财政部门监(印)制的财政票据为合法有效凭证。

(5)国家税务总局规定的其他凭证。

纳税人取得的上述凭证属于增值税扣税凭证的,其进项税额不得从销项税额中抵扣。

【案例2-10】　某电信集团分公司系增值税一般纳税人。2019年11月,通过国家规定的手机短信公益特服号及公益性机构,接受捐款服务,取得价税合计收入636万元,其中支付给公益性机构的捐款为530万元,该项业务应缴纳增值税＝(636－530)÷(1＋6％)×6％＝6(万元)。

(5)根据《财政部　税务总局关于继续实施支持文化企业发展增值税政策的通知》(财税〔2019〕17号)的规定,2019年1月1日至2023年12月31日,对广播电视运营服务企业收取的有线数字电视基本收视维护费和农村有线电视基本收视费,免征增值税。

四、进项税额

(一)基本规定

关于电信服务业增值税进项税额的基本要求,可详见第一章第五节"增值税计税方法与计算"中关于进项税额的内容,在此不再赘述。

(二)其他规定

1. 移动通信铁塔及其附属设备的进项抵扣

根据《国家税务总局关于营业税改征增值税试点期间有关增值税问题的公告》(国家税务总局公告 2015 年第 90 号)第一条的规定,蜂窝数字移动通信用塔(杆),属于《固定资产分类与代码》(GB/T 14885—1994)中的"其他通讯设备"(代码 699),其增值税进项税额可以按照现行规定从销项税额中抵扣。

条文理解 蜂窝数字移动通信用塔(杆)按照固定资产抵扣,而非按照不动产抵扣。固定资产是指使用期限超过 12 个月的机器、机械、运输工具以及其他与生产经营有关的设备、工具、器具等有形动产。

《固定资产分类与代码》(GB/T 14885—1994,以下简称 94 国标)是国家标准委 1994 年初颁布实施的,其中的"工业用塔(0331):无线电通信用钢(铁)塔"属于构筑物的范畴。但是,当时我国的无线电通信还仅限于本地区域内的电台通讯和交通工具、工矿作业对讲调度等形态,属于狭义的无线电通信。"无线电通信用钢(铁)塔"是指上述通信方式服务的重型钢(铁)塔。

94 国标中的"无线电通信",与目前广域公众通信的蜂窝数字移动通信业务相比,在业态、组网技术和服务方式上存在明显区别,相应的通信用塔在形态、用途上也与当时普遍使用的重型塔相比,差别较大。

蜂窝移动通信业务是指经过由基站子系统和移动交换子系统等设备组成蜂窝移动通信网提供的话音、数据、视频图像等业务。蜂窝移动通信用铁塔应属于 94 国标中的"通信设备",相关的进项税额按照固定资产进行抵扣。

2. 套餐中手机等终端的进项税额抵扣

无论是在电信业营改增试点前还是试点后开始的套餐业务,都要按照纳税人每月确认的终端销售、基础电信服务和增值电信服务收入,依照各自适用的税率计算增值税销项税额,并按规定抵扣相应的进项税额。

3. 社会渠道相关费用、促销费等进项抵扣

根据《营业税改征增值税试点实施办法》的相关规定,服务接受方从提供方取得的合法的增值税扣税凭证,均可以按照规定抵扣进项税。

4. 总机构汇总的进项税额抵扣

(1)总机构汇总的进项税额是指总机构及其分支机构提供电信服务及其他应税服务而购进货物、接受加工修理修配劳务和应税服务,支付或者负担的增值税税额。

总机构及其分支机构取得的与电信服务及其他应税服务相关的固定资产、专利技术、非专利技术、商誉、商标、著作权、有形动产租赁的进项税额,由总机构汇总缴纳增值税时抵扣。

总机构及其分支机构用于电信服务及其他应税服务以外的进项税额不得汇总。

（2）分支机构提供电信服务及其他应税服务,按照销售额和预征率计算应预缴税额,按月向主管税务机关申报纳税,不得抵扣进项税额。

条文理解 分支机构发生电信服务及其他应税服务的进项税额只核算和申报,相关进项税额由总机构汇总抵扣,分支机构不得抵扣。

五、简易计税

在 2015 年 12 月 31 日以前,境内单位中的一般纳税人通过卫星提供的语音通话服务、电子数据和信息的传输服务,可以选择按照简易计税方法计算缴纳增值税。

条文理解 本条是对提供电信服务计税方法的特殊规定。一般纳税人提供财政部和国家税务总局规定的特定应税服务,可以选择适用简易计税方法计税,但一经选择,36 个月内不得变更。

六、汇总申报

根据《电信企业增值税征收管理暂行办法》（国家税务总局公告 2014 年第 26 号,以下简称 2014 年第 26 号公告）的规定,经省、自治区、直辖市或者计划单列市财政厅（局）和税务局批准,电信企业（是指中国电信集团公司、中国移动通信集团公司、中国联合网络通信集团有限公司所属提供电信服务的企业）可以汇总申报缴纳增值税。

电信企业的增值税可分为两大类:一类是主营业务电信服务收入实行汇总缴纳;另一类是非主营业务收入在机构所在地申报纳税。

（一）销售额

（1）总机构应当汇总计算总机构及其所属分支机构提供电信服务及其他应税服务的增值税应纳税额,抵减分支机构提供电信服务及其他应税服务已缴纳（包括预缴和查补,下同）的增值税税额后,向主管税务机关申报纳税。

总机构发生除电信服务及其他应税服务以外的增值税应税行为,按照《增值税暂行条例》及相关规定就地申报纳税。

总机构汇总的销售额,为总机构及其分支机构提供电信服务及其他应税服务的销售额。

（2）销售额为分支机构对外（包括向电信服务及其他应税服务接受方和本总机构、分支机构外的其他电信企业）提供电信服务及其他应税服务取得的收入;预收款为分支机构以销售电信充值卡（储值卡）、预存话费等方式收取的预收性质的款项。销售额不包括免税项目的销售额;预收款不包括免税项目的预收款。

分支机构发生除电信服务及其他应税服务以外的增值税应税行为,按照《增值税暂行条例》及相关规定就地申报纳税。

<u>条文理解</u> 分支机构发生应税服务以外的其他增值税应税行为,取得的应税销售收入不预交税款,就地向主管税务机关申报纳税,并可抵扣相关进项税额;分支机构提供电信服务及其他应税服务申报不实的,由其主管税务机关按适用税率全额补征增值税。

(二)税款计算

(1)总机构应当依据《电信企业分支机构增值税汇总纳税信息传递单》,汇总计算当期提供电信服务及其他应税服务的应纳税额,抵减分支机构提供电信服务及其他应税服务当期已缴纳的增值税税额后,向主管税务机关申报纳税。抵减不完的,可以结转下期继续抵减。计算公式为:

$$\begin{array}{l} \text{总机构当期汇} = \text{当期汇总} - \text{当期汇总的允许} \\ \text{总应纳税额} \qquad \text{销项税额} \qquad \text{抵扣的进项税额} \end{array}$$

$$\begin{array}{l} \text{总机构当期应} = \text{总机构当期} - \text{分支机构当期} \\ \text{补(退)税额} \qquad \text{汇总应纳税额} \qquad \text{已缴纳税额} \end{array}$$

<u>条文理解</u> 根据2014年第26号公告第四条的规定,总机构汇总的销售额,为总机构及其分支机构提供电信服务及其他应税服务的销售额。因此,其销售额不含预收款。

(2)分支机构提供电信服务及其他应税服务,按照销售额和预征率计算应预缴税额,按月向主管税务机关申报纳税,不得抵扣进项税额。计算公式为:

$$\text{应预缴税额} = (\text{销售额} + \text{预收款}) \times \text{预征率}$$

(三)纳税期限

总机构的纳税期限为1个季度。

(四)一般纳税人登记

总机构及其分支机构,一律登记为增值税一般纳税人。

<u>条文理解</u> 根据2014年第26号公告第十二条的规定,总机构及其分支机构,一律由主管税务机关认定为增值税一般纳税人。例如,某省电信公司年应税收入低于500万元,符合条件(有固定经营场所、财务核算健全)应登记为增值税一般纳税人。

七、发票管理

(1)电信企业普通发票的适用暂由各省、自治区、直辖市和计划单列市税务局确定;各省、自治区分支机构可以使用上级分支机构统一领取的增值税专用发票和普通发票;各直辖市、计划单列市分支机构可以使用总机构统一领取的增值税专用发票和普通发票。

<u>条文理解</u> 根据《财政部 国家税务总局关于全面推开营业税改征增值税试点的通知》(财税〔2016〕36号)附件《销售服务、无形资产、不动产注释》第一条、《国务院关于修改〈中华人民共和国发票管理办法〉的决定》(国务院令第587号)第十九条的规定,销售商品、提供服务以及从事其他经营活动的单位和个人,对外发生经营业务收取款项,收款方应当向付款方

开具发票;特殊情况下,由付款方向收款方开具发票。例如,消费者通过微信支付平台充值电话费,微信支付平台再将话费转移给电信公司,该业务系微信支付平台向电信公司提供金融支付服务,电信公司向消费者提供基础电信服务。微信支付作为第三方支付平台并未向消费者提供电信服务,不得开具电信服务增值税发票,应由提供电信服务并收取话费的电信公司向消费者开具增值税发票。

(2)电信企业通过手机短信公益特服号为公益机构接受捐款提供服务,如果捐款人索取增值税专用发票的,应按照捐款人支付的全部价款和价外费用,扣除支付给公益性机构捐款后的余额开具增值税专用发票。

(3)除特殊纳税人可以按汇总项开票外,其他纳税人在开票时均不允许按上一级代码开具发票。目前只有电信服务及国家税务总局明确的其他服务,开具发票时可以选择上级节点开票,具体要求:开具专用发票时,项目名称可按照"基础电信服务""增值电信服务"汇总项开具;开具普通发票时,可以按照"电信服务"汇总项开具。

条文理解　根据国家税务总局货物和劳务税司《全面推开营业税改征增值税试点政策培训参考材料》之增值税发票使用和开具有关问题解析第四部分"增值税发票开具有关问题"第(一)项"商品和服务税收分类编码"的规定,除特殊纳税人可以按汇总项开票外,其他纳税人在开票时均不允许按上一级代码开具发票。为了简便易行,目前只有电信服务及国家税务总局明确的其他服务,开具发票时可以选择上级节点开票(除特殊纳税人可以按汇总项开票外,其他纳税人在开票时均不允许按上一级代码开具发票)。例如,单位报销电话费开具普通发票,可以按照电信服务汇总开票,因不同业务适用税率不一致,发票上税率和税额栏均是"＊"号。

(4)预存话费发票开具规定。

电信预充话费属于"单用途商业预付卡"范围,根据《国家税务总局关于营改增试点若干征管问题的公告》(国家税务总局公告2016年第53号)的规定,单用途卡发卡企业或者售卡企业销售单用途卡,或者接受单用途卡持卡人充值取得的预收资金,不缴纳增值税。向购卡人、充值人开具增值税普通发票,开票分类编码为601"预付卡销售和充值",发票税率栏应填写"不征税",不得开具增值税专用发票。持卡人使用单用途卡购买货物或服务时,货物或者服务的销售方应按照现行规定缴纳增值税,且不得向持卡人开具增值税发票。例如,某公司预充电话费按规定可取得"不征税"增值税普通发票,在实际消费后,电信企业不能再给该公司开具增值税发票。

第四节　建筑服务业增值税政策规定

自2016年5月1日起,营业税改征增值税全国试点推开。建筑业纳入试点,实现增值税对货物服务的全覆盖,营业税退出历史舞台。

97

一、征税范围

建筑服务是指各类建筑物、构筑物及其附属设施的建造、修缮、装饰,线路、管道、设备、设施等的安装以及其他工程作业的业务活动,包括工程服务、安装服务、修缮服务、装饰服务和其他建筑服务。

(一) 工程服务

工程服务是指新建、改建各种建筑物、构筑物的工程作业,包括与建筑物相连的各种设备或者支柱、操作平台的安装或者装设工程作业,以及各种窑炉和金属结构工程作业。

(二) 安装服务

安装服务是指生产设备、动力设备、起重设备、运输设备、传动设备、医疗实验设备以及其他各种设备、设施的装配、安置工程作业,包括与被安装设备相连的工作台、梯子、栏杆的装设工程作业,以及被安装设备的绝缘、防腐、保温、油漆等工程作业。

固定电话、有线电视、宽带、水、电、燃气、暖气等经营者向用户收取的安装费、初装费、开户费、扩容费以及类似收费,按照安装服务缴纳增值税。例如,承接宽带、管道煤气安装工程,总包材料销售及安装,收取的初装费。

(三) 修缮服务

修缮服务是指对建筑物、构筑物进行修补、加固、养护、改善,使之恢复原来的使用价值或者延长其使用期限的工程作业。

(四) 装饰服务

装饰服务是指对建筑物、构筑物进行修饰装修,使之美观或者具有特定用途的工程作业。

(五) 其他建筑服务

其他建筑服务是指上列工程作业之外的各种工程作业服务,如钻井(打井)、拆除建筑物或者构筑物、平整土地、园林绿化、疏浚(不包括航道疏浚)、建筑物平移、搭脚手架、爆破、矿山穿孔、表面附着物(包括岩层、土层、沙层等)剥离和清理等工程作业。

(六) 特殊规定

(1) 物业服务企业为业主提供的装修服务,按照建筑服务缴纳增值税。

(2) 纳税人将建筑施工设备出租给他人使用并配备操作人员的,按照建筑服务缴纳增值税。

条文理解 凡是功能发挥不以人员持续操作为基础的不属于建筑施工设备。例如,脚手架就不属于上述设备。

二、税率及征收率

销售建筑服务的适用税率为 9%,征收率为 3%。

三、简易计税

（一）销售额的确定

试点纳税人提供建筑服务适用简易计税方法的，以取得的全部价款和价外费用扣除支付的分包款后的余额为销售额。

根据《国家税务总局关于国内旅客运输服务进项税抵扣等增值税征管问题的公告》（国家税务总局公告2019年第31号）的规定，纳税人提供建筑服务，按照规定允许从其取得的全部价款和价外费用中扣除的分包款，是指支付给分包方的全部价款和价外费用。

条文理解　纳税人提供特定建筑服务，可按照现行政策规定，以取得的全部价款和价外费用扣除支付的分包款后的余额为销售额计税。总包方支付的分包款是打包支出的概念，即其中既包括货物价款，也包括建筑服务价款。需要注意的是，只有简易计税可差额征税，扣除范围必须为建筑分包款。

【案例2-11】　A建筑公司承包建筑工程，按规定适用简易计税。后将其所承包工程中的钢结构厂房分包给钢结构生产厂家B公司，取得B公司开具的钢结构部件销售发票700万元，安装费300万元；同时向建材销售企业C公司购入建筑材料用于本工程，双方签订了建筑材料分包合同，取得C公司开具的建材销售发票500万元。在申报销售时，A建筑公司可差额扣除的金额为700＋300＝1 000（万元）。可差额扣除分包款的基本前提条件是所扣除的必须是建筑分包款，本案中，可扣除的分包款包括分包工程打包支出的安装费300万元和钢结构件700万元。需要提醒的是，建筑分包的实质和形式必须统一，必须是符合住建部门规定的建筑分包业务，离开建筑分包这一前提条件，则不能将分包款从总包价款中扣除。

试点纳税人按照上述规定从全部价款和价外费用中扣除的价款，应当取得符合法律、行政法规和国家税务总局规定的有效凭证。否则，不得扣除。

上述凭证是指：

（1）支付给境内单位或者个人的款项，以发票为合法有效凭证。

（2）支付给境外单位或者个人的款项，以该单位或者个人的签收单据为合法有效凭证，税务机关对签收单据有疑议的，可以要求其提供境外公证机构的确认证明。

（3）缴纳的税款，以完税凭证为合法有效凭证。

（4）扣除的政府性基金、行政事业性收费或者向政府支付的土地价款，以省级以上（含省级）财政部门监（印）制的财政票据为合法有效凭证。

（5）国家税务总局规定的其他凭证。

纳税人取得的上述凭证属于增值税扣税凭证的，其进项税额不得从销项税额中抵扣。

【案例2-12】　建筑业小规模纳税人可以全额开具增值税专用发票，按差额缴纳增值税。A单位为小规模纳税人，2019年一季度按3％开具专用发票50万元，收到分包普通发票30万元，分包单位免征增值税，A单位应按全额还是差额缴纳增值税，开具增值税专用发票还能免征增值税吗？

根据《营业税改征增值税试点有关事项的规定》(财税〔2016〕36 号)的规定,纳税人提供建筑服务适用简易计税方法的,以取得的全部价款和价外费用扣除支付的分包款后的余额为销售额。因此,A 单位应差额缴纳增值税。

根据《国家税务总局关于小规模纳税人免征增值税政策有关征管问题的公告》(国家税务总局公告 2019 年第 4 号)的规定,小规模纳税人发生增值税应税销售行为,合计月销售额未超过 10 万元(以 1 个季度为 1 个纳税期的,季度销售额未超过 30 万元,下同)的,免征增值税。适用增值税差额征税政策的小规模纳税人,以差额后的销售额确定是否可以享受本公告规定的免征增值税政策。因此,A 单位提供建筑服务,一季度销售额为 50－30＝20(万元),未超过 30 万元,可以享受免征增值税政策。

根据《财政部 国家税务总局关于全面推开营业税改征增值税试点的通知》(财税〔2016〕36 号)附件 1《营业税改征增值税试点实施办法》的规定,适用免征增值税规定的应税行为不得开具增值税专用发票。因此,A 单位开具增值税专用发票部分应按照现行规定缴纳增值税。实际操作中,可全额开具增值税专用发票,差额申报缴纳增值税。应纳增值税＝(50－30)÷(1＋3％)×3％＝0.58(万元)。

同时,《国家税务总局关于小规模纳税人免征增值税政策有关征管问题的公告》(国家税务总局公告 2019 年第 4 号)规定,小规模纳税人月销售额未超过 10 万元(季度 30 万元)的,当期因开具增值税专用发票已经缴纳的税款,在增值税专用发票全部联次追回或者按规定开具红字专用发票后,可以向主管税务机关申请退还。因此,A 单位如能按规定作废或红冲专用发票,仍可享受免征增值税,已缴纳税款可申请退还。

(二) 可以选择简易计税方法的情形

(1) 一般纳税人提供的下列建筑服务,可以选择简易计税方法按照 3％征收率计税。一经选择简易计税方法的,36 个月内不得变更为一般计算方法:

① 一般纳税人以清包工方式提供的建筑服务,可以选择适用简易计税方法计税。

以清包工方式提供建筑服务是指施工方不采购建筑工程所需的材料或只采购辅助材料,并收取人工费、管理费或者其他费用的建筑服务。

② 一般纳税人为甲供工程提供的建筑服务,可以选择适用简易计税方法计税。

甲供工程是指全部或部分设备、材料、动力由工程发包方自行采购的建筑工程。

③ 一般纳税人为建筑工程老项目提供的建筑服务,可以选择适用简易计税方法计税。

建筑工程老项目:《建筑工程施工许可证》注明的合同开工日期在 2016 年 4 月 30 日前的建筑工程项目;未取得《建筑工程施工许可证》的,建筑工程承包合同注明的开工日期在 2016 年 4 月 30 日前的建筑工程项目。

条文理解 未取得《建筑工程施工许可证》的,按合同开工日期确定新老项目,是指按《中华人民共和国建筑法》(以下简称《建筑法》)规定的可不申领建筑工程施工许可证的情形:

(1) 限额以下小型工程。国务院建设行政主管部门确定的限额以下的小型工程,是指按《建筑工程施工许可管理办法》第二条的规定,工程投资额在 30 万元以下或者建筑面积在

300 平方米以下的建筑工程。省级建设主管部门可调整限额。

（2）按照国务院规定的权限和程序批准开工报告的建筑工程。

（3）依法核定作为文物保护的纪念建筑物和古建筑等的修缮。

（4）抢险救灾及其他临时性房屋建筑和农民自建低层住宅的建筑活动。

（5）军用房屋建筑工程建筑活动。

建筑企业是否适用简易计税方法，并非按纳税主体整体确定，而是以建筑项目为对象确定。例如，某建筑企业有 A、B 两个项目，A 项目适用简易计税方法，并不影响 B 项目选择一般计税方法。一个项目一经选定简易计税办法，36 个月不能改变。

④ 一般纳税人销售自产机器设备的同时提供安装服务，应分别核算机器设备和安装服务的销售额，安装服务可以按照甲供工程选择适用简易计税方法计税。

⑤ 一般纳税人销售外购机器设备的同时提供安装服务，如果已经按照兼营的有关规定，分别核算机器设备和安装服务的销售额，安装服务可以按照甲供工程选择适用简易计税方法计税。

⑥ 建筑工程总承包单位为房屋建筑的地基与基础、主体结构提供工程服务，建设单位自行采购全部或部分钢材、混凝土、砌体材料、预制构件的，适用简易计税方法计税。

地基与基础、主体结构的范围，按照《建筑工程施工质量验收统一标准》（GB 50300—2013）附录 B《建筑工程的分部工程、分项工程划分》中的"地基与基础""主体结构"分部工程的范围执行。如表 2-1 所示。

表 2-1 "地基与基础""主体结构"分部工程的范围

序号	分部工程	子分部工程	分项工程
1	地基与基础	土方工程	土方开挖，土方回填，场地平整
		基坑支护	排桩，重力式挡土墙，型钢水泥土搅拌墙，土钉墙与复合土钉墙，地下连续墙，沉井与沉箱，钢或混凝土支撑，锚杆，降水与排水
		地基处理	灰土地基，砂和砂石地基，土工合成材料地基，粉煤灰地基，强夯地基，注浆地基，预压地基，振冲地基，高压喷射注浆地基，水泥土搅拌桩地基，土和灰土挤密桩地基，水泥粉煤灰碎石桩地基，夯实水泥土桩地基，砂桩地基
		桩基础	先张法预应力管桩，混凝土预制桩，钢桩，混凝土灌注桩
		地下防水	防水混凝土，水泥砂浆防水层，卷材防水层，涂料防水层，塑料防水板防水层，金属板防水层，膨润土防水材料防水层；细部构造，锚喷支护，地下连续墙，盾构隧道，沉井，逆筑结构；渗排水、盲沟排水，隧道排水，坑道排水，塑料排水板排水；预注浆、后注浆，结构裂缝注浆
		混凝土基础	模板、钢筋、混凝土，后浇带混凝土，混凝土结构缝处理
		砌体基础	砖砌体，混凝土小型空心砌块砌体，石砌体，配筋砌体
		型钢、钢管混凝土基础	型钢、钢管焊接与螺栓连接，型钢、钢管与钢筋连接，浇筑混凝土
		钢结构基础	钢结构制作，钢结构安装，钢结构涂装

(续表)

序号	分部工程	子分部工程	分项工程
2	主体结构	混凝土结构	模板,钢筋,混凝土,预应力,现浇结构,装配式结构
		砌体结构	砖砌体,混凝土小型空心砌块砌体,石砌体,配筋砌体,填充墙砌体
		钢结构	钢结构焊接,紧固件连接,钢零部件加工,钢构件组装及预拼装,单层钢结构安装,多层及高层钢结构安装,空间格构钢结构制作,空间格构钢结构安装,压型金属板,防腐涂料涂装,防火涂料涂装,天沟安装、雨棚安装
		型钢、钢管混凝土结构	型钢、钢管现场拼装,柱脚锚固,构件安装,焊接、螺栓连接,钢筋骨架安装,型钢、钢管与钢筋连接,浇筑混凝土
		轻钢结构	钢结构制作,钢结构安装,墙面压型板,屋面压型板
		索膜结构	膜支撑构件制作,膜支撑构件安装,索安装,膜单元及附件制作,膜单元及附件安装
		铝合金结构	铝合金焊接,紧固件连接,铝合金零部件加工,铝合金构件组装,铝合金构件预拼装,单层及多层铝合金结构安装,空间格构铝合金结构安装,铝合金压型板,防腐处理,防火隔热
		木结构	方木和原木结构,胶合木结构,轻型木结构,木结构防护

条文理解 根据《财政部 国家税务总局关于建筑服务等营改增试点政策的通知》(财税〔2017〕58号)的规定,建筑工程总承包单位为房屋建筑的地基与基础、主体结构提供工程服务,建设单位自行采购全部或部分钢材、混凝土、砌体材料、预制构件的,适用简易计税方法计税。符合规定情形的,必须适用简易计税,而非可选择简易计税。

(2)小规模纳税人提供的建筑服务适用简易计税方法计税。

(三)简易征收备案

根据《国家税务总局关于国内旅客运输服务进项税抵扣等增值税征管问题的公告》(国家税务总局公告2019年第31号)的规定,提供建筑服务的增值税一般纳税人按规定适用或选择适用简易计税方法计税的,不再实行备案制。以下证明材料无需向税务机关报送,改为自行备存备查:

(1)为建筑工程老项目提供的建筑服务,留存《建筑工程施工许可证》或建筑工程承包合同。

(2)为甲供工程提供的建筑服务、以清包工方式提供的建筑服务,留存建筑工程承包合同。

税务机关在后续管理中发现纳税人不能提供相关资料的,对少缴的税款应予追缴,并依照《税收征收管理法》及其实施细则的有关规定处理。

四、预缴税款

(一)适用范围

(1)纳税人提供建筑服务取得预收款,应按照规定预缴增值税。

（2）纳税人跨地级行政区（以下简称跨地区）提供建筑服务，应向建筑服务发生地主管税务机关预缴税款，向机构所在地主管税务机关申报纳税。否则，无需在建筑服务发生地预缴增值税，应向机构所在地主管税务机关预缴税款。

（3）根据《国家税务总局关于小规模纳税人免征增值税政策有关征管问题的公告》（国家税务总局公告2019年第4号）第六条的规定，按照现行规定应当预缴增值税税款的小规模纳税人，凡在预缴地实现的月销售额未超过10万元的，当期无需预缴税款。

条文理解 按照政策规定，应当预缴增值税的小规模纳税人，凡在预缴地实现的月销售额未超过10万元（按季申报的小规模纳税人，为季销售额未超过30万元）的，当期无需预缴税款。已预缴税款的，可以向预缴地主管税务机关申请退还。如果企业在同一预缴地有多个项目的，应当按照所有项目当月总销售额判断是否超过10万元（按季30万元）标准。如果不超过10万元（按季30万元），无需预缴税款。

（二）预缴时间

（1）纳税人提供建筑服务取得预收款，应在收到预收款时，以取得的预收款扣除支付的分包款后的余额，按照规定的预征率预缴增值税。

按照现行规定应在建筑服务发生地预缴增值税的项目，纳税人收到预收款时在建筑服务发生地预缴增值税。按照现行规定无需在建筑服务发生地预缴增值税的项目，纳税人收到预收款时在机构所在地预缴增值税。

（2）纳税人跨地区提供建筑服务预缴税款时间，按照财税〔2016〕36号文件规定的纳税义务发生时间和纳税期限执行。

条文理解 此处应注意建筑服务纳税义务发生时间的变化。《财政部 国家税务总局关于全面推开营业税改征增值税试点的通知》（财税〔2016〕36号）附件1《营业税改征增值税试点实施办法》第四十五条第二项规定，纳税人提供建筑服务、租赁服务采取预收款方式的，其纳税义务发生时间为收到预收款的当天。《财政部 国税总局关于建筑服务等营改增试点政策的通知》（财税〔2017〕58号）第二条将上述规定修改为："纳税人提供租赁服务采取预收款方式的，其纳税义务发生时间为收到预收款的当天。"即自2017年7月1日起，建筑企业收到业主或者发包方的预收款时，没有发生增值税纳税义务，不用向业主或者发包方开具增值税发票，但是仍需要按照预征率预缴增值税。

（三）预缴计算方法

$$\text{适用一般计税方法计税的，应预缴税款} = \left(\text{全部价款和价外费用} - \text{支付的分包款}\right) \div (1+9\%) \times 2\%$$

$$\text{适用简易计税方法计税的，应预缴税款} = \left(\text{全部价款和价外费用} - \text{支付的分包款}\right) \div (1+3\%) \times 3\%$$

纳税人取得的全部价款和价外费用扣除支付的分包款后的余额为负数的，可结转下次预缴税款时继续扣除。

纳税人应按照工程项目分别计算应预缴税款,分别预缴。

纳税人按照上述规定从取得的全部价款和价外费用中扣除支付的分包款,应当取得符合法律、行政法规和国家税务总局规定的合法有效凭证,否则不得扣除。

上述凭证是指:

(1) 从分包方取得的 2016 年 4 月 30 日前开具的建筑业营业税发票。上述建筑业营业税发票在 2016 年 6 月 30 日前可作为预缴税款的扣除凭证。

(2) 从分包方取得的 2016 年 5 月 1 日后开具的,备注栏注明建筑服务发生地所在县(市、区)、项目名称的增值税发票。

(3) 国家税务总局规定的其他凭证。

条文理解 由于增值税是价外税,取得的含税的价款和价外费用在预缴税款计算时需要将含税价换算成不含税价格。纳税人取得的全部价款和价外费用扣除支付的分包款后的余额为负数的,可结转下次预缴时继续扣除,以此保证纳税人不因收入和支出取得时间不均衡而多缴税款。如果纳税人同时为多个跨地区的建筑项目提供建筑服务,需要分项目计算预缴税款,以保证预缴税款的实现与建筑工程项目一一对应和匹配,减少对建筑服务发生地收入的影响。

(四)预缴申报

纳税人跨地区提供建筑服务,在向建筑服务发生地主管税务机关预缴税款时,需填报《增值税预缴税款表》,并出示以下资料:

(1) 与发包方签订的建筑合同复印件(加盖纳税人公章)。

(2) 与分包方签订的分包合同复印件(加盖纳税人公章)。

(3) 从分包方取得的发票复印件(加盖纳税人公章)。

纳税人跨地区提供建筑服务,向建筑服务发生地主管税务机关预缴的增值税税款,可以在当期增值税应纳税额中抵减,抵减不完的,结转下期继续抵减。

纳税人以预缴税款抵减应纳税额,应以完税凭证作为合法有效凭证。

(五)建立台账

对跨区提供的建筑服务,纳税人应自行建立预缴税款台账,区分不同地级行政区和项目逐笔登记全部收入、支付的分包款、已扣除的分包款、扣除分包款的发票号码、已预缴税款以及预缴税款的完税凭证号码等相关内容,留存备查。

(六)征收管理

纳税人跨地级行政区提供建筑服务,按照规定应向建筑服务发生地主管税务机关预缴税款而自应当预缴之月起超过 6 个月没有预缴税款的,由机构所在地主管税务机关按照《税收征收管理法》及相关规定进行处理。

五、发票开具

(1) 纳税人提供建筑服务收到预收款时,可以开具增值税普通发票,使用"未发生销售行为的不征税项目"中的编码 612"建筑服务预收款"开票,发票税率栏显示"不征税",不得开具增值税专用发票。

条文理解　例如,企业 2019 年 1 月 1 日收到工程预收款 20 万元,按编码 612"建筑服务预收款"开具"不征税"增值税普通发票,并预缴增值税,此时尚未发生纳税义务,不需要进行纳税申报。2019 年 9 月 30 日工程完工并验收合格,企业共收全款 100 万元,此时,企业应按适用税率或征收率开具增值税发票 100 万元,并申报缴纳销售额。

（2）纳税人提供建筑服务,自行开具或者税务机关代开增值税发票时,应在发票的备注栏注明建筑服务发生地县(市、区)名称及项目名称。

（3）纳税人提供建筑服务适用差额征税的,可以全额开具增值税发票。

【案例 2-13】　某建筑企业为一般纳税人,承接工程老项目,并选择简易计税方法计税,按合同收取工程款共计 203 万元,对外支付建筑分包款 100 万元,该企业在开票时可按 3% 征收率全额开具 203 万元增值税专用发票,申报时在增值税纳税申报表附表 3 中填报差额扣除项目金额 100 万元,申报销售额为(203－100)÷(1＋3%)＝100(万元)。

（4）其他个人提供建筑服务,可以向建筑服务发生地主管税务机关申请代开增值税普通发票。

其他个人提供建筑服务申请代开增值税普通发票时提供如下资料:

① 经办人身份证原件及复印件。

② 税收缴款凭证(起征点以下的不需要提供)。

③《代开增值税普通发票缴纳税款申报单》。

（5）建筑企业与发包方签订建筑合同后,以内部授权或者三方协议等方式,授权集团内其他纳税人(以下简称第三方)为发包方提供建筑服务,并由第三方直接与发包方结算工程款的,由第三方缴纳增值税并向发包方开具增值税发票,与发包方签订建筑合同的建筑企业不缴纳增值税。发包方可凭实际提供建筑服务的纳税人开具的增值税专用发票抵扣进项税额。

条文理解　政策明确了建筑企业签订建筑合同后以内部授权或者三方协议等方式,授权其集团内其他单位提供建筑服务的,在业务流、资金流、发票流等"三流"不完全一致的情况下,如何计算缴纳增值税并开具发票的问题。即同一集团内可共享相关建筑资质,可化解"三流"不一致的涉税风险。但应当注意的是,该规定仅适用于同一集团内的单位之间。

（6）纳税人 2016 年 5 月 1 日前发生的营业税涉税业务,需要补开发票的,使用"未发生销售行为的不征税项目"编码,选择 603"已申报缴纳营业税未开票补开票",发票税率栏应填写"不征税",不得开具增值税专用发票。需要补开发票的情形主要有:

① 已申报营业税,未开具发票的。

② 已申报营业税,已开具发票,发生销售退回或折让、开票有误、应税服务中止等情形,需要开具红字发票或重新开具发票的。

③ 已补缴营业税税款,未开具发票的。

六、纳税义务发生时间

(1)纳税人发生应税行为并收讫销售款项或者取得索取销售款项凭据的当天;先开具发票的,为开具发票的当天。

收讫销售款项是指纳税人销售服务、无形资产、不动产过程中或者完成后收到款项。

取得索取销售款项凭据的当天是指书面合同确定的付款日期;未签订书面合同或者书面合同未确定付款日期的,为服务、无形资产转让完成的当天或者不动产权属变更的当天。

(2)纳税人提供建筑服务,被工程发包方从应支付的工程款中扣押的质押金、保证金,未开具发票的,以纳税人实际收到质押金、保证金的当天为纳税义务发生时间。

(3)纳税人提供建筑服务采取预收款方式的,不再以收到预收款的当天作为其纳税义务发生时间。

七、跨境建筑服务

(1)不属于在境内销售服务。境外单位或者个人向境内单位或者个人提供的工程施工地点在境外的建筑服务不属于在境内销售服务。

(2)工程项目在境外的建筑服务免征增值税:

① 工程总承包方和工程分包方为施工地点在境外的工程项目提供的建筑服务,均属于工程项目在境外的建筑服务。

② 境内单位和个人作为工程分包方,为施工地点在境外的工程项目提供建筑服务,从境内工程总承包方取得的分包款收入,属于"视同从境外取得收入"。

条文理解 跨境建筑服务分包款收入适用"视同从境外取得收入"规定。根据《国家税务总局关于发布〈营业税改征增值税跨境应税行为增值税免税管理办法(试行)〉的公告》(国家税务总局公告2016年第29号公布,国家税务总局公告2018年第31号修改)的规定,工程分包方为施工地点在境外的工程项目提供建筑服务,属于工程项目在境外的建筑服务。按照建筑工程总分包模式的经营特点,可能出现由境内工程总承包方统一从境外取得境外工程项目款,再由总承包方向分包方支付分包款的情况。鉴于这一结算方式不改变境内分包方收入来源的本质,国家税务总局明确,境内的单位和个人作为工程分包方,为施工地点在境外的工程项目提供的建筑服务,从境内的工程总承包方取得的分包款收入,属于"视同从境外取得收入",可按现行规定适用跨境服务免征增值税政策。

③ 施工地点在境外的工程项目,工程分包方应提供工程项目在境外的证明、与发包方签订的建筑合同原件及复印件等资料,作为跨境销售服务书面合同。

④ 境内的单位和个人为施工地点在境外的工程项目提供建筑服务办理免税备案手续时,凡与发包方签订的建筑合同注明施工地点在境外的,可不再提供工程项目在境外的其他证明材料。

⑤ 纳税人发生跨境应税行为,办理免税备案手续后发生的相同跨境应税行为,不再办理备案手续。纳税人应当完整保存相关免税证明材料备查。纳税人在税务机关后续管理中不能提供上述材料的,不得享受相关免税政策,对已享受的减免税款应予补缴,并依照《税收征收管理法》的有关规定处理。

八、《跨区域涉税事项报告表》办理流程

自 2017 年 10 月 30 日起,纳税人跨省(自治区、直辖市和计划单列市)临时从事生产经营活动的,不再开具《外出经营活动税收管理证明》,改向机构所在地的税务机关填报《跨区域涉税事项报告表》。纳税人在省(自治区、直辖市和计划单列市)内跨县(市)临时从事生产经营活动的,是否实施跨区域涉税事项报验管理由各省(自治区、直辖市和计划单列市)税务机关自行确定。

同时,取消跨区域涉税事项报验管理的固定有效期。税务机关不再按照 180 天设置报验管理的固定有效期,改按跨区域经营合同执行期限作为有效期限。合同延期的,纳税人可向经营地或机构所在地的税务机关办理报验管理有效期限延期手续。

第五节　房地产业增值税政策规定

房地产作为国民经济支柱产业,对拉动国内经济增长,带动相关行业发展起到重要作用。但由于它生产经营周期长、投资大,并且通常采用预收商品房款项的方式从事其项目的开发与经营,与其他营改增行业相比较为复杂,这也正是房地产企业经营活动的特殊性。因此,与其他营改增行业相比,房地产企业在日常税收申报以及特殊政策上存在着一定的差异。

一、纳税人

在境内销售自行开发的房地产项目的房地产开发企业,为增值税纳税人。

自行开发是指在依法取得土地使用权的土地上进行基础设施和房屋建设。房地产企业以接盘等形式购入未完工的房地产项目继续开发后,以自己的名义立项销售的,属于销售自行开发的房地产项目。

在境内销售不动产是指所销售的不动产在境内。

二、税率及征收率

房地产开发企业销售自行开发房地产项目适用税率为 9%,征收率为 5%。

三、应纳税额的计算

增值税计税方法包括一般计税方法和简易计税方法。计税方法的一般规定见第一章

"增值税概述与基本要素"。

小规模纳税人发生应税行为适用简易计税方法计税。

一般纳税人销售自行开发的房地产老项目适用一般计税方法计税。一般纳税人销售自行开发的房地产老项目,可以选择简易计税方法按照5%征收率计税。一经选择简易计税方法的,36个月内不得变更为一般计算方法。

房地产老项目,是指:

(1)《建筑工程施工许可证》注明的合同开工日期在2016年4月30日前的房地产项目。

(2)《建筑工程施工许可证》未注明合同开工日期,或者未取得《建筑工程施工许可证》但建筑工程承包合同注明的开工日期在2016年4月30日前的建筑工程项目。

(3)房地产开发企业中的一般纳税人以围填海方式取得土地并开发的房地产项目,围填海工程《建筑工程施工许可证》或建筑工程承包合同注明的围填海开工日期在2016年4月30日前的,属于房地产老项目。

条文理解 以围填海方式取得土地的房地产项目,围填海的开工日期可能早于房地产项目《建筑工程施工许可证》上注明的开工日期。为体现房地产老项目简易计税的政策精神,公平税负,《国家税务总局关于国内旅客运输服务进项税抵扣等增值税征管问题的公告》(国家税务总局公告2019年第31号)规定,以围填海方式取得土地的房地产项目,围填海工程《建筑工程施工许可证》或建筑工程承包合同注明的围填海开工日期在2016年4月30日前的,均属于房地产老项目,可以选择适用简易计税方法按照5%的征收率计算缴纳增值税。

(4)根据《财政部 税务总局关于明确国有农用地出租等增值税政策的公告》(财政部税务总局公告2020年第2号)的规定,自2020年1月20日起,房地产开发企业中的一般纳税人购入未完工的房地产老项目继续开发后,以自己名义立项销售的不动产,属于房地产老项目。

条文理解 建筑业及不动产按项目管理是基本原则,这是针对建筑、不动产行业特点专门作出的特殊政策安排。遵循这一原则,建筑、不动产项目是否适用简易计税方法,并非按纳税主体整体确定,而是以建筑、不动产项目为对象确定。例如,某房地产企业有A、B两个项目,A项目适用简易计税方法,并不影响B项目选择一般计税方法。一个项目一经选定简易计税办法,36个月不能改变。

四、销售额的确定

(1)一般计税方法。

① 房地产开发企业中的一般纳税人(以下简称一般纳税人)销售自行开发的房地产项目,适用一般计税方法计税,按照取得的全部价款和价外费用,扣除当期销售房地产项目对应的土地价款后的余额计算销售额。销售额的计算公式如下:

销售额＝(全部价款和价外费用－当期允许扣除的土地价款)÷(1＋9％)

支付的土地价款是指向政府、土地管理部门或者受政府委托收取的土地价款的单位直接支付的土地价款。向政府部门支付的土地价款包括土地受让人向政府部门支付的征地和拆迁补偿费用、土地前期开发费用和土地出让收益等。

房地产开发企业中的一般纳税人销售其开发的房地产项目(选择简易计税方法的房地产老项目除外)，在取得土地时向其他单位或个人支付的拆迁补偿费用也允许在计算销售额时扣除。纳税人按上述规定扣除拆迁补偿费用时，应提供拆迁协议、拆迁双方支付和取得拆迁补偿费用凭证等能够证明拆迁补偿费用真实性的材料。

条文理解 "对应"隐含两层意思：一是土地价款并非一次性从销售额中全扣，而是要随着销售额的确认逐步扣除。也就是说，要把土地价款按照销售进度，在不同的纳税期分期扣除，是"卖一套房，扣一笔与之相应的土地出让金"。二是允许扣除的土地价款包括新项目和选择一般计税方法的老项目。对于房地产老项目，如果选择适用一般计税方法，其2016年5月1日后确认的增值税销售额，也可以扣除对应的土地出让价款。

② 当期允许扣除的土地价款按照以下公式计算：

$$当期允许扣除的土地价款＝\left(\frac{当期销售房地产项目建筑面积}{房地产项目可供销售建筑面积}\right)×支付的土地价款$$

公式中，当期销售房地产项目建筑面积是指当期进行纳税申报的增值税销售额对应的建筑面积；房地产项目可供销售建筑面积是指房地产项目可以出售的总建筑面积，不包括销售房地产项目时未单独作价结算的配套公共设施的建筑面积。

当期销售房地产项目建筑面积、房地产项目可供销售建筑面积是指计容积率地上建筑面积，不包括地下车位建筑面积。

条文理解 房地产企业在开发房产项目时，还会在小区配套建设道路、花园、绿地、雕塑，或者物业用房、幼儿园、诊所等。这些项目不单独作价出售给业主，但也包含在业主所支付的房款之中。对这些建筑物、构筑物的面积，本条规定并未将其包含在"可供出售的建筑面积"中，也就是在计算"当期允许扣除的土地价款"时，并未将这部分面积包含在分母当中。这样可以使开发商将所有"可供"销售的面积卖完后，土地出让金全部扣除完，有利于房地产开发企业。房地产开发企业在计算可抵扣土地价款时，地下车库面积不纳入"建筑面积"进行计算。

【**案例 2-14**】 某房地产开发公司适用一般计税方法，购买土地价款 1 000 万元(取得可扣除票据)，项目总可售面积 10 000 平方米，已完工总可售面积 5 000 平方米，2019 年 7 月实际销售 2 000 平方米，那么，当期可扣除土地价款为 2 000÷10 000×1 000＝200 (万元)。

③ 差额扣除凭证。

在计算销售额时从全部价款和价外费用中扣除土地价款，应取得省级以上(含省级)财政部门监(印)制的财政票据。纳税人按照上述规定扣除在取得土地时向其他单位或个人支付的拆迁补偿款时,应提供拆迁协议、拆迁双方支付和取得拆迁补偿费用凭证等能够证明拆迁补偿费用真实性的材料。

条文理解 财政票据是指由财政部门统一印制和发放,由国家机关、事业单位、或经法律法规授权的具有管理公共事务职能的机构、代行政府职能的社会团体以及其他组织(以下简称执收单位),依据有关法律、法规和政府部门的有关规定,征收或者收取政府非税收入、政府举办的非营利性医疗机构从事医疗服务取得的收入、社会团体收取会费以及上述单位进行财务往来结算活动时,应当使用的一种票据。财政票据是单位财务收支的法定凭证和会计核算的原始凭证,也是银行代理政府非税收入业务的重要凭证,是财政、审计、监察等部门进行监督检查的重要依据。需要注意的是:

(1) 扣除的土地价款应当取得省级以上(含省级)财政部门监(印)制的财政票据。

(2) 应建立台账登记土地价款扣除情况,扣除的土地价款不得超过实际支付的土地价款。

④ 差额扣除其他特殊规定。

A. 房地产开发企业向政府部门支付的土地价款,以及向其他单位或个人支付的拆迁补偿费用,按照《财政部 国家税务总局关于明确金融、房地产开发、教育辅助服务等增值税政策的通知》(财税〔2016〕140号)规定允许在计算销售额时扣除但未扣除的,从2016年12月(税款所属期)起,按照现行规定计算扣除。

B. 房地产开发企业(包括多个房地产开发企业组成的联合体,下同)受让土地向政府部门支付土地价款后,设立项目公司对该受让土地进行开发,同时符合下列条件的,可由项目公司按规定扣除房地产开发企业向政府部门支付的土地价款:

a. 房地产开发企业、项目公司、政府部门三方签订变更协议或者补充合同,将土地受让人变更为项目公司。

b. 受让土地的用途、规划等条件不变的情况下,签署变更协议或者补充合同时,土地价款总额不变。

c. 项目公司的全部股权由受让土地的房地产开发企业持有。

房地产开发企业、项目公司、政府部门三方签订变更协议或补充合同,将土地受让人变更为项目公司时,项目公司的全部股权由受让土地的房地产开发企业持有,属于上述"项目公司的全部股权由受让土地的房地产开发企业持有"。例如,以总公司名义拿地,分公司进行开发。房地产开发企业分公司在项目发生地办理税务登记,因总公司与政府签订开发合同,土地价款由总公司名义支付,房地产开发企业分公司凭土地出让金凭证原件按规定扣除土地出让价款。

C. 差额扣除台账登记。

一般纳税人应建立台账登记土地价款(包括向其他单位或个人支付的拆迁补偿费用)的扣除情况,扣除的土地价款不得超过纳税人实际支付的土地价款。

条文理解 由于土地价款并非一次性从销售额中全扣,而是要随着销售额的确认逐步扣除。因此,通过台账对各期土地价款扣除的具体情况进行管理非常必要。房地产开发企业中的一般纳税人应建立台账,登记土地价款的扣除情况,扣除的土地价款不得超过纳税人实际支付的土地价款。

(2)简易计税方法。

小规模纳税人销售自行开发的房地产项目以及一般纳税人销售自行开发的房地产老项目适用简易计税方法计税的,以取得的全部价款和价外费用为销售额,不得扣除对应的土地价款。

条文理解 如果房地产开发企业中的一般纳税人销售老项目选择简易计税方法,则不能扣除对应的土地价款。一旦选择了简易计税方法,36个月内不能改变。

(3)视同销售。

下列情形视同销售服务、无形资产或者不动产:

① 单位或者个体工商户向其他单位或者个人无偿提供服务,但用于公益事业或者以社会公众为对象的除外。

② 单位或者个人向其他单位或者个人无偿转让无形资产或者不动产,但用于公益事业或者以社会公众为对象的除外。

③ 财政部或者国家税务总局规定的其他情形。

条文理解 第一款的适用主体是单位和个体工商户,第二款的适用主体还包括其他个人。房地产企业将建设的医院、幼儿园、学校、供水设施、变电站、市政道路等配套设施无偿赠送(移交)给政府的,如果上述设施属于未单独作价结算的配套公共设施,无偿赠送用于公益事业或者以社会公众为对象的,不视同销售;否则,则应视同销售征收增值税。房地产开发企业销售精装修房,如已在《商品房买卖合同》中注明装修费用(装饰、设备等)和赠送家电,且随房屋单价一并收取的,不视同销售。

(4)纳税人发生应税行为价格明显偏低或者偏高且不具有合理商业目的的,或者发生《营业税改征增值税试点实施办法》第十四条所列行为而无销售额的,主管税务机关有权按照下列顺序确定销售额:

① 按照纳税人最近时期销售同类服务、无形资产或者不动产的平均价格确定。

② 按照其他纳税人最近时期销售同类服务、无形资产或者不动产的平均价格确定。

③ 按照组成计税价格确定。组成计税价格的公式为:

$$组成计税价格＝成本×(1＋成本利润率)$$

成本利润率由国家税务总局确定。

不具有合理商业目的,是指以谋取税收利益为主要目的,通过人为安排,减少、免除、推迟缴纳增值税税款,或者增加退还增值税税款。

111

五、进项税额

（1）基本规定。

关于房地产业增值税进项税额的基本要求，可详见第一章第五节"值税计税方法与计算"中关于进项税额的内容，在此不再赘述。

（2）房地产业一般纳税人购买的货物、加工修理修配劳务、服务、无形资产和不动产，可按规定凭合法有效的增值税扣税凭证抵扣进项税额。

条文理解 企业用于简易计税方法计税项目、免征增值税项目、集体福利或者个人消费的购进货物、加工修理修配劳务、服务、无形资产和不动产，进项税额不得从销项税额中抵扣。专用于简易计税方法计税项目、免征增值税项目、集体福利或者个人消费项目的固定资产、无形资产（不包括其他权益性无形资产）、不动产，该进项税额不得予以抵扣；但既用于一般计税项目，又用于简易计税方法计税项目、免征增值税项目、集体福利或者个人消费的固定资产、无形资产、不动产及相关租金，进项税额全部可以抵扣。

（3）一般纳税人销售自行开发的房地产项目，兼有一般计税方法计税、简易计税方法计税、免征增值税的房地产项目而无法划分不得抵扣的进项税额的，应以《建筑工程施工许可证》注明的"建设规模"为依据进行划分。

$$\text{不得抵扣的进项税额} = \text{当期无法划分的全部进项税额} \times \left(\frac{\text{简易计税方法计税项目、免征增值税房地产项目建设规模}}{\text{房地产项目总建设规模}} \right)$$

条文理解 本条明确房地产业应以"建设规模"为指标计算不得抵扣的进项税额。"建设规模"即项目建设的面积。在计算简易计税方法计税项目和免征增值税房地产项目对应的"不得抵扣的进项税额"时，应以面积为计算单位，而不能以"套""层""单元""栋"等作为计算依据。

六、预缴税款

（1）房地产开发企业（包括一般纳税人以及小规模纳税人），采取预收款方式销售自行开发的房地产项目，应在收到预收款时按照3%的预征率预缴增值税。

应预缴税款按照以下公式计算：

$$\text{应预缴税款} = \text{预收款} \div (1 + \text{适用税率或征收率}) \times 3\%$$

适用一般计税方法计税的，按照9%的适用税率计算；适用简易计税方法计税的，按照5%的征收率计算。

房地产开发企业应在取得预收款的次月纳税申报期向机构所在地主管税务机关预缴税款。预缴税款时应填报《增值税预缴税款表》。

条文理解 预收款是指房地产企业实际取得的售房款。包括分期取得的预收款（首付十按揭十尾款)和全款取得的预收款(因为全款取得也要事后开票,确认应税收入,因此也可以叫做预收款)。房地产开发企业收到预售款以后,应区分是老项目还是新项目,确定适用的计税方法,计算当期应预缴的税款。应注意预收款与现房销售的不同。现房销售是指在不动产达到交付条件后进行的销售。现房销售应按纳税义务发生时间计算缴纳增值税,按照适用税率或者5%征收率纳税增值税,而不是按照3%的预征率预缴增值税。房地产开发企业采取预收款方式销售自行开发的房地产项目,预缴税款时不可以扣除支付的土地价款。

(2) 房地产开发企业提供不动产经营租赁的预缴。

① 房地产开发企业中的一般纳税人,出租自行开发的房地产老项目,可以选择适用简易计税方法,按照5%的征收率计算应纳税额。纳税人出租自行开发的房地产老项目与其机构所在地不在同一县(市)的,应按照上述计税方法在不动产所在地预缴税款后,向机构所在地主管税务机关进行纳税申报。

房地产开发企业中的一般纳税人,出租其2016年5月1日后自行开发的与机构所在地不在同一县(市)的房地产项目,应按照3%预征率在不动产所在地预缴税款后,向机构所在地主管税务机关进行纳税申报。

② 房地产开发企业中的小规模纳税人,出租自行开发的房地产项目,按照5%的征收率计算应纳税额。纳税人出租自行开发的房地产项目与其机构所在地不在同一县(市)的,应按照上述计税方法在不动产所在地预缴税款后,向机构所在地主管税务机关进行纳税申报。

(3) 房地产开发企业销售自行开发的房地产项目,未按规定预缴或缴纳税款的,由主管税务机关按照《税收征收管理法》及相关规定进行处理。

七、纳税义务发生时间

(1) 纳税人销售、出租不动产,为发生应税行为并收讫销售款项或者取得索取销售款项凭据的当天;先开具发票的,为开具发票的当天。

收讫销售款项是指纳税人销售、出租不动产过程中或者完成后收到款项。

取得索取销售款项凭据的当天是指书面合同确定的付款日期;未签订书面合同或者书面合同未确定付款日期的,为不动产权属变更的当天。

(2) 纳税人发生视同销售情形的,其纳税义务发生时间为服务、无形资产转让完成或者不动产权属变更的当天。

(3) 房地产开发企业采用预收款形式销售自行开发的房地产项目,纳税义务发生时间为交付房产的当天。

条文理解 对纳税义务发生的时间应把握三点:一是房地产公司销售不动产纳税义务发生时间以房地产公司将不动产交付给买受人的当天作为应税行为发生的时间,具体交房时间以《商品房买卖合同》上约定的交房时间为准;二是若实际交房时间早于合同约定时间的,按实际交房时间为准;三是房地产开发企业销售房地产项目纳税义务发生之前收取的款项应作为预收款,按照规定预缴增值税。

八、纳税申报

(1)一般纳税人销售自行开发的房地产项目适用一般计税方法的,以当期销售额和9%的适用税率计算当期应纳税额,抵减已预缴税款后,向主管税务机关申报纳税。未抵减完的预缴税款可以结转下期继续抵减。

(2)小规模纳税人销售自行开发的房地产项目以及一般纳税人销售自行开发的房地产项目适用简易计税方法的,以当期销售额和5%征收率计算当期应纳税额,抵减已预缴税款后,向主管税务机关申报纳税。未抵减完的预缴税款可以结转下期继续抵减。

(3)房地产开发企业以预缴税款抵减应纳税额,应以完税凭证作为合法有效凭证。

九、发票开具

(1)一般纳税人销售自行开发的房地产项目,自行开具增值税发票。

(2)房地产开发企业向其他个人销售自行开发的房地产项目,不得开具增值税专用发票。

(3)销售不动产,纳税人自行开具或者税务机关代开增值税发票时,应在发票"货物和应税劳务、服务名称"栏填写不动产名称及房屋产权证书号码(无房屋产权证书的可不填写),"单位"栏填写面积单位,备注栏注明不动产的详细地址。

(4)房地产开发企业采用预售形式销售自行开发的房地产项目,在收到预售款时可以开具不征税增值税普通发票,选择商品和服务税收分类编码602"销售自行开发的房地产项目预收款"。发票税率栏应填写"不征税",不得开具增值税专用发票。

(5)房地产企业销售自行开发的房地产项目,其2016年4月30日前收取并已向主管税务机关申报缴纳营业税或补缴营业税的预收款,未开具营业税发票的,可以开具"不征税"的增值税普通发票,不得开具增值税专用发票。开具增值税发票时应选择商品和服务税收分类编码603"已申报缴纳营业税未开票补开票"。

十、营改增试点前发生的业务

(1)试点纳税人发生应税行为,按照国家有关营业税政策规定差额征收营业税的,因取得的全部价款和价外费用不足以抵减允许扣除项目金额,截至纳入营改增试点之日前尚未扣除的部分,不得在计算试点纳税人增值税应税销售额时抵减,应当向原主管税务机关申请退还营业税。

(2)试点纳税人发生应税行为,在纳入营改增试点之日前已缴纳营业税,营改增试点后因发生退款减除营业额的,应当向原主管税务机关申请退还已缴纳的营业税。

(3)试点纳税人纳入营改增试点之日前发生的应税行为,因税收检查等原因需要补缴税款的,应按照营业税政策规定补缴营业税。

第六节　金融服务业增值税政策规定

金融保险业原营业税税目包括金融、保险两大子目,其中金融税目当中又包括贷款、融资租赁、金融商品转让、金融经纪业务、其他金融业务五项子目。营改增后,金融服务包括贷款服务、直接收费金融服务、保险服务和金融商品转让。本节依据《财政部　国家税务总局关于全面推开营业税改征增值税试点的通知》(财税〔2016〕36 号)及相关规定,对金融服务增值税政策进行了整理归纳,并结合案例对金融服务增值税政策进行了深入分析。

一、贷款服务增值税政策规定

(一)征税范围

根据《财政部　国家税务总局关于全面推开营业税改征增值税试点的通知》(财税〔2016〕36 号)附件《销售服务、无形资产、不动产注释》的规定,贷款是指将资金贷与他人使用而取得利息收入的业务活动。各种占用、拆借资金取得的收入包括金融商品持有期间(含到期)利息(保本收益、报酬、资金占用费、补偿金等)收入、信用卡透支利息收入、买入返售金融商品利息收入、融资融券收取的利息收入,以及融资性售后回租、押汇、罚息、票据贴现、转贷等业务取得的利息及利息性质的收入,按照贷款服务缴纳增值税。融资性售后回租是指承租方以融资为目的,将资产出售给从事融资性售后回租业务的企业后,从事融资性售后回租业务的企业将该资产出租给承租方的业务活动。以货币资金投资收取的固定利润或者保底利润,按照贷款服务缴纳增值税。

条文理解　根据上述规定,贷款服务增值税征税范围在执行过程中应注意以下几个问题:

(1)贷款的发放主体不局限于金融机构。不论金融机构还是其他单位,只要发生将资金贷与他人使用的行为,均应视为发生贷款行为,按贷款服务征收增值税(不需要视同销售的除外)。

(2)贷款的征税对象不局限于利息收入。不仅仅是各类利息,贷款服务的征税对象还包括利息性质的收入,如金融商品持有期间(含到期)的取得的保本收益、报酬、资金占用费、补偿金等收入。

保本收益、报酬、资金占用费、补偿金是指合同中明确承诺到期本金可全部收回的投资收益。金融商品持有期间(含到期)取得的非保本的上述收益,不属于利息或利息性质的收入,不征收增值税。

(3)融资性售后回租属于贷款服务的征税范围。无论融资性售后回租合同的标的物是有形动产还是不动产,自 2016 年 5 月 1 日起(含 5 月 1 日),签订的融资性售后回租合同,出租人收取租金中属于利息收入的部分,应当按照贷款服务缴纳增值税。

需要注意的是,根据《财政部　国家税务总局关于全面推开营业税改征增值税试点的通知》(财税〔2016〕36号)附件2《营业税改征增值税试点有关事项的规定》的规定,试点纳税人2016年4月30日前签订的有形动产融资性售后回租合同,在合同到期前提供的有形动产融资性售后回租服务,可继续按照有形动产融资租赁服务缴纳增值税。

(4) 以货币资金投资收取的固定利润或者保底利润,按照贷款服务缴纳增值税。

无论是营业税还是增值税,股权投资行为均不属于其征税范围。然而,随着我国金融产品创新的迅速发展,金融市场中涌现出许多既具有传统金融业务特征,同时又有别于传统金融业务的创新业务。比如兼具权益投资(包括股权投资)和债权投资双重特性的投资业务——混合性投资。混合性投资一方面可以增加被投资企业的资金和净资产,使投资方在很大程度上可以控制其资金风险;另一方面投资方并不参与被投资企业的经营管理,不承担经营风险,其主要获利方式是收取固定回报,并规定被投资企业赎回投资的期限或条件。对于混合性投资的税务处理,企业所得税按照《国家税务总局关于企业混合性投资业务企业所得税处理问题的公告》(国家税务总局公告2013年第41号)的规定执行,而此规定则为混合性投资增值税处理原则,即一项投资行为如果收取固定利润或保底利润,则在增值税下,此项投资行为属于债权投资行为,固定利润或保底利润属于利息或利息性质的收入,需要按照贷款服务缴纳增值税。例如,银行的黄金租赁业务,黄金租赁是指客户从银行租赁黄金或银行从客户租入黄金,到期归还黄金的业务。承租方在租赁期间对租入的黄金拥有处置权并按照合同约定支付租赁费用。黄金租赁业务当中,出租人(银行)实现的租金收入为让渡资产使用权的收入,因此,出租人(银行)取得的黄金租赁租金收入属于利息性质的收入,应当按照贷款服务缴纳增值税。

(二) 销售额的确定

1. 全额征税

贷款服务(不含融资性售后回租)以提供贷款服务取得的全部利息及利息性质的收入为销售额。

条文理解 上述规定应注意:一是银行提供贷款服务按期计收利息的,结息日当日计收的全部利息收入,均应计入结息日所属期的销售额,按照现行规定计算缴纳增值税。二是中国证券登记结算公司的销售额,不包括以下资金项目:按规定提取的证券结算风险基金;代收代付的证券公司资金交收违约垫付资金利息;结算过程中代收代付的资金交收违约罚息。

2. 差额征税

经人民银行、银监会或者商务部批准从事融资租赁业务的试点纳税人,提供融资性售后回租服务,以取得的全部价款和价外费用(不含本金)扣除对外支付的借款利息(包括外汇借款和人民币借款利息)、发行债券利息后的余额作为销售额。

如果试点纳税人在2016年4月30日前签订的有形动产融资性售后回租合同,在合同到期前提供的有形动产融资性售后回租服务,可继续按照有形动产融资租赁服务缴纳增值税。

继续按照有形动产融资租赁服务缴纳增值税的试点纳税人,经人民银行、银监会或者商务部批准从事融资租赁业务的,根据2016年4月30日前签订的有形动产融资性售后回租合同,在合同到期前提供的有形动产融资性售后回租服务,可以选择以下方法之一计算销售额:

(1)以向承租方收取的全部价款和价外费用,扣除向承租方收取的价款本金,以及对外支付的借款利息(包括外汇借款和人民币借款利息)、发行债券利息后的余额为销售额。

纳税人提供有形动产融资性售后回租服务,计算当期销售额时可以扣除的价款本金,为书面合同约定的当期应当收取的本金。无书面合同或者书面合同没有约定的,为当期实际收取的本金。

试点纳税人提供有形动产融资性售后回租服务,向承租方收取的有形动产价款本金,不得开具增值税专用发票,可以开具普通发票。

(2)以向承租方收取的全部价款和价外费用,扣除支付的借款利息(包括外汇借款和人民币借款利息)、发行债券利息后的余额为销售额。

经商务部授权的省级商务主管部门和国家经济技术开发区批准的从事融资租赁业务的试点纳税人,2016年5月1日后实收资本达到1.7亿元的,从达到标准的当月起按照上述规定执行;2016年5月1日后实收资本未达到1.7亿元但注册资本达到1.7亿元的,在2016年7月31日前仍可按照上述规定执行,2016年8月1日后开展的融资租赁业务和融资性售后回租业务不得按照上述规定执行。

条文理解 上述规定应注意,经"人民银行、银监会或者商务部批准""商务部授权的省级商务主管部门和国家经济技术开发区批准"从事融资租赁业务(含融资性售后回租业务)的试点纳税人(含试点纳税人中的一般纳税人),包括经上述部门备案从事融资租赁业务的试点纳税人。

【案例2-15】 某企业转让100亿元的应收账款资产包(平均6个月到期)给某商业保理公司,商业保理公司按初始折价率6.5%买断(无追索权保理),即商业保理公司支付的初始价格(买入价)为93.5亿元。收账期届满,商业保理公司全额收回了该100亿元应收账款。则商业保理公司该笔业务是否需要缴纳增值税?如果缴税,按照何种税目缴纳,税额如何计算?

根据全国商业保理行业推荐性行业规范、《商业保理业务风险管理操作指引》的规定,所谓保理业务是指贸易、服务或者其他基础交易合同项下的债权人将其现在或将来的应收账款转让给商业保理公司,由商业保理公司为其提供如下两项或者两项以上服务的综合性商贸服务:(1)应收账款融资:以应收账款合法、有效转让为前提的融资服务。(2)应收账款管理:商业保理公司根据债权人的要求,定期或不定期向其提供关于应收账款的回收情况、逾期账款情况、对账单等财务和统计报表,协助其进行应收账款管理。(3)应收账款催收:商业保理公司根据应收账款账期,主动或应债权人要求,采取电话、函件、上门等方式或运用法律手段等对债务人进行催收。(4)信用风险担保:商业保理公司为债务人核定信用额度,并在核准额度内,对债权人的应收账款,提供约定的信用风险担保服务。所谓无追索权保理是指商业保理公司将为债务人核定信用风险额度,并且在信用风险额度范围内承担债务人的信用风险。发生信用风险后,商业保理公司在核定的信用风险额度范围内无权向债权人进行追索。

根据《财政部 国家税务总局关于全面推开营业税改征增值税试点的通知》(财税〔2016〕36号)附件1《营业税改征增值税试点实施办法》所附的《销售服务、无形资产、不动产注释》的规定,各种占用、拆借资金取得的利息及利息性质的收入,按照贷款服务缴纳增值税。结合本案例,该商业保理公司以93.5亿元的价格无追索权的购入了价值100亿元的应收账款资产包。即该商业保理公司为其债务人核定了93.5亿元的信用额度,最终收回本息合计100亿元。93.5亿元与100亿元之间的差额6.5亿元为拆借资金给其债务人而取得的利息收入,6.5亿元利息收入应全额按照贷款服务缴纳增值税。增值税税额＝(100－93.5)÷(1＋6％)×6％＝0.37(亿元)。

(三) 纳税义务发生时间的特殊规定

金融企业发放贷款后,自结息日起90天内发生的应收未收利息按现行规定缴纳增值税,自结息日起就90后发生的应收未收利息暂不缴纳增值税,待实际收到利息时按规定缴纳增值税。金融企业是指银行(包括国有、集体、股份制、合资、外资银行以及其他所有制形式的银行)、城市信用社、农村信用社、信托投资公司、财务公司。

证券公司、保险公司、金融租赁公司、证券基金管理公司、证券投资基金以及其他经人民银行、银监会、证监会、保监会批准成立且经营金融保险业务的机构发放贷款后,自结息日起90天内发生的应收未收利息按现行规定缴纳增值税,自结息日起90天后发生的应收未收利息暂不缴纳增值税,待实际收到利息时按规定缴纳增值税。

条文理解 一是90天源自金融企业应收未收利息核算期。《财政部关于缩短金融企业应收利息核算期限的通知》(财金〔2002〕5号,以下简称财金〔2002〕5号文件)第一条规定,贷款利息自结息日起,逾期90天(含90天)以内的应收未收利息,应继续计入当期损益;贷款利息逾期90天(不含90天)以上,无论该贷款本金是否逾期,发生的应收未收利息不再计入当期损益,在表外核算,实际收回时再计入损益。财金〔2002〕5号文件第二条规定,对已经纳入损益的应收未收利息,在其贷款本金或应收利息逾期超过90天(不含90天)以后,金融企业要相应作冲减利息收入处理。根据上述政策,核算期内金融企业发生的应收未收利息,遵循权责发生制原则计入当期损益;超过核算期再发生的应收未收利息,会计核算原则遵循收付实现制,在实际收到利息时计入当期损益。核算期为90天,从未收到应收利息的结息日起算。核算期内已纳入损益的应收未收利息,在贷款本金或应收利息逾期超过90天后,还要做冲减利息收入处理,即将该应收未收利息转表外核算。

二是增值税政策与应收未收利息核算期规定的衔接。在核算期内发生的应收未收利息,金融企业应计入当期损益,同时计入增值税销售额;超过核算期再发生的应收未收利息,金融企业应暂不计入当期损益并暂不缴纳增值税,在实际收到时再计入当期损益,并按规定缴纳增值税。已经计入当期损益的应收未收利息,在其贷款本金或应收利息逾期超过90天(不含90天)以后,金融企业要相应作冲减当期利息收入,但不可冲减当期增值税销售额。

【案例 2-16】 2019 年 7 月 1 日,EFG 银行(一般纳税人,选择一般计税方法)向某客户发放一笔贷款,本金 1 200 000 元,期限 1 年,合同利率 10%(含增值税),按月计、结息(每月 20 号),到期日偿还本金并支付最后一个月利息。假定该贷款发放无交易费用。2019 年 9 月 20 日,借款单位资金不足,未按时支付当月利息及以后各期利息。2020 年 6 月 30 日,贷款到期,银行与客户达成债务清偿协议,收回贷款本息 1 300 000 元。不考虑加息罚息及复利等问题,该业务应如何做出正确的增值税处理?

2019 年 7 月、8 月、9 月(虽然 9 月没有实际收到利息,但应确认利息收入,并从 9 月 20 日起算 90 天),EFG 银行分别确认贷款利息收入(含税)10 000 元(1 200 000×10%÷12)。会计处理如下:

借:应收款项   10 000.00

  贷:利息收入   9 433.96

    应交税费——应交增值税(销项税额)   566.04

2019 年 7 月、8 月,EFG 银行收到应收款时(比如从客户银行存款账户中划走该款项)会计处理如下:

借:吸收存款   10 000.00

  贷:应收款项   10 000.00

注:由于 9 月未收到应收款项,故 9 月无上述冲减应收款项的账务处理。

2019 年 10 月、11 月,EFG 银行继续确认贷款利息收入。2019 年 12 月 20 日由于已经超过应收未收利息核算期,因此自 12 月起,该笔贷款的应收利息在表外登记,不再确认为利息收入。并且,由于 9 月 20 日的应收未收利息超过 90 天还未实际收到,EFG 银行要相应作冲减利息收入处理。因此 EFG 银行 2019 年第四季度会计上应确认的利息收入 = [10 000÷(1+6%)]×2−[10 000÷(1+6%)]=9 433.96(元)。

而 EFG 银行 2019 年第四季度增值税应确认的销售额 = [10 000÷(1+6%)]×2=18 867.92(元)。

2020 年 1 月,EFG 银行应冲减该笔贷款 2019 年 10 月利息收入;2020 年 2 月,EFG 银行应冲减该笔贷款 2019 年 11 月利息收入。冲减 2019 年 9 月、10 月、11 月收入的会计分录如下:

借:利息收入   28 301.89

  贷:应收款项   28 301.89

注:7 月、8 月、9 月应收款项合计 30 000 元,但是只能冲减利息收入对应的应收款,已经计提的销项税额及其对应的应收款不可以冲减。

2020 年 6 月 30 日,EFG 银行与客户达成债务清偿协议,收回贷款本息 130 万元。EFG 银行应作出的会计分录如下:

借：吸收存款   1 300 000.00
  贷：贷款——非应计贷款   1 200 000.00
    利息收入[100 000÷(1+6%)]   94 339.62
    应收款项(30 000－28 301.89)   1 698.11
    应交税费——应交增值税(销项税额)[70 000÷(1+6%)×6%] 3 962.27

(四) 可选简易计税方法的项目

(1) 中国农业发展银行总行及其各分支机构提供涉农贷款取得的利息收入,可以选择适用简易计税方法按照3%的征收率计算缴纳增值税。

(2) 农村信用社、村镇银行、农村资金互助社、由银行业机构全资发起设立的贷款公司、法人机构在县(县级市、区、旗)及县以下地区的农村合作银行和农村商业银行提供金融服务收入,可以选择适用简易计税方法按照3%的征收率计算缴纳增值税。

村镇银行是指经中国银行业监督管理委员会依据有关法律、法规批准,由境内外金融机构、境内非金融机构企业法人、境内自然人出资,在农村地区设立的主要为当地农民、农业和农村经济发展提供金融服务的银行业金融机构。

农村资金互助社是指经银行业监督管理机构批准,由乡(镇)、行政村农民和农村小企业自愿入股组成,为社员提供存款、贷款、结算等业务的社区互助性银行业金融机构。

由银行业机构全资发起设立的贷款公司是指经中国银行业监督管理委员会依据有关法律、法规批准,由境内商业银行或农村合作银行在农村地区设立的专门为县域农民、农业和农村经济发展提供贷款服务的非银行业金融机构。

县(县级市、区、旗),不包括直辖市和地级市所辖城区。

(3) 对中国农业银行纳入"三农金融事业部"改革试点的各省、自治区、直辖市、计划单列市分行下辖的县域支行和新疆生产建设兵团分行下辖的县域支行(也称县事业部),提供农户贷款、农村企业和农村各类组织贷款取得的利息收入,可以选择适用简易计税方法按照3%的征收率计算缴纳增值税。

农户贷款是指金融机构发放给农户的贷款,但不包括按照《财政部 国家税务总局关于全面推开营业税改征增值税试点的通知》(财税〔2016〕36号)附件3《营业税改征增值税试点过渡政策的规定》第一条第(十九)项规定的免征增值税的农户小额贷款。

农户是指《财政部 国家税务总局关于全面推开营业税改征增值税试点的通知》(财税〔2016〕36号)附件3《营业税改征增值税试点过渡政策的规定》第一条第(十九)项所称的农户。

农村企业和农村各类组织贷款是指金融机构发放给注册在农村地区的企业及各类组织的贷款。

(五) 不征税项目

(1) 存款利息。

(2) 金融商品持有期间(含到期)取得的非保本收益,不属于利息或利息性质的收入,不征收增值税。

（六）免税项目

（1）以下利息收入。

① 2017 年 11 月 30 日前金融机构向农户发放小额贷款。

条文理解 2017 年 11 月 30 日前（含），小额贷款是指单笔且该农户贷款余额总额在 10 万元（含本数）以下的贷款。

② 自 2017 年 12 月 1 日至 2019 年 12 月 31 日，金融机构向农户、小型企业、微型企业及个体工商户发放的小额贷款。

条文理解 一是农户。农户是指长期（1 年以上）居住在乡镇（不包括城关镇）行政管理区域内的住户，还包括长期居住在城关镇所辖行政村范围内的住户和户口不在本地而在本地居住 1 年以上的住户，国有农场的职工。位于乡镇（不包括城关镇）行政管理区域内和在城关镇所辖行政村范围内的国有经济的机关、团体、学校、企事业单位的集体户；有本地户口，但举家外出谋生 1 年以上的住户，无论是否保留承包耕地均不属于农户。农户以户为统计单位，既可以从事农业生产经营，也可以从事非农业生产经营。农户贷款的判定应以贷款发放时的借款人是否属于农户为准。

二是小型企业、微型企业。小型企业、微型企业是指符合《工业和信息化部　国家统计局　国家发展和改革委员会　财政部关于印发中小企业划型标准规定的通知》（工信部联企业〔2011〕300 号）的小型企业和微型企业。其中，资产总额和从业人员指标均以贷款发放时的实际状态确定；营业收入指标以贷款发放前 12 个自然月的累计数确定，不满 12 个自然月的，按照以下公式计算：营业收入（年）＝企业实际存续期间营业收入÷企业实际存续月数×12。

三是小额贷款。小额贷款是指单户授信小于 100 万元（含本数）的农户、小型企业、微型企业或个体工商户贷款；没有授信额度的，是指单户贷款合同金额且贷款余额在 100 万元（含本数）以下的贷款。

③ 自 2018 年 9 月 1 日至 2020 年 12 月 31 日，对金融机构向小型企业、微型企业和个体工商户发放小额贷款取得的利息收入，继续免征增值税。

条文理解 金融机构可以选择以下两种方法之一适用免税：一是对金融机构向小型企业、微型企业和个体工商户发放的，利率水平不高于人民银行同期贷款基准利率 150%（含本数）的单笔小额贷款取得的利息收入，免征增值税；高于人民银行同期贷款基准利率 150% 的单笔小额贷款取得的利息收入，按照现行政策规定缴纳增值税。二是对金融机构向小型企业、微型企业和个体工商户发放单笔小额贷款取得的利息收入中，不高于该笔贷款按照人民银行同期贷款基准利率 150%（含本数）计算的利息收入部分，免征增值税；超过部分按照现行政策规定缴纳增值税。

金融机构可按会计年度在以上两种方法之间选定其一作为该年的免税适用方法，一经选定，该会计年度内不得变更。

上述金融机构是指经人民银行、银保监会批准成立的已通过监管部门上一年度"两增两控"考核的机构(2018年通过考核的机构名单以2018年上半年实现"两增两控"目标为准),以及经人民银行、银保监会、证监会批准成立的开发银行及政策性银行、外资银行和非银行业金融机构。"两增两控"是指单户授信总额1000万元以下(含)小型微利企业(以下简称小微企业)贷款同比增速不低于各项贷款同比增速,有贷款余额的户数不低于上年同期水平,合理控制小微企业贷款资产质量水平和贷款综合成本(包括利率和贷款相关的银行服务收费)水平。金融机构完成"两增两控"情况,以银保监会及其派出机构考核结果为准。

上述小额贷款是指单户授信小于1000万元(含本数)的小型企业、微型企业或个体工商户贷款;没有授信额度的是指单户贷款合同金额且贷款余额在1000万元(含本数)以下的贷款。

④ 国家助学贷款。

⑤ 国债、地方政府债券。

⑥ 人民银行对金融机构的贷款。

⑦ 住房公积金管理中心用住房公积金在指定的委托银行发放的个人住房贷款。

⑧ 外汇管理部门在从事国家外汇储备经营过程中,委托金融机构发放的外汇贷款。

⑨ 统借统还业务中,企业集团或企业集团中的核心企业以及集团所属财务公司按不高于支付给金融机构的借款利率水平或者支付的债券票面利率水平,向企业集团或者集团内下属单位收取的利息。

统借方向资金使用单位收取的利息,高于支付给金融机构借款利率水平或者支付的债券票面利率水平的,应全额缴纳增值税。

条文理解 统借统还业务是指:(1)企业集团或者企业集团中的核心企业向金融机构借款或对外发行债券取得资金后,将所借资金分拨给下属单位(包括独立核算单位和非独立核算单位,下同),并向下属单位收取用于归还金融机构或债券购买方本息的业务。(2)企业集团向金融机构借款或对外发行债券取得资金后,由集团所属财务公司与企业集团或者集团内下属单位签订统借统还贷款合同并分拨资金,并向企业集团或者集团内下属单位收取本息,再转付企业集团,由企业集团统一归还金融机构或债券购买方的业务。

⑩ 2016年12月31日前,中和农信项目管理有限公司和中国扶贫基金会举办的农户自立服务社(中心)以及中和农信项目管理有限公司独资成立的小额贷款公司从事农户小额贷款[余额总额在10万元(含)以下]取得的利息收入,免征增值税。

(2)金融同业往来利息收入。

① 金融机构与人民银行所发生的资金往来业务。主要包括人民银行对一般金融机构贷款,以及人民银行对商业银行的再贴现等。

② 银行联行往来业务。同一银行系统内部不同行、处之间所发生的资金账务往来业务。

③ 金融机构间的资金往来业务。金融机构间的资金往来业务是指经人民银行批准,进

入全国银行间同业拆借市场的金融机构之间通过全国统一的同业拆借网络进行的短期(1年以下含1年)无担保资金融通行为。

④ 金融机构之间开展的转贴现业务。自2018年1月1日起,金融机构开展贴现、转贴现业务,以其实际持有票据期间取得的利息收入作为贷款服务销售额计算缴纳增值税。此前贴现机构已就贴现利息收入全额缴纳增值税的票据,转贴现机构转贴现利息收入继续免征增值税。

条文理解 金融机构是指:(1)银行,包括人民银行、商业银行、政策性银行;(2)信用合作社;(3)证券公司;(4)金融租赁公司、证券基金管理公司、财务公司、信托投资公司、证券投资基金;(5)保险公司;(6)其他经人民银行、银监会、证监会、保监会批准成立且经营金融保险业务的机构等。

⑤ 质押式买入返售金融商品。质押式买入返售金融商品是指交易双方进行的以债券等金融商品为权利质押的一种短期资金融通业务。

⑥ 持有政策性金融债券。政策性金融债券是指开发性、政策性金融机构发行的债券。

⑦ 同业存款。同业存款是指金融机构之间开展的同业资金存入与存出业务,其中资金存入方仅为具有吸收存款资格的金融机构。

⑧ 同业借款。同业借款是指法律法规赋予此项业务范围的金融机构开展的同业资金借出和借入业务。此条款所称"法律法规赋予此项业务范围的金融机构"主要是指农村信用社之间以及在金融机构营业执照列示的业务范围中有反映为"向金融机构借款"业务的金融机构。

⑨ 同业代付。同业代付是指商业银行(受托方)接受金融机构(委托方)的委托向企业客户付款,委托方在约定还款日偿还代付款项本息的资金融通行为。

⑩ 买断式买入返售金融商品。买断式买入返售金融商品是指金融商品持有人(正回购方)将债券等金融商品卖给债券购买方(逆回购方)的同时,交易双方约定在未来某一日期,正回购方再以约定价格从逆回购方买回相等数量同种债券等金融商品的交易行为。

⑪ 持有金融债券。金融债券是指依法在境内设立的金融机构法人在全国银行间和交易所债券市场发行的、按约定还本付息的有价证券。

⑫ 同业存单。同业存单是指银行业存款类金融机构法人在全国银行间市场上发行的记账式定期存款凭证。

⑬ 商业银行购买央行票据、与央行开展货币掉期和货币互存等业务属于《营业税改征增值税试点过渡政策的规定》第一条第(二十三)项第一点所称的金融机构与人民银行所发生的资金往来业务。

⑭ 境内银行与其境外的总机构、母公司之间,以及境内银行与其境外的分支机构、全资子公司之间的资金往来业务属于《营业税改征增值税试点过渡政策的规定》第一条第(二十三)项第二点所称的银行联行往来业务。

(3) 被撤销金融机构以货物、不动产、无形资产、有价证券、票据等财产清偿债务。

被撤销金融机构是指经人民银行、银监会依法决定撤销的金融机构及其分设于各地的分支机构,包括被依法撤销的商业银行、信托投资公司、财务公司、金融租赁公司、城市信用社和农村信用社。除另有规定外,被撤销金融机构所属、附属企业,不享受被撤销金融机构增值税免税政策。

(4)农村信用社、村镇银行、农村资金互助社、由银行业机构全资发起设立的贷款公司、法人机构在县(县级市、区、旗)及县以下地区的农村合作银行和农村商业银行提供金融服务收入,可以选择适用简易计税方法按照3%的征收率计算缴纳增值税。

条文理解 村镇银行是指经中国银行业监督管理委员会依据有关法律、法规批准,由境内外金融机构、境内非金融机构企业法人、境内自然人出资,在农村地区设立的主要为当地农民、农业和农村经济发展提供金融服务的银行业金融机构。

农村资金互助社是指经银行业监督管理机构批准,由乡(镇)、行政村农民和农村小企业自愿入股组成,为社员提供存款、贷款、结算等业务的社区互助性银行业金融机构。

由银行业机构全资发起设立的贷款公司是指经中国银行业监督管理委员会依据有关法律、法规批准,由境内商业银行或农村合作银行在农村地区设立的专门为县域农民、农业和农村经济发展提供贷款服务的非银行业金融机构。

县(县级市、区、旗)不包括直辖市和地级市所辖城区。

(5)对中国农业银行纳入"三农金融事业部"改革试点的各省、自治区、直辖市、计划单列市分行下辖的县域支行和新疆生产建设兵团分行下辖的县域支行(也称县事业部),提供农户贷款、农村企业和农村各类组织贷款取得的利息收入,可以选择适用简易计税方法按照3%的征收率计算缴纳增值税。

条文理解 农户贷款是指金融机构发放给农户的贷款,但不包括免征增值税的农户小额贷款。

农户是指《营业税改征增值税试点过渡政策的规定》第一条第(十九)项所称的农户。

农村企业和农村各类组织贷款是指金融机构发放给注册在农村地区的企业及各类组织的贷款。

(6)中国农业发展银行总行及其各分支机构提供涉农贷款取得的利息收入,可以选择适用简易计税方法按照3%的征收率计算缴纳增值税。

(7)中国信达资产管理股份有限公司、中国华融资产管理股份有限公司、中国长城资产管理公司和中国东方资产管理公司及各自经批准分设于各地的分支机构(以下简称资产公司),在收购、承接和处置剩余政策性剥离不良资产和改制银行剥离不良资产过程中开展的以下业务,免征增值税:

① 接受相关国有银行的不良债权,借款方以货物、不动产、无形资产、有价证券和票据等抵充贷款本息的,资产公司销售、转让该货物、不动产、无形资产、有价证券、票据以及利用该货物、不动产从事的融资租赁业务。

② 接受相关国有银行的不良债权取得的利息。

③ 资产公司所属的投资咨询类公司,为本公司收购、承接、处置不良资产而提供的资产、项目评估和审计服务。

中国长城资产管理公司和中国东方资产管理公司如经国务院批准改制后,继承其权利、义务的主体及其分支机构处置剩余政策性剥离不良资产和改制银行剥离不良资产,比照上述政策执行。

上述政策性剥离不良资产是指资产公司按照国务院规定的范围和额度,以账面价值进行收购的相关国有银行的不良资产。

上述改制银行剥离不良资产是指资产公司按照《中国银行和中国建设银行改制过程中可疑类贷款处置管理办法》(财金〔2004〕53号)、《中国工商银行改制过程中可疑类贷款处置管理办法》(银发〔2005〕148号)规定及中国交通银行股份制改造时国务院确定的不良资产的范围和额度收购的不良资产。

上述处置不良资产是指资产公司按照有关法律、行政法规,为使不良资产的价值得到实现而采取的债权转移的措施,具体包括运用出售、置换、资产重组、债转股、证券化等方法对贷款及其抵押品进行处置。

资产公司(含中国长城资产管理公司和中国东方资产管理公司如经国务院批准改制后继承其权利、义务的主体)除收购、承接、处置《财政部 国家税务总局关于营业税改征增值税试点若干政策的通知》(财税〔2016〕39号)规定的政策性剥离不良资产和改制银行剥离不良资产业务外,从事其他经营业务应一律依法纳税。

除另有规定者外,资产公司所属、附属企业,不得享受资产公司免征增值税的政策。

(8) 国家商品储备管理单位及其直属企业承担商品储备任务,从中央或者地方财政取得的利息补贴收入和价差补贴收入。

国家商品储备管理单位及其直属企业是指接受中央、省、市、县四级政府有关部门(或者政府指定管理单位)委托,承担粮(含大豆)、食用油、棉、糖、肉、盐(限于中央储备)等6种商品储备任务,并按有关政策收储、销售上述6种储备商品,取得财政储备经费或者补贴的商品储备企业。利息补贴收入是指国家商品储备管理单位及其直属企业因承担上述商品储备任务从金融机构贷款,并从中央或者地方财政取得的用于偿还贷款利息的贴息收入。价差补贴收入包括销售价差补贴收入和轮换价差补贴收入。销售价差补贴收入是指按照中央或者地方政府指令销售上述储备商品时,由于销售收入小于库存成本而从中央或者地方财政获得的全额价差补贴收入。轮换价差补贴收入是指根据要求定期组织政策性储备商品轮换而从中央或者地方财政取得的商品新陈品质价差补贴收入。

(9) 自2017年1月1日至2019年12月31日,对经省级金融管理部门(金融办、局等)批准成立的小额贷款公司取得的农户小额贷款利息收入,免征增值税。

(10) 自2018年11月7日起至2021年11月6日止,对境外机构投资境内债券市场取得的债券利息收入暂免征收企业所得税和增值税。

(11) 自2019年2月1日至2020年12月31日,对企业集团内单位(含企业集团)之间的资金无偿借贷行为,免征增值税。

（七）增值税即征即退

经人民银行、银监会或者商务部批准从事融资租赁业务的试点纳税人中的一般纳税人，提供有形动产融资租赁服务和有形动产融资性售后回租服务，对其增值税实际税负超过3％的部分实行增值税即征即退政策。商务部授权的省级商务主管部门和国家经济技术开发区批准的从事融资租赁业务和融资性售后回租业务的试点纳税人中的一般纳税人，2016年5月1日后实收资本达到1.7亿元的，从达到标准的当月起按照上述规定执行；2016年5月1日后实收资本未达到1.7亿元但注册资本达到1.7亿元的，在2016年7月31日前仍可按照上述规定执行，2016年8月1日后开展的有形动产融资租赁业务和有形动产融资性售后回租业务不得按照上述规定执行。

增值税实际税负是指纳税人当期提供应税服务实际缴纳的增值税税额占纳税人当期提供应税服务取得的全部价款和价外费用的比例。

《财政部　国家税务总局关于全面推开营业税改征增值税试点的通知》（财税〔2016〕36号）所称"人民银行、银监会或者商务部批准"和"商务部授权的省级商务主管部门和国家经济技术开发区批准"从事融资租赁业务（含融资性售后回租业务）的试点纳税人（含试点纳税人中的一般纳税人），包括经上述部门备案从事融资租赁业务的试点纳税人。

（八）进项税额不得抵扣规定

（1）购进的贷款服务进项税额不得抵扣。

（2）纳税人接受贷款服务向贷款方支付的与该笔贷款直接相关的投融资顾问费、手续费、咨询费等费用，其进项税额不得从销项税额中抵扣。

二、直接收费金融服务增值税政策规定

（一）征税范围

直接收费金融服务是指为货币资金融通及其他金融业务提供相关服务并且收取费用的业务活动，包括提供货币兑换、账户管理、电子银行、信用卡、信用证、财务担保、资产管理、信托管理、基金管理、金融交易场所（平台）管理、资金结算、资金清算、金融支付等服务。

条文理解 直接收费金融服务征税对象往往是金融机构取得的手续费收入，因此需要注意与经纪代理中金融代理的区别，两者在销售额的确定方面存在较大差异。如营改增后，商业银行支付结算类业务、代理类业务、银行卡业务、担保类业务、交易类业务、承诺类业务、咨询顾问类业务、基金托管业务等各项中间业务适用如下"增值税税目"（见表2-2）。

表2-2　商业银行中间业务适用的"增值税税目"

业务类型	税目
支付结算类中间业务	金融服务——直接收费的金融服务
银行卡业务	金融服务——直接收费的金融服务
担保与承诺类中间业务	金融服务——直接收费的金融服务

（续表）

业务类型	税目
投资银行业务	金融服务——直接收费的金融服务
基金托管业务	金融服务——直接收费的金融服务
咨询顾问类业务	鉴证咨询——咨询服务
交易类业务	金融服务——金融商品转让

（二）销售额的确定

直接收费金融服务，以提供直接收费金融服务收取的手续费、佣金、酬金、管理费、服务费、经手费、开户费、过户费、结算费、转托管费等各类费用为销售额。

中国证券登记结算公司的销售额，不包括以下资金项目：

（1）按规定提取的证券结算风险基金。

（2）代收代付的证券公司资金交收违约垫付资金利息。

（3）结算过程中代收代付的资金交收违约罚息。

银行卡跨机构资金清算服务，发卡机构、清算机构和收单机构提供银行卡跨机构资金清算服务，按照以下规定执行：

（1）发卡机构以其向收单机构收取的发卡行服务费为销售额，并按照此销售额向清算机构开具增值税发票。

（2）清算机构以其向发卡机构、收单机构收取的网络服务费为销售额，并按照发卡机构支付的网络服务费向发卡机构开具增值税发票，按照收单机构支付的网络服务费向收单机构开具增值税发票。

清算机构从发卡机构取得的增值税发票上记载的发卡行服务费，一并计入清算机构的销售额，并由清算机构按照此销售额向收单机构开具增值税发票。

（3）收单机构以其向商户收取的收单服务费为销售额，并按照此销售额向商户开具增值税发票。

【案例 2-17】　中国工商银行为其特约商户甲商场提供 POS 机收单服务，结算费率为 1‰。某消费者持中国建设银行信用卡在甲商场刷卡消费 10 000 元（不含增值税）。假设建设银行与工商银行约定的发卡行服务费率为 0.6‰，银联提供跨行资金清算收取的网络服务费率为双边 0.1‰，则工商银行、建设银行与银联提供 POS 机收单服务的销售额分别是？发票应该如何开具？

甲商场通过 POS 机实现的销售收入为 10 000 元，则工商银行按照 1‰费率取得的手续费收入为 10 元，向甲商场开具发票，销售额 10 元；建设银行为资金支付的发起方，按照 0.6‰的费率取得的手续费收入为 6 元，建设银行向银联开具发票，销售额为 6 元，并需要向银联支付的网络服务费为 1 元（10 000×0.1‰）；银联收取建设银行、工商银行网络服务费各 1 元，应分别向建设银行、工商银行开具发票，销售额各 1 元，同时将建设银行向其开具发票的 6 元作为销售额，向工商银行开具发票。

（三）简易计税方法

资管产品管理人（以下简称管理人）运营资管产品过程中发生的增值税应税行为，暂适用简易计税方法，按照 3% 的征收率缴纳增值税。

（四）免税项目

自 2018 年 1 月 1 日至 2019 年 12 月 31 日，纳税人为农户、小型企业、微型企业及个体工商户借款、发行债券提供融资担保取得的担保费收入，以及为上述融资担保（以下简称原担保）提供再担保取得的再担保费收入，免征增值税。再担保合同对应多个原担保合同的，原担保合同应全部适用免征增值税政策。否则，再担保合同应按规定缴纳增值税。

纳税人应将相关免税证明材料留存备查，单独核算符合免税条件的融资担保费和再担保费收入，按现行规定向主管税务机关办理纳税申报；未单独核算的，不得免征增值税。

农户是指长期（1 年以上）居住在乡镇（不包括城关镇）行政管理区域内的住户，还包括长期居住在城关镇所辖行政村范围内的住户和户口不在本地而在本地居住 1 年以上的住户，国有农场的职工。位于乡镇（不包括城关镇）行政管理区域内和在城关镇所辖行政村范围内的国有经济的机关、团体、学校、企事业单位的集体户；有本地户口，但举家外出谋生 1 年以上的住户，无论是否保留承包耕地均不属于农户。农户以户为统计单位，既可以从事农业生产经营，也可以从事非农业生产经营。农户担保、再担保的判定应以原担保生效时的被担保人是否属于农户为准。

小型企业、微型企业是指符合《工业和信息化部　国家统计局国家发展和改革委员会财政部关于印发中小企业划型标准规定的通知》（工信部联企业〔2011〕300 号）的小型企业和微型企业。其中，资产总额和从业人员指标均以原担保生效时的实际状态确定；营业收入指标以原担保生效前 12 个自然月的累计数确定，不满 12 个自然月的，按照以下公式计算：

$$营业收入（年）＝企业实际存续期间营业收入÷企业实际存续月数×12$$

《财政部　国家税务总局关于全面推开营业税改征增值税试点的通知》（财税〔2016〕36 号）附件 3《营业税改征增值税试点过渡政策的规定》第一条第（二十四）项规定的中小企业信用担保增值税免税政策自 2018 年 1 月 1 日起停止执行。纳税人享受中小企业信用担保增值税免税政策在 2017 年 12 月 31 日前未满 3 年的，可以继续享受至 3 年期满为止。

（五）跨境应税行为适用增值税免税政策的规定

为境外单位之间的货币资金融通及其他金融业务提供的直接收费金融服务，且该服务与境内的货物、无形资产和不动产无关。

为境外单位之间、境外单位和个人之间的外币、人民币资金往来提供的资金清算、资金结算、金融支付、账户管理服务，属于为境外单位之间的货币资金融通及其他金融业务提供的直接收费金融服务。

三、保险服务增值税政策规定

(一) 征税范围

1. 政策规定

保险服务是指投保人根据合同约定,向保险人支付保险费,保险人对于合同约定的可能发生的事故因其发生所造成的财产损失承担赔偿保险金责任,或者当被保险人死亡、伤残、疾病或者达到合同约定的年龄、期限等条件时承担给付保险金责任的商业保险行为。

保险服务包括人身保险服务和财产保险服务。人身保险服务是指以人的寿命和身体为保险标的的保险业务活动;财产保险服务是指以财产及其有关利益为保险标的的保险业务活动。

2. 再保险

试点纳税人提供再保险服务(境内保险公司向境外保险公司提供的再保险服务除外),实行与原保险服务一致的增值税政策。再保险合同对应多个原保险合同的,所有原保险合同均适用免征增值税政策时,该再保险合同适用免征增值税政策。否则,该再保险合同应按规定缴纳增值税。

条文理解 原保险服务是指保险分出方与投保人之间直接签订保险合同而建立保险关系的业务活动。例如,保险公司的万能型寿险产品按《企业会计准则解释第 2 号》,收到的保护投资款列入负债账户,不计入保费收入。万能寿险产品包含资产管理服务(产品),列入负债账户中的保护投资款属于资管产品投资本金,不属于增值税征税范围。

(二) 销售额的确定

1. 原保险与再保险

原保险与再保险,以保险人取得的全部价款和价外费用为销售额。价外费用是指价外收取的各种性质的收费,但不包括以下项目:

(1) 代为收取并符合规定的政府性基金或者行政事业性收费。一是由国务院或者财政部批准设立的政府性基金,由国务院或者省级人民政府及其财政、价格主管部门批准设立的行政事业性收费;二是收取时开具省级以上(含省级)财政部门监(印)制的财政票据;三是所收款项全额上缴财政。

(2) 以委托方名义开具发票代委托方收取的款项。

2. 共保业务

保险公司开展共保业务时,按照以下规定开具增值税发票:

(1) 主承保人与投保人签订保险合同并全额收取保费,然后再与其他共保人签订共保协议并支付共保保费的,由主承保人向投保人全额开具发票,其他共保人向主承保人开具发票。

(2) 主承保人和其他共保人共同与投保人签订保险合同并分别收取保费的,由主承保人和其他共保人分别就各自获得的保费收入向投保人开具发票。

（三）不征税项目与免税项目

（1）不征税项目——被保险人获得的保险赔付。

（2）免税项目：

① 农牧保险是指为种植业、养殖业、牧业种植和饲养的动植物提供保险的业务。

② 保险公司开办的一年期以上人身保险产品取得的保费收入。

一年期以上人身保险是指保险期间为一年期及以上返还本利的人寿保险、养老年金保险，其他年金保险，以及保险期间为一年期及以上的健康保险。

人寿保险是指以人的寿命为保险标的的人身保险。

养老年金保险是指以养老保障为目的，以被保险人生存为给付保险金条件，并按约定的时间间隔分期给付生存保险金的人身保险。养老年金保险应当同时符合下列条件：

A. 保险合同约定给付被保险人生存保险金的年龄不得小于国家规定的退休年龄。

B. 相邻两次给付的时间间隔不得超过 1 年。

其他年金保险是指养老年金以外的年金保险。

健康保险是指以因健康原因导致损失为给付保险金条件的人身保险。

上述免税政策实行备案管理，具体备案管理办法按照《国家税务总局关于一年期以上返还性人身保险产品免征营业税审批事项取消后有关管理问题的公告》（国家税务总局公告2015 年第 65 号）的规定执行。

条文理解 享受免征增值税的一年期及以上返还本利的人身保险包括其他年金保险，其他年金保险是指养老年金以外的年金保险。

（四）跨境应税行为适用增值税免税政策的规定

（1）为出口货物提供的保险服务，包括出口货物保险和出口信用保险。

（2）境内保险公司向境外保险公司提供的完全在境外消费的再保险服务，免征增值税。

（3）对下列国际航运保险业务免征增值税：

① 注册在上海、天津的保险企业从事国际航运保险业务。

② 注册在深圳市的保险企业向注册在前海深港现代服务业合作区的企业提供国际航运保险业务。

③ 注册在平潭的保险企业向注册在平潭的企业提供国际航运保险业务。

四、金融商品转让增值税政策规定

（一）征税范围

金融商品转让是指转让外汇、有价证券、非货物期货和其他金融商品所有权的业务活动。

其他金融商品转让包括基金、信托、理财产品等各类资产管理产品和各种金融衍生品的转让。

纳税人购入基金、信托、理财产品等各类资产管理产品持有至到期，不属于金融商品转让。

条文理解　一是《财政部　国家税务总局关于全面推开营业税改征增值税试点的通知》（财税〔2016〕36 号）延续了营业税下金融商品的四分类，同时明确了其他金融商品的范畴，即各种资管产品及各种金融衍生品。二是资管产品包括银行理财产品、资金信托（包括集合资金信托、单一资金信托）、财产权信托、公开募集证券投资基金、特定客户资产管理计划、集合资产管理计划、定向资产管理计划、私募投资基金、债权投资计划、股权投资计划、股债结合型投资计划、资产支持计划、组合类保险资产管理产品、养老保障管理产品。以及财政部和国家税务总局规定的其他资管产品。三是纳税人购入基金、信托、理财产品等各类资产管理产品持有至到期，不属于金融商品转让。例如，购销信托产品、资管计划属于买卖其他金融商品，属于金融商品转让的征税范围。

（二）销售额的确定

1. 政策规定

金融商品转让，按照卖出价扣除买入价后的余额为销售额。

转让金融商品出现的正负差，按盈亏相抵后的余额为销售额。若相抵后出现负差，可结转下一纳税期与下期转让金融商品销售额相抵，但年末时仍出现负差的，不得转入下一个会计年度。

金融商品的买入价，可以选择按照加权平均法或者移动加权平均法进行核算，选择后36 个月内不得变更。

金融商品转让，不得开具增值税专用发票。

2. 限售股买入价的确定

单位将其持有的限售股在解禁流通后对外转让的，按照以下规定确定买入价：

（1）上市公司实施股权分置改革时，在股票复牌之前形成的原非流通股股份，以及股票复牌首日至解禁日期间由上述股份孳生的送、转股，以该上市公司完成股权分置改革后股票复牌首日的开盘价为买入价。

（2）公司首次公开发行股票并上市形成的限售股，以及上市首日至解禁日期间由上述股份孳生的送、转股，以该上市公司股票首次公开发行（IPO）的发行价为买入价。

（3）因上市公司实施重大资产重组形成的限售股，以及股票复牌首日至解禁日期间由上述股份孳生的送、转股，以该上市公司因重大资产重组股票停牌前一交易日的收盘价为买入价。

条文理解　上市公司因实施重大资产重组形成的限售股，以及股票复牌首日至解禁日期间由上述股份孳生的送、转股，因重大资产重组停牌的，按照《国家税务总局关于营改增试点若干征管问题的公告》（国家税务总局公告 2016 年第 53 号）第五条第（三）项的规定确定买入价；在重大资产重组前已经暂停上市的，以上市公司完成资产重组后股票恢复上市首日的开盘价为买入价。

（4）根据《国家税务总局关于明确二手车经销等若干增值税征管问题的公告》（国家税务总局公告 2020 年第 9 号）第四条的规定，单位将其持有的限售股在解禁流通后对外转让，按照《国家税务总局关于营改增试点若干征管问题的公告》(2016 年第 53 号)第五条规定确定的买入价,低于该单位取得限售股的实际成本价的,以实际成本价为买入价计算缴纳增值税。

(三) 纳税义务发生时间的特殊规定

纳税人从事金融商品转让的,为金融商品所有权转移的当天。

(四) 免税项目

(1) 合格境外投资者(QFII)委托境内公司在我国从事证券买卖业务。

(2) 香港市场投资者(包括单位和个人)通过沪港通买卖上海证券交易所上市 A 股。

(3) 对香港市场投资者(包括单位和个人)通过深港通买卖深交所上市 A 股取得的差价收入,在营改增试点期间免征增值税。

(4) 对香港市场投资者(包括单位和个人)通过基金互认买卖内地基金份额。

(5) 证券投资基金(封闭式证券投资基金,开放式证券投资基金)管理人运用基金买卖股票、债券。

(6) 个人从事金融商品转让业务。

(7) 全国社会保障基金理事会、全国社会保障基金投资管理人运用全国社会保障基金买卖证券投资基金、股票、债券取得的金融商品转让收入,免征增值税。

(8) 人民币合格境外投资者(RQFII)委托境内公司在我国从事证券买卖业务,以及经人民银行认可的境外机构投资银行间本币市场取得的收入属于《营业税改征增值税试点过渡政策的规定》第一条第(二十二)项所称的金融商品转让收入。银行间本币市场包括货币市场、债券市场以及衍生品市场。

第七节　现代服务增值税政策规定

"现代服务业"这一名词最早出现在党的十五大报告中。之后的党的十五届五中全会和十六大报告中均提出要加快发展现代服务业,提高服务业在国民经济中的比重。2012 年 12 月,习近平总书记在广东考察工作时曾指出:要大力推进产业结构优化升级,要从实际出发,着眼于全球产业发展和变革大趋势,瞄准世界产业发展制高点,以提高技术含量、延长产业价值链、增加附加值、增强竞争力为重点,发展战略性新兴产业,发展先进制造业,发展以生产性服务业为重点的现代服务业,推动工业化和信息化深度融合,尽快形成结构优化、功能完善、附加值高、竞争力强的现代产业体系。

自 2012 年 1 月 1 日起,交通运输业和部分现代服务业在上海开展营改增试点。自 2012 年 8 月 1 日起,交通运输业和部分现代服务业营改增试点扩大至 8 省市;自 2013 年 8 月 1 日起,交通运输业和部分现代服务业在全国范围内开展营改增试点,同时将广播影视作品的制作、播映、发行等纳入现代服务业营改增试点范围。2014 年 8 月,《国务院关于加快发展生产性服务业促进产业结构调整升级的指导意见》(国发〔2014〕26 号)指出要通过完善财税政策为生产性服务业发展创造良好环境,尽快将营改增试点扩大到服务业全领域。2016年3月18日召开的国务院常务会议决定,自2016年5月1日起,在全国范围内全面推开营改增试点,将建筑业、房地产业、金融业、生活服务业全部纳入营改增试点。在现代服务业方面,将商务辅助服务和其他现代服务全部纳入试点范围。《财政部 国家税务总局关于全面推开营业税改征增值税试点的通知》(财税〔2016〕36号)规定,现代服务是指围绕制造业、文化产业、现代物流产业等提供技术性、知识性服务的业务活动,包括研发和技术服务、信息技术服务、文化创意服务、物流辅助服务、租赁服务、鉴证咨询服务、广播影视服务、商务辅助服务和其他现代服务。

一、研发和技术服务增值税政策规定

(一) 征税范围

研发和技术服务,包括研发服务、合同能源管理服务、工程勘察勘探服务、专业技术服务。

(1) 研发服务也称技术开发服务,是指就新技术、新产品、新工艺或者新材料及其系统进行研究与试验开发的业务活动。

(2) 合同能源管理服务是指节能服务公司与用能单位以契约形式约定节能目标,节能服务公司提供必要的服务,用能单位以节能效果支付节能服务公司投入及其合理报酬的业务活动。

(3) 工程勘察勘探服务是指在采矿、工程施工前后,对地形、地质构造、地下资源蕴藏情况进行实地调查的业务活动。

(4) 专业技术服务是指气象服务、地震服务、海洋服务、测绘服务、城市规划、环境与生态监测服务等专项技术服务。

条文理解 技术转让不属于研发和技术服务,属于销售无形资产;技术咨询不属于研发和技术服务,属于鉴证咨询服务。例如,信息技术服务包括软件服务,软件服务是指提供软件开发服务、软件维护服务、软件测试服务的业务活动,因此软件开发不属于技术开发服务范围,而是属于信息技术服务中的软件服务。

(二) 可以选择简易计税方法的项目

非企业性单位中的一般纳税人提供的研发和技术服务、信息技术服务、鉴证咨询服务,以及销售技术、著作权等无形资产,可以选择简易计税方法按照3%征收率计算缴纳增值税。

非企业性单位中的一般纳税人提供"技术转让、技术开发和与之相关的技术咨询、技术服务",可以参照上述规定,选择简易计税方法按照3%征收率计算缴纳增值税。

(三) 免税项目

1. 纳税人提供技术转让、技术开发和与之相关的技术咨询、技术服务

(1) 技术转让、技术开发是指《销售服务、无形资产、不动产注释》中"转让技术""研发服务"范围内的业务活动。技术咨询是指就特定技术项目提供可行性论证、技术预测、专题技术调查、分析评价报告等业务活动。

与技术转让、技术开发相关的技术咨询、技术服务是指转让方(或者受托方)根据技术转让或者开发合同的规定,为帮助受让方(或者委托方)掌握所转让(或者委托开发)的技术,而提供的技术咨询、技术服务业务,且这部分技术咨询、技术服务的价款与技术转让或者技术开发的价款应当在同一张发票上开具。

(2)备案程序。试点纳税人申请免征增值税时,须持技术转让、开发的书面合同,到纳税人所在地省级科技主管部门进行认定,并持有关的书面合同和科技主管部门审核意见证明文件报主管税务机关备查。

2. 同时符合下列条件的合同能源管理服务

(1)节能服务公司实施合同能源管理项目相关技术,应当符合国家质量监督检验检疫总局和国家标准化管理委员会发布的《合同能源管理技术通则》(GB/T 24915—2010)规定的技术要求。

(2)节能服务公司与用能企业签订节能效益分享型合同,其合同格式和内容,符合《中华人民共和国合同法》(以下简称《合同法》)和《合同能源管理技术通则》(GB/T 24915—2010)等规定。

(四) 跨境应税行为适用增值税零税率和免税政策的规定

(1)向境外单位提供的完全在境外消费的下列服务适用增值税零税率:

① 研发服务。

拓展:跨境转让技术同样适用增值税零税率。

② 合同能源管理服务。

(2)向境外单位提供的完全在境外消费的下列服务适用增值免税政策:

① 专业技术服务。下列情形不属于完全在境外消费的专业技术服务:

A. 服务的实际接受方为境内单位或者个人。

B. 对境内的天气情况、地震情况、海洋情况、环境和生态情况进行的气象服务、地震服务、海洋服务、环境和生态监测服务。

C. 为境内的地形地貌、地质构造、水文、矿藏等进行的测绘服务。

D. 为境内的城、乡、镇提供的城市规划服务。

条文理解 向境外单位提供的完全在境外消费的技术咨询服务(属于鉴证咨询)同样适用增值免税政策。

② 工程、矿产资源在境外的工程勘察勘探服务。

二、信息技术服务增值税政策规定

(一) 征税范围

信息技术服务是指利用计算机、通信网络等技术对信息进行生产、收集、处理、加工、存储、运输、检索和利用,并提供信息服务的业务活动,包括软件服务、电路设计及测试服务、信息系统服务、业务流程管理服务和信息系统增值服务。

(1) 软件服务是指提供软件开发服务、软件维护服务、软件测试服务的业务活动。

(2) 电路设计及测试服务是指提供集成电路和电子电路产品设计、测试及相关技术支持服务的业务活动。

(3) 信息系统服务是指提供信息系统集成、网络管理、网站内容维护、桌面管理与维护、信息系统应用、基础信息技术管理平台整合、信息技术基础设施管理、数据中心、托管中心、信息安全服务、在线杀毒、虚拟主机等业务活动。包括网站对非自有的网络游戏提供的网络运营服务。

(4) 业务流程管理服务是指依托信息技术提供的人力资源管理、财务经济管理、审计管理、税务管理、物流信息管理、经营信息管理和呼叫中心等服务的活动。

(5) 信息系统增值服务是指利用信息系统资源为用户附加提供的信息技术服务。包括数据处理、分析和整合、数据库管理、数据备份、数据存储、容灾服务、电子商务平台等。

条文理解 一是软件咨询服务不属于软件服务,而属于咨询服务;二是电子商务平台属于信息系统增值服务。例如,A 公司主营业务为软件开发,为境内 B 公司开发软件,收取软件开发费 200 万元,同时对该软件提供咨询服务,并单独收取咨询费 10 万元,则软件咨询服务不属于软件服务,而属于鉴证咨询服务中的咨询服务。

(二) 可以选择简易计税方法的项目

非企业性单位中的一般纳税人提供的研发和技术服务、信息技术服务、鉴证咨询服务,以及销售技术、著作权等无形资产,可以选择简易计税方法按照 3% 征收率计算缴纳增值税。

非企业性单位中的一般纳税人提供"技术转让、技术开发和与之相关的技术咨询、技术服务",可以参照上述规定,选择简易计税方法按照 3% 征收率计算缴纳增值税。

(三) 跨境应税行为适用增值税零税率政策的规定

向境外单位提供的完全在境外消费的下列服务适用增值税零税率:

(1) 软件服务。

(2) 电路设计及测试服务。

(3) 信息系统服务。

(4) 业务流程管理服务。

(5) 离岸服务外包业务。

三、文化创意服务增值税政策规定

(一) 征税范围

文化创意服务包括设计服务、知识产权服务、广告服务和会议展览服务。

(1) 设计服务是指把计划、规划、设想通过文字、语言、图画、声音、视觉等形式传递出来的业务活动,包括工业设计、内部管理设计、业务运作设计、供应链设计、造型设计、服装设计、环境设计、平面设计、包装设计、动漫设计、网游设计、展示设计、网站设计、机械设计、工程设计、广告设计、创意策划、文印晒图等。

(2)知识产权服务是指处理知识产权事务的业务活动,包括对专利、商标、著作权、软件、集成电路布图设计的登记、鉴定、评估、认证、检索服务。

(3)广告服务是指利用图书、报纸、杂志、广播、电视、电影、幻灯、路牌、招贴、橱窗、霓虹灯、灯箱、互联网等各种形式为客户的商品、经营服务项目、文体节目或者通告、声明等委托事项进行宣传和提供相关服务的业务活动,包括广告代理和广告的发布、播映、宣传、展示等。

(4)会议展览服务是指为商品流通、促销、展示、经贸洽谈、民间交流、企业沟通、国际往来等举办或者组织安排的各类展览和会议的业务活动。

宾馆、旅馆、旅社、度假村和其他经营性住宿场所提供会议场地及配套服务的活动,按照会议展览服务缴纳增值税。

(二)可以选择简易计税方法的项目

经认定的动漫企业为开发动漫产品提供的动漫脚本编撰、形象设计、背景设计、动画设计、分镜、动画制作、摄制、描线、上色、画面合成、配音、配乐、音效合成、剪辑、字幕制作、压缩转码(面向网络动漫、手机动漫格式适配)服务,以及在境内转让动漫版权(包括动漫品牌、形象或者内容的授权及再授权)。

动漫企业和自主开发、生产动漫产品的认定标准和认定程序,按照《文化部 财政部 国家税务总局关于印发〈动漫企业认定管理办法(试行)〉的通知》(文市发〔2008〕51号)的规定执行。

(三)跨境应税行为适用增值税零税率和免税政策的规定

(1)向境外单位提供的完全在境外消费的设计服务适用增值税零税率。

(2)会议展览地点在境外的会议展览服务适用增值免税政策。

为客户参加在境外举办的会议、展览而提供的组织安排服务,属于会议展览地点在境外的会议展览服务。

(3)向境外单位提供的完全在境外消费的知识产权服务适用增值免税政策。

服务实际接受方为境内单位或者个人的知识产权服务,不属于完全在境外消费的知识产权服务。

(4)广告投放地在境外的广告服务适用增值免税政策。

广告投放地在境外的广告服务是指为在境外发布的广告提供的广告服务。

四、物流辅助服务增值税政策规定

(一)征税范围

物流辅助服务包括航空服务、港口码头服务、货运客运场站服务、打捞救助服务、装卸搬运服务、仓储服务和收派服务。

（1）航空服务包括航空地面服务和通用航空服务。

航空地面服务是指航空公司、飞机场、民航管理局、航站等向在境内航行或者在境内机场停留的境内外飞机或者其他飞行器提供的导航等劳务性地面服务的业务活动,包括旅客安全检查服务、停机坪管理服务、机场候机厅管理服务、飞机清洗消毒服务、空中飞行管理服务、飞机起降服务、飞行通讯服务、地面信号服务、飞机安全服务、飞机跑道管理服务、空中交通管理服务等。

通用航空服务是指为专业工作提供飞行服务的业务活动,包括航空摄影、航空培训、航空测量、航空勘探、航空护林、航空吊挂播洒、航空降雨、航空气象探测、航空海洋监测、航空科学实验等。

（2）港口码头服务是指港务船舶调度服务、船舶通讯服务、航道管理服务、航道疏浚服务、灯塔管理服务、航标管理服务、船舶引航服务、理货服务、系解缆服务、停泊和移泊服务、海上船舶溢油清除服务、水上交通管理服务、船只专业清洗消毒检测服务和防止船只漏油服务等为船只提供服务的业务活动。

港口设施经营人收取的港口设施保安费按照港口码头服务缴纳增值税。

（3）货运客运场站服务是指货运客运场站提供货物配载服务、运输组织服务、中转换乘服务、车辆调度服务、票务服务、货物打包整理、铁路线路使用服务、加挂铁路客车服务、铁路行包专列发送服务、铁路到达和中转服务、铁路车辆编解服务、车辆挂运服务、铁路接触网服务、铁路机车牵引服务等业务活动。

（4）打捞救助服务是指提供船舶人员救助、船舶财产救助、水上救助和沉船沉物打捞服务的业务活动。

（5）装卸搬运服务是指使用装卸搬运工具或者人力、畜力将货物在运输工具之间、装卸现场之间或者运输工具与装卸现场之间进行装卸和搬运的业务活动。

（6）仓储服务是指利用仓库、货场或者其他场所代客贮放、保管货物的业务活动。

（7）收派服务是指接受寄件人委托,在承诺的时限内完成函件和包裹的收件、分拣、派送服务的业务活动。

收件服务是指从寄件人收取函件和包裹,并运送到服务提供方同城的集散中心的业务活动。

分拣服务是指服务提供方在其集散中心对函件和包裹进行归类、分发的业务活动。

派送服务是指服务提供方从其集散中心将函件和包裹送达同城的收件人的业务活动。

（二）差额征税项目

试点纳税人中的一般纳税人（以下简称一般纳税人）提供客运场站服务,以其取得的全部价款和价外费用,扣除支付给承运方运费后的余额为销售额。

（三）可以选择简易计税方法的项目

一般纳税人发生仓储服务、装卸搬运服务、收派服务可以选择适用简易计税方法计税。

(四) 跨境应税行为适用增值税免税政策的规定

（1）存储地点在境外的仓储服务适用增值免税政策。

（2）为出口货物提供的收派服务免征增值税。

为出口货物提供的收派服务是指为出境的函件、包裹提供的收件、分拣、派送服务。

纳税人为出口货物提供收派服务，免税销售额为其向寄件人收取的全部价款和价外费用。

（3）向境外单位提供的完全在境外消费的物流辅助服务（仓储服务、收派服务除外）适用增值免税政策。

境外单位从事国际运输和港澳台运输业务经停我国机场、码头、车站、领空、内河、海域时，纳税人向其提供的航空地面服务、港口码头服务、货运客运站场服务、打捞救助服务、装卸搬运服务，属于完全在境外消费的物流辅助服务。

五、租赁服务增值税政策规定

(一) 征税范围

租赁服务包括融资租赁服务和经营租赁服务。

（1）融资租赁服务是指具有融资性质和所有权转移特点的租赁活动。即出租人根据承租人所要求的规格、型号、性能等条件购入有形动产或者不动产租赁给承租人，合同期内租赁物所有权属于出租人，承租人只拥有使用权，合同期满付清租金后，承租人有权按照残值购入租赁物，以拥有其所有权。不论出租人是否将租赁物销售给承租人，均属于融资租赁。

按照标的物的不同，融资租赁服务可分为有形动产融资租赁服务和不动产融资租赁服务。

融资性售后回租不按照本税目缴纳增值税。

（2）经营租赁服务是指在约定时间内将有形动产或者不动产转让他人使用且租赁物所有权不变更的业务活动。

按照标的物的不同，经营租赁服务可分为有形动产经营租赁服务和不动产经营租赁服务。

将建筑物、构筑物等不动产或者飞机、车辆等有形动产的广告位出租给其他单位或者个人用于发布广告，按照经营租赁服务缴纳增值税。

车辆停放服务、道路通行服务（包括过路费、过桥费、过闸费等）等按照不动产经营租赁服务缴纳增值税。

水路运输的光租业务、航空运输的干租业务，属于经营租赁。

光租业务是指运输企业将船舶在约定的时间内出租给他人使用，不配备操作人员，不承担运输过程中发生的各项费用，只收取固定租赁费的业务活动。

干租业务，是指航空运输企业将飞机在约定的时间内出租给他人使用，不配备机组人员，不承担运输过程中发生的各项费用，只收取固定租赁费的业务活动。

(二) 差额征税项目

（1）经人民银行、银监会或者商务部批准从事融资租赁业务的试点纳税人，提供融资租赁服务，以取得的全部价款和价外费用扣除支付的借款利息（包括外汇借款和人民币借款利息）、发行债券利息和车辆购置税后的余额为销售额。

（2）经商务部授权的省级商务主管部门和国家经济技术开发区批准的从事融资租赁业务的试点纳税人，2016 年 5 月 1 日后实收资本达到 1.7 亿元的，从达到标准的当月起按照上述规定执行；2016 年 5 月 1 日后实收资本未达到 1.7 亿元但注册资本达到 1.7 亿元的，在 2016 年 7 月 31 日前仍可按照上述规定执行，2016 年 8 月 1 日后开展的融资租赁业务和融资性售后回租业务不得按照上述规定执行。

经商务部授权的省级商务主管部门和国家经济技术开发区批准从事融资租赁业务（含融资性售后回租业务）的试点纳税人（含试点纳税人中的一般纳税人），包括经上述部门备案从事融资租赁业务的试点纳税人。

(三) 可以选择简易计税方法的项目

（1）一般纳税人以纳入营改增试点之日前取得的有形动产为标的物提供的经营租赁服务。

（2）一般纳税人在纳入营改增试点之日前签订的尚未执行完毕的有形动产租赁合同。

（3）不动产经营租赁服务。

① 一般纳税人出租其 2016 年 4 月 30 日前取得的不动产，可以选择适用简易计税方法，按照 5% 的征收率计算应纳税额。纳税人出租其 2016 年 4 月 30 日前取得的与机构所在地不在同一县（市）的不动产，应按照上述计税方法在不动产所在地预缴税款后，向机构所在地主管税务机关进行纳税申报。

② 公路经营企业中的一般纳税人收取试点前开工的高速公路的车辆通行费，可以选择适用简易计税方法，减按 3% 的征收率计算应纳税额。

试点前开工的高速公路是指相关施工许可证明上注明的合同开工日期在 2016 年 4 月 30 日前的高速公路。

③ 一般纳税人收取试点前开工的一级公路、二级公路、桥、闸通行费，可以选择适用简易计税方法，按照 5% 的征收率计算缴纳增值税。

试点前开工是指相关施工许可证注明的合同开工日期在 2016 年 4 月 30 日前。

(四) 个人出租不动产的特殊规定

（1）其他个人出租其取得的不动产（不含住房），应按照 5% 的征收率计算应纳税额。

（2）个人出租住房，应按照 5% 的征收率减按 1.5% 计算应纳税额。

(五) 免税项目

（1）2018 年 12 月 31 日前，公共租赁住房经营管理单位出租公共租赁住房。

公共租赁住房是指纳入省、自治区、直辖市、计划单列市人民政府及新疆生产建设兵团批准的公共租赁住房发展规划和年度计划，并按照《关于加快发展公共租赁住房的指导意见》(建保〔2010〕87 号)和市、县人民政府制定的具体管理办法进行管理的公共租赁住房。

（2）军队空余房产租赁收入。

（六）跨境应税行为适用增值税免税政策的规定

标的物在境外使用的有形动产租赁服务适用增值免税政策。

（七）增值税即征即退

经人民银行、银监会或者商务部批准从事融资租赁业务的试点纳税人中的一般纳税人，提供有形动产融资租赁服务和有形动产融资性售后回租服务，对其增值税实际税负超过 3% 的部分实行增值税即征即退政策。商务部授权的省级商务主管部门和国家经济技术开发区批准的从事融资租赁业务和融资性售后回租业务的试点纳税人中的一般纳税人，2016 年 5 月 1 日后实收资本达到 1.7 亿元的，从达到标准的当月起按照上述规定执行；2016 年 5 月 1 日后实收资本未达到 1.7 亿元但注册资本达到 1.7 亿元的，在 2016 年 7 月 31 日前仍可按照上述规定执行，2016 年 8 月 1 日后开展的有形动产融资租赁业务和有形动产融资性售后回租业务不得按照上述规定执行。

增值税实际税负是指纳税人当期提供应税服务实际缴纳的增值税税额占纳税人当期提供应税服务取得的全部价款和价外费用的比例。

六、鉴证咨询服务增值税政策规定

（一）征税范围

鉴证咨询服务包括认证服务、鉴证服务和咨询服务。

（1）认证服务是指具有专业资质的单位利用检测、检验、计量等技术，证明产品、服务、管理体系符合相关技术规范、相关技术规范的强制性要求或者标准的业务活动。

（2）鉴证服务是指具有专业资质的单位受托对相关事项进行鉴证，发表具有证明力的意见的业务活动。包括会计鉴证、税务鉴证、法律鉴证、职业技能鉴定、工程造价鉴证、工程监理、资产评估、环境评估、房地产土地评估、建筑图纸审核、医疗事故鉴定等。应注意的是，工程监理不属于建筑服务，而属于鉴证服务。

（3）咨询服务是指提供信息、建议、策划、顾问等服务的活动。包括金融、软件、技术、财务、税收、法律、内部管理、业务运作、流程管理、健康等方面的咨询。

翻译服务和市场调查服务按照咨询服务缴纳增值税。

（二）可以选择简易计税方式的项目

非企业性单位中的一般纳税人提供的研发和技术服务、信息技术服务、鉴证咨询服务，以及销售技术、著作权等无形资产，可以选择简易计税方法按照 3% 征收率计算缴纳增值税。

非企业性单位中的一般纳税人提供《营业税改征增值税试点过渡政策的规定》第一条第（二十六）项中的"技术转让、技术开发和与之相关的技术咨询、技术服务"，可以参照上述规定，选择简易计税方法按照 3% 征收率计算缴纳增值税。

（三）跨境应税行为适用增值税免税政策的规定

向境外单位提供的完全在境外消费的鉴证咨询服务适用增值免税政策。

下列情形不属于完全在境外消费的鉴证咨询服务：

（1）服务的实际接受方为境内单位或者个人。

（2）对境内的货物或不动产进行的认证服务、鉴证服务和咨询服务。

七、广播影视服务增值税政策规定

（一）征税范围

广播影视服务包括广播影视节目（作品）的制作服务、发行服务和播映（含放映，下同）服务。

（1）广播影视节目（作品）制作服务是指进行专题（特别节目）、专栏、综艺、体育、动画片、广播剧、电视剧、电影等广播影视节目和作品制作的服务。具体包括与广播影视节目和作品相关的策划、采编、拍摄、录音、音视频文字图片素材制作、场景布置、后期的剪辑、翻译（编译）、字幕制作、片头、片尾、片花制作、特效制作、影片修复、编目和确权等业务活动。

（2）广播影视节目（作品）发行服务是指以分账、买断、委托等方式，向影院、电台、电视台、网站等单位和个人发行广播影视节目（作品）以及转让体育赛事等活动的报道及播映权的业务活动。

（3）广播影视节目（作品）播映服务是指在影院、剧院、录像厅及其他场所播映广播影视节目（作品），以及通过电台、电视台、卫星通信、互联网、有线电视等无线或者有线装置播映广播影视节目（作品）的业务活动。

（二）可以选择简易计税方式的项目

一般纳税人发生电影放映服务、仓储服务、装卸搬运服务、收派服务和文化体育服务应税行为可以选择适用简易计税方法计税。

（三）跨境应税行为适用增值税零税率和免税政策的规定

（1）向境外单位提供的完全在境外消费的广播影视节目（作品）的制作和发行服务适用增值税零税率。

（2）在境外提供的广播影视节目（作品）的播映服务免征增值税。

在境外提供的广播影视节目（作品）播映服务，是指在境外的影院、剧院、录像厅及其他场所播映广播影视节目（作品）。

通过境内的电台、电视台、卫星通信、互联网、有线电视等无线或者有线装置向境外播映广播影视节目（作品），不属于在境外提供的广播影视节目（作品）播映服务。

八、商务辅助服务增值税政策规定

（一）征税范围

商务辅助服务包括企业管理服务、经纪代理服务、人力资源服务、安全保护服务。

（1）企业管理服务是指提供总部管理、投资与资产管理、市场管理、物业管理、日常综合管理等服务的业务活动。

（2）经纪代理服务是指各类经纪、中介、代理服务。包括金融代理、知识产权代理、货物运输代理、代理报关、法律代理、房地产中介、职业中介、婚姻中介、代理记账、拍卖等。

货物运输代理服务是指接受货物收货人、发货人、船舶所有人、船舶承租人或者船舶经营人的委托，以委托人的名义，为委托人办理货物运输、装卸、仓储和船舶进出港口、引航、靠泊等相关手续的业务活动。

代理报关服务是指接受进出口货物的收、发货人委托，代为办理报关手续的业务活动。例如，货物运输代理、代理报关不属于物流辅助服务，而属于经纪代理服务。

拍卖行受托拍卖取得的手续费或佣金收入，按照经纪代理服务缴纳增值税。

（3）人力资源服务是指提供公共就业、劳务派遣、人才委托招聘、劳动力外包等服务的业务活动。

（4）安全保护服务是指提供保护人身安全和财产安全，维护社会治安等的业务活动，包括场所住宅保安、特种保安、安全系统监控以及其他安保服务。

纳税人提供武装守护押运服务，按照安全保护服务缴纳增值税。

（二）差额征税与简易计税项目

（1）经纪代理服务，以取得的全部价款和价外费用扣除向委托方收取并代为支付的政府性基金或者行政事业性收费后的余额为销售额。向委托方收取的政府性基金或者行政事业性收费，不得开具增值税专用发票。需要注意的是，纳税人代理进口按规定免征进口增值税的货物，其销售额不包括向委托方收取并代为支付的货款。向委托方收取并代为支付的款项，不得开具增值税专用发票，可以开具增值税普通发票。

（2）提供物业管理服务的纳税人，向服务接受方收取的自来水水费，以扣除其对外支付的自来水水费后的余额为销售额，按照简易计税方法依3%的征收率计算缴纳增值税。

（3）一般纳税人提供劳务派遣服务，可以按照《财政部　国家税务总局关于全面推开营业税改征增值税试点的通知》（财税〔2016〕36号）的有关规定，以取得的全部价款和价外费用为销售额，按照一般计税方法计算缴纳增值税；也可以选择差额纳税，以取得的全部价款和价外费用扣除代用工单位支付给劳务派遣员工的工资、福利和为其办理社会保险及住房公积金后的余额为销售额，按照简易计税方法依5%的征收率计算缴纳增值税。

小规模纳税人提供劳务派遣服务，可以按照《财政部　国家税务总局关于全面推开营业税改征增值税试点的通知》（财税〔2016〕36号）的有关规定，以取得的全部价款和价外费用为销售额，按照简易计税方法依3%的征收率计算缴纳增值税；也可以选择差额纳税，以取得的全部价款和价外费用，扣除代用工单位支付给劳务派遣员工的工资、福利和为其办理社会保险及住房公积金后的余额为销售额，按照简易计税方法依5%的征收率计算缴纳增值税。

选择差额纳税的纳税人，向用工单位收取用于支付给劳务派遣员工工资、福利和为其办理社会保险及住房公积金的费用，不得开具增值税专用发票，可以开具普通发票。

劳务派遣服务是指劳务派遣公司为了满足用工单位对于各类灵活用工的需求,将员工派遣至用工单位,接受用工单位管理并为其工作的服务。例如,纳税人提供安全保护服务,比照劳务派遣服务政策执行。

(4) 纳税人提供人力资源外包服务,按照经纪代理服务缴纳增值税,其销售额不包括受客户单位委托代为向客户单位员工发放的工资和代理缴纳的社会保险、住房公积金。向委托方收取并代为发放的工资和代理缴纳的社会保险、住房公积金,不得开具增值税专用发票,可以开具普通发票。

一般纳税人提供人力资源外包服务,可以选择适用简易计税方法,按照5%的征收率计算缴纳增值税。

(5) 纳税人提供签证代理服务,以取得的全部价款和价外费用,扣除向服务接受方收取并代为支付给外交部和外国驻华使(领)馆的签证费、认证费后的余额为销售额。向服务接受方收取并代为支付的签证费、认证费,不得开具增值税专用发票,可以开具增值税普通发票。

(三) 免税项目

纳税人提供的直接或者间接国际货物运输代理服务。

(1) 纳税人提供直接或者间接国际货物运输代理服务,向委托方收取的全部国际货物运输代理服务收入,以及向国际运输承运人支付的国际运输费用,必须通过金融机构进行结算。

(2) 纳税人为中国大陆与中国香港、中国澳门、中国台湾地区之间的货物运输提供的货物运输代理服务参照国际货物运输代理服务有关规定执行。

(3) 委托方索取发票的,纳税人应当就国际货物运输代理服务收入向委托方全额开具增值税普通发票。

(四) 跨境应税行为适用增值税免税政策的规定

向境外单位提供的完全在境外消费的商务辅助服务免征增值税。

(1) 纳税人向境外单位提供的代理报关服务和货物运输代理服务,属于完全在境外消费的代理报关服务和货物运输代理服务。

(2) 纳税人向境外单位提供的外派海员服务,属于完全在境外消费的人力资源服务。外派海员服务是指境内单位派出属于本单位员工的海员,为境外单位在境外提供的船舶驾驶和船舶管理等服务。

(3) 纳税人以对外劳务合作方式,向境外单位提供的完全在境外发生的人力资源服务,属于完全在境外消费的人力资源服务。对外劳务合作,是指境内单位与境外单位签订劳务合作合同,按照合同约定组织和协助中国公民赴境外工作的活动。

(4) 下列情形不属于完全在境外消费的商务辅助服务:

① 服务的实际接受方为境内单位或者个人。

② 对境内不动产的投资与资产管理服务、物业管理服务、房地产中介服务。

③ 拍卖境内货物或不动产过程中提供的经纪代理服务。

④ 为境内货物或不动产的物权纠纷提供的法律代理服务。

⑤ 为境内货物或不动产提供的安全保护服务。

九、其他现代服务规定

其他现代服务是指除研发和技术服务、信息技术服务、文化创意服务、物流辅助服务、租赁服务、鉴证咨询服务、广播影视服务和商务辅助服务以外的现代服务。例如,纳税人对安装运行后的机器设备提供的维护保养服务,按照其他现代服务缴纳增值税。

第八节　生活服务增值税政策规定

如果说现代服务以生产性服务为重点,那么生活服务则以服务人们的日常生活为重心。生活服务是指为满足城乡居民日常生活需求提供的各类服务活动,包括文化体育服务、教育医疗服务、旅游娱乐服务、餐饮住宿服务、居民日常服务和其他生活服务。本章节依据《财政部　国家税务总局关于全面推开营业税改征增值税试点的通知》(财税〔2016〕36 号,以下简称财税〔2016〕36 号文件)及相关规定,对生活服务增值税政策进行了整理归纳,并结合案例对生活服务增值税政策进行了深入分析。

一、文化体育服务增值税政策规定

(一) 征税范围

文化体育服务包括文化服务和体育服务。

(1) 文化服务是指为满足社会公众文化生活需求提供的各种服务,包括文艺创作、文艺表演、文化比赛,图书馆的图书和资料借阅,档案馆的档案管理,文物及非物质遗产保护,组织举办宗教活动、科技活动、文化活动,提供游览场所。

(2) 体育服务是指组织举办体育比赛、体育表演、体育活动,以及提供体育训练、体育指导、体育管理的业务活动。例如,纳税人在游览场所经营索道、摆渡车、电瓶车、游船等,不属于运输服务,而应按照文化体育服务缴纳增值税。

(二) 简易计税项目

一般纳税人发生文化体育服务应税行为可以选择适用简易计税方法计税。

(三) 免税项目

(1) 纪念馆、博物馆、文化馆、文物保护单位管理机构、美术馆、展览馆、书画院、图书馆在自己的场所提供文化体育服务取得的第一道门票收入。

(2) 寺院、宫观、清真寺和教堂举办文化、宗教活动的门票收入。

(3) 2017 年 12 月 31 日前,科普单位的门票收入,以及县级及以上党政部门和科协开展科普活动的门票收入。

科普单位是指科技馆、自然博物馆,对公众开放的天文馆(站、台)、气象台(站)、地震台(站),以及高等院校、科研机构对公众开放的科普基地。

科普活动是指利用各种传媒以浅显的、让公众易于理解、接受和参与的方式,向普通大众介绍自然科学和社会科学知识,推广科学技术的应用,倡导科学方法,传播科学思想,弘扬科学精神的活动。

(4)福利彩票、体育彩票的发行收入。

(四)跨境应税行为适用增值税免税政策的规定

在境外提供的文化体育服务免征增值税。

在境外提供的文化体育服务是指纳税人在境外现场提供的文化体育服务。

为参加在境外举办的科技活动、文化活动、文化演出、文化比赛、体育比赛、体育表演、体育活动而提供的组织安排服务,属于在境外提供的文化体育服务。

通过境内的电台、电视台、卫星通信、互联网、有线电视等媒体向境外单位或个人提供的文化体育服务,不属于在境外提供的文化体育服务。

二、教育医疗服务增值税政策规定

(一)征税范围

教育医疗服务包括教育服务和医疗服务。

(1)教育服务是指提供学历教育服务、非学历教育服务、教育辅助服务的业务活动。

学历教育服务是指根据教育行政管理部门确定或者认可的招生和教学计划组织教学,并颁发相应学历证书的业务活动,包括初等教育、初级中等教育、高级中等教育、高等教育等。

非学历教育服务包括学前教育、各类培训、演讲、讲座、报告会等。

教育辅助服务包括教育测评、考试、招生等服务。

(2)医疗服务是指提供医学检查、诊断、治疗、康复、预防、保健、接生、计划生育、防疫服务等方面的服务,以及与这些服务有关的提供药品、医用材料器具、救护车、病房住宿和伙食的业务。

(二)差额征税项目

境外单位通过教育部考试中心及其直属单位在境内开展考试,教育部考试中心及其直属单位应以取得的考试费收入扣除支付给境外单位考试费后的余额为销售额,按提供教育辅助服务缴纳增值税;就代为收取并支付给境外单位的考试费统一扣缴增值税。教育部考试中心及其直属单位代为收取并支付给境外单位的考试费,不得开具增值税专用发票,可以开具增值税普通发票。

(三)简易计税项目

(1)一般纳税人提供非学历教育服务,可以选择适用简易计税方法按照3%征收率计算应纳税额。

(2)一般纳税人提供教育辅助服务,可以选择简易计税方法按照3%征收率计算缴纳增值税。

(四) 免税项目

(1) 托儿所、幼儿园提供的保育和教育服务。

条文理解 上述托儿所、幼儿园,是指经县级以上教育部门审批成立、取得办园许可证的实施 0～6 岁学前教育的机构,包括公办和民办的托儿所、幼儿园、学前班、幼儿班、保育院、幼儿院。

公办托儿所、幼儿园免征增值税的收入是指在省级财政部门和价格主管部门审核报省级人民政府批准的收费标准以内收取的教育费、保育费。

民办托儿所、幼儿园免征增值税的收入是指在报经当地有关部门备案并公示的收费标准范围内收取的教育费、保育费。

超过规定收费标准的收费,以开办实验班、特色班和兴趣班等为由另外收取的费用以及与幼儿入园挂钩的赞助费、支教费等超过规定范围的收入,不属于免征增值税的收入。

境外教育机构与境内从事学历教育的学校开展中外合作办学,提供学历教育服务取得的收入免征增值税。其中,中外合作办学是指中外教育机构按照《中华人民共和国中外合作办学条例》(国务院令第 372 号)的有关规定,合作举办的以中国公民为主要招生对象的教育教学活动。

(2) 医疗机构提供的医疗服务。

条文理解 上述医疗机构是指依据《医疗机构管理条例》(国务院令第 149 号)及《医疗机构管理条例实施细则》(卫生部令第 35 号)的规定,经登记取得《医疗机构执业许可证》的机构,以及军队、武警部队各级各类医疗机构。具体包括:各级各类医院、门诊部(所)、社区卫生服务中心(站)、急救中心(站)、城乡卫生院、护理院(所)、疗养院、临床检验中心,各级政府及有关部门举办的卫生防疫站(疾病控制中心)、各种专科疾病防治站(所),各级政府举办的妇幼保健所(站)、母婴保健机构、儿童保健机构,各级政府举办的血站(血液中心)等医疗机构。

上述医疗服务是指医疗机构按照不高于地(市)级以上价格主管部门会同同级卫生主管部门及其他相关部门制定的医疗服务指导价格(包括政府指导价和按照规定由供需双方协商确定的价格等)为就医者提供《全国医疗服务价格项目规范》所列的各项服务,以及医疗机构向社会提供卫生防疫、卫生检疫的服务。

自 2019 年 2 月 1 日至 2020 年 12 月 31 日,医疗机构接受其他医疗机构委托,按照不高于地(市)级以上价格主管部门会同同级卫生主管部门及其他相关部门制定的医疗服务指导价格(包括政府指导价和按照规定由供需双方协商确定的价格等),提供《全国医疗服务价格项目规范》所列的各项服务,可适用《财政部 国家税务总局关于全面推开营业税改征增值税试点的通知》(财税〔2016〕36 号)附件 3《营业税改征增值税试点过渡政策的规定》第一条第(七)项规定的免征增值税政策。如符合上述医疗机构条件的诊所提供的医疗服务免征增值税。

(3) 从事学历教育的学校提供的教育服务。

① 学历教育是指受教育者经过国家教育考试或者国家规定的其他入学方式,进入国家有

关部门批准的学校或者其他教育机构学习,获得国家承认的学历证书的教育形式。具体包括:

A. 初等教育:普通小学、成人小学。

B. 初级中等教育:普通初中、职业初中、成人初中。

C. 高级中等教育:普通高中、成人高中和中等职业学校(包括普通中专、成人中专、职业高中、技工学校)。

D. 高等教育:普通本专科、成人本专科、网络本专科、研究生(博士、硕士)、高等教育自学考试、高等教育学历文凭考试。

② 从事学历教育的学校是指:

A. 普通学校。

B. 经地(市)级以上人民政府或者同级政府的教育行政部门批准成立、国家承认其学员学历的各类学校。

C. 省级及以上人力资源社会保障行政部门批准成立的技工学校、高级技工学校。

D. 经省级人民政府批准成立的技师学院。

上述学校均包括符合规定的从事学历教育的民办学校,但不包括职业培训机构等国家不承认学历的教育机构。

③ 提供教育服务免征增值税的收入是指对列入规定招生计划的在籍学生提供学历教育服务取得的收入,具体包括:经有关部门审核批准并按规定标准收取的学费、住宿费、课本费、作业本费、考试报名费收入,以及学校食堂提供餐饮服务取得的伙食费收入。除此之外的收入,包括学校以各种名义收取的赞助费、择校费等,不属于免征增值税的范围。

学校食堂是指依照《学校食堂与学生集体用餐卫生管理规定》(教育部 卫生部令第14号)管理的学校食堂。

(4)学生勤工俭学提供的服务。

(5)农业机耕、排灌、病虫害防治、植物保护、农牧保险以及相关技术培训业务,家禽、牲畜、水生动物的配种和疾病防治。

农业机耕是指在农业、林业、牧业中使用农业机械进行耕作(包括耕耘、种植、收割、脱粒、植物保护等)的业务;排灌是指对农田进行灌溉或者排涝的业务;病虫害防治是指从事农业、林业、牧业、渔业的病虫害测报和防治的业务;农牧保险是指为种植业、养殖业、牧业种植和饲养的动植物提供保险的业务;相关技术培训是指与农业机耕、排灌、病虫害防治、植物保护业务相关以及为使农民获得农牧保险知识的技术培训业务;家禽、牲畜、水生动物的配种和疾病防治业务的免税范围,包括与该项服务有关的提供药品和医疗用具的业务。

(6)政府举办的从事学历教育的高等、中等和初等学校(不含下属单位),举办进修班、培训班取得的全部归该学校所有的收入。

全部归该学校所有是指举办进修班、培训班取得的全部收入进入该学校统一账户,并纳入预算全额上缴财政专户管理,同时由该学校对有关票据进行统一管理和开具。

举办进修班、培训班取得的收入进入该学校下属部门自行开设账户的,不予免征增值税。

（五）跨境应税行为适用增值税免税政策的规定

在境外提供的教育医疗服务免征增值税。

在境外提供的教育医疗服务是指纳税人在境外现场提供的教育医疗服务。

通过境内的电台、电视台、卫星通信、互联网、有线电视等媒体向境外单位或个人提供的教育医疗服务，不属于在境外提供的教育医疗服务。

三、旅游娱乐服务增值税政策规定

（一）征税范围

旅游娱乐服务包括旅游服务和娱乐服务。

（1）旅游服务是指根据旅游者的要求，组织安排交通、游览、住宿、餐饮、购物、文娱、商务等服务的业务活动。

（2）娱乐服务是指为娱乐活动同时提供场所和服务的业务。具体包括：歌厅、舞厅、夜总会、酒吧、台球、高尔夫球、保龄球、游艺（包括射击、狩猎、跑马、游戏机、蹦极、卡丁车、热气球、动力伞、射箭、飞镖）。

（二）差额征税

试点纳税人提供旅游服务，可以选择以取得的全部价款和价外费用，扣除向旅游服务购买方收取并支付给其他单位或者个人的住宿费、餐饮费、交通费、签证费、门票费和支付给其他接团旅游企业的旅游费用后的余额为销售额。

选择上述办法计算销售额的试点纳税人，向旅游服务购买方收取并支付的上述费用，不得开具增值税专用发票，可以开具普通发票。如果纳税人提供旅游服务，将火车票、飞机票等交通费发票原件交付给旅游服务购买方而无法收回的，以交通费发票复印件作为差额扣除凭证。

（三）跨境应税行为适用增值税免税政策的规定

在境外提供的旅游服务服务免征增值税。

如果境内的单位和个人在境外提供旅游服务，办理免税备案手续时，以下列材料之一作为服务地点在境外的证明材料：

（1）旅游服务提供方派业务人员随同出境的，出境业务人员的出境证件首页及出境记录页复印件。出境业务人员超过 2 人的，只需提供其中 2 人的出境证件复印件。

（2）旅游服务购买方的出境证件首页及出境记录页复印件。旅游服务购买方超过 2 人的，只需提供其中 2 人的出境证件复印件。

（四）娱乐服务文化事业建设费

《财政部　国家税务总局关于营业税改征增值税试点有关文化事业建设费政策及征收管理问题的补充通知》（财税〔2016〕60 号）规定，在境内提供娱乐服务的单位和个人应缴纳文化事业建设费。缴纳义务人应按照提供娱乐服务取得的计费销售额和 3％的费率计算娱乐服务应缴费额，计算公式如下：

$$娱乐服务应缴费额＝娱乐服务计费销售额×3％$$

娱乐服务计费销售额,为缴纳义务人提供娱乐服务取得的全部含税价款和价外费用。未达到增值税起征点的缴纳义务人,免征文化事业建设费。

(五) 进项税额不得抵扣规定

购进的娱乐服务进项税额不得抵扣。

四、餐饮住宿服务增值税政策规定

(一) 征税范围

餐饮住宿服务包括餐饮服务和住宿服务。

(1)餐饮服务是指通过同时提供饮食和饮食场所的方式为消费者提供饮食消费服务的业务活动。

提供餐饮服务的纳税人销售的外卖食品,按照餐饮服务缴纳增值税。

(2)住宿服务是指提供住宿场所及配套服务等的活动,包括宾馆、旅馆、旅社、度假村和其他经营性住宿场所提供的住宿服务。

纳税人以长(短)租形式出租酒店式公寓并提供配套服务的,按照住宿服务缴纳增值税。但宾馆、旅馆、旅社、度假村和其他经营性住宿场所提供会议场地及配套服务的活动不属于住宿服务,而属于会议展览服务。

(二) 进项税额不得抵扣规定

购进的餐饮服务进项税额不得抵扣。一般纳税人购买住宿服务不属于财税〔2016〕36号文件规定的不得从销项税额中抵扣的项目,如果取得了合法的抵扣凭证,其进项税额可以从销项税额中抵扣。

(三) 免税项目

对按照国家规定的收费标准向学生收取的高校学生公寓住宿费收入,自2016年5月1日起,在营改增试点期间免征增值税。

对高校学生食堂为高校师生提供餐饮服务取得的收入,自2016年5月1日起,在营改增试点期间免征增值税。

条文理解 上述"高校学生公寓"是指为高校学生提供住宿服务,按照国家规定的收费标准收取住宿费的学生公寓。

上述"高校学生食堂"是指依照《学校食堂与学生集体用餐卫生管理规定》(教育部 卫生部令第14号)管理的高校学生食堂。

五、居民日常服务增值税政策规定

(一) 征税范围

居民日常服务是指主要为满足居民个人及其家庭日常生活需求提供的服务,包括市容市政管理、家政、婚庆、养老、殡葬、照料和护理、救助救济、美容美发、按摩、桑拿、氧吧、足疗、沐浴、洗染、摄影扩印等服务。

(二)进项税额不得抵扣规定

购进的居民日常服务进项税额不得抵扣。

(三)免税项目

(1)养老机构提供的养老服务。

养老机构是指依照民政部《养老机构设立许可办法》(民政部令第48号)设立并依法办理登记的为老年人提供集中居住和照料服务的各类养老机构;养老服务是指上述养老机构按照民政部《养老机构管理办法》(民政部令第49号)的规定,为收住的老年人提供的生活照料、康复护理、精神慰藉、文化娱乐等服务。

条文理解 养老机构,包括依照《中华人民共和国老年人权益保障法》依法办理登记,并向民政部门备案的为老年人提供集中居住和照料服务的各类养老机构。

(2)残疾人福利机构提供的育养服务。

(3)婚姻介绍服务。

(4)殡葬服务。

殡葬服务是指收费标准由各地价格主管部门会同有关部门核定,或者实行政府指导价管理的遗体接运(含抬尸、消毒)、遗体整容、遗体防腐、存放(含冷藏)、火化、骨灰寄存、吊唁设施设备租赁、墓穴租赁及管理等服务。

(5)残疾人员本人为社会提供的服务。

(6)家政服务企业由员工制家政服务员提供家政服务取得的收入。

家政服务企业是指在企业营业执照的规定经营范围中包括家政服务内容的企业。

员工制家政服务员是指同时符合下列三个条件的家政服务员:一是依法与家政服务企业签订半年及半年以上的劳动合同或者服务协议,且在该企业实际上岗工作。二是家政服务企业为其按月足额缴纳了企业所在地人民政府根据国家政策规定的基本养老保险、基本医疗保险、工伤保险、失业保险等社会保险。对已享受新型农村养老保险和新型农村合作医疗等社会保险或者下岗职工原单位继续为其缴纳社会保险的家政服务员,如果本人书面提出不再缴纳企业所在地人民政府根据国家政策规定的相应的社会保险,并出具其所在乡镇或者原单位开具的已缴纳相关保险的证明,可视同家政服务企业已为其按月足额缴纳了相应的社会保险。三是家政服务企业通过金融机构向其实际支付不低于企业所在地适用的经省级人民政府批准的最低工资标准的工资。

(7)随军家属就业。

① 为安置随军家属就业而新开办的企业,自领取税务登记证之日起,其提供的应税服务3年内免征增值税。

享受税收优惠政策的企业,随军家属必须占企业总人数的60%(含)以上,并有军(含)以上政治和后勤机关出具的证明。

② 从事个体经营的随军家属,自办理税务登记事项之日起,其提供的应税服务 3 年内免征增值税。

随军家属必须有师以上政治机关出具的可以表明其身份的证明。

按照上述规定,每一名随军家属可以享受一次免税政策。

(8) 军队转业干部就业。

① 从事个体经营的军队转业干部,自领取税务登记证之日起,其提供的应税服务 3 年内免征增值税。

② 为安置自主择业的军队转业干部就业而新开办的企业,凡安置自主择业的军队转业干部占企业总人数 60%(含)以上的,自领取税务登记证之日起,其提供的应税服务 3 年内免征增值税。

享受上述优惠政策的自主择业的军队转业干部必须持有师以上部队颁发的转业证件。

六、生活服务、现代服务增值税政策补充规定

(一) 其他生活服务

其他生活服务是指除文化体育服务、教育医疗服务、旅游娱乐服务、餐饮住宿服务和居民日常服务之外的生活服务。

纳税人提供植物养护服务,按照其他生活服务缴纳增值税。

(二) 补充免税规定

政府举办的职业学校设立的主要为在校学生提供实习场所、并由学校出资自办、由学校负责经营管理、经营收入归学校所有的企业,从事《销售服务、无形资产或者不动产注释》中"现代服务"(不含融资租赁服务、广告服务和其他现代服务)、"生活服务"(不含文化体育服务、其他生活服务和桑拿、氧吧)业务活动取得的收入,免征增值税。

(三) 扣减增值税规定

1. 退役士兵创业就业

(1) 自主就业退役士兵从事个体经营的,自办理个体工商户登记当月起,在 3 年(36 个月,下同)内按每户每年 12 000 元为限额依次扣减其当年实际应缴纳的增值税、城市维护建设税、教育费附加、地方教育附加和个人所得税。限额标准最高可上浮 20%,各省、自治区、直辖市人民政府可根据本地区实际情况在此幅度内确定具体限额标准。

纳税人年度应缴纳税款小于上述扣减限额的,减免税额以其实际缴纳的税款为限;大于上述扣减限额的,以上述扣减限额为限。纳税人的实际经营期不足 1 年的,应当按月换算其减免税限额。换算公式为:

$$减免税限额 = 年度减免税限额 \div 12 \times 实际经营月数$$

城市维护建设税、教育费附加、地方教育附加的计税依据是享受本项税收优惠政策前的增值税应纳税额。

(2) 企业招用自主就业退役士兵,与其签订 1 年以上期限劳动合同并依法缴纳社会保

险费的,自签订劳动合同并缴纳社会保险费当月起,在 3 年内按实际招用人数予以定额依次扣减增值税、城市维护建设税、教育费附加、地方教育附加和企业所得税优惠。定额标准为每人每年 6 000 元,最高可上浮 50%,各省、自治区、直辖市人民政府可根据本地区实际情况在此幅度内确定具体定额标准。

企业按招用人数和签订的劳动合同时间核算企业减免税总额,在核算减免税总额内每月依次扣减增值税、城市维护建设税、教育费附加和地方教育附加。企业实际应缴纳的增值税、城市维护建设税、教育费附加和地方教育附加小于核算减免税总额的,以实际应缴纳的增值税、城市维护建设税、教育费附加和地方教育附加为限;实际应缴纳的增值税、城市维护建设税、教育费附加和地方教育附加大于核算减免税总额的,以核算减免税总额为限。

纳税年度终了,如果企业实际减免的增值税、城市维护建设税、教育费附加和地方教育附加小于核算减免税总额,企业在企业所得税汇算清缴时以差额部分扣减企业所得税。当年扣减不完的,不再结转以后年度扣减。

自主就业退役士兵在企业工作不满 1 年的,应当按月换算减免税限额。计算公式为:

$$\text{企业核算减免税总额} = \sum \frac{\text{每名自主就业退役士兵本年度在本单位工作月份}}{12} \times \text{具体定额标准}$$

城市维护建设税、教育费附加、地方教育附加的计税依据是享受本项税收优惠政策前的增值税应纳税额。

(3)上述所称自主就业退役士兵是指依照《退役士兵安置条例》(国务院 中央军事委员会令第 608 号)的规定退出现役并按自主就业方式安置的退役士兵。

上述所称企业是指属于增值税纳税人或企业所得税纳税人的企业等单位。

(4)自主就业退役士兵从事个体经营的,在享受税收优惠政策进行纳税申报时,注明其退役军人身份,并将《中国人民解放军义务兵退出现役证》《中国人民解放军士官退出现役证》或《中国人民武装警察部队义务兵退出现役证》《中国人民武装警察部队士官退出现役证》留存备查。

企业招用自主就业退役士兵享受税收优惠政策的,将以下资料留存备查:①招用自主就业退役士兵的《中国人民解放军义务兵退出现役证》《中国人民解放军士官退出现役证》或《中国人民武装警察部队义务兵退出现役证》《中国人民武装警察部队士官退出现役证》;②企业与招用自主就业退役士兵签订的劳动合同(副本),为职工缴纳的社会保险费记录;③自主就业退役士兵本年度在企业工作时间表。

(5)企业招用自主就业退役士兵既可以适用本规定的税收优惠政策,又可以适用其他扶持就业专项税收优惠政策的,企业可以选择适用最优惠的政策,但不得重复享受。

(6)上述规定的税收政策执行期限为 2019 年 1 月 1 日至 2021 年 12 月 31 日。纳税人在 2021 年 12 月 31 日享受上述规定税收优惠政策未满 3 年的,可继续享受至 3 年期满为止。

退役士兵以前年度已享受退役士兵创业就业税收优惠政策满 3 年的,不得再享受上述规定的税收优惠政策;以前年度享受退役士兵创业就业税收优惠政策未满 3 年且符合上述规定条件的,可按上述规定享受优惠至 3 年期满。

2. 重点群体创业就业

(1) 建档立卡贫困人口,持《就业创业证》(注明"自主创业税收政策"或"毕业年度内自主创业税收政策")或《就业失业登记证》(注明"自主创业税收政策")的人员,从事个体经营的,自办理个体工商户登记当月起,在 3 年(36 个月,下同)内按每户每年 12 000 元为限额依次扣减其当年实际应缴纳的增值税、城市维护建设税、教育费附加、地方教育附加和个人所得税。限额标准最高可上浮 20%,各省、自治区、直辖市人民政府可根据本地区实际情况在此幅度内确定具体限额标准。

纳税人年度应缴纳税款小于上述扣减限额的,减免税额以其实际缴纳的税款为限;大于上述扣减限额的,以上述扣减限额为限。

上述人员具体包括:①纳入全国扶贫开发信息系统的建档立卡贫困人口;②在人力资源社会保障部门公共就业服务机构登记失业半年以上的人员;③零就业家庭、享受城市居民最低生活保障家庭劳动年龄内的登记失业人员;④毕业年度内高校毕业生。高校毕业生是指实施高等学历教育的普通高等学校、成人高等学校应届毕业的学生。

毕业年度是指毕业所在自然年,即 1 月 1 日至 12 月 31 日。

(2) 企业招用建档立卡贫困人口,以及在人力资源社会保障部门公共就业服务机构登记失业半年以上且持《就业创业证》或《就业失业登记证》(注明"企业吸纳税收政策")的人员,与其签订 1 年以上期限劳动合同并依法缴纳社会保险费的,自签订劳动合同并缴纳社会保险费当月起,在 3 年内按实际招用人数予以定额依次扣减增值税、城市维护建设税、教育费附加、地方教育附加和企业所得税优惠。定额标准为每人每年 6 000 元,最高可上浮 30%,各省、自治区、直辖市人民政府可根据本地区实际情况在此幅度内确定具体定额标准。城市维护建设税、教育费附加、地方教育附加的计税依据是享受本项税收优惠政策前的增值税应纳税额。

按上述标准计算的税收扣减额应在企业当年实际应缴纳的增值税、城市维护建设税、教育费附加、地方教育附加和企业所得税税额中扣减,当年扣减不完的,不得结转下年使用。

上述所称企业是指属于增值税纳税人或企业所得税纳税人的企业等单位。

(3) 国务院扶贫办在每年 1 月 15 日前将建档立卡贫困人口名单及相关信息提供给人力资源社会保障部、税务总局,税务总局将相关信息转发给各省、自治区、直辖市税务部门。人力资源社会保障部门依托全国扶贫开发信息系统核实建档立卡贫困人口身份信息。

(4) 企业招用就业人员既可以适用上述规定的税收优惠政策,又可以适用其他扶持就业专项税收优惠政策的,企业可以选择适用最优惠的政策,但不得重复享受。

(5) 上述规定的税收政策执行期限为 2019 年 1 月 1 日至 2021 年 12 月 31 日。纳税人在 2021 年 12 月 31 日享受上述规定税收优惠政策未满 3 年的,可继续享受至 3 年期满为止。

上述人员,以前年度已享受重点群体创业就业税收优惠政策满 3 年的,不得再享受上述规定的税收优惠政策;以前年度享受重点群体创业就业税收优惠政策未满 3 年且符合上述规定条件的,可按规定享受优惠至 3 年期满。

第九节　销售无形资产

依据《财政部　国家税务总局关于全面推开营业税改征增值税试点的通知》（财税〔2016〕36 号）及相关规定,对销售无形资产增值税政策进行归纳梳理,并结合案例加深理解。

一、征税范围

（1）销售无形资产是指转让无形资产所有权或者使用权的业务活动。无形资产是指不具实物形态,但能带来经济利益的资产,包括技术、商标、著作权、商誉、自然资源使用权和其他权益性无形资产。

技术包括专利技术和非专利技术。

自然资源使用权包括土地使用权、海域使用权、探矿权、采矿权、取水权和其他自然资源使用权。

其他权益性无形资产包括基础设施资产经营权、公共事业特许权、配额、经营权（包括特许经营权、连锁经营权、其他经营权）、经销权、分销权、代理权、会员权、席位权、网络游戏虚拟道具、域名、名称权、肖像权、冠名权、转会费等。

（2）在境内销售无形资产是指无形资产（自然资源使用权除外）的销售方或者购买方在境内;所销售自然资源使用权的自然资源在境内。

境外单位或者个人向境内单位或者个人销售完全在境外使用的无形资产不属于在境内销售无形资产。

条文理解

（1）关于境内销售无形资产的判定原则。

① 境内单位或者个人销售的无形资产（不含自然资源使用权）属于在境内销售无形资产,即属人原则。也就是说,境内的单位或者个人销售的无形资产（不含自然资源使用权）,无论购买方为境内单位或者个人还是境外单位或者个人,无论无形资产是否在境内使用,都属于在境内销售无形资产。

② 境外单位或者个人向境内单位或者个人销售的未完全在境外使用的无形资产（不含自然资源使用权）,属于在境内销售无形资产。两种情况:一是境外单位或者个人向境内单位或者个人销售的完全在境内使用的无形资产,属于在境内销售无形资产;二是境外单位或者个人向境内单位或者个人销售的未完全在境外使用的无形资产,属于在境内销售无形资产。

③ 境外单位或者个人销售的无形资产（不含自然资源使用权）,以下情形不属于在境内销售无形资产,不缴纳增值税:境外单位或者个人向境外单位或者个人销售无形资产（不含

自然资源使用权);境外单位或者个人向境内单位或者个人销售完全在境外使用的无形资产。

(2) 境内销售自然资源使用权的判定原则。

只要所销售的自然资源使用权的自然资源在境内,无论销售方或购买方是否为境内单位或者个人,均属于在境内销售自然资源使用权。例如,英国 A 公司将其拥有的我国境内一处矿产的探矿权转让给境内 B 公司,属于在境内销售自然资源使用权。

(3) 特殊规定。

① 转让建筑物有限产权或者永久使用权的,转让在建的建筑物或者构筑物所有权的,以及在转让建筑物或者构筑物时一并转让其所占土地的使用权的,按照销售不动产缴纳增值税。

② 纳税人以经营租赁方式将土地出租给他人使用,按照不动产经营租赁服务缴纳增值税。

二、税率及征收率

无形资产税率为 6%,转让土地使用权,税率为 9%。

增值税征收率为 3%,财政部和国家税务总局另有规定的除外。

条文理解 如何确定土地使用权的税率及征收率:

(1) 根据《营业税改征增值税试点实施办法》第十六条的规定,增值税征收率为 3%,财政部和国家税务总局另有规定的除外,转让土地使用权应按照销售"无形资产——自然资源使用权——土地使用权"缴纳增值税,税率为 9%,征收率为 3%。

(2) 根据《财政部 国家税务总局关于进一步明确全面推开营改增试点有关劳务派遣服务、收费公路通行费抵扣等政策的通知》(财税〔2016〕47 号)的规定,纳税人以经营租赁方式将土地出租给他人使用,按照不动产经营租赁服务缴纳增值税。税率为 9%,征收率为 5%。

(3) 一般纳税人转让 2016 年 4 月 30 日前取得的土地使用权,可以选择适用简易计税方法,按照 5% 的征收率差额计算缴纳增值税。

(4) 小规模纳税人转让 2016 年 4 月 30 日前取得的土地使用权,选择差额计税,征收率为 5%,选择全额计税,征收率为 3%;转让 2016 年 5 月 1 日后取得的土地使用权,按照 3% 的征收率全额计算缴纳增值税。

三、销售额的确定

(1) 纳税人转让 2016 年 4 月 30 日前取得的土地使用权,可以选择适用简易计税方法,以取得的全部价款和价外费用减去取得该土地使用权的原价后的余额为销售额,按照 5% 的征收率计算缴纳增值税。

(2) 单位或者个人向其他单位或者个人无偿转让无形资产视同销售,但用于公益事业或者以社会公众为对象的除外。

四、纳税义务发生时间

（1）纳税人发生应税行为并收讫销售款项或者取得索取销售款项凭据的当天；先开具发票的，为开具发票的当天。

收讫销售款项是指纳税人销售服务、无形资产或者不动产过程中或者完成后收到款项。

取得索取销售款项凭据的当天是指书面合同确定的付款日期；未签订书面合同或者书面合同未确定付款日期的，为服务、无形资产转让完成的当天或者不动产权属变更的当天。

（2）纳税人发生视同销售情形的，其纳税义务发生时间为无形资产转让完成的当天。

（3）增值税扣缴义务发生时间为纳税人增值税纳税义务发生的当天。

条文理解 关于充值虚拟货币增值税纳税义务发生时间的确认。某网络游戏公司，玩家在游戏过程中可以充值虚拟货币用于购买道具或者会员等特权。对于该项业务的增值税纳税义务发生时间，有两种观点：一种是在玩家充值虚拟货币时确认收入；另一种是在玩家消费虚拟货币购买增加游戏体验的道具或者服务时确认收入。

按照财税〔2016〕36 号文件的规定，增值税纳税义务发生时间为纳税人发生应税行为并收讫销售款项或者取得索取销售款项凭据的当天；先开具发票的，为开具发票的当天。按照收讫销售款项确认应税行为纳税义务发生时间的，应以发生应税行为为前提。收讫销售款项是指在应税行为发生后收到的款项，包括在应税行为发生过程中或者完成后收取的款项。网络游戏公司收取款项，并提供玩家虚拟货币时服务已经发生，因此，应按照第一种方式，即在玩家充值虚拟货币时确认增值税纳税义务发生时间。第二种观点的误区，在于混淆了真实货币和虚拟货币的区别。

五、发票开具

（1）根据《财政部 国家税务总局关于进一步明确全面推开营改增试点有关劳务派遣服务、收费公路通行费抵扣等政策的通知》（财税〔2016〕47 号）的规定，纳税人以经营租赁方式将土地出租给他人使用，按照不动产经营租赁服务缴纳增值税。

（2）出租不动产，纳税人自行开具或者税务机关代开增值税发票时，应在备注栏注明不动产的详细地址。

（3）其他个人出租土地使用权，购买方或承租方不属于其他个人的，纳税人可以向税务机关申请代开增值税专用发票，代开时需缴纳增值税。

（4）税务机关为跨县（市、区）提供土地使用权经营租赁服务小规模纳税人（不包括其他个人），代开增值税发票时，在发票备注栏中自动打印"YD"字样。

（5）无论是一般纳税人，还是小规模纳税人，转让 2016 年 4 月 30 日前取得的土地使用权，均可选择适用简易计税方法，按照 5% 的征收率计算缴纳增值税。计税口径为差额纳税，开票口径为全额开票。

【案例2-18】 甲公司为一般纳税人,于2016年1月从政府购入一块土地的使用权,购入价是1 000万元,目前作价1 300万元投资于乙公司,根据《财政部 国家税务总局关于进一步明确全面推开营改增试点有关劳务派遣服务、收费公路通行费抵扣等政策的通知》(财税〔2016〕47号)的规定,纳税人转让2016年4月30日前取得的土地使用权,可以选择适用简易计税方法,以取得的全部价款和价外费用减去取得该土地使用权的原价后的余额为销售额,按照5%的征收率计算缴纳增值税。现乙公司索取增值税专用发票,甲公司应就全额1 300万元,还是按差额200万元开具增值税专用发票?

由于《财政部 国家税务总局关于进一步明确全面推开营改增试点有关劳务派遣服务、收费公路通行费抵扣等政策的通知》(财税〔2016〕47号)仅规定纳税人转让2016年4月30日前取得的土地使用权,可以选择适用简易计税方法并同时适用差额征税政策,并未规定差额扣除部分不得开具增值税专用发票,因此,纳税人按上述规定享受差额征税的,可以全额开具增值税专用发票。本案中,甲公司如果选择简易计税,可按300万元差额计算缴纳增值税,1 300万元全额开具增值税专用发票。需要注意的是,对纳税人以2016年5月1日后取得的土地使用权对外转让的,没有可按5%简易计税并差额征税的规定,纳税人应按适用税率、征收率全额计算缴纳增值税。

六、优惠政策

(一) 免征增值税

(1) 个人转让著作权。

(2) 纳税人提供技术转让、技术开发和与之相关的技术咨询、技术服务。

技术转让、技术开发是指《销售服务、无形资产、不动产注释》中"转让技术""研发服务"范围内的业务活动。技术咨询是指就特定技术项目提供可行性论证、技术预测、专题技术调查、分析评价报告等业务活动。

与技术转让、技术开发相关的技术咨询、技术服务是指转让方(或者受托方)根据技术转让或者开发合同的规定,为帮助受让方(或者委托方)掌握所转让(或者委托开发)的技术,而提供的技术咨询、技术服务业务,且这部分技术咨询、技术服务的价款与技术转让或者技术开发的价款应当在同一张发票上开具。

备案程序:试点纳税人申请免征增值税时,须持技术转让、开发的书面合同,到纳税人所在地省级科技主管部门进行认定,并持有关的书面合同和科技主管部门审核意见证明文件报主管税务机关备查。

(3) 被撤销金融机构以无形资产清偿债务。被撤销金融机构是指经人民银行、银监会依法决定撤销的金融机构及其分设于各地的分支机构,包括被依法撤销的商业银行、信托投资公司、财务公司、金融租赁公司、城市信用社和农村信用社。除另有规定外,被撤销金融机构所属、附属企业,不享受被撤销金融机构增值税免税政策。

(4) 涉及家庭财产分割的个人无偿转让土地使用权。家庭财产分割包括下列情形:离婚财产分割;无偿赠与配偶、父母、子女、祖父母、外祖父母、孙子女、外孙子女、兄弟姐妹;无偿赠与对其承担直接抚养或者赡养义务的抚养人或者赡养人;房屋产权所有人死亡,法定继承人、遗嘱继承人或者受遗赠人依法取得房屋产权。

(5)土地所有者出让土地使用权和土地使用者将土地使用权归还给土地所有者。

(6)将土地使用权转让给农业生产者用于农业生产。

(7)采取转包、出租、互换、转让、入股等方式将承包地流转给农业生产者用于农业生产。

(8)将国有农用地出租给农业生产者用于农业生产。

(9)县级以上地方人民政府或自然资源行政主管部门出让、转让或收回自然资源使用权(不含土地使用权)。

(10)根据《财政部 国家税务总局关于租入固定资产进项税额抵扣等增值税政策的通知》(财税〔2017〕90号)的规定,自2016年5月1日起,社会团体收取的会费,免征增值税。社会团体是指依照国家有关法律法规设立或登记并取得《社会团体法人登记证书》的非营利法人。会费是指社会团体在国家法律法规、政策许可的范围内,依照社团章程的规定,收取的个人会员、单位会员和团体会员的会费。社会团体开展经营服务性活动取得的其他收入,一律照章缴纳增值税。

条文理解 会员费应按照"销售无形资产——其他权益性无形资产——会员权"缴纳增值税。

(11)按照《财政部 国家税务总局关于落实降低企业杠杆率税收支持政策的通知》(财税〔2016〕125号)的规定,在企业重组过程中,企业通过合并、分立、出售、置换等方式,将全部或者部分实物资产以及与其相关联的债权、负债和劳动力,一并转让给其他单位和个人,其中涉及的货物、不动产、土地使用权转让行为,符合规定的,不征收增值税。文件以正向列举把专利技术、知识产权等无形资产做了排除,因此,企业在资产重组中涉及的无形资产——专利技术和知识产权应该按照适用税率征收增值税。

(二)跨境应税行为适用增值税零税率和免税政策的规定

(1)境内的单位和个人向境外单位提供的完全在境外消费的转让技术,适用增值税零税率。

(2)境内的单位和个人向境外单位提供的完全在境外消费的无形资产免征增值税,但财政部和国家税务总局规定适用增值税零税率的除外。

(3)完全在境外消费是指无形资产完全在境外使用,且与境内的货物和不动产无关。

(4)境内单位和个人发生的与中国香港、中国澳门、中国台湾有关的应税行为参照上述规定执行。

第十节 销售不动产

根据《财政部 国家税务总局关于全面推开营业税改征增值税试点的通知》(财税

〔2016〕36号)、《国家税务总局关于发布〈纳税人转让不动产增值税征收管理暂行办法〉的公告》(国家税务总局公告2016年第14号,以下简称14号公告)及相关规定,对销售不动产增值税政策进行归纳梳理,并结合案例加深理解。本节政策适用于纳税人转让其取得的不动产,不适用房地产开发企业销售自行开发的房地产项目。

房地产开发企业销售自行开发的房地产项目的政策内容详见本章第五节。

一、征税范围

(1) 销售不动产是指转让不动产所有权的业务活动。不动产是指不能移动或者移动后会引起性质、形状改变的财产,包括建筑物、构筑物等。

建筑物包括住宅、商业营业用房、办公楼等可供居住、工作或者进行其他活动的建造物。

构筑物包括道路、桥梁、隧道、水坝等建造物。

转让建筑物有限产权或者永久使用权的,转让在建的建筑物或者构筑物所有权的,以及在转让建筑物或者构筑物时一并转让其所占土地的使用权的,按照销售不动产缴纳增值税。

条文理解

(1) 单独转让土地使用权属于销售无形资产——自然资源使用权范围,按照销售无形资产缴纳增值税。转让建筑物或者构筑物时一并转让其所占土地的使用权的,按照销售不动产缴纳增值税。

(2) 不动产范围广泛,不仅包括房屋、商铺、楼堂馆所,还包括路、桥、道、坝等。房屋,即建筑物,包括住宅、商业用房、办公楼、厂房等。住房是指住宅、居民用房。因此,不动产的概念大于房屋,房屋概念大于住房。现行优惠政策多是针对"住房"。

(3) 出售车位或储藏间,没有独立产权,按照实质重于形式的原则,如果购买方取得不动产的占有、使用、收益、分配等权力,仍应按照出售不动产处理。

(2) 取得的不动产,包括以直接购买、接受捐赠、接受投资入股、自建以及抵债等各种形式取得的不动产。

条文理解 取得的不动产是指纳税人销售权属登记在自己名下的不动产。纳税人销售还没有进行权属登记的不动产,即一手不动产,不属于取得的不动产。例如,某房地产开发企业将自行开发的房地产项目转为自有,办理产权登记,用于出租,之后对外销售,即属于"二手",应按照销售取得的不动产缴纳增值税。房地产开发企业销售尚未办理权属登记的、房地产开发项目的房产,应按照《房地产开发企业销售自行开发的房地产项目增值税征收管理暂行办法》征收增值税。

(3) 不征收增值税项目。

① 单位或者个人向其他单位或者个人无偿转让用于公益事业或者以社会公众为对象的无形资产或者不动产。

② 在资产重组过程中,通过合并、分立、出售、置换等方式,将全部或者部分实物资产以及与其相关联的债权、负债和劳动力一并转让给其他单位和个人,其中涉及的不动产、土地

使用权转让行为。

二、税率及征收率

销售不动产税率为9%，征收率为5%。

三、应纳税额的计算

（1）一般纳税人转让其取得的不动产，按照以下规定缴纳增值税：

① 一般纳税人转让其2016年4月30日前取得（不含自建）的不动产，可以选择适用简易计税方法计税，以取得的全部价款和价外费用扣除不动产购置原价或者取得不动产时的作价后的余额为销售额，按照5%的征收率计算应纳税额。

② 一般纳税人转让其2016年4月30日前自建的不动产，可以选择适用简易计税方法计税，以取得的全部价款和价外费用为销售额，按照5%的征收率计算应纳税额。

【案例2-19】 某公司为增值税一般纳税人，2019年8月将2016年4月30日前自建的一栋办公楼对外转让，取得价款1 050万元（含税），选择按简易计税方法计税。已知该办公楼的原值为850万元，该公司当月进项税额合计20万元，销售办公楼应缴纳的增值税＝1 050÷（1＋5%）×5%＝50（万元）。

③ 一般纳税人转让其2016年4月30日前取得及自建的不动产，选择适用一般计税方法计税的，以取得的全部价款和价外费用为销售额计算应纳税额。

④ 一般纳税人转让其2016年5月1日后取得及自建的不动产，适用一般计税方法，以取得的全部价款和价外费用为销售额计算应纳税额。

【案例2-20】 某厂家为增值税一般纳税人，2019年12月转让10年前购置的厂房，取得含税销售收入1 000万元，该办公楼购置原价为500万元（含税），购置时支付相关税费40万元，A企业选择按简易计税方法计税，其转让办公楼应缴纳的增值税＝（1 000－500）÷（1＋5%）×5%＝23.81（万元）。

⑤ 如果一般纳税人转让其2016年4月30日前取得（不含自建）的不动产，可以选择适用简易计税方法计税，以取得的全部价款和价外费用扣除不动产购置原价或者取得不动产时的作价后的余额为销售额，按照5%的征收率计算应纳税额。

（2）小规模纳税人转让其取得的不动产，除个人转让其购买的住房外，按照以下规定缴纳增值税：

① 小规模纳税人转让其取得（不含自建）的不动产，以取得的全部价款和价外费用扣除不动产购置原价或者取得不动产时的作价后的余额为销售额，按照5%的征收率计算应纳税额。

② 小规模纳税人转让其自建的不动产，以取得的全部价款和价外费用为销售额，按照5%的征收率计算应纳税额。

除其他个人之外的小规模纳税人，应按照本规定的计税方法向不动产所在地主管税务机关预缴税款,向机构所在地主管税务机关申报纳税;其他个人按照本条规定的计税方法向不动产所在地主管税务机关申报纳税。

条文理解 增值税一般纳税人转让营改增前取得或自建的不动产可以选择简易计税方法;小规模纳税人转让不动产适用简易计税方法;一般纳税人转让营改增后取得或自建的不动产适用一般计税方法。纳税人转让不动产应纳税额的计算,如表2-3所示。

表2-3 一般纳税人转让不动产换算表

获取方式	获取时间	计税方法	计算公式
非自建	2016年4月30日前(一般纳税人)	简易计税	应纳税额=(全部价款和价外费用-不动产购置原价或者取得不动产时的作价)÷(1+5%)×5%
	2016年4月30日前	一般计税	销项税额=全部价款和价外费用÷(1+9%)×9% 应纳税额=销项税额-进项税额
	2016年5月1日后		
自建	2016年4月30日前	简易计税	应纳税额=全部价款和价外费用÷(1+5%)×5%
	2016年4月30日前	一般计税	销项税额=全部价款和价外费用÷(1+9%)×9% 应纳税额=销项税额-进项税额
	2016年5月1日后		

(3) 个人转让其购买的住房,按照以下规定缴纳增值税:

① 原则规定。

A. 个人转让其购买的住房,按照有关规定全额缴纳增值税的,以取得的全部价款和价外费用为销售额,按照5%的征收率计算应纳税额。

B. 个人转让其购买的住房,按照有关规定差额缴纳增值税的,以取得的全部价款和价外费用扣除购买住房价款后的余额为销售额,按照5%的征收率计算应纳税额。

条文理解 个人转让住房政策与国家调控楼市相互关联,为达到调控目的,政策调整频率较高。为避免政策调整连带《纳税人转让不动产增值税征收管理暂行办法》反复修订,14号公告明确规定:一是按照有关规定全额缴纳增值税的,以取得的全部价款和价外费用为销售额,按照5%的征收率计算应纳税额。二是按照有关规定差额缴纳增值税的,以取得的全部价款和价外费用扣除购买住房价款后的余额为销售额,按照5%的征收率计算应纳税额。

② 具体规定。

个人将购买不足2年的住房对外销售的,按照5%的征收率全额缴纳增值税;个人将购买2年以上(含2年)的住房对外销售的,免征增值税。上述政策适用于北京市、上海市、广州市和深圳市之外的地区。

个人将购买不足2年的住房对外销售的,按照5%的征收率全额缴纳增值税;个人将购买2年以上(含2年)的非普通住房对外销售的,以销售收入减去购买住房价款后的差额按照5%的征收率缴纳增值税;个人将购买2年以上(含2年)的普通住房对外销售的,免征增值税。上述政策仅适用于北京市、上海市、广州市和深圳市。如表2-4所示。

表 2-4　个人转让其购买住房应纳税换算表

适用地区	房产类型	不足 2 年	2 年以上(含 2 年)
北京、上海广州、深圳	住房	应纳税额＝(全部价款和价外费用)÷(1＋5%)×5%	免征增值税
	非普通住宅		应纳税额＝(全部价款和价外费用－购买住房价款)÷(1＋5%)×5%
其他地区	住房		免征增值税

【案例 2-21】　2019 年 12 月,浙江省居民张某销售一套住房,取得含税收入 200 万元。该住房购置时间为 2018 年 8 月,购进时支付房款 150 万元,税费 5 万元。因该房产购买时间不足 2 年,应全额纳税。张某销售住房应缴纳增值税＝200÷(1＋5%)×5%＝9.52(万元)。

③《国家税务总局关于明确营改增试点若干征管问题的公告》(国家税务总局公告 2016 年第 26 号)第二条规定,个人转让住房,在 2016 年 4 月 30 日前已签订转让合同,2016 年 5 月 1 日以后办理产权变更事项的,应缴纳增值税,不缴纳营业税。

四、销售额的确定

(1)纳税人转让非自建不动产,按照 14 号公告规定应差额缴纳增值税的,销售额为以取得的全部价款和价外费用扣除不动产购置原价或者取得不动产时的作价后的余额为销售额,按照 5%的征收率计算应纳税额。

(2)扣减税款的凭证要求。

纳税人按规定从取得的全部价款和价外费用中扣除不动产购置原价或者取得不动产时的作价的,应当取得符合法律、行政法规和国家税务总局规定的合法有效凭证。否则,不得扣除。

上述凭证是指:

① 税务部门监制的发票。

② 法院判决书、裁定书、调解书,以及仲裁裁决书、公证债权文书。

③ 国家税务总局规定的其他凭证。

条文理解　扣除不动产购置原价或者取得不动产时的作价的凭证要求,基本平移原营业税政策的规定。纳税人适用差额计税政策时,应当取得符合法律、行政法规和国家税务总局规定的合法有效凭证,未能取得合法有效凭证的,不得享受差额计税政策,应就转让不动产取得的全部价款和价外费用,计算缴纳增值税。纳税人预缴税款或者申报纳税时,按规定从取得的全部价款和价外费用中扣除不动产购置原价或者取得不动产时的作价的,应出具合法有效凭证。如果不能提供或者提供的凭证不符合合法有效凭证的范畴,应全额计算缴纳或者预缴税款。

(3)无发票如何进行差额扣除。

根据《国家税务总局关于纳税人转让不动产缴纳增值税差额扣除有关问题的公告》(国

家税务总局公告 2016 年第 73 号)的规定,自 2016 年 11 月 24 日起,纳税人转让不动产,按照有关规定差额缴纳增值税的,如因丢失等原因无法提供取得不动产时的发票,可向税务机关提供其他能证明契税计税金额的完税凭证等资料,进行差额扣除。

纳税人以契税计税金额进行差额扣除的,按照下列公式计算增值税应纳税额:

① 2016 年 4 月 30 日及以前缴纳契税的。

$$\text{增值税应纳税额} = \left[\text{全部交易价格(含增值税)} - \text{契税计税金额(含营业税)}\right] \div (1 + 5\%) \times 5\%$$

② 2016 年 5 月 1 日及以后缴纳契税的。

$$\text{增值税应纳税额} = \left[\text{全部交易价格(含增值税)} \div (1 + 5\%) - \text{契税计税金额(不含增值税)}\right] \times 5\%$$

纳税人同时保留取得不动产时的发票和其他能证明契税计税金额的完税凭证等资料的,应当凭发票进行差额扣除。

(4) 不动产交易计税依据的确定。

根据《国家税务总局关于明确营业税改征增值税有关征管问题的通知》(税总函〔2016〕181 号)第二条的规定,当前在不动产交易税收征管中,税务机关依据政府认可的第三方做出的市场评估价格,建立二手房评估系统,判断纳税人申报的成交价格是否明显偏低,杜绝"阴阳"合同,堵塞征管漏洞。营改增后,税务机关在核定计税价格工作中,应继续沿用原二手房评估系统。当纳税人申报的不动产交易成交价格明显偏低时,应首先利用二手房评估系统核定计税价格,在双方有争议无法协调时,再参照第三方中介做出的市场评估价格进行确定。

五、预缴税款

(1) 个体工商户应按照规定的计税方法向不动产所在地主管税务机关预缴税款,向机构所在地主管税务机关申报纳税;其他个人应按照规定的计税方法向不动产所在地主管税务机关申报纳税。

(2) 其他个人以外的纳税人转让其取得的不动产,区分以下情形计算应向不动产所在地主管税务机关预缴的税款,如表 2-5 所示。

① 以转让不动产取得的全部价款和价外费用作为预缴税款计算依据的,计算公式为:

$$\text{应预缴税款} = \text{全部价款和价外费用} \div (1 + 5\%) \times 5\%$$

② 以转让不动产取得的全部价款和价外费用扣除不动产购置原价或者取得不动产时的作价后的余额作为预缴税款计算依据的,计算公式为:

$$\text{应预缴税款} = \left(\text{全部价款和价外费用} - \text{不动产购置原价或者取得不动产时的作价}\right) \div (1 + 5\%) \times 5\%$$

表 2-5 预缴税款换算表

计税方式	获取时间	取得方式	预缴税款计算	销售额	税率/征收率
简易计税	2016 年 4 月 30 日前	自建	应预缴税款＝全部价款和价外费用÷(1＋5%)×5%	以取得的全部价款和价外费用为销售额	5%
		非自建	应预缴税款＝(全部价款和价外费用－不动产购置原价或者取得不动产时的作价)÷(1＋5%)×5%	以取得的全部价款和价外费用扣除不动产购置原价或者取得不动产时的作价后的余额为销售额	
一般计税	不限	自建	应预缴税款＝全部价款和价外费用÷(1＋5%)×5%	以取得的全部价款和价外费用为销售额	9%
		非自建	应预缴税款＝(全部价款和价外费用－不动产购置原价或者取得不动产时的作价)÷(1＋5%)×5%		

条文理解

(1) 其他个人,即自然人不需要预缴,直接在不动产所在地主管税务机关缴纳增值税。

(2) 除其他个人以外的纳税人,也就是单位和个体工商户,应按照上述计税方法向不动产所在地主管税务机关预缴税款,向机构所在地主管税务机关申报纳税。

(3) 同样转让不动产,房地产开发企业和非房地产开发企业在预缴增值税的换算上有很大不同。房地产开发企业转让不动产预缴税款时,销售额的不含税换算适用一般计税方法计税的,按照适用税率换算;适用简易计税方法的,按照 5% 换算。而非房地产开发企业,无论是一般纳税人还是小规模纳税人,预缴税款时,均按照 5% 征收率进行换算,同时也不区分纳税人是适用一般计税方法还是简易计税方法。如表 2-6 所示。

表 2-6 转让不动产区分表

	房地产开发企业销售自行开发的房地产项目	其他个人以外的纳税人转让其取得的不动产
政策依据	《国家税务总局关于发布〈房地产开发企业销售自行开发的房地产项目增值税征收管理暂行办法〉的公告》(国家税务总局公告 2016 年第 18 号)	《国家税务总局关于发布〈纳税人转让不动产增值税征收管理暂行办法〉的公告》(国家税务总局公告 2016 年第 14 号)
预缴环节	收到预收款时	转让完成时
预缴计算	一般计税方法: 应预缴的税款＝预收款÷(1＋适用税率)×3% 简易计税方法: 应预缴的税款＝预收款÷(1＋征收率)×3%	全额预缴:自建 应预缴税款＝全部价款和价外费用÷(1＋5%)×5% 差额预缴:其他方式取得 应预缴税款＝(全部价款和价外费用－不动产购置原价或者取得不动产时的作价)÷(1＋5%)×5%

【案例 2-22】 A公司为甲地级市纳税人,2010年认定为增值税一般纳税人。2019年12月A公司销售地处乙地级市的房产一套,取得含税收入500万元,该房产2017年购置原价为400万元(含税),取得增值税专用发票。该项目适用一般计税方法缴纳增值税。该公司应在乙市预缴增值税=(500−400)÷(1+5%)×5%=4.76(万元)。

【案例 2-23】 某个体工商户为增值税小规模纳税人,2019年5月转让其购置的店面,取得含税收入200万元。该店面购置原价190万元(含税)。假设该个体工商户当月未发生其他销售行为,当月应在不动产所在地预缴增值税多少万元?

根据《国家税务总局关于发布〈纳税人转让不动产增值税征收管理暂行办法〉的公告》(国家税务总局公告2016年第14号)的规定,小规模纳税人转让其取得(不含自建)的不动产,以取得的全部价款和价外费用扣除不动产购置原价或者取得不动产时的作价后的余额为销售额,按照5%的征收率计算应纳税额。同时,根据《国家税务总局关于小规模纳税人免征增值税政策有关征管问题的公告》(国家税务总局公告2019年第4号)的规定,按照现行规定应当预缴增值税税款的小规模纳税人,凡在预缴地实现的月销售额未超过10万元的,当期无须预缴税款。因此,该个体工商户取得的全部销售额扣除不动产购置原价后,差额为10万元,可以享受小微企业免征增值税政策,在不动产所在地不需预缴增值税。

(3)纳税人转让其取得的不动产,向不动产所在地主管税务机关预缴的增值税税款,可以在当期增值税应纳税额中抵减,抵减不完的,结转下期继续抵减。纳税人以预缴税款抵减应纳税额,应以完税凭证作为合法有效凭证。

条文理解 上述纳税人,指除其他个人以外的纳税人,即单位和个体工商户,需要回机构所在地,就其全部经营业务向主管税务机关申报纳税。除其他个人以外的纳税人,当期销售不动产,在不动产所在地主管税务机关预缴税款后,回机构所在地向主管税务机关申报纳税时,可以在增值税应纳税额中,抵减在不动产所在地税务机关已经预缴的税款,若当期未能抵减完,则可以结转下期继续抵减;纳税人在不动产所在地税务机关预缴税款后,应取得并妥善保管完税凭证(注明有增值税),以完税凭证作为抵减应纳税额的合法有效凭证。

(4)纳税人转让不动产,应向不动产所在地主管税务机关预缴税款而自应当预缴之月起超过6个月没有预缴税款的,由机构所在地主管税务机关按照《税收征收管理法》及相关规定进行处理。

纳税人转让不动产,未按照规定缴纳税款的,由主管税务机关按照《税收征收管理法》及相关规定进行处理。

(5)一般纳税人跨省(自治区、直辖市或者计划单列市)销售取得的与机构所在地不在同一省(自治区、直辖市或者计划单列市)的不动产,在机构所在地申报纳税时,计算的应纳税额小于已预缴税额,且差额较大的,由国家税务总局通知不动产所在地省级税务机关,在一定时期内暂停预缴增值税。

六、纳税义务发生时间

(1)纳税人销售不动产过程中或完成后收到款项的当天;书面合同确定的付款日期;未

签订付款日期的为不动产权属变更的当天。

（2）先开具发票的为开具发票的当天。

（3）视同销售不动产的为不动产权属变更的当天。

七、发票开具

（1）销售不动产,纳税人自行开具或者税务机关代开增值税发票时,应在发票"货物或应税劳务、服务名称"栏填写不动产名称及房屋产权证书号码（无房屋产权证书的可不填写）,"单位"栏填写面积单位,备注栏注明不动产的详细地址。

（2）一般纳税人和小规模纳税人转让不动产适用差额征税的,税款差额缴纳、发票全额开具。

（3）国地税合并之前,纳税人在地税机关已申报营业税未开具发票,2016年5月1日以后需要补开发票的,可按发票升级版《商品和服务税收分类与编码》603"已申报缴纳营业税未开票补开票"开具增值税普通发票,发票税率栏应填写"不征税",不得开具增值税专用发票。

八、免征增值税项目

（1）个人将购买2年以上（含2年）的住房（北、上、广、深为普通住房）对外销售。

（2）个人销售自建自用住房。

（3）为了配合国家住房制度改革,企业、行政事业单位按房改成本价、标准价出售住房取得的收入。

（4）涉及家庭财产分割的个人无偿转让不动产、土地使用权。

家庭财产分割包括下列情形:离婚财产分割;无偿赠与配偶、父母、子女、祖父母、外祖父母、孙子女、外孙子女、兄弟姐妹;无偿赠与对其承担直接抚养或者赡养义务的抚养人或者赡养人;房屋产权所有人死亡,法定继承人、遗嘱继承人或者受遗赠人依法取得房屋产权。

纳税人办理无偿赠与或受赠不动产免征增值税的手续,按照《国家税务总局关于进一步简化和规范个人无偿赠与或受赠不动产免征营业税、个人所得税所需证明资料的公告》（国家税务总局公告2015年第75号,以下简称75号公告）的规定执行。75号公告第一条第（四）项第二目"经公证的能够证明有权继承或接受遗赠的证明资料原件及复印件",修改为"有权继承或接受遗赠的证明资料原件及复印件"。

条文理解 为减轻纳税人负担,75号公告明确规定,纳税人继承或接受遗赠房屋产权,在办理免征增值税手续时不再要求提供经公证的证明资料。

（5）被撤销金融机构以货物、不动产、无形资产、有价证券、票据等财产清偿债务。

被撤销金融机构是指经人民银行、银监会依法决定撤销的金融机构及其分设于各地的分支机构,包括被依法撤销的商业银行、信托投资公司、财务公司、金融租赁公司、城市信用社和农村信用社。除另有规定外,被撤销金融机构所属、附属企业,不享受被撤销金融机构增值税免税政策。

第三章 减税降费增值税优惠政策

深化增值税改革是 2019 年实施更大规模减税降费的"重头戏",是国家减轻企业负担、激发市场活力的重大举措,是完善税制改革、优化收入分配格局的重要体现。本章主要介绍了降低增值税税率、扩大抵扣范围、加计抵减政策和试行留抵退税制度等内容,其中,降低增值税税率和扩大抵扣范围的内容详见第一章"增值税概述与基本要素",本章不再赘述。

第一节 加计抵减政策

2019 年深化增值税改革,将制造业等行业 16％的税率降至 13％,将交通运输业、建筑业等行业 10％的税率降至 9％,使主要行业的税负明显降低;并且保持 6％一档的税率不变。同时通过采取对生产、生活性服务业进行加计抵减等配套措施,确保所有行业税负只减不增。加计抵减政策是为配合增值税税率下调而出台的一项全新的优惠政策。

一、政策规定

根据《财政部 税务总局 海关总署关于深化增值税改革有关政策的公告》(财政部 税务总局 海关总署公告 2019 年第 39 号,以下简称 2019 年第 39 号公告)的规定,自 2019 年 4 月 1 日至 2021 年 12 月 31 日,允许生产、生活性服务业纳税人按照当期可抵扣进项税额加计 10％,抵减应纳税额(以下简称加计抵减政策)。

随后,《财政部 税务总局关于明确生活性服务业增值税加计抵减政策的公告》(财政部 税务总局公告 2019 年第 87 号,以下简称 2019 年第 87 号公告)规定,自 2019 年 10 月 1 日至 2021 年 12 月 31 日,允许生活性服务业纳税人按照当期可抵扣进项税额加计 15％,抵减应纳税额(按 15％加计抵减的具体内容此处不在表述,详见本节"六、生活性服务业加计抵减"部分,以下只对可抵扣进项税额加计 10％情形进行介绍)。

两个加计抵减政策的对比,如表 3-1 所示。

表 3-1 2019 年第 39 号公告与 2019 年第 87 号公告加计抵减政策对比

内容	2019 年第 39 号公告	2019 年第 87 号公告
加计抵减税率	10％	15％
执行时间	2019 年 4 月 1 日至 2021 年 12 月 31 日	2019 年 10 月 1 日至 2021 年 12 月 31 日
适用范围	生产、生活性服务业纳税人	生活性服务业纳税人
具体范围	邮政服务、电信服务、现代服务、生活服务销售额占全部销售额的比重超过 50％	生活服务销售额占全部销售额的比重超过 50％

条文理解 对于加计抵减政策的理解,应当把握以下四点:一是加计抵减,简单来说,就是允许特定的纳税人按照当期可抵扣进项税额的 10%(生活性服务 15%)计算出一个抵减额,专用于抵减纳税人一般计税方法计算的应纳税额;二是加计抵减额不是进项税额,应当与进项税额分开核算;三是加计抵减政策作为一项阶段性税收优惠,执行期限为 2019 年 4 月 1 日至 2021 年 12 月 31 日,这里的执行期是指税款所属期;三是"加计抵减政策执行到期"指的是 2021 年 12 月 31 日,即只要在 2021 年年底前,纳税人结余的加计抵减额可以连续抵减。政策执行到期后,纳税人不再计提加计抵减额,结余的加计抵减额停止抵减应纳税额。

二、适用主体

(1) 生产、生活性服务业纳税人是指提供邮政服务、电信服务、现代服务、生活服务(以下简称四项服务)取得的销售额占全部销售额的比重超过 50% 的纳税人。四项服务的具体范围按照《销售服务、无形资产、不动产注释》(财税〔2016〕36 号印发)执行。四项服务具体范围见第一章"增值税概述与基本要素"。

条文理解 一是加计抵减政策只适用于一般纳税人采用一般计税方法计算的应纳增值税税额抵减。小规模纳税人即使四项服务销售额占比超过 50%,也不能适用加计抵减政策。同时,也不适用于一般纳税人采用简易计税方法计算的应纳增值税税额。二是四项服务销售额是指四项服务销售额的合计数。销售额中包括申报销售额、稽查查补销售额、纳税评估销售额。差额计税,应按照差额后销售额参与计算。在计算销售占比时,不需要剔除出口销售额,不需要剔除简易、免税的销售额。

(2) 2019 年 3 月 31 日前设立的纳税人,自 2018 年 4 月至 2019 年 3 月的销售额(经营期不满 12 个月的,按照实际经营期的销售额)符合上述规定条件的,自 2019 年 4 月 1 日起适用加计抵减政策。

2019 年 4 月 1 日后设立的纳税人,自设立之日起 3 个月的销售额符合上述规定条件的,自登记为一般纳税人之日起适用加计抵减政策。

确定计算区间内的全部销售额时,不仅包括登记为一般纳税人以后的销售额,还包括计算区间内小规模纳税人期间的销售额。

条文理解 关于销售额占比的计算区间,应对 2019 年 4 月 1 日之前和 4 月 1 日之后设立的新老纳税人分别处理。

【案例 3-1】 假设 A 企业为增值税一般纳税人,2019 年 4 月 1 日前成立,以 2018 年 4 月至 2019 年 3 月四项服务取得的销售额占实际经营期销售额的比重是否超过 50% 判断,经营期不满 12 个月的,以实际经营期的销售额计算;A 企业 2019 年 4 月 1 日以后成立,成立后的前 3 个月暂不适用加计抵减政策,待满 3 个月,再以这 3 个月的四项服务销售额比重是否超过 50% 判断,如超过 50%,可以自第 4 个月开始适用加计抵减政策,此前未计提加计抵减额的 3 个月,可按规定补充计提加计抵减额。

假设某纳税人在 2019 年 4 月设立,2019 年 5 月登记为增值税一般纳税人,其有效期起为 2019 年 5 月 1 日,2019 年 6 月满 3 个月后符合条件,则自 2019 年 5 月 1 日起适用加计抵减政策,并在确定适用加计抵减政策时,一并计提 5~6 月的加计抵减额。

再假设某纳税人 2019 年 4 月设立并登记一般纳税人,一直处于零申报状态。2019 年 8 月首次取得销售,8~10 月累计销售额符合条件,则自 2019 年 4 月起适用加计抵减政策,并在确定适用加计抵减政策时,一并计提 4~10 月的加计抵减额。

【案例 3-2】 A 公司于 2018 年 1 月成立,2018 年 9 月登记为一般纳税人,按照规定,2019 年 3 月 31 日前设立的纳税人,以 2018 年 4 月至 2019 年 3 月的销售额判断是否适用加计抵减政策。在计算四项服务销售额占比时,该公司自 2018 年 4 月开始计算,属于小规模纳税人期间的销售额也应参与计算。

(3)加计抵减其他规定。

纳税人确定适用加计抵减政策后,当年内不再调整,以后年度是否适用,根据上年度销售额计算确定。

纳税人可计提但未计提的加计抵减额,可在确定适用加计抵减政策当期一并计提。

条文理解 一是纳税人确定适用加计抵减政策后,一个会计年度内不再调整。2020 年和 2021 年是否延续适用,根据上年度销售额计算确定。

二是如果纳税人满足加计抵减条件,但因各种原因并未及时计提加计抵减额,允许纳税人在此后补充计提,补充计提的加计抵减额不再追溯抵减和调整前期的应纳税额,但可抵减以后期间的应纳税额。即纳税人可计提但未计提的加计抵减额,可在确定适用加计抵减政策当期一并计提。为简化核算,纳税人应在确定适用加计抵减政策的当期一次性将可计提但未计提的加计抵减额一并计提,不再调整以前的申报表。

三、计算方法

纳税人应按照当期可抵扣进项税额的 10% 计提当期加计抵减额。按照现行规定不得从销项税额中抵扣的进项税额,不得计提加计抵减额;已计提加计抵减额的进项税额,按规定作进项税额转出的,应在进项税额转出当期,相应调减加计抵减额。计算公式如下:

$$当期计提加计抵减额 = 当期可抵扣进项税额 \times 10\%$$

$$当期可抵减加计抵减额 = 上期末加计抵减额余额 + 当期计提加计抵减额 - 当期调减加计抵减额$$

(1)加计抵减政策仅适用于国内环节,计算公式中的"当期可抵扣进项税额",是剔除出口业务对应的进项税额。

纳税人出口货物劳务、发生跨境应税行为不适用加计抵减政策,其对应的进项税额不得计提加计抵减额。

纳税人兼营出口货物劳务、发生跨境应税行为且无法划分不得计提加计抵减额的进项

税额,按照以下公式计算:

$$不得计提加计抵减额的进项税额 = 当期无法划分的全部进项税额 \times \frac{当期出口货物劳务和发生跨境应税行为的销售额}{当期全部销售额}$$

（2）如果发生进项税额转出,在进项税额转出的同时,此前相应计提的加计抵减额也要同步调减。

（3）纳税人应单独核算加计抵减额的计提、抵减、调减、结余等变动情况。骗取适用加计抵减政策或虚增加计抵减额的,按照《税收征收管理法》等有关规定处理。

（4）加计抵减政策执行到期后,纳税人不再计提加计抵减额,结余的加计抵减额停止抵减。

条文理解 一般纳税人可抵扣进项税额10%计提当期的加计抵减额,不是按专用发票认证结果中体现的进项税额计算。按照现行规定不得从销项税额中抵扣的进项税额,不得计提加计抵减额;已计提加计抵减额的进项税额,按规定作进项税额转出的,应在进项税额转出当期,相应调减加计抵减额。

四、抵减方法

纳税人应按照现行规定计算一般计税方法下的应纳税额（以下简称抵减前的应纳税额）后,区分以下情形加计抵减:

（1）抵减前的应纳税额等于零的,当期可抵减加计抵减额全部结转下期抵减。

（2）抵减前的应纳税额大于零,且大于当期可抵减加计抵减额的,当期可抵减加计抵减额全额从抵减前的应纳税额中抵减。

（3）抵减前的应纳税额大于零,且小于或等于当期可抵减加计抵减额的,以当期可抵减加计抵减额抵减应纳税额至零。未抵减完的当期可抵减加计抵减额,结转下期继续抵减。

【案例3-3】 A综合性酒店为增值税一般纳税人,适用加计抵减政策。2019年7月,一般计税项目销项税额为120万元,进项税额100万元,上期留抵税额10万元,上期结转的加计抵减额余额5万元;简易计税项目销售额100万元（不含税价）,征收率3%。此外无其他涉税事项。该酒店7月该如何计算缴纳增值税?

（1）计算一般计税项目:

抵减前的应纳税额＝120－100－10＝10（万元）。

计算当期可抵减加计抵减额＝100×10%＋5＝15（万元）。

确定抵减后的应纳税额＝10－10＝0（万元）。

加计抵减额余额＝15－10＝5（万元）。

（2）简易计税项目:应纳税额＝100×3%＝3（万元）。

（3）应纳税额合计:一般计税项目应纳税额＋简易计税项目应纳税额＝0＋3＝3（万元）。

五、声明填报

《国家税务总局关于深化增值税改革有关事项的公告》(国家税务总局公告 2019 年第 14 号)第八条规定,按照《财政部 税务总局 海关总署关于深化增值税改革有关政策的公告》(财政部 税务总局 海关总署公告 2019 年第 39 号)的规定,适用加计抵减政策的生产、生活性服务业纳税人,应在年度首次确认适用加计抵减政策时,通过电子税务局(或前往办税服务厅)提交《适用加计抵减政策的声明》(以下简称《声明》)。适用加计抵减政策的纳税人,同时兼营邮政服务、电信服务、现代服务、生活服务的,应按照四项服务中收入占比最高的业务在《声明》中勾选确定所属行业。

条文理解 一是纳税人自主判断、自主申报、自主享受;二是对于申请享受加计抵减政策的纳税人,需要就适用政策做出声明,并在年度首次确认适用时,提交《声明》;三是 2019 年提交《声明》并享受加计抵减政策的纳税人,如果在以后年度仍适用加计抵减政策,需要按年度再次提交新的《声明》。四是纳税人可以补充提交《声明》,并适用加计抵减政策。

六、生活性服务业加计抵减

按照《财政部 税务总局关于明确生活性服务业增值税加计抵减政策的公告》(财政部 税务总局公告 2019 年第 87 号,以下简称 2019 年第 87 号公告)的规定,自 2019 年 10 月 1 日至 2021 年 12 月 31 日,允许生活性服务业纳税人按照当期可抵扣进项税额加计 15%,抵减应纳税额(以下简称加计抵减 15%政策)。

(1) 2019 年第 87 号公告所称生活性服务业纳税人,是指提供生活服务取得的销售额占全部销售额的比重超过 50%的纳税人。生活服务的具体范围按照《销售服务、无形资产、不动产注释》(财税〔2016〕36 号印发)的规定执行。

生活服务具体范围见第一章"增值税概述与基本要素"。

(2) 2019 年 9 月 30 日前设立的纳税人,自 2018 年 10 月至 2019 年 9 月的销售额(经营期不满 12 个月的,按照实际经营期的销售额)符合上述规定条件的,自 2019 年 10 月 1 日起适用加计抵减 15%政策。

2019 年 10 月 1 日后设立的纳税人,自设立之日起 3 个月的销售额符合上述规定条件的,自登记为一般纳税人之日起适用加计抵减 15%政策。

纳税人确定适用加计抵减 15%政策后,当年内不再调整,以后年度是否适用,根据上年度销售额计算确定。

(3) 生活性服务业纳税人应按照当期可抵扣进项税额的 15%计提当期加计抵减额。如果属于政策规定的不得从销项税额中抵扣的进项税额,不得计提加计抵减额;如果已按照 15%计提加计抵减额的进项税额,应作进项税额转出,并在进项税额转出当期,相应调减加计抵减额。其计算公式如下:

$$当期计提加计抵减额 = 当期可抵扣进项税额 \times 15\%$$

$$\begin{matrix} 当期可抵减加 \\ 计抵减额 \end{matrix} = \begin{matrix} 上期末加计 \\ 抵减额余额 \end{matrix} + \begin{matrix} 当期计提加 \\ 计抵减额 \end{matrix} - \begin{matrix} 当期调减加 \\ 计抵减额 \end{matrix}$$

（4）纳税人适用加计抵减政策的其他有关事项，按照《财政部 税务总局 海关总署关于深化增值税改革有关政策的公告》（财政部 税务总局 海关总署公告 2019 年第 39 号）等有关规定执行。

七、财务处理

根据财政部发布的《关于深化增值税改革有关政策的公告》适用《增值税会计处理规定》有关问题的解读，生产、生活性服务业纳税人取得资产或接受劳务时，应当按照《增值税会计处理规定》（财会〔2016〕22 号印发）的相关规定对增值税相关业务进行会计处理；实际缴纳增值税时，按应纳税额借记"应交税费——未交增值税"等科目，按实际纳税金额贷记"银行存款"科目，按加计抵减的金额贷记"其他收益"科目。

【案例 3-4】 某酒店当期应纳税额为 130 000 元，当期应计提的加计抵减额为 100 000 元，当期实际缴纳增值税税额为 30 000 元（130 000－100 000）。则该酒店在实际缴纳增值税时，应按应纳税额借记"应交税费——未交增值税"等科目，按实际纳税金额贷记"银行存款"科目，按加计抵减的全额贷记"其他收益"科目。

具体账务处理如下：

借：应交税费——未交增值税 　　　　　　　　　　　　　　　　　130 000
　　贷：银行存款 　　　　　　　　　　　　　　　　　　　　　　　30 000
　　　　其他收益 　　　　　　　　　　　　　　　　　　　　　　　100 000

第二节　增值税留抵退税政策

增值税留抵税额是纳税人已支付但尚未抵扣完的进项税额。在我国，增值税进项税额一直实行留抵税额结转下期抵扣制度，仅对于出口货物劳务服务对应的进项税额实行出口退税政策。随着营改增的全面推开，增值税进项抵扣的范围不断扩大，纳税人的增值税留抵税额呈现总量越来越大、涉及纳税人的经济利益越来越多，各界对增值税留抵退税制度的呼声也越来越大。为贯彻落实党中央、国务院的决策部署，推进增值税实质性减税，财政部、国家税务总局和海关总署三部门联合发布的《财政部 税务总局 海关总署关于深化增值税改革有关政策的公告》（财政部 税务总局 海关总署公告 2019 年第 39 号）规定，自 2019 年 4 月 1 日起，试行增值税期末留抵税额退税制度。

一、政策规定

自 2019 年 4 月 1 日起，试行增值税期末留抵税额退税制度。

(一) 退税条件

同时符合以下条件的纳税人,可以向主管税务机关申请退还增量留抵税额:

(1) 自2019年4月税款所属期起,连续6个月(按季纳税的,连续两个季度)增量留抵税额均大于零,且第6个月增量留抵税额不低于50万元。

条文理解 这一条件的设定相当于设置了一个退税门槛。理解这一条件,需要注意以下几点:

一是增量留抵税额。增量留抵税额是指与2019年3月底相比新增加的期末留抵税额。即将纳税人2019年3月底的留抵税额时点数固定设为存量留抵,之后每个月所产生的增量留抵,都与2019年3月底的留抵相比而新增加的留抵税额。

二是"自2019年4月税款所属期起,连续6个月"是指最早满足连续6个月的情形,是2019年4月至9月的连续6个月。但连续6个月并不一定从2019年4月开始算,可以从4月以后的任何一个月开始计算连续6个月,比如5月到10月,6月到11月等。

三是按季纳税的执行口径与按月纳税的纳税人一样,只不过计算区间不是连续6个月,而是连续两个季度。

(2) 纳税信用等级为A级或者B级。

(3) 申请退税前36个月未发生骗取留抵退税、出口退税或虚开增值税专用发票情形的。

(4) 申请退税前36个月未因偷税被税务机关处罚两次及以上的。

(5) 自2019年4月1日起未享受即征即退、先征后返(退)政策的。

条文理解 出于防范留抵退税风险的考虑,未享受过即征即退、先征后返或先征后退政策的这项条件是按照纳税主体而不是按照即征即退项目来限制的。只要享受过上述优惠政策的纳税人,其一般计税项目的留抵不允许退税,即纳税人必须在享受增值税即征即退、先征后返(退)政策与留抵税额退税之间做出取舍。因为纳税人获得了留抵税额退税,进项税额留抵数减少,意味着下期的应交增值税增加,如果再享受一次即征即退、先征后返(退)政策,就产生重复退税。

(二) 退税额的计算

纳税人当期允许退还的增量留抵税额,按照以下公式计算:

$$允许退还的增量留抵税额 = 增量留抵税额 \times 进项构成比例 \times 60\%$$

进项构成比例,为2019年4月至申请退税前一税款所属期内已抵扣的增值税专用发票(含税控机动车销售统一发票)、海关进口增值税专用缴款书、解缴税款完税凭证注明的增值税税额占同期全部已抵扣进项税额的比重。但注意疫情期间,对疫情防控重点保障物质生产企业全额退还增值税增量留抵税额,这与一般性企业退税不同,具体详见本章第四节"支持防控疫情增值税优惠政策"。

条文理解 计算留抵退税时,允许退还的增量留抵税额 = 增量留抵税额×进项构成比例×60%。对于纳税人前期待抵扣的不动产进项税额,在4月1日后可以一次性转入,在转入当期,这部分进项税额视同取得增值税专用发票的进项税额,参与"进项构成比例"的计算。不动产40%待抵扣进项税额构成"进项构成比例"计算中分子、分母的一部分。

【案例3-5】 A公司为增值税一般纳税人,2019年3月期末留抵税额为40万元。2019年4~9月取得增值税专用发票、机动车销售统一发票、海关进口增值税专用缴款书、解缴税款完税凭证抵扣进项50万元,取得农产品收购发票、通行费发票、旅客运输票据抵扣进项30万元,不动产40%待抵扣进项税额尚有余额20万元,于本期转入进项税额。9月期末留抵税额140万元,则10月纳税申报期内,该公司可向主管税务机关申请退还留抵税额为(140−40)×[(50+20)÷(50+30+20)]×60%=42(万元)。其中,农产品进项、不动产40%待抵扣进项税额等都计入增量留抵。进项构成比例公式中,农产品进项只计入分母、不计入分子,不动产40%待抵扣进项税额同时计入分子、分母。

(三) 退税程序

1. 申请退税时间

纳税人应在增值税纳税申报期内,向主管税务机关申请退还留抵税额。

条文理解 纳税人满足退税条件后,应在纳税申报期内,向主管税务机关申请退还留抵税额。由于政策设置了连续6个月增量留抵的条件,因此,2019年10月是符合退税条件的纳税人提出退税申请的首个期间。

纳税人申请办理留抵退税的,应在符合留抵退税条件次月起的申报期内,完成本期留抵退税申报,并通过电子税务局或办税服务厅提交《国家税务总局关于国内旅客运输服务进项税抵扣等增值税征管问题的公告》(国家税务总局公告2019年第31号)附件1《退(抵)税申请表》。

税务机关按照"窗口受理、内部流转、限时办结、窗口出件"的原则办理留抵退税。10个工作日内完成审核,符合留抵退税条件的,办理留抵退税。对不符合留抵退税条件的,不予办理留抵退税。在涉税风险疑点等情形排除且相关事项处理完毕之日起5个工作日内完成退税审核,并出具《税务事项通知书》。

2. 留抵退税和出口退税的衔接

纳税人出口货物劳务、发生跨境应税行为,适用免抵退税办法的,在办理免抵退税后,仍符合《财政部 税务总局 海关总署关于深化增值税改革有关政策的公告》(财政部 税务总局 海关总署公告2019年第39号)规定条件的,可以申请退还留抵税额;适用免退税办法的,相关进项税额不得用于退还留抵税额。

条文理解 当纳税人既有内销业务,又有出口业务时,出口退税和留抵退税制度需要进行有效衔接。具体来说,纳税人出口货物劳务、发生跨境应税行为,适用免抵退税办法的,可以在同一申报期内,既申报免抵退税又申请办理留抵退税。申请办理留抵退税的纳税人,出口货物劳务、跨境应税行为适用免抵退税办法的,应当按期申报免抵退税。当期可申报免抵退税的出口销售额为零的,应办理免抵退税零申报。纳税人既申报免抵退税又申请办理留抵退税的,税务机关应先办理免抵退税。办理免抵退税后,纳税人仍符合留抵退税条件的,再办理留抵退税。即应待税务机关核准免抵退税应退税额后,按最近一期《增值税纳税申报表(一般纳税人适用)》期末留抵税额,扣减税务机关核准的免抵退税应退税额后的余额确定允许退还的增量留抵税额。

出口退税管理部门核准的免抵退税应退税额,是指出口退税管理部门当期已核准,但纳税人尚未在《增值税纳税申报表》主表第15栏"免、抵、退应退税额"中填列申报的退税额。

如果是适用免退税办法的外贸企业,由于其进项税额要求内销和出口分别核算,出口退税退的是出口货物的进项税额。因此,应将这类纳税人的出口和内销分开处理,其出口退税所对应的进项税额均不得用于留抵退税;内销业务的留抵税额如果符合留抵退税条件,可就其内销业务按相关规定申请留抵退税。

3. 留抵退税和抵减欠税的衔接

纳税人既有增值税欠税,又有期末留抵税额的,按最近一期《增值税纳税申报表(一般纳税人适用)》期末留抵税额,抵减增值税欠税后的余额确定允许退还的增量留抵税额。

(四) 留抵退税的后续操作

(1)纳税人取得留抵退税款后,应及时调减当期留抵税额,否则,会造成重复退税。纳税人应在收到税务机关准予留抵退税的《税务事项通知书》当期,以税务机关核准的允许退还的增量留抵税额冲减期末留抵税额,并在办理增值税纳税申报时,相应填写《增值税纳税申报表附列资料(二)(本期进项税额明细)》第22栏"上期留抵税额退税"。

(2)纳税人再次申请留抵退税,需重新满足退税条件(限制退税频次)。在完成退税后,纳税人如果再次满足退税条件,可继续按规定申请留抵退税。再次申请留抵退税时,连续6个月计算区间,不得重复计算,即不能和上一次申请退税的计算区间重复。纳税人可将收到退税月份作为起始月,再往后连续计算6个月来看增量留抵税额的情况。

【**案例3-6**】 A企业为增值税一般纳税人,在2019年10月纳税申报期内,向主管税务机关申请退还留抵税额42万元。如果在10月收到税务机关准予留抵退税的《税务事项通知书》,则该企业应冲减10月的期末留抵税额42万元。此后,纳税人应将所属期10月作为起始月,再往后连续计算6个月的增量留抵税额情况,如再次满足下次留抵退税的条件,可继续按规定申请留抵退税。

(3)纳税人以虚增进项、虚假申报或其他欺骗手段骗取留抵退税的,由税务机关追缴其骗取的退税款,并按照《税收征收管理法》等有关规定处理。

二、先进制造业增值税期末留抵退税

为进一步推进制造业高质量发展,2019年9月4日,财政部和国家税务总局发布《财政部　税务总局关于明确部分先进制造业增值税期末留抵退税政策的公告》(财政部　税务总局公告2019年第84号),在《财政部　税务总局　海关总署关于深化增值税改革有关政策的公告》（财政部　税务总局　海关总署公告 2019 年第 39 号）规定"自 2019 年 4 月 1 日起,试行增值税期末留抵税额退税制度"的基础上,进一步放宽了部分先进制造业留抵税额退税的条件,对退税的计算比例不再设限,这将对相关行业的生产投资起到激励作用。

（1）退税条件。

自 2019 年 6 月 1 日起,同时符合以下条件的部分先进制造业纳税人,可以自 2019 年 7 月及以后纳税申报期向主管税务机关申请退还增量留抵税额:

① 增量留抵税额大于零。

② 纳税信用等级为 A 级或者 B 级。

③ 申请退税前 36 个月未发生骗取留抵退税、出口退税或虚开增值税专用发票情形。

④ 申请退税前 36 个月未因偷税被税务机关处罚两次及以上。

⑤ 自 2019 年 4 月 1 日起未享受即征即退、先征后返（退）政策。

条文理解 2019 年第 84 号公告与《财政部　税务总局　海关总署关于深化增值税改革有关政策的公告》（财政部　税务总局　海关总署公告 2019 年第 39 号）规定的一般性企业留抵退税相比,在符合退税的五个退税条件中,只有第一个条件有所不同,部分先进制造业每月增量留抵税额只要大于零即可,而 2019 年第 39 号公告规定的一般性企业留抵退税是连续 6 个月（按季纳税的,连续两个季度）增量留抵税额均大于零,且第 6 个月增量留抵税额不低于 50 万元,而后四个条件为相同条件。

（2）先进制造业范围。

《财政部　税务总局关于明确部分先进制造业增值税期末留抵退税政策的公告》（财政部　税务总局公告 2019 年第 84 号）规定,部分先进制造业纳税人,是指按照《国民经济行业分类》,生产并销售非金属矿物制品、通用设备、专用设备及计算机、通信和其他电子设备销售额占全部销售额的比重超过 50% 的纳税人。

条文理解 化工、医药、汽车、飞机、火车、电气、仪表都不在本次先进制造业留抵退税范围之内。

（3）销售额判定期间。

上述销售额比重应根据纳税人申请留抵退税前连续 12 个月的销售额来计算确定;申请留抵退税前经营期不满 12 个月但满 3 个月的,按照实际经营期的销售额计算确定。

（4）留抵退税额计算。

《财政部　税务总局关于明确部分先进制造业增值税期末留抵退税政策的公告》（财政部　税务总局公告 2019 年第 84 号）所称增量留抵税额,是指每月与 2019 年 3 月底留抵税额相比新增加的期末留抵税额。

部分先进制造业纳税人当期允许退还的增量留抵税额,按照以下公式计算:

$$允许退还的增量留抵税额 = 增量留抵税额 \times 进项构成比例$$

进项构成比例,为 2019 年 4 月至申请退税前一税款所属期内已抵扣的增值税专用发票

（含税控机动车销售统一发票）、海关进口增值税专用缴款书、解缴税款完税凭证注明的增值税税额占同期全部已抵扣进项税额的比重。

条文理解 上述规定与一般性企业留抵退税计算的进项构成比例相同。

（5）部分先进制造业纳税人申请退还增量留抵税额的其他规定，按照《财政部　税务总局　海关总署关于深化增值税改革有关政策的公告》（财政部　税务总局　海关总署公告2019年第39号）执行。

（6）一般性企业留抵退税与先进制造业留抵退税异同点（见表3-2）。

表3-2　一般性企业留抵退税与先进制造业留抵退税区分表

项目	一般性企业留抵退税	先进制造业留抵退税
适用对象	所有纳税人	先进制造业纳税人
销售额判定时间	无要求	申请退税前连续12个月的销售额；满3个月的，按照实际经营期销售额
增量留抵计算	相同	相同
增量留抵要求	自2019年4月所属期起，连续6个月均大于0，且第6个月不低于50万元	增量留抵税额大于0
退税公式	增量留抵税额×进项构成比例×60%	增量留抵税额×进项构成比例
纳税信用等级A、B，无骗税虚开，未受偷税处罚，未享退税优惠	相同	相同
其他	相同	相同

三、税收风险事项

（1）按照《国家税务总局关于办理增值税期末留抵税额退税有关事项的公告》（国家税务总局公告2019年第20号，以下简称2019年第20号公告）第十二条的规定，税务机关在办理留抵退税期间，发现符合留抵退税条件的纳税人存在以下情形，暂停为其办理留抵退税：

① 存在增值税涉税风险疑点的。

② 被税务稽查立案且未结案的。

③ 增值税申报比对异常未处理的。

④ 取得增值税异常扣税凭证未处理的。

⑤ 国家税务总局规定的其他情形。

（2）上述列举的增值税涉税风险疑点等情形已排除，且相关事项处理完毕后，按以下规定办理：

① 纳税人仍符合留抵退税条件的，税务机关继续为其办理留抵退税，并自增值税涉税风险疑点等情形排除且相关事项处理完毕之日起5个工作日内完成审核，向纳税人出具准予留抵退税的《税务事项通知书》。

② 纳税人不再符合留抵退税条件的，不予留抵退税。税务机关应自增值税涉税风险疑点等情形排除且相关事项处理完毕之日起5个工作日内完成审核，向纳税人出具不予留抵退税的《税务事项通知书》。

税务机关对发现的增值税涉税风险疑点进行排查的具体处理时间，由各省（自治区、直辖市和计划单列市）税务局确定。

（3）税务机关对增值税涉税风险疑点进行排查时，发现纳税人涉嫌骗取出口退税、虚开增值税专用发票等增值税重大税收违法行为的，终止为其办理留抵退税，并自作出终止办理留抵退税决定之日起5个工作日内，向纳税人出具终止办理留抵退税的《税务事项通知书》。

税务机关对纳税人涉嫌增值税重大税收违法行为核查处理完毕后，纳税人仍符合留抵退税条件的，可按照2019年第20号公告的规定重新申请办理留抵退税。

四、其他规定

（一）进项构成比例计算

（1）进项构成比例，为2019年4月至申请退税前一税款所属期内已抵扣的增值税专用发票（含税控机动车销售统一发票）、海关进口增值税专用缴款书、解缴税款完税凭证注明的增值税税额占同期全部已抵扣进项税额的比重。

条文理解 增值税电子普通发票不属于增值税专用发票，应予剔除，不参加计算。

（2）进项构成比例计算公式的分子中，包括从小规模纳税人购进农产品取得的增值税专用发票上注明的增值税税额。

条文理解 纳税人从小规模纳税人购进农产品取得的3%（疫情期间，除湖北省以外，减按1%）增值税专用发票按发票上注明的金额和9%的扣除率，纳税人购进用于连续生产或者委托加工13%的农产品，按10%的扣除率计算进项税额，填入增值税纳税申报附表二第6栏"农产品收购发票或者销售发票"。纳税人从小规模纳税人购进农产品取得的专用发票应参与进项构成比例的计算，并按专用发票上注明的增值税税额计入进项构成比例的分子。

（3）进项构成比例计算公式的分子中，包括本期转入的40%不动产待抵扣进项税额。

（二）留抵退税填报

（1）纳税人取得退税款后，应在收到留抵退税《税务事项通知书》的当期，冲减期末留抵税额，申报时填报附表（二）《本期进项税额明细》第22栏"上期留抵税额退税"。

（2）符合条件后,可在以后任一申报期内提出申请,办理退税。

【案例3-7】 A企业为增值税一般纳税人,2019年4月至9月符合留抵退税条件,但企业一直未申请退税,直到2019年12月提出申请,该企业留抵退税资格判断是以2019年4～9月条件为准,只要企业满足资格,且后期未发生暂停、暂缓退税事项,即可以当前留抵税额计算办理退税,本案应以所属期11月数据为准计算退还留抵税额。

第三节　小微企业增值税优惠政策

2019年1月9日国务院常务会议决定,将增值税小规模纳税人免税标准由月销售额3万元提高到10万元。为确保该项优惠政策顺利实施,财政部、国家税务总局先后发布了《财政部　税务总局关于实施小微企业普惠性税收减免政策的通知》(财税〔2019〕13号)和《国家税务总局关于小规模纳税人免征增值税政策有关征管问题的公告》(国家税务总局公告2019年第4号,以下简称2019年第4号公告)。

一、关于月(季)销售额的执行口径

(一)政策规定

小规模纳税人发生增值税应税销售行为,合计月销售额未超过10万元(以1个季度为1个纳税期的,季度销售额未超过30万元,下同)的,免征增值税。

小规模纳税人发生增值税应税销售行为,合计月销售额超过10万元,但扣除本期发生的销售不动产的销售额后未超过10万元的,其销售货物、劳务、服务、无形资产取得的销售额免征增值税。

条文理解 按月纳税的小规模纳税人,如果月销售额超过10万元,须就销售额全额计算缴纳增值税;按季纳税的小规模纳税人,如果季销售额超过30万元,须就销售额全额计算缴纳增值税。

（1）免征增值税月销售额包括小微企业所有应税行为的销售额,较原来的口径增加了不动产销售额(见表3-3)。

表3-3　小微企业增值税优惠政策对比表

内容	现规定	原规定
政策规定	增值税应税行为(销售货物、劳务、服务、无形资产和不动产)均纳入小微企业免征增值税范围	小规模纳税人月销售额3万元以下免征增值税的范围为销售货物、劳务和销售服务、无形资产,不包括销售不动产
政策依据	国家税务总局公告2019年第4号	国家税务总局公告2017年第52号

（2）免征增值税月销售额由分别核算、分别享受调整为合并核算、合并享受(见表3-4)。

表 3-4 小微企业增值税优惠政策对比表

内容	现规定	原规定
政策规定	小规模纳税人发生增值税应税销售行为，合计月销售额未超过 10 万元的，免征增值税	小规模纳税人应分别核算销售货物、劳务的销售额和销售服务、无形资产的销售额，分别享受小微企业免征增值税政策
政策依据	国家税务总局公告 2019 年第 4 号	国家税务总局公告 2017 年第 52 号

(3) 销售不动产包含两种政策执行情形。

① 销售不动产免征增值税的情形。

【案例 3-8】 A 小规模纳税人 2019 年 1 月销售货物 4 万元，提供服务 3 万元，销售不动产 2 万元，合计销售额为 9 万元(4+3+2)，未超过 10 万元免税标准，因此，该纳税人销售货物、服务和不动产取得的销售额 9 万元，可享受小规模纳税人免税政策。

② 销售不动产征收增值税的情形。

【案例 3-9】 A 小规模纳税人 2019 年 1 月销售货物 4 万元，提供服务 3 万元，销售不动产 10 万元，合计销售额为 17 万元(4+3+10)，剔除销售不动产后的销售额为 7 万元(4+3)，因此，该纳税人销售货物和服务相对应的销售额 7 万元可以享受小规模纳税人免税政策，销售不动产 10 万元应照章纳税，而不是用销售额 17 万元扣除 10 万元免税标准后的 7 万元照章纳税。

(二) 经营期不足 1 个纳税期的小规模纳税人免税政策

根据《国家税务总局关于国内旅客运输服务进项税抵扣等增值税征管问题的公告》(国家税务总局公告 2019 年第 31 号)第四条的规定，自 2019 年 1 月 1 日起，以 1 个季度为纳税期限的增值税小规模纳税人，因在季度中间成立或注销而导致当期实际经营期不足 1 个季度，当期销售额未超过 30 万元的，免征增值税。

【案例 3-10】 某小规模纳税人 2019 年 2 月成立，实行按季纳税，2 月至 3 月累计销售额为 25 万元，未超过季销售额 30 万元的免税标准，则该小规模纳税人当期可以按规定享受相关免税政策。

二、差额征税销售额的确定

适用增值税差额征税政策的小规模纳税人，以差额后的销售额确定是否可以享受 2019 年第 4 号公告规定的免征增值税政策，并在《增值税纳税申报表(小规模纳税人适用)》中的"免税销售额"相关栏次，填写差额后的销售额。

条文理解 自营改增以来，延续了营业税的一些差额征税政策。例如，建筑业小规模纳税人，以取得的全部价款和价外费用扣除对外支付的分包款后的余额为销售额，计算缴纳增值税。2019 年第 4 号公告明确适用增值税差额征税政策的，以差额后的余额为销售额，确定其是否可享受小规模纳税人免税政策。同时,明确了小规模纳税人《增值税纳税申报表》中"免税销售额"的填报口径。

三、关于小规模纳税人纳税期的选择

按固定期限纳税的小规模纳税人可以选择以 1 个月或 1 个季度为纳税期限,一经选择,一个会计年度内不得变更。

(一) 纳税期限的选择

为确保小规模纳税人充分享受政策,2019 年第 4 号公告明确规定,按照固定期限纳税的小规模纳税人可以根据自己的实际经营情况选择实行按月纳税或按季纳税。

【案例 3-11】 某小规模纳税人 2019 年 1~3 月的销售额分别是 5 万元、11 万元和 12 万元。如果按月纳税,则只有 1 月的 5 万元能够享受免税;如果按季纳税,由于该季度销售额为 28 万元,未超过免税标准。因此,28 万元全部能享受免税。在这种情况下,小规模纳税人更愿意实行按季纳税。

再假设某小规模纳税人 2019 年 1~3 月的销售额分别是 8 万元、11 万元和 12 万元,如果按月纳税,1 月的 8 万元能够享受免税;如果按季纳税,由于该季度销售额 31 万元已超过免税标准,因此,31 万元均无法享受免税。在这种情况下,小规模纳税人更愿意实行按月纳税。

(二) 纳税期限的变更

为确保年度内纳税人的纳税期限相对稳定,同时也明确了一经选择,一个会计年度内不得变更。"一个会计年度内"是指会计上所说的 1~12 月,而不是自选择之日起顺延 1 年的意思。纳税人在每个会计年度内的任意时间均可以向主管税务机关提出,选择变更其纳税期限,但纳税人一旦选择变更纳税期限后,当年 12 月 31 日前不得再次变更。

四、其他个人出租不动产的政策规定

2019 年第 4 号公告第四条规定,《增值税暂行条例实施细则》第九条所称的其他个人,采取一次性收取租金形式出租不动产取得的租金收入,可在对应的租赁期内平均分摊,分摊后的月租金收入未超过 10 万元的,免征增值税。

条文理解 其他个人可以按月纳税、享受未超过 10 万元免征增值税的情形:一是其他个人采取一次性收取租金形式出租不动产取得的租金收入,可在对应的租赁期内平均分摊,分摊后的月租金收入不超过 10 万元的,免征增值税;二是个人保险代理人、证券经纪人、信用卡和旅游业个人代理人月销售额未超过 10 万元的,免征增值税;三是光伏发电项目发电户销售电力产品可享受小规模纳税人月销售额 10 万元以下免税政策。

五、一般纳税人转登记问题

转登记日前连续 12 个月(以 1 个月为 1 个纳税期)或者连续 4 个季度(以 1 个季度为 1

个纳税期)累计销售额未超过 500 万元的一般纳税人,在 2019 年 12 月 31 日前,可选择转登记为小规模纳税人。随后,《国家税务总局关于明确二手车经销等若干增值税经管问题的公告》(国家税务总局公告 2020 年第 9 号)规定,一般纳税人符合条件的,在 2020 年 12 月 31 日前,可选择登记为小规模纳税人。其中,累计应税销售额计算按以下处理:

一是包括纳税申报销售额、稽查查补销售额、纳税评估调整销售额。而销售服务、无形资产或者不动产有扣除项目的纳税人,其应税行为年应税销售额按未扣除之前的销售额计算。此外,纳税人偶然发生的销售无形资产、转让不动产的销售额,不计入应税行为年应税销售额。

二是累计销售额包括免税销售额。

三是适用增值税差额征税政策的纳税人,累计销售额按差额之前的销售额计算。

四是实际经营期不足 12 个月或 4 个季度的,按月(季)平均销售额估算是否超过 500 万元。

上述一般纳税人转登记为小规模纳税人的其他事宜,按照《国家税务总局关于统一小规模纳税人标准等若干增值税问题的公告》(国家税务总局公告 2018 年第 18 号)、《国家税务总局关于统一小规模纳税人标准有关出口退(免)税问题的公告》(国家税务总局公告 2018 年第 20 号)的相关规定执行。

条文理解 一是 2019 年可选择转登记的纳税人,包括营改增试点纳税人在内的所有增值税一般纳税人,无行业限制;二是曾在 2018 年选择过转登记的纳税人,在 2019 年仍可选择转登记;但是,2019 年选择转登记的,再次登记为一般纳税人后,不得再转登记为小规模纳税人。

【案例 3-12】 A 企业于 2005 年 8 月成立,为增值税小规模纳税人。2019 年 6 月自愿登记为增值税一般纳税人,11 月再申请转回小规模。假设,从 6 月至 10 月销售额不足 500 万元的,那么,一年销售额合计是按什么计算的?

案例中,A 企业如果在 2019 年 11 月想再次申请转小规模纳税人,则一年累计销售额是否超过 500 万元的计算,是按照 2018 年 11 月到 2019 年 10 月的小规模纳税人的销售额与一般纳税人的销售额合计来计算。当只有实际经营不满 12 个月或 4 个季度的,才按月(季)平均销售额估算年销售额。

六、预缴增值税政策的适用问题

(1)按照现行规定应当预缴增值税税款的小规模纳税人,凡在预缴地实现的月销售额未超过 10 万元的,当期无需预缴税款。在 2019 年第 4 号公告下发前已预缴税款的,可以向预缴地主管税务机关申请退还。

条文理解 预缴增值税税款的纳税人,在预缴时,应填写《增值税预缴税款表》。纳税人应对其填报内容的真实性负责,并在该表格中"填表人申明"栏签字确认。

(2)小规模纳税人中的单位和个体工商户销售不动产,应按其纳税期以及其他现行政策规定确定是否预缴增值税。

条文理解 如果纳税人选择按月纳税,销售不动产销售额超过月销售额 10 万元免税标准,需要在不动产所在地预缴税款;如果选择按季纳税,销售不动产销售额未超过季度销售额 30 万元的免税标准,则无需在不动产所在地预缴税款。

(3)其他个人销售不动产,继续按照现行规定征免增值税。

条文理解 其他个人偶然发生销售不动产的行为,应当按照现行政策规定实行按次纳税。因此,2019 年第 4 号公告规定,其他个人销售不动产,继续按照现行政策规定征免增值税。如其他个人销售住房满 2 年符合免税条件的,仍可继续享受免税;如不符合免税条件,则应照章纳税。

七、已缴纳税款并开具专用发票的处理

小规模纳税人月销售额未超过 10 万元的,当期因开具增值税专用发票已经缴纳的税款,在增值税专用发票全部联次追回或者按规定开具红字专用发票后,可以向主管税务机关申请退还。

条文解读 纳税人自行开具或申请代开增值税专用发票,应就其开具的增值税专用发票相对应的应税行为计算缴纳增值税。如果小规模纳税人月销售额未超过 10 万元的,当期因开具增值税专用发票已经缴纳的税款,在增值税专用发票全部联次追回或者按规定开具红字专用发票后,可以向主管税务机关申请退还已缴纳的增值税。

八、2019 年 1 月(季度)涉税事项的追溯适用规定

小规模纳税人 2019 年 1 月销售额未超过 10 万元(以 1 个季度为 1 个纳税期的,2019 年第一季度销售额未超过 30 万元),但当期因代开普通发票已经缴纳的税款,可以在办理纳税申报时向主管税务机关申请退还。

条文解读 因 2019 年第 4 号公告下发时间晚于免税政策开始执行的时间(2019 年 1 月 1 日),为确保小规模纳税人足额享受 10 万元免税政策,2019 年第 4 号公告对小规模纳税人 2019 年第一个税款所属期已缴纳税款的追溯处理问题进行了明确,即小规模纳税人 2019 年 1 月销售额未超过 10 万元(第 1 季度未超过 30 万元)的,当期因代开普通发票已经缴纳的税款,可以在办理纳税申报时向主管税务机关申请退还。

九、发票开具规定

(1)小规模纳税人月销售额超过 10 万元的,使用增值税发票管理系统开具增值税普通发票、机动车销售统一发票、增值税电子普通发票。

已经使用增值税发票管理系统的小规模纳税人,月销售额未超过 10 万元的,可以继续使用现有税控设备开具发票;已经自行开具增值税专用发票的,可以继续自行开具增值税专

用发票,并就开具增值税专用发票的销售额计算缴纳增值税。

条文解读 为了便利纳税人开具使用发票,已经使用增值税发票管理系统开具发票的小规模纳税人,在免税标准调整后,月销售额未超过10万元的,可以继续使用现有税控设备开具发票。如果小规模纳税人已经自行开具增值税专用发票,同样可以使用现有税控设备继续开具。除上述情况和销售额标准同步调整外,小规模纳税人自行开具增值税专用发票其他事宜按照现行规定执行。

(2) 自2020年2月1日起,增值税小规模纳税人(其他个人除外)发生增值税应税行为,需要开具增值税专用发票的,可以自愿使用增值税发票管理系统自行开具。选择自行开具增值税专用发票的小规模纳税人,税务机关不再为其代开增值税专用发票。

增值税小规模纳税人应当就开具增值税专用发票的销售额计算增值税应纳税额,并在规定的纳税申报期内向主管税务机关申报缴纳。在填写增值税纳税申报表时,应当将当期开具增值税专用发票的销售额,按照3%(疫情期间,除湖北省外,均为1%)和5%的征收率,分别填写在《增值税纳税申报表》(小规模纳税人适用)第2栏和第5栏"税务机关代开的增值税专用发票不含税销售额"的"本期数"相应栏次中。

十、其他税收优惠政策规定

根据《财政部 税务总局关于延续实施普惠金融有关税收优惠政策的公告》(财政部 税务总局公告2020年第22号)的规定,为进一步支持小微企业、个体工商户和农户的普惠金融服务,对《财政部 税务总局关于延续支持农村金融发展有关税收政策的通知》(财税〔2017〕44号)、《财政部 税务总局关于小额贷款公司有关税收政策的通知》(财税〔2017〕48号)、《财政部 税务总局关于支持小微企业融资有关税收政策的通知》(财税〔2017〕77号)、《财政部 税务总局关于租入固定资产进项税额抵扣等增值税政策的通知》(财税〔2017〕90号)中规定于2019年12月31日执行到期的税收优惠政策,实施期限延长至2023年12月31日。本公告发布之日前,已征的按照本公告规定应予免征的增值税,可抵减纳税人以后月份应缴纳的增值税或予以退还。

第四节　支持防控疫情增值税优惠政策

支持防控疫情增值税优惠政策,主要包括支持物资供应、鼓励公益捐赠和阶段性减免小规模纳税人增值税等三方面内容的优惠政策。

一、支持物资供应

(一)对疫情防控重点保障物资生产企业全额退还增值税增量留抵税额

(1) 自2020年1月1日起,疫情防控重点保障物资生产企业可以按月向主管税务机关申请全额退还增值税增量留抵税额。

增量留抵税额是指与 2019 年 12 月底相比新增加的期末留抵税额。

① 适用主体。疫情防控重点保障物资生产企业,由省级及以上发展改革部门、工业和信息化部门确定。

条文理解 该项政策自 2020 年 1 月 1 日起实施,截止日期视疫情情况另行公告。疫情防控重点保障物资生产企业名单,由省级及以上发展改革部门、工业和信息化部门确定,对企业的纳税信用级别未做要求。如果纳税信用 C 级的企业已被省级及以上发展改革部门、工业和信息化部门确定为疫情防控重点保障物资生产企业,可以按照《财政部 税务总局关于支持新型冠状病毒感染的肺炎疫情防控有关税收政策的公告》(财政部 税务总局公告 2020 年第 8 号,以下简称 2020 年第 8 号公告)的规定,自 2020 年 2 月及以后纳税申报期向主管税务机关提交留抵退税申请,办理增值税留抵退税业务。

② 退税条件。对疫情防控重点保障物资生产企业的留抵退税,不受 2019 年开始实施的制度性留抵退税条件限制。即企业自主提出申请,税务机关按照发改、工信部门确定的名单办理退税。

【案例 3-13】 A 公司为增值税一般纳税人,是 2019 年成立的医用防护服、隔离服的原材料生产企业,已被省工业和信息化厅确定为疫情防控重点保障物资生产企业,目前纳税信用 M 级。按照 2020 年第 8 号公告第二条的规定,疫情防控重点保障物资生产企业可以按月向主管税务机关申请全额退还增值税增量留抵税额。该项政策自 2020 年 1 月 1 日起实施,截止日期视疫情情况另行公告。疫情防控重点保障物资生产企业名单,由省级及以上发展改革部门、工业和信息化部门确定,对企业的纳税信用级别未做要求。因此,A 公司可以按照 2020 年第 8 号公告的规定,自 2020 年 2 月及以后纳税申报期向主管税务机关提交留抵退税申请,税务机关将按规定为其办理增值税留抵退税业务。

假设,A 公司 2019 年 4 月以后享受过增值税即征即退政策,如果按照《财政部 税务总局 海关总署关于深化增值税改革有关政策的公告》(财政部 税务总局 海关总署公告 2019 年第 39 号)和《财政部 税务总局关于明确部分先进制造业增值税期末留抵退税政策的公告》(财政部 税务总局公告 2019 年第 84 号)关于留抵退税条件的限制,则不能申请增值税留抵退税。现在,按照 2020 年第 8 号公告第二条的规定,省级及以上发展改革部门、工业和信息化部门确定的疫情防控重点保障物资生产企业,可以按月向主管税务机关申请全额退还增值税增量留抵税额,因此,A 公司可以在 2020 年第 8 号公告的执行期限内享受疫情防控重点保障物资生产企业增值税增量留抵退税政策。

③ 增量留抵税额。制度性留抵退税是从 2019 年 4 月开始实施的,退的是和 2019 年 3 月底比新增的留抵税额;而对重点保障物资生产企业,退的是其疫情发生以后新增加部分,是和 2019 年 12 月底比新增加的留抵税额。

④ 退税额计算。前期出台的留抵退税政策中,无论是先进制造业还是其他行业留抵退税,均以增量留抵税额乘以进项构成比例后计算出退税额。而此次疫情防控重点保障物资

生产企业在计算退税额时,无需考虑进项构成比例,直接按照100%增量留抵全额退税。

【案例3-14】 B公司是一家新型冠状病毒检测试剂盒生产企业,已被工业和信息化部确定为疫情防控重点保障物资生产企业。其在2019年办理留抵退税时,需要计算进项构成比例确定退税额。在享受疫情防控重点保障物资生产企业留抵退税政策时,按照8号公告第二条规定办理增量留抵退税的疫情防控重点保障物资生产企业,不再需要计算进项构成比例,可全额退还其2020年1月1日以后形成的增值税增量留抵税额。但需要注意的是,这一政策实施的期限是自2020年1月1日起,截止日期视疫情情况另行公告。

(2)适用增值税增量留抵退税政策的,应当在增值税纳税申报期内,完成本期增值税纳税申报后,向主管税务机关申请退还增量留抵税额。

条文理解 为优化疫情防控重点保障物资生产企业申请办理留抵退税流程,减轻纳税人办税负担,《国家税务总局关于支持新型冠状病毒感染的肺炎疫情防控有关税收征收管理事项的公告》(国家税务总局公告2020年第4号)明确规定,按照2020年第8号公告规定办理留抵退税的疫情防控重点保障物资生产企业,应在增值税纳税申报期内完成本期增值税纳税申报后,向主管税务机关申请退还增量留抵税额。

(二)提供疫情防控重点保障物资运输收入免征增值税

自2020年1月1日起,对纳税人运输疫情防控重点保障物资取得的收入,免征增值税。

疫情防控重点保障物资的具体范围,由国家发展改革委、工业和信息化部确定。

(1)适用主体。提供疫情防控重点保障物资运输服务的纳税人。

(2)免税范围。一是享受免税的货物种类有范围,是对运输"疫情防控重点保障物资"取得的运输服务收入,免征增值税。运输疫情防控重点保障物资的具体范围,由国家发改委和工信部确定,如表3-5、表3-6所示。二是对纳税人的运输工具和方式无限制。按照现行税目注释,包括了陆路、水路、航空、管道运输以及无运输工具承运业务。

表3-5 国家发展改革委疫情防控重点保障物资清单

序号	分类	物资清单
一	医疗应急物资	1.应对疫情使用的医用防护服、隔离服、隔离面罩、医用及具有防护作用的民用口罩、医用护目镜、新型冠状病毒检测试剂盒、负压救护车、消毒机、消杀用品、红外测温仪、智能监测检测系统、相关医疗器械、酒精和药品等重要医用物资。
		2.生产上述物资所需的重要原辅材料、重要设备和相关配套设备。
		3.为应对疫情提供相关信息的通信设备。
二	生活物资	1.帐篷、棉被、棉大衣、折叠床等救灾物资。
		2.疫情防控期间市场需要重点保供的粮食、食用油、食盐、糖,以及蔬菜、肉蛋奶、水产品等"菜篮子"产品,方便和速冻食品等重要生活必需品。
		3.蔬菜种苗、仔畜雏禽及种畜禽、水产种苗、饲料、化肥、种子、农药等农用物资。

表 3-6　工业和信息化部疫情防控重点保障物资(医疗应急)清单

序号	一级分类	二级分类	物资清单
1	一、药品	(一)一般治疗及重型、危重型病例治疗药品	α-干扰素、洛匹那韦利托那韦片(盒)、抗菌药物、甲泼尼龙、糖皮质激素等经卫生健康、药监部门依程序确认治疗有效的药品和疫苗(以国家卫健委新型冠状病毒感染的肺炎诊疗方案为准)。
2		(二)中医治疗药品	藿香正气胶囊(丸、水、口服液)、金花清感颗粒、连花清瘟胶囊(颗粒)、疏风解毒胶囊(颗粒)、防风通圣丸(颗粒)、喜炎平注射剂、血必净注射剂、参附注射液、生脉注射液、苏合香丸、安宫牛黄丸等中成药(以国家卫健委新型冠状病毒感染的肺炎诊疗方案为准)。苍术、陈皮、厚朴、藿香、草果、生麻黄、羌活、生姜、槟榔、杏仁、生石膏、瓜蒌、生大黄、葶苈子、桃仁、人参、黑顺片、山茱萸、法半夏、党参、炙黄芪、茯苓、砂仁等中药饮片(以国家卫健委新型冠状病毒感染的肺炎诊疗方案为准)。
3	二、试剂	(一)检验检测用品	新型冠状病毒检测试剂盒等。
4	三、消杀用品及其主要原料、包装材料	(一)消杀用品	医用酒精、84 消毒液、过氧乙酸消毒液、过氧化氢(3%)消毒液、含氯泡腾片、免洗手消毒液、速干手消毒剂等。
5		(二)消杀用品主要原料	次氯酸钠、双氧水、95%食品级酒精等。
6		(三)消杀用品包装材料	挤压泵、塑料瓶(桶)、玻璃瓶(桶)、纸箱、标签等。
7	四、防护用品及其主要原料、生产设备	(一)防护用品	医用防护口罩、医用外科口罩、医用防护服、负压防护头罩、医用靴套、医用全面型呼吸防护机(器)、医用隔离眼罩/医用隔离面罩、一次性乳胶手套、手术服(衣)、隔离衣、一次性工作帽、一次性医用帽(病人用)等。
8		(二)防护用品主要原料	覆膜纺粘布、透气膜、熔喷无纺布、隔离眼罩及面罩用 PET/PC 防雾卷材以及片材、密封条、拉链、抗静电剂以及其他生产医用防护服、医用口罩等的重要原材料。
9		(三)防护用品生产设备	防护服压条机、口罩机等。
10	五、专用车辆、装备、仪器及关键元器件	(一)车辆装备	负压救护车及其他类型救护车、专用作业车辆;负压隔离舱、可快速展开的负压隔离病房、负压隔离帐篷系统;车载负压系统、正压智能防护系统;CT、便携式 DR、心电图机、彩超超声仪等,电子喉镜、纤支镜等;呼吸机、监护仪、除颤仪、高流量呼吸湿化治疗仪、医用电动病床;血色分析仪、PCR 仪、ACT 检测仪等;注射泵、输液泵、人工心肺(ECMO)、CRRT 等。
11		(二)消杀装备	背负式充电超低容量喷雾机、背负式充电超低容量喷雾器、过氧化氢消毒机、等离子空气消毒机、终末空气消毒机等。
12		(三)电子仪器仪表	全自动红外体温监测仪、门式体温监测仪、手持式红外测温仪等红外体温检测设备及其他智能监测检测系统。
13		(四)关键元器件	黑体、温度传感器、传感器芯片、显示面板、阻容元件、探测器、电接插元件、锂电池、印制电路板等。
14	六、生产上述医用物资的重要设备		

（三）提供公共交通运输服务、生活服务及居民必需生活物资快递收派服务收入免征增值税

自2020年1月1日起，对纳税人提供公共交通运输服务、生活服务，以及为居民提供必需生活物资快递收派服务取得的收入，免征增值税。

公共交通运输服务的具体范围，按照《营业税改征增值税试点有关事项的规定》（财税〔2016〕36号印发）的规定执行。

生活服务、快递收派服务的具体范围，按照《销售服务、无形资产、不动产注释》（财税〔2016〕36号印发）的规定执行。

（1）关于公共交通运输服务免征增值税，不限制适用主体，不加设免税条件，只要纳税人提供公共交通运输服务取得的收入，均可以自主申报享受免税。按照《营业税改征增值税试点有关事项的规定》（财税〔2016〕36号印发）的规定，公共交通运输服务包括轮客渡、公交客运、地铁、城市轻轨、出租车、长途客运、班车。班车是指按固定路线、固定时间运营并在固定站点停靠的运送旅客的陆路运输服务。需要注意的是，航空运输、铁路运输不属于列举的公共交通服务范围。

（2）关于生活服务免征增值税。按照《销售服务、无形资产、不动产注释》（财税〔2016〕36号印发）的规定，生活服务是指为满足城乡居民日常生活需求提供的各类服务活动，包括文化体育服务、教育医疗服务、旅游娱乐服务、餐饮住宿服务、居民日常服务和其他生活服务等二级目录，在二级目录项下，还有更细的项目划分，纳税人可以对照详细税目注释享受这项免税政策。

条文理解 2020年第8号公告第五条规定，对纳税人提供公共交通运输服务、生活服务，以及为居民提供必需生活物资快递收派服务取得的收入，免征增值税。生活服务、快递收派服务的具体范围，按照《销售服务、无形资产、不动产注释》（财税〔2016〕36号印发）的规定执行。货物销售和房租收入不属于上述免征增值税范围，应按照规定缴纳增值税。需要提醒的是，企业应分别核算免税销售额和应税销售额，未分别核算的，不得享受免征增值税政策。

（3）关于为居民提供必需生活物资快递收派服务免征增值税，是指为居民个人快递货物提供的收派服务收入，免征增值税。按照《销售服务、无形资产、不动产注释》（财税〔2016〕36号印发）的规定，收派服务是指接受寄件人委托，在承诺的时限内完成函件和包裹的收件、分拣、派送服务的业务活动。其中，收件服务是指从寄件人收取函件和包裹，并运送到服务提供方同城的集散中心的业务活动。分拣服务是指服务提供方在其集散中心对函件和包裹进行归类、分发的业务活动。派送服务是指服务提供方从其集散中心将函件和包裹送达同城的收件人的业务活动。"必需生活物资"是指居民个人所需的所有货物。对于"向居民提供"的把握原则是收派服务的直接付款方为居民个人。

条文理解 2020年第8号公告第五条规定，对纳税人为居民提供必需生活物资快递收派服务取得的收入，免征增值税。为居民提供必需生活物资快递收派服务取得的收入是指为居民个人快递货物提供的收派服务取得的收入,为企业提供的快递服务按照规定征收增值税。例如,餐饮企业发生外卖业务,应按照餐饮服务免征增值税。如果是快递公司向居民提供的快递服务,则按照为居民提供必需生活物资的快递收派服务免征增值税。

(4) 按照《财政部 国家税务总局关于全面推开营业税改征增值税试点的通知》(财税〔2016〕36号)的规定,用于免征增值税项目的进项税额不得从销项税额中抵扣。例如,纳税人提供公共交通运输服务、生活服务,以及为居民提供必需生活物资快递收派服务取得的收入,免征增值税,其对应的进项税额不得抵扣,需要作转出处理。

二、鼓励公益捐赠

(一)无偿捐赠应对疫情的货物免征增值税

单位和个体工商户将自产、委托加工或购买的货物,通过公益性社会组织和县级以上人民政府及其部门等国家机关,或者直接向承担疫情防治任务的医院,无偿捐赠用于应对新型冠状病毒感染的肺炎疫情的,免征增值税。

(1) 捐赠途径。捐赠途径有两种:一是通过公益性社会组织和县级以上人民政府及其部门等国家机关进行捐赠;二是直接向承担疫情防治任务的医院捐赠。

(2) 货物范围。只要捐赠的货物是用于应对新冠疫情的,均可以享受免税优惠政策。即《财政部 税务总局关于支持新型冠状病毒感染的肺炎疫情防控有关捐赠税收政策的公告》(财政部 国家税务总局公告2020年第9号,以下简称2020年第9号公告)第三条所称"货物",不仅限于医疗防护物品,也包括所有用于应对新冠疫情的物资。

(3) 医院范畴。按照相关文件规定,只要是按照行业管理要求,取得《医疗机构执业许可证》的机构,都属于"医院"。但2020年第9号公告强调的是"承担疫情防治任务"的医院。因为各个地区的具体疫情情况存在差异,因此建议各地税务部门与当地政府、卫生组织进行联系,确定当地的"承担疫情防治任务的医院"范围。

【案例3-15】 甲企业捐赠物资符合文件免增值税政策,同时也符合公益性捐赠支出全额税前扣除的政策。捐赠物资成本100万元,取得进项税13万元,捐赠时市场价值150万元(含增值税)。免增值税政策进项税额不得抵扣。其会计分录如下:单位(万元)

借:营业外支出   113
　　贷:库存商品   100
　　　　应交税费——应交增值税(进项税额转出)   13

(二)扩大捐赠免税进口范围

自2020年1月1日至3月31日,扩大进口税收优惠政策的范围。

(1) 适度扩大《慈善捐赠物资免征进口税收暂行办法》规定的免税进口范围,对捐赠用于疫情防控的进口物资,免征进口关税和进口环节增值税、消费税。

① 进口物资增加试剂,消毒物品,防护用品,救护车、防疫车、消毒用车、应急指挥车。

② 免税范围增加国内有关政府部门、企事业单位、社会团体、个人以及来华或在华的外

国公民从境外或海关特殊监管区域进口并直接捐赠;境内加工贸易企业捐赠。捐赠物资应直接用于防控疫情且符合上述第①项或《慈善捐赠物资免征进口税收暂行办法》规定。

③ 受赠人增加省级民政部门或其指定的单位。省级民政部门将指定的单位名单函告所在地直属海关及省级税务部门。

无明确受赠人的捐赠进口物资,由中国红十字会总会、中华全国妇女联合会、中国残疾人联合会、中华慈善总会、中国初级卫生保健基金会、中国宋庆龄基金会或中国癌症基金会作为受赠人接收。

(2)《财政部 海关总署 税务总局关于防控新型冠状病毒感染的肺炎疫情进口物资免税政策的公告》(财政部 海关总署 税务总局公告2020年第6号,以下简称2020年第6号公告)项下免税进口物资,已征收的应免税款予以退还。其中,已征税进口且尚未申报增值税进项税额抵扣的,可凭主管税务机关出具的《防控新型冠状病毒感染的肺炎疫情进口物资增值税进项税额未抵扣证明》,向海关申请办理退还已征进口关税和进口环节增值税、消费税手续;已申报增值税进项税额抵扣的,仅向海关申请办理退还已征进口关税和进口环节消费税手续。有关进口单位应在2020年9月30日前向海关办理退税手续。

(3)2020年第6号公告项下免税进口物资,可按照或比照《海关总署关于用于新型冠状病毒感染的肺炎疫情进口捐赠物资办理通关手续的公告》(海关总署公告2020年第17号),先登记放行,再按规定补办相关手续。

三、发票管理

(1)纳税人按照防控疫情有关规定适用免征增值税政策的,不得开具增值税专用发票;已开具增值税专用发票的,应当开具对应红字发票或者作废原发票,再按规定适用免征增值税政策并开具普通发票。

① 纳税人符合防控疫情规定的免征增值税行为,已开具增值税专用发票的,应当开具对应红字发票或者作废原发票,再按规定适用免征增值税政策并开具普通发票。纳税人在开具红字发票时,应当按照《国家税务总局关于红字增值税发票开具有关问题的公告》(国家税务总局公告2016年第47号)中关于开具红字专用发票的规定和流程进行操作。

② 纳税人发生符合规定的免征增值税行为的,不得开具增值税专用发票。纳税人开具增值税普通发票、机动车销售统一发票等注明税率或征收率栏次的普通发票时,应当在税率或征收率栏次填写"免税"字样。在开具增值税普通发票中的卷票、通用机打发票等未注明税率或征收率栏次的普通发票时,应当在"销售额""金额"等栏次填写免税销售额。

(2)纳税人在疫情防控期间已经开具增值税专用发票,按照规定应当开具对应红字发票而未及时开具的,可以先适用免征增值税政策,对应红字发票应当于相关免征增值税政策执行到期后1个月内完成开具。

条文理解 为保障纳税人可以及时享受到此次免税政策,允许纳税人先适用免征增值税政策,随后再按规定开具对应红字发票,开具的期限为相关政策执行到期后1个月内。

【案例 3-16】 A 酒店与 B 集团公司有住宿费协议,定期结算,其中有一笔业务发生在 2019 年 11 月,当时按"未开票收入"已经纳税,现在 B 集团要求补开增值税专用发票。请问 A 酒店上年已经交税的收入,现在是否可以开具专用发票,如果补开专用发票是否影响 A 酒店 2 月享受免税政策?

A 酒店可以对已按"未开票收入"缴纳增值税的业务补开增值税专用发票。根据 2020 年第 8 号公告的规定,自 2020 年 1 月 1 日起实施,2020 年 1 月 1 日指的是纳税义务发生时间。2019 年 A 酒店已经按照"未开票"收入申报缴纳增值税,纳税义务发生时间为 2019 年,可以为其补开增值税专用发票,现补开专用发票不影响其 2020 年 1 月 1 日后享受上述规定的免征增值税政策。

四、纳税申报

(1) 纳税人按照 2020 年第 8 号公告和 2020 年第 9 号公告有关规定享受免征增值税优惠的,可自主进行免税申报,无需办理有关免税备案手续,但应将相关证明材料留存备查。

条文理解 按照"放管服"改革要求,为切实减轻纳税人负担,《国家税务总局关于支持新型冠状病毒感染的肺炎疫情防控有关税收征收管理事项的公告》(国家税务总局公告 2020 年第 4 号)明确规定,纳税人按照 2020 年第 8 号公告和 2020 年第 9 公告的规定,享受增值税免税优惠的,无需办理有关免税备案手续,只需自主进行增值税、消费税免税申报,并将相关证明材料留存备查即可。需注意的是,免征增值税行为不能开具增值税专用发票,但是可以开具普通发票。如果开的是注明税率或征收率栏次的普通发票,应当在税率或征收率栏次填写"免税"字样。

(2) 按照 2020 年第 8 号公告和 2020 年第 9 号公告的规定,适用免税政策的纳税人在办理增值税纳税申报时,应当填写增值税纳税申报表及《增值税减免税申报明细表》相应栏次。在《国家税务总局关于支持新型冠状病毒感染的肺炎疫情防控有关税收征收管理事项的公告》(国家税务总局公告 2020 年第 4 号)发布前,纳税人已将适用免税政策的销售额、销售数量,按照征税销售额、销售数量进行增值税纳税申报的,可以选择更正当期申报或者在下期申报时调整。已征应予免征的增值税税款,可以予以退还或者分别抵减纳税人以后应缴纳的增值税税款。

条文理解 按照 2020 年第 8 号公告和 2020 年第 9 号公告的规定,支持疫情防控优惠政策自 2020 年 1 月 1 日起实施,截止日期视疫情情况另行公告。由于 2020 年第 8 号公告和 2020 年第 9 号公告是追溯执行,因此适用免税政策的纳税人在办理增值税纳税申报时,要区分以下几种情形进行处理:

(1) 未开具增值税专用发票,且尚未进行纳税申报。纳税人在办理 1 月属期的增值税纳税申报时,可以进行免税申报,应将当期适用免税政策的销售额等项目填写在增值税纳税申报表免税栏次。同时,还应当填报《增值税减免税申报明细表》,填写时应准确选择减免税代码,准确填写免税销售额等项目。

（2）未开具增值税专用发票，已按征税项目进行了纳税申报。纳税人可以选择更正当期申报或者在下期申报时调整。选择更正申报的，可以对 1 月属期增值税纳税申报表进行更正申报，将当期应适用免税政策的销售额等项目填入增值税纳税申报表和《增值税减免税申报明细表》对应栏次。选择在下期申报时调整的，可以在办理 2 月属期增值税纳税申报时，在征税项目中负数冲减 1 月属期适用免税政策的销售额和销项税额，在增值税纳税申报表免税栏次和《增值税减免税申报明细表》对应栏次填报 1～2 月属期适用免税政策的免税销售额等项目。上述已征的应予免征的增值税税款，可向税务机关申请退还或者抵减纳税人以后应缴纳的增值税税款。

（3）已经开具增值税专用发票。纳税人应将当期开具增值税专用发票的销售额和销项税额，据实填写在增值税纳税申报表征税项目对应栏次。在纳税人按照规定开具对应红字发票的当期，再将红字发票记载的负数销售额和销项税额计入增值税纳税申报表征税项目的对应栏次，同时将对应的免税销售额等项目计入增值税纳税申报表免税栏次和《增值税减免税申报明细表》对应栏次。

需要说明的是，在纳税人受疫情影响，应开具而未能及时开具对应红字发票的特殊情况下，可以先适用免征增值税政策。如适用免税政策的纳税人在 1 月开具了增值税专用发票，应当在 2 月开具对应红字发票，但由于受疫情影响与接受发票方无法取得联系，而未能及时开具。这种情况下，纳税人在办理 2 月属期增值税纳税申报时，可在增值税纳税申报表征税项目相关栏次，填报负数冲减 1 月增值税专用发票对应的销售额和销项税额，在增值税纳税申报表免税栏次和《增值税减免税申报明细表》对应栏次，填报免税销售额等项目。在后期补开增值税红字发票和普通发票后，进行对应属期增值税纳税申报时，红字发票销售额和销项税额、普通发票免税销售额和免税额不应重复计入。

五、复工复产

根据《财政部　税务总局关于支持个体工商户复工复业增值税政策的公告》（财政部　税务总局公告 2020 年第 13 号，以下简称 2020 年第 13 号公告）的规定，自 2020 年 3 月 1 日至 5 月 31 日，对湖北省增值税小规模纳税人，适用 3％征收率的应税销售收入，免征增值税；适用 3％预征率的预缴增值税项目，暂停预缴增值税。除湖北省外，其他省、自治区、直辖市的增值税小规模纳税人，适用 3％征收率的应税销售收入，减按 1％征收率征收增值税；适用 3％预征率的预缴增值税项目，减按 1％预征率预缴增值税。随后，《财政部　税务总局关于延长小规模纳税人减免增值税政策执行期限的公告》（财政部　税务总局公告 2020 年第 24 号）规定，2020 年第 13 号公告的税收优惠政策实施期限延长到 2020 年 12 月 31 日。

（1）增值税小规模纳税人取得应税销售收入，纳税义务发生时间在 2020 年 2 月底以前，适用 3％征收率征收增值税的，按照 3％征收率开具增值税发票；纳税义务发生时间在 2020 年 3 月 1 日至 5 月 31 日，适用减按 1％征收率征收增值税的，按照 1％征收率开具增值税发票。

（2）增值税小规模纳税人按照《财政部　税务总局关于支持个体工商户复工复业增值

税政策的公告》(国家税务总局公告 2020 年第 13 号,以下简称 2020 年第 13 号公告)有关规定,减按 1% 征收率征收增值税的,按下列公式计算销售额:

$$销售额 = 含税销售额 ÷ (1 + 1\%)$$

【案例 3-17】 B 为辽宁省增值税小规模企业,提供鉴证咨询服务的同时销售电脑和图书。该纳税人选择 1 个季度为纳税期限。2020 年 1 月提供鉴证咨询服务自行开具增值税普通发票价税合计 10.3 万元,未开具发票收入 3.09 万元;2 月销售电脑自行开具增值税普通发票价税合计 7.21 万元;3 月提供鉴证咨询服务自行开具增值税专用发票价税合计 10.1 万元。该企业一季度应如何缴纳增值税?

该企业 1 月、2 月适用征收率为 3%,3 月适用征收率为 1%(2020 年第 13 号公告)。该纳税人通过税控器具开具普通发票不含税收入 = (10.3 + 7.21) ÷ (1 + 3%) = 17(万元),未开票不含税收入 = 3.09 ÷ (1 + 3%) = 3(万元),开具增值税专用发票不含税收入 = 10.1 ÷ (1 + 1%) = 10(万元),季度销售额合计 30 万元。按照《财政部 税务总局关于实施小微企业普惠性税收减免政策的通知》(财税〔2019〕13 号)的规定,小规模纳税人发生增值税应税销售行为,合计月销售额未超过 10 万元(以 1 个季度为 1 个纳税期的,季度销售额未超过 30 万元)的,免征增值税。该纳税人不含税销售收入等于 30 万元,符合政策规定,可以享受免征增值税优惠政策,但其开具增值税专用发票的销售收入需要计算缴纳税款,因此,该纳税人 2020 年一季度应缴纳增值税 = 10 × 1% = 0.1(万元)。

(3) 增值税小规模纳税人在办理增值税纳税申报时,按照《财政部 税务总局关于支持个体工商户复工复业增值税政策的公告》(国家税务总局公告 2020 年第 13 号)的有关规定,免征增值税的销售额等项目应当填写在《增值税纳税申报表(小规模纳税人适用)》及《增值税减免税申报明细表》免税项目相应栏次;减按 1% 征收率征收增值税的销售额应当填写在《增值税纳税申报表(小规模纳税人适用)》"应征增值税不含税销售额(3% 征收率)"相应栏次,对应减征的增值税应纳税额按销售额的 2% 计算填写在《增值税纳税申报表(小规模纳税人适用)》"本期应纳税额减征额"及《增值税减免税申报明细表》减税项目相应栏次。

《增值税纳税申报表(小规模纳税人适用)附列资料》第 8 栏"不含税销售额"计算公式调整为:第 8 栏 = 第 7 栏 ÷ (1 + 征收率)。

【案例 3-18】 A 为某省增值税小规模企业,提供鉴证咨询服务,选择 1 个季度为纳税期限。2020 年 1 月提供鉴证咨询服务自行开具增值税普通发票价税合计 10.3 万元,2 月提供鉴证咨询服务未开具发票收入 10.3 万元;3 月提供鉴证咨询服务自行开具增值税普通发票价税合计 10.1 万元。请问该企业一季度应如何进行纳税申报?

该企业 1 月、2 月适用征收率为 3%,3 月适用征收率为 1%,各月份不含税收入 = 10.3 ÷ (1 + 3%) + 10.3 ÷ (1 + 3%) + 10.1 ÷ (1 + 1%) = 30(万元),季度销售额合计 30 万元。

按照《财政部 税务总局关于实施小微企业普惠性税收减免政策的通知》(财税〔2019〕13 号)的规定,2019 年 1 月 1 日至 2021 年 12 月 31 日小规模纳税人发生增值税应税销售行为,合计月销售额未超过10万元(以1个季度为1个纳税期的,季度销售额未超过30万元)的,免征增值税。该纳税人不含税销售收入等于30万元,符合政策规定,可以享受免征增值税优惠政策。

填报要点:对发生的经济业务进行梳理分类是填报的前提,本案例应先按销售货物和提供应税服务进行分类,将货物销售和提供应税服务行为取得的销售收入以及对应的税款分别计算、填列申报表。本案例中纳税人销售货物实现销售收入为0,申报表"货物及劳务"列相关栏次为0。提供的应税服务相关数据应填列至"服务、不动产和无形资产"列对应的相关栏次,其一季度享受的免税额为7 000元(10×3‰+10×3‰+10×1‰×100 000),应将销售收入与免税额填写至的"免税销售额"(9栏)、"小微企业免税销售额"(10栏)、"本期免税额"(17栏)和"小微企业免税额"(18栏)等栏次。

(4)增值税小规模纳税人取得应税销售收入,纳税义务发生时间在2020年2月底以前,已按3%征收率开具增值税发票,发生销售折让、中止或者退回等情形需要开具红字发票的,按照3%征收率开具红字发票;开票有误需要重新开具的,应按照3%征收率开具红字发票,再重新开具正确的蓝字发票。

第四章　增值税会计处理

　　鉴于增值税征收管理的复杂性,在日常会计核算中与税收核算存在差异,为统一核算标准,保证会计信息质量,方便纳税人遵循,制定统一的核算规则具有必要性。2006年发布的企业会计准则对增值税核算仅做了一些概况性、原则性说明,加之处于营业税改增值税的特殊改革时期,新情况、新业态不断增加,正确的增值税会计处理对于增值税管理的十分重要。

　　2011年11月16日,财政部和国家税务总局联合下发了《财政部　国家税务总局关于印发〈营业税改征增值税试点方案〉的通知》(财税〔2011〕110号),2012年1月1日在上海市试点营改增,自此开启我国财税体制改革中营改增的大幕。2016年1月,国务院总理李克强主持召开座谈会。决定营改增作为深化财税体制改革的重头戏,前期试点已取得积极成效,2016年要全面推开,进一步较大幅度减轻企业税负。国务院提交十二届全国人大四次会议审议的《政府工作报告》提出,全面实施营改增,从5月1日起,将试点范围扩大到建筑业、房地产业、金融业、生活服务业。2016年3月23日,财政部和国家税务总局联合下发了《财政部　国家税务总局关于全面推开营业税改征增值税试点的通知》(财税〔2016〕36号),配套发布了《营业税改征增值税试点实施办法》,落实在全国范围内全面推开营改增试点。随着营改增试点范围的不断扩大,试点行业的不断拓展,为进一步规范增值税会计处理,促进《财政部　国家税务总局关于全面推开营业税改征增值税试点的通知》(财税〔2016〕36号)的贯彻落实,财政部会计司于2016年12月3日制定并颁布了《增值税会计处理规定》(财会〔2016〕22号印发),要求所有企业事业单位按规定执行。与此同时,2016年5月1日至《增值税会计处理规定》施行之间(2016年12月3日起施行)发生的交易由于《增值税会计处理规定》的规定而影响资产、负债等金额的,应按规定调整。《营业税改征增值税试点有关企业会计处理规定》(财会〔2012〕13号)及《关于小微企业免征增值税和营业税的会计处理规定》(财会〔2013〕24号)等原有关增值税会计处理的规定同时废止。本章主要介绍增值税各种情形下的会计处理与实务操作,特别是涉及各类行业的增值税的会计处理方式,以帮助读者进一步了解和掌握,便于在日常工作中得以应用。

第一节　增值税会计科目及专栏设置

　　根据增值税管理的法律法规,无论单位还是个人,只要发生增值税行为,就成为增值税的纳税人,当存在特殊情形时,会成为代扣代缴义务人。增值税纳税人按照经营规模大小,划分为一般纳税人和小规模纳税人,划分标准依据为《财政部　国家税务总局关于统一增值税小规模纳税人标准的通知》(财税〔2018〕33号)。财政部制定的《增值税会计处理规定》(财会〔2016〕22号印发)按照一般纳税人与小规模纳税的特点分别对会计科目的设置进行了规定。

一、一般纳税人的会计科目及专栏设置

财政部会计司颁布的《增值税会计处理规定》(财会〔2016〕22号印发)与原来增值税一般纳税人相关会计科目的设置相比有很大幅度的调整。增值税一般纳税人应当在"应交税费"科目下设置"应交增值税""未交增值税""预交增值税""待抵扣进项税额""待认证进项税额""待转销项税额""增值税留抵税额""简易计税""转让金融商品应交增值税""代扣代交增值税"等明细科目。鉴于增值税一般纳税人有两种计税方法:一般计税方法与简易计税方法,在会计科目设置时将二者予以区分。如表4-1所示。

表4-1 一般纳税人应交税费明细科目

类型	计税方法	明细科目
纳税义务	一般计税方法	应交增值税
		未交增值税
		预交增值税
		待抵扣进项税额
		待认证进项税额
		待转销项税额
		增值税留抵税额
		转让金融商品应交增值税
	简易计税方法	简易计税
扣缴义务		代扣代交增值税

明细科目具体用途为:

(1)为了详细核算企业应缴纳增值税的计算和解缴、抵扣等情况,增值税一般纳税人应在"应交增值税"明细科目内设置"进项税额""销项税额抵减""已交税金""转出未交增值税""减免税款""出口抵减内销产品应纳税额""销项税额""出口退税""进项税额转出""转出多交增值税"等专栏,"应交税费——应交增值税"科目的专栏科目,如表4-2所示。

①"进项税额"专栏,记录一般纳税人购进货物、加工修理修配劳务、服务、无形资产或不动产而支付或负担的、准予从当期销项税额中抵扣的增值税税额。

②"销项税额抵减"专栏,记录一般纳税人按照现行增值税制度规定因扣减销售额而减少的销项税额。

③"已交税金"专栏,记录一般纳税人当月已缴纳的应交增值税税额。

④"转出未交增值税"和"转出多交增值税"专栏,分别记录一般纳税人月度终了转出当月应交未交或多交的增值税税额。

表 4-2　应交税费——应交增值税的专栏

应交税费——应交增值税

借方	贷方
1. 进项税额	1. 销项税额
2. 销项税额抵减	2. 出口退税
3. 已交税金	3. 进项税额转出
4. 转出未交增值税	4. 转出多交增值税
5. 减免税款	
6. 出口抵减内销产品应纳税额	
期末借方余额,反映尚未抵扣的进项税额	贷方无余额

⑤"减免税款"专栏,记录一般纳税人按现行增值税制度规定准予减免的增值税税额。

⑥"出口抵减内销产品应纳税额"专栏,记录实行"免、抵、退"办法的一般纳税人按规定计算的出口货物的进项税抵减内销产品的应纳税额。

⑦"销项税额"专栏,记录一般纳税人销售货物、加工修理修配劳务、服务、无形资产或不动产应收取的增值税税额。

⑧"出口退税"专栏,记录一般纳税人出口货物、加工修理修配劳务、服务、无形资产按规定退回的增值税税额。

⑨"进项税额转出"专栏,记录一般纳税人购进货物、加工修理修配劳务、服务、无形资产或不动产等发生非正常损失以及其他原因而不应从销项税额中抵扣、按规定转出的进项税额。

(2)"未交增值税"明细科目,核算一般纳税人月度终了从"应交增值税"或"预交增值税"明细科目转入当月应交未交、多交或预缴的增值税税额,以及当月缴纳以前期间未交的增值税税额。应当注意的是,该科目的主要功能是集中体现向税务机关缴纳的税款。另外,预交增值税款的是否可以转入还应该区分不同情形,按照相应税收政策规定转入,比如销售自行开发的房地产项目,只有当其纳税义务发生时方可抵减转入。

(3)"预交增值税"明细科目,核算一般纳税人转让不动产、提供不动产经营租赁服务、提供建筑服务、采用预收款方式销售自行开发的房地产项目等,以及其他按现行增值税制度规定应预缴的增值税税额。但是依据《财政部　国家税务总局关于建筑服务等营改增时点政策的通知》(财税〔2017〕58 号)的规定,从 2017 年 7 月 1 日起,提供建筑服务纳税义务发生时间不再是预收到账款时,其纳税义务发生时间同增值税纳税义务发生时间的一般规定执行。但纳税人提供建筑服务取得预收款,应在收到预收款时,以取得的预收款扣除支付的分包款后的余额,按照规定的预征率预缴增值税。按照现行规定应在建筑服务发生地预缴增值税的项目,纳税人收到预收款时在建筑服务发生地预缴增值税。按照现行规定无需在建筑服务发生地预缴增值税的项目,纳税人收到预收款时在机构所在地预缴增值税。

(4)"待抵扣进项税额"明细科目,核算一般纳税人已取得增值税扣税凭证并经税务机关认证,按照现行增值税制度规定准予以后期间从销项税额中抵扣的进项税额。包括一般纳税人自 2016 年 5 月 1 日后取得并按固定资产核算的不动产或者 2016 年 5 月 1 日后取得的不动产在建工程,按现行增值税制度规定准予以后期间从销项税额中抵扣的进项税额,该政策执行至 2019 年 3 月 31 日,根据《财政部 税务总局 海关总署关于深化增值税改革有关政策的公告》(财政部 税务总局 海关总署公告 2019 年第 39 号)的规定,自 2019 年 4 月 1 日起,不动产取得的进项税额可一次性抵扣;实行纳税辅导期管理的一般纳税人取得的尚未交叉稽核比对的增值税扣税凭证上注明或计算的进项税额。另外,随着《财政部 税务总局关于统一增值税小规模纳税人标准的通知》(财税〔2018〕33 号)的出台,小规模纳税人标准发生了重大变化,原增值税一般纳税人可选择在 2018 年 12 月 31 日之前转登记为小规模纳税人。针对上述情形,《国家税务总局关于统一小规模纳税人标准等若干增值税问题的公告》(国家税务总局公告 2018 年第 18 号)规定,一般纳税人可选择按照《财政部 税务总局关于统一增值税小规模纳税人标准的通知》(财税〔2018〕33 号)第二条的规定,转登记为小规模纳税人,或选择继续作为一般纳税人。转登记纳税人尚未申报抵扣的进项税额以及转登记日当期的期末留抵税额,计入"应交税费——待抵扣进项税额"核算。转登记纳税人在一般纳税人期间销售或者购进的货物、劳务、服务、无形资产、不动产,自转登记日的下期起发生销售折让、中止或者退回的,调整转登记日当期的销项税额、进项税额和应纳税额。调整后的应纳税额大于转登记日当期申报的应纳税额形成的少缴税款,从"应交税费——待抵扣进项税额"中抵减;抵减后仍有余额的,计入发生销售折让、中止或者退回当期的应纳税额一并申报缴纳。转登记纳税人应准确核算"应交税费——待抵扣进项税额"的变动情况。

(5)"待认证进项税额"明细科目,核算一般纳税人由于未经税务机关认证而不得从当期销项税额中抵扣的进项税额。包括:一般纳税人已取得增值税扣税凭证,按照现行增值税制度规定准予从销项税额中抵扣,但尚未经税务机关认证的进项税额;一般纳税人已申请稽核但尚未取得稽核信息相符结果的海关缴款书进项税额。根据《国家税务总局关于扩大小规模纳税人自行开具增值税专用发票试点范围等事项的公告》(国家税务总局公告 2019 年第 8 号)的规定,自 2019 年 3 月 1 日起,扩大取消增值税发票认证的纳税人范围。将取消增值税发票认证的纳税人范围扩大至全部一般纳税人。一般纳税人取得增值税发票(包括增值税专用发票、机动车销售统一发票、收费公路通行费增值税电子普通发票,下同)后,可以自愿使用增值税发票选择确认平台查询、选择用于申报抵扣、出口退税或者代办退税的增值税发票信息。该科目失去了实质意义,实务中将不会再使用,有时对外贸型出口企业购进货物劳务及服务出口的增值税进项发票,在申报出口退税时,由于只认证而不抵扣进项税额,企业因此会用到该科目。

(6)"待转销项税额"明细科目,核算一般纳税人销售货物、加工修理修配劳务、服务、无形资产或不动产,已确认相关收入(或利得)但尚未发生增值税纳税义务而需于以后期间确认为销项税额的增值税税额。该科目属于会计科目中的过渡科目,主要处理会计准则确认收入时点早于增值税纳税义务发生时点的问题。

(7)"增值税留抵税额"明细科目,核算兼有销售服务、无形资产或者不动产的原增值税一般纳税人，截止到纳入营改增试点之日前的增值税期末留抵税额按照现行增值税制度规定不得从销售服务、无形资产或不动产的销项税额中抵扣的增值税留抵税额。随着《国家税务总局关于调整增值税般纳税人留抵税额申报口径的公告》（国家税务总局公告2016年第75号）的施行，增值税留抵税额的余额可以一次性抵扣，"增值税留抵税额"明细科目不再具有使用价值。

（8）"简易计税"明细科目，核算一般纳税人采用简易计税方法发生的增值税计提、扣减、预缴、缴纳等业务。目前，作为一般纳税人采用简易方法项目专用账户，其目的是与一般计法项目增值税的核算完全分开。需要特别注意的是，简易计税方法项目增值税税额的也在"简易计税"明细科目核算，不通过"预交增值税"明细科目；采用简易计税方法征税项目因扣减销售额而抵减的增值税税额也在"简易计税"明细科目核算，不通过"应交税费——应交增值税（销项税额抵减）"科目。

（9）"转让金融商品应交增值税"明细科目，核算增值税纳税人转让金融商品发生的增值税税额。金融商品转让卖出价减买入价的负差不得抵减其他应税项目的销售额，只能向以后期间结转用以后期间金融商品转让卖出价减买入价的正差抵减，但是如果负差年末仍未得到抵减，不得结转下一年度抵减。为了防止金融商品转让的负差用其他应税项目的销售额抵减，新规定单独设置"转让金融商品应交增值税"明细科目，专门核算转让金融商品正差形成的增值税应纳税额、负差形成的可抵减增值税税额和金融商品转让项目缴纳增值税以金融商品买入时应按含税买入价记入金融资产类科目借方（假设不考虑相关费用），及年末可抵减增值税税额的冲销情况。

（10）"代扣代交增值税"明细科目，核算纳税人购进在境内未设经营机构的境外单位或个人在境内的应税行为代扣代缴的增值税。

二、小规模纳税人的会计科目设置

小规模纳税人只需在"应交税费"科目下设置"应交增值税"明细科目，不需要设置上述专栏及除"转让金融商品应交增值税""代扣代交增值税"外的明细科目。如表4-3所示。

表4-3 小规模纳税人应交税费明细科目

类型	计税方法	明细科目
纳税义务	简易计税方法	应交增值税
		转让金融商品应交增值税
扣缴义务		代扣代交增值税

第二节 增值税一般纳税人的会计处理

本节围绕《增值税会计处理规定》（财会〔2016〕22号印发），分别从购进业务、销售业务、差额征税、一般计税方法下缴纳增值税、简易计税方法项目、出口业务以及增值税优惠的增值会计处理详细介绍了实务中增值税一般纳税人会涉及的增值税会计处理。

一、购进业务的增值税会计处理

增值税一般纳税人购进货物、加工修理修配劳务、服务、无形资产或不动产进项税额允许抵扣的账务处理，按应计入相关成本费用或资产的金额，借记"在途物资"或"原材料""库存商品""生产成本""无形资产""固定资产""管理费用"等科目，按当月已认证的可抵扣增值税税额，借记"应交税费——应交增值税（进项税额）"科目，按当月未认证的可抵扣增值税税额，借记"应交税费——待认证进项税额"科目，按应付或实际支付的金额，贷记"应付账款""应付票据""银行存款"等科目。发生退货的，如原增值税专用发票已做认证，应根据税务机关开具的红字增值税专用发票做相反的会计分录；如原增值税专用发票未做认证，应将发票退回并做相反的会计分录。

（一）国内购进业务的会计处理

一般纳税人购进项目能够产生进项税额，形成可以抵扣的进项税额，必须同时满足三个条件：一是抵扣范围，购进项目不能超出税法规定进项税额抵扣的范围；二是扣税凭证，购进项目必须取得合法的扣税凭证；三是抵扣时限，取得的扣税凭证在规定的抵扣时限内经过了认证、申请稽核比对、申报扣除等程序。但《国家税务总局关于扩大小规模纳税人自行开具增值税专用发票试点范围等事项的公告》（国家税务总局公告2019年第8号）规定，自2019年3月1日起，扩大取消增值税发票认证的纳税人范围。将取消增值税发票认证的纳税人范围扩大至全部一般纳税人。一般纳税人取得增值税发票（包括增值税专用发票、机动车销售统一发票、收费公路通行费增值税电子普通发票，下同）后，可以自愿使用增值税发票选择确认平台查询、选择用于申报抵扣、出口退税或者代办退税的增值税发票信息。另外，《国家税务总局关于取消增值税扣税凭证认证确认期限等增值税征管问题的公告》（国家税务总局公告2019年第45号）规定，增值税一般纳税人取得2017年1月1日及以后开具的增值税专用发票、海关进口增值税专用缴款书、机动车销售统一发票、收费公路通行费增值税电子普通发票，取消认证确认、稽核比对、申报抵扣的期限。纳税人在进行增值税纳税申报时，应当通过本省（自治区、直辖市和计划单列市）增值税发票综合服务平台对上述扣税凭证信息进行用途确认。如果增值税一般纳税人取得2016年12月31日及以前开具的增值税专用发票、海关进口增值税专用缴款书、机动车销售统一发票，超过认证确认、稽核比对、申报抵扣期限，但符合规定条件的，仍可按照《国家税务总局关于逾期增值税扣税凭证抵扣问题的公告》（国家税务总局公告2011年第50号公布，国家税务总局公告2017年第36号、国家税务总局公告2018年第31号修改）、《国家税务总局关于未按期申报抵扣增值税扣税凭证有关问题的公告》（国家税务总局公告2011年第78号公布，国家税务总局公告2018年第31号修改）的规定，继续抵扣进项税额。

目前，增值税扣税凭证有分五种：增值税专用发票、海关进口增值税专用缴款书、农产品收购发票或销售发票、解缴税款的完税凭证和通行费发票。纳税人取得的增值税扣税凭证不符合法律、行政法规或者国家税务总局有关规定的,其进项税额不得从销项税额中抵扣。根据购进项目来源不同,取得扣税凭证具体有下列情形:

(1) 纳税人从境内购进货物、劳务、服务(公路内河通行服务除外)、无形资产和不动产应以增值税专用发票作为扣税凭证。

(2) 从境内购进农产品除增值税专用发票外还可以农产品收购发票或销售发票作为扣税凭证。

(3) 从境内购进公路内河通行服务以通行费发票作为扣税凭证。

(4) 纳税人从境外购进货物应以海关进口增值税专用缴款书作为扣税凭证。

(5) 纳税人从境外购进服务、无形资产和不动产应以代扣代缴税款的完税凭证作为扣税凭证。纳税人凭完税凭证抵扣进项税额的,应当具备书面合同、付款证明和境外单位的对账单或者发票。资料不全的,其进项税额不得从销项税额中抵扣。

1. 购进货物增值税的会计处理

1) 单货同到

单货同到是购进货物时,发票与货物同时到达购买方。企业首先应判定是否取得可以抵扣进项税额的扣税凭证,如果取得了扣税凭证,应按不含税价作为成本记入存货类科目借方,增值税税额作为当期或以后期间抵扣的进项税额;如果没有取得合法扣税凭证,应将价税合计价记入存货类科目借方。

【案例 4-1】 A 企业为增值税一般纳税人,2019 年 5 月购入原材料一批,取得的增值税专用发票,注明的价款为 30 000 元,增值税税额为 3 900 元,建筑材料已入库,款项已支付。企业当月将该张增值税专用发票认证抵扣。

借:原材料 30 000
  应交税费——应交增值税(进项税额) 3 900
  贷:银行存款 33 900

2) 货到单未到

货物等已验收入库但尚未取得增值税扣税凭证的账务处理。一般纳税人购进的货物等已到达并验收入库,但尚未收到增值税扣税凭证并未付款的,应在月末按货物清单或相关合同协议上的价格暂估入账,不需要将增值税的进项税额暂估入账。下月初,用红字冲销原暂估入账金额,待取得相关增值税扣税凭证并经认证后,按应计入相关成本费用或资产的金额,借记"原材料""库存商品""固定资产""无形资产"等科目,按可抵扣的增值税税额,借记"应交税费——应交增值税(进项税额)"科目,按应付金额,贷记"应付账款"等科目。

【案例 4-2】 A 企业(一般纳税人)2019 年 5 月购入原材料一批,合同约定的价款为 30 000元,增值税税额为 3 900 元。5 月 23 日收到材料并验收入库,但直到月底仍未收到销售方开具的增值税专用发票,建筑材料项尚未支付。6 月 12 日 A 企业向销售方支付货款并取得增值税专用发票,注明金额为 30 000 元,增值税税额为 3 900 元。

(1) 5 月 23 日收到材料,不作会计处理,5 月 31 日发票账单未到,按协议价暂估入账:

```
借：原材料                                          33 900
    贷：应付账款——暂估应付账款                        33 900
```

（2）6月初,用红字冲回：

```
借：原材料(红字)                                    33 900
    贷：应付账款——暂估应付账款(红字)                  33 900
```

（3）6月12日收到发票时：

```
借：原材料                                          30 000
    应交税费——应交增值税(进项税额)                    3 900
    贷：银行存款                                      33 900
```

3）单到货未到

收到发票时,按货物不含税价记入"在途物资"或"材料采购"科目,增值税税额记入"应交税费——应交增值税(进项税额)",待货物到达验收合格入库后,将货物成本从"在途物资"或"材料采购"转入"原材料"等科目。

【**案例4-3**】 A企业为增值税一般纳税人,2019年5月购入材料一批,5月26日取得的销售方开具的增值税专用发票,注明的价款为30 000元,增值税税额为3 900元,但建筑材料尚未到达,企业当月末已将该张增值税专用发票认证抵扣。6月3日建筑材料运抵企业,验收合格后入库,并将增值税专用发票抵扣,款项尚未支付。

（1）5月26日收到发票时：

```
借：在途物资                                        30 000
    应交税费——应交增值税(进项税额)                    3 900
    贷：应付账款                                      33 900
```

（2）6月3日货物验收入库时：

```
借：原材料                                          30 000
    贷：在途物资                                      30 000
```

2. 购进劳务或服务增值税的会计处理

自2016年全国营改增试点的全面推进,增值税的征税范围已经覆盖原来营业税所有行为。纳税人购进劳务或服务,能够取得扣税凭证且属于抵扣范围的,进项税额可以抵扣。购进劳务或服务取得增值税专用发票时,记入"应交税费——应交增值税(进项税额)"科目。

【**案例4-4**】 A公司为增值税一般纳税人,2019年6月支付传媒公司广告费53 000元,取得的增值税专用发票,注明的价款为50 000元,增值税税额为3 000元,款项通过银行转账支付。

```
借：销售费用                                        50 000
    应交税费——应交增值税(进项税额)                    3 000
    贷：银行存款                                      53 000
```

(二)境外购进业务(或项目)的会计处理

1. 境外购进货物

纳税人从境外购进货物,在报关进口时应当缴纳进口增值税,从海关取得的海关进口增值税专用缴款书上注明的增值税税额准予从销项税额中抵扣。从境外购进货物将不含税价支付给境外供货方,将进口增值税税额支付给海关,支付的进口增值税就是纳税人在购进货物时支付或负担的进项税额,可以从销项税额中抵扣。

企业从境外购进货物,购买货物支付的购买价款和相关税费计入存货成本;在报关进口环节需要缴纳进口增值税,取得的海关进口增值税专用缴款书,可以作为购进货物抵扣进项税额的扣税凭证,缴纳的进口增值税税额记入"应交税费——应交增值税(进项税额)"科目。

【案例4-5】　A企业增值税一般纳税人,2018年9月从国外进口设备一台,关税完税价格为280 000元,关税税率为20%,缴纳关税为56 000元;增值税税率为16%,缴纳进口增值税=(280 000+280 000×20%)×16%=53 760(元),取得完税凭证,款项用银行存款支付,取得了海关进口专用缴款书,上述进口货物不含消费税。

```
借:固定资产                                          336 000
    应交税费——应交增值税(进项税额)                   53 760
  贷:银行存款                                                    389 760
```

2. 境外购进服务或无形资产

按照现行增值税制度规定,境外单位或个人在境内发生应税行为,在境内未设有经营机构的,以购买方为增值税扣缴义务人。境内一般纳税人购进服务、无形资产或不动产,按应计入相关成本费用或资产的金额,借记"生产成本""无形资产""固定资产""管理费用"等科目;按可抵扣的增值税税额,借记"应交税费——进项税额"科目(小规模纳税人应借记相关成本费用或资产科目);按应付或实际支付的金额,贷记"应付账款"等科目;按应代扣代缴的增值税税额,贷记"应交税费——代扣代交增值税"科目。实际缴纳代扣代缴增值税时,按代扣代缴的增值税税额,借记"应交税费——代扣代交增值税"科目,贷记"银行存款"科目。

【案例4-6】　A银行2019年1月对其可视化操作系统进行改造,接受境外B公司技术指导,合同总价为20万元(含税价)。当月改造完成,境外B公司在中国无代理机构,A公司办理扣缴增值税手续,取得扣缴解缴税款的完税凭证,税款为200 000÷(1+6%)×6%=11 320.75(元),并将扣税后的价款支付给B公司。书面合同、付款证明和B公司的对账单齐全。会计处理如下:

```
借:应交税费——代扣代交增值税                        11 320.75
  贷:银行存款                                                   11 320.75

借:在建工程                                          188 679.25
    应交税费——应交增值税(进项税额)                 11 320.75
  贷:应交税费——代扣代交增值税                                11 320.75
    银行存款                                                    188 679.25
```

（三）辅导期管理的一般纳税人购进业务会计处理

实行辅导期管理的一般纳税人，购进业务取得的扣税凭证实行"先比对后抵扣"管理办法，其取得的增值税专用发票注明的增值税税额，暂时未取得税务机关比对相符通知书前，记入"应交税费——待抵扣进项税额"科目，只有在收到税务机关稽核比对相符通知书后，才能在当期抵扣，记入"应交税费——应交增值税（进项税额）"科目；取得的海关进口增值税专用缴款书应申请交叉稽核比对，未收到交叉稽核比对结果前，暂时不得抵扣，海关缴款书注明的增值税税额记入"应交税费——待抵扣进项税额"科目，收到税务机关下发的《稽核结果通知书》时，根据比对结果相符的海关缴款书注明的增值税税额，记入"应交税费——应交增值税（进项税额）"科目。

【案例 4-7】 A 公司为增值税一般纳税人，2019 年 5 月因虚开增值税专用发票被税务机关稽查部门查处，当月收到主管税务机关的《税务事项通知书》，告知从 6 月 1 日起对其实行纳税 6 个月的辅导期管理。6 月 3 日，公司当月第一次领购专用发票 25 份，17 日已全部开具，取得运输服务营业额 196 200 元（含税）；18 日该公司再次到主管税务机关申领发票，按规定对前次已领购并开具的专用发票销售额预缴 3% 的增值税。6 月公司运输车辆加油取得增值税专用发票 56 500 元（含税）；车辆修理费取得增值税专用发票 4 520 元（含税）。

（1）取得运输服务销售款的核算：

借：银行存款 196 200

　　贷：主营业务收入——运输服务收入 180 000

　　　　应交税费——应交增值税（销项税额） 16 200

（2）增量购买专用发票预缴增值税税款的核算：196 200÷(1+9%)×3%＝5 400（元）。

借：应交税费——应交增值税（已交税金） 5 400

　　贷：银行存款 5 400

（3）取得加油费和维修费进项税额的核算：

借：销售费用——加油费 50 000

　　　　　　——维修费 4 000

　　应交税费——待抵扣进项税额 7 020

　　贷：银行存款 61 020

（四）购进农产品的会计处理

1. 未实行农产品核定抵扣办法企业购进农产品

根据《财政部　税务总局　海关总署关于深化增值税改革有关政策的公告》（财政部　税务总局　海关总署 2019 年第 39 号公告）的规定，自 2019 年 4 月 1 日起，纳税人购进农产品，原适用 10% 扣除率的，扣除率调整为 9%。纳税人购进用于生产或者委托加工 13% 税率货物的农产品，按照 10% 的扣除率计算进项税额。农产品购入时，取得增值税专用发票、海关进口增值税专用缴款书、农产品收购发票或销售发票均按 9% 的税率（或扣除率，2018 年 5

月 1 日至 2019 年 4 月 1 日为 10%)抵扣进项额税,根据支付的全部价款减去进项税额,倒挤出农产品成本;月末,根据当月生产领用的农产品计算当月可加计扣除的进项税。

购进农产品时,按 9% 扣除率计算的进项税额,借记"应交税费——应交增值税(进项税额)"科目,按买价减去按规定计算的进项税额后的差额,记入"原材料""库存商品"等存货成本。期末,根据企业销售业务适用的增值税税率确定是否可以享受加计扣除:如果企业销售业务适用税率为 13% 的,则按当期生产领用农产品已经抵扣的进项税额为依据,计算 1% 的加计扣除的进项税额,将加计扣除的进项税额冲减当期成本;如果企业销售业务适用的税率为 9%,不能用加计扣除计算,月末不需要再进行加计扣除的账务处理。

【案例 4-8】 A 加工厂(增值税一般纳税人),购进小麦加工成面包对外销售。2019 年 4 月面包厂购进小麦,取得一般纳税人开具的增值税专用发票,注明金 100 万元,税额 9 万元,款项用银行存款支付;取得小规模纳税人代开的增值税专用发票,注明金额 200 万元,税额 6 万元,款项用银行存款支付;收购农业生产者小麦,支付现金 3 万元,给农业生产者开具收购发票。购进的小麦当月全部生产领用,A 加工厂会计处理如下(单位:万元):

(1) 从一般纳税人购进小麦时,应抵扣的进项税额为:$100 \times 10\% = 10$(万元)。增值税专用发票上注明的增值税税额为 9 万元,但纳税人可以抵扣 10 万元进项税额。

借:原材料		100
应交税费——应交增值税(进项税额)		9
贷:银行存款		109

(2) 从小规模纳税人购进小麦时,可以抵扣的进项税额为:$200 \times 10\% = 20$(万元)。增值税专用发票上注明的增值税虽为 6 万元,但按照政策规定纳税人可以按 20 万元抵扣进项税额,18 万元($200 \times 9\%$)在购入当期抵扣:

借:原材料		188
应交税费——应交增值税(进项税额)		18
贷:银行存款		206

(3) 从农业生产者购进小麦用于生产面包的进项税额为:$3 \times 10\% = 0.3$(万元),其中 0.27 万元($3 \times 9\%$)在购入当期抵扣:

借:原材料		2.73
应交税费——应交增值税(进项税额)		0.27
贷:库存现金		3.00

月末,计提当月可加计扣除的进项税额。加计扣除农产品进项税额=当期生产领用农产品已按 9% 税率(扣除率)抵扣税额$\div 9\% \times (10\% - 9\%) = (9 + 18 + 0.3) \div 9\% \times (10\% - 9\%) = 3.03$(万元)。

借:应交税费——应交增值税(进项税额)		3.03
贷:生产成本(或主营业务成本)		3.03

2. 实行农产品核定抵扣办法企业购进农产品

纳税人购进农产品时无论取得何种扣税凭证,购进时均不计提增值税进项税额,按照含税价计入成本,月末根据当期已销产品数量或成本计算可在当期抵扣的农产品增值税进项税额,并同时冲减销售成本。也就是说,纳税人购进农产品取得的农产品增值税专用发票和海关进口增值税专用缴款书,按照注明的金额及增值税税额并记入成本科目自行开具的农产品收购发票和取得的农产品销售发票,并按照注明的买价直接计入成本。月末,试点纳税人应当按照规定准确计算当期允许抵扣农产品值税进项税额,并从相关成本科目转入"应交税费——应交增值税(进项税额)"科目。

【案例 4-9】 A 公司为增值税一般纳税人,按照投入产出法核定农产品进项税额。2019 年 4 月 1 日至 4 月 30 日开具农产品收购凭证购进原乳 2 500 吨,买价 1 000 万元,原乳平均购买单价为 4 000 元/吨;销售 10 000 吨巴氏杀菌牛乳,取得不含税销售额 4 000 万元。已知原乳单耗数量为 1.09 吨。

(1)购进原乳:

借:原材料——原乳 10 000 000

　　贷:银行存款 10 000 000

(2)销售巴氏杀菌乳:

借:银行存款等 43 600 000

　　贷:主营业务收入 40 000 000

　　　　应交税费——应交增值税(销项税额) 3 600 000

结转成本会计分录略

(3)月末核定当月可抵扣农产品进项税额

当期允许抵扣农产品增值税进项税额=当期农产品耗用数量×农产品平均购买单价×扣除率÷(1+扣除率)=10 000×1.09×4 000×9%÷(1+9%)=3 600 000(元)

借:应交税费——应交增值税(进项税额) 3 600 000

　　贷:主营业务成本 3 600 000

(五) 购进不动产的会计处理

根据《国家税务总局关于发布〈不动产进项税额分期抵扣暂行办法〉的公告》(国家税务总局公告 2016 年第 15 号)(注:根据国家税务总局公告 2019 年第 14 号文件第九条的规定,本文件自 2019 年 4 月 1 日起全文废止)的规定,增值税一般纳税人 2016 年 5 月 1 日后取得并在会计制度上按固定资产核算的不动产,以及 2016 年 5 月 1 日后发生的不动产在建工程,其进项税额应按照本办法有关规定分 2 年从销项税额中抵扣,第一年抵扣比例为 60%,第二年抵扣比例为 40%。60%的部分于取得扣税凭证的当期从销项税额中抵扣;40%的部分为待抵扣进项税额,于取得扣税凭证的当月起第 13 个月从销项税额中抵扣。购进不动产,进项税额应分 2 年抵扣,购进当期抵扣 60%,购进的第 13 个月抵扣 40%。购进当期,按照专用发票上注明的增值税税额的 60%,借记"应交税费——应交增值税(进项税额)"科目,专用发票上注明增值税税额的40%,借记"应交税费——待抵扣进项税额"科目。购进的第13个月,将增值税税额的40%从"应交税费——待抵扣进项税额"科目转入"应交税费——应交增值税(进项税额)"科目。

另外,根据《财政部　税务总局　海关总署关于深化增值税改革有关政策的公告》(财政部　税务总局　海关总署2019年第39号公告)的规定,自2019年4月1日起,《营业税改征增值税试点有关事项的规定》(财税〔2016〕36号印发)第一条第(四)项第一点、第二条第(一)项第一点停止执行,纳税人取得不动产或者不动产在建工程的进项税额不再分2年抵扣。此前按照上述规定尚未抵扣完毕的待抵扣进项税额,可自2019年4月税款所属期起从销项税额中抵扣。

【案例4-10】　2018年2月,A公司购进不动产专用建材1 000万元,取得进项税额170万元。会计处理如下:

```
借:在建工程                                           10 000 000
    应交税费——待抵扣进项税额                             680 000
          ——应交增值税(进项税额)                       1 020 000
    贷:银行存款                                       11 700 000
```

满12个月后,2019年2月,该公司会计处理为:

```
借:应交税费——应交增值税(进项税额)                       680 000
    贷:应交税费——待抵扣进项税额                           680 000
```

【案例4-11】　接[案例4-10]假如2019年2月,A公司购进不动产专用建材1 000万元,取得进项税额160万元。会计处理如下:

```
借:在建工程                                           10 000 000
    应交税费——待抵扣进项税额                             640 000
          ——应交增值税(进项税额)                         960 000
    贷:银行存款                                       11 600 000
```

2019年4月,该公司会计处理为:

```
借:应交税费——应交增值税(进项税额)                       640 000
    贷:应交税费——待抵扣进项税额                           640 000
```

假如2019年8月,A公司购进不动产专用建材1 000万元,取得进项税额130万元。会计处理如下:

```
借:在建工程                                           10 000 000
    应交税费——应交增值税(进项税额)                       1 300 000
    贷:银行存款                                       11 300 000
```

(六) 购进旅客运输服务的会计处理

根据《财政部　税务总局　海关总署关于深化增值税改革有关政策的公告》(财政部　税

务总局 海关总署 2019 年第 39 号公告)的规定,自 2019 年 4 月 1 日起,纳税人购进国内旅客运输服务,其进项税额允许从销项税额中抵扣。

【案例 4-12】 A 企业为增值税一般纳税人,2019 年 2 月该企业职工报销差旅费,其中报销交通费用(飞机票)11 000 元,取得增值税专用发票注明金额 10 000 元,进项税额 1 000元。则该笔旅客运输对应的进项税额为:

借:管理费用或相关科目	10 000
应交税费——应交增值税(进项税额)	1 000
贷:其他应收款	11 000
借:管理费用或相关科目	1 000
贷:应交税费——应交增值税(进项税额转出)	1 000

【案例 4-13】 接[案例 4-12],A 企业为增值税一般纳税人,2019 年 5 月,该企业职工报销差旅费,其中报销交通费用(飞机票)10 900 元,取得增值税专用发票注明金额 10 000元,进项税额 900 元。则该笔旅客运输对应的进项税额为:

借:管理费用或相关科目	10 000
应交税费——应交增值税(进项税额)	900
贷:其他应收款	10 900

(七) 购进发生退回业务的会计处理

根据《增值税暂行条例》的规定,纳税人适用一般计税方法计税的,因销售折让、中止或者退回而退还给购买方的增值税税额,应当从当期的销项税额中扣减;因销售折让、中止或者退回而收回的增值税税额,应当从当期的进项税额中扣减。

企业购进货物退回,应将原确认的货物成本冲减"原材料"等存货类科目,将原确认的增值税进项税额冲减"应交税费——应交增值税(进项税额)"等科目,按可收回的含税价值增加"应收账款"或"银行存款"等。需要注意的是,"应交税费——应交增值税(进项税额)"科目设置在"应交税费——应交增值税"科目借方,冲减进项税额应用红字登记"应交税费——应交增值税(进项税额)"科目。

【案例 4-14】 A 物流企业为一般纳税人,2019 年 4 月,委托上海 B 公司一项运输业务,取得 B 公司开具的货物运输业增值税专用发票,价款 20 万元,注明的增值税税额为 1.8万元。从附近农民收购 1 500 元稻草用作运输货物保护,按规定已开具收购凭证。另外与H 公司签订合同,约定让 H 公司提供运输服务,并于签订协议时全额支付现金 6 万元,H 公司开具了专用发票。由于前往目的地的道路被冲毁,双方同意中止履行合同。5 月 8 日,A物流企业收到 H 公司开具的红字专用发票及返还的运费。

借:主营业务成本	200 000.00
应交税费——应交增值税(进项税额)	18 000.00
贷:应付账款——B 公司	218 000.00

借：周转材料——低值易耗品	1 365.00	
应交税费——应交增值税(进项税额)	135.00	
贷：库存现金		1 500.00

借：在途物资	55 045.87	
应交税费——应交增值税(进项税额)	4 954.13	
贷：库存现金(或银行存款)		60 000.00

中止合同时,

借：在途物资	55 045.87	
应交税费——应交增值税(进项税额)	4 954.13	
贷：库存现金(或银行存款)		60 000.00

(八) 购进时进项税额不得抵扣的会计处理

一般纳税人购进货物、加工修理修配劳务、服务、无形资产或不动产,用于简易计税方法计税项目、免征增值税项目、集体福利或个人消费等,其进项税额按照现行增值税制度规定不得从销项税额中抵扣的,取得增值税专用发票时,应借记相关成本费用或资产科目。

(1) 购入时即能认定其用于免税项目、简易计税方法项目、集体福利和个人消费的,进项税额不能抵扣,其专用发票上注明的增值税税额,计入购入货物、服务、无形资产、不动产的成本,不计提增值税进项税额。

(2) 购入时不能确定其具体用途,可以将进项税额先行抵扣按照增值税专用发票上注明的增值税税额,记入"应交税费——应交增值税(进项税额)"科目;如果这部分购入货物、服务、无形资产以后用于免税项目、简易计税方法项目、集体福利和个人消费的,应将原已计入进项税额的增值税税额转入相关成本费用科目。

【案例 4-15】　A 建筑企业为增值税一般纳税人,2019 年 6 月购买材料,取得增值税专用发票注明金额 100 000 元,进项税额 13 000 元。该批材料用于适用简易计税方法的老建筑项目,其进项税额不得抵扣,应直接计入成本。会计处理如下:

借：原材料	100 000	
应交税费——应交增值税(进项税额)	13 000	
贷：银行存款		113 000

该批材料用于适用简易计税方法的老建筑项目时:

借：原材料	13 000	
贷：应交税费——应交增值税(进项税额转出)		13 000

(九) 购进进项税额抵扣情况发生改变的会计处理

因发生非正常损失或改变用途等,原已计入进项税额、待抵扣进项税额或待认证进项税额,但按现行增值税制度规定不得从销项税额中抵扣的,借记"待处理财产损溢""应付职工薪酬""固定资产""无形资产"等科目,贷记"应交税费——应交增值税(进项税额转出)""应交税费——待抵扣进项税额"或"应交税费——待认证进项税额"科目;原不得抵扣且未抵扣进项税额的固定资产、无形资产等,因改变用途等用于允许抵扣进项税额的应税项目的,应按允许抵扣的进项税额,借记"应交税费——应交增值税(进项税额)"科目,贷记"固定资产""无形资产"等科目。固定资产、无形资产等经上述调整后,应按调整后的账面价值在剩余尚可使用寿命内计提折旧或摊销。

【案例 4-16】 A 企业为增值税一般纳税人,2019 年 6 月因管理不善霉烂变质材料一批,该批材料购买时,取得增值税专用发票注明金额 100 000 元,进项税额 13 000 元,该笔进项税额已抵扣。假设无相关责任人赔偿,则该批非正常损失的购进货物,其取得的进项税额不得抵扣,应做进项税额转出处理。会计处理如下:

借:待处理财产损益——待处理流动资产损溢   113 000

     贷:原材料或相关科目   100 000

         应交税费——应交增值税(进项税额转出)   13 000

借:管理费用   113 000

     贷:待处理财产损益——待处理流动资产损溢   113 000

二、销售业务的增值税会计处理

(一) 销售业务增值税的会计处理

企业销售货物、加工修理修配劳务、服务、无形资产或不动产,应当按应收或已收的金额,借记"应收账款""应收票据""银行存款"等科目,按取得的收入金额,贷记"主营业务收入""其他业务收入""固定资产清理""工程结算"等科目,按现行增值税制度规定计算的销项税额(或采用简易计税方法计算的应纳增值税税额),贷记"应交税费——应交增值税(销项税额)"或"应交税费——简易计税"科目(小规模纳税人应贷记"应交税费——应交增值税"科目)。发生销售退回的,应根据按规定开具的红字增值税专用发票做相反的会计分录。

按照国家统一的会计制度确认收入或利得的时点早于按照增值税制度确认增值税纳税义务发生时点的,应将相关销项税额计入"应交税费——待转销项税额"科目,待实际发生纳税义务时再转入"应交税费——应交增值税(销项税额)"或"应交税费——简易计税"科目。

按照增值税制度确认增值税纳税义务发生时点早于按照国家统一的会计制度确认收入或利得的时点的,应将应纳增值税税额,借记"应收账款"科目,贷记"应交税费——应交增值税(销项税额)"或"应交税费——简易计税"科目,按照国家统一的会计制度确认收入或利得时,应按扣除增值税销项税额后的金额确认收入。

1. 直接收款、托收承付与委托收款方式销售货物或服务

现销方式销售货物(或服务)包括直接收款方式销售货物(或服务)、托收承付方式销售货物(或服务)和委托收款方式销售货物(或服务)。正常情况下,提供货物(或服务)的同时收讫货款或取得收取货款的权利,此时会计上应确认收入,增值税的纳税义务也在此环节发生。现销方式销售货物(或服务),按实现的不含税收入,贷记"主营业务收入"等科目,按应纳的增值税税额,贷记"应交税费——应交增值税(销项税额)"科目,按实现含税价款,借记"应收账款""银行存款"等科目。

【案例 4-17】 A 企业为增值税一般纳税人,2019 年 5 月提供交通运输服务,取得不含税收入 100 万元。提供物流辅助服务,取得不含税收入 100 万元,按照适用税率,分别开具增值税专用发票,款项已收。

(1) 取得运输收入时:

借:银行存款	1 090 000
贷:主营业务收入——运输	1 000 000
应交税费——应交增值税(销项税额)	90 000

(2) 取得物流辅助收入时:

借:银行存款	1 060 000
贷:其他业务收入——物流	1 000 000
应交税费——应交增值税(销项税额)	60 000

结转成本会计分录略。

2. 分期收款方式销售货物或服务

分期收款方式销售商品(或服务),在会计上,发出商品并且所有权转移当期以该商品的公允价值确认商品销售收入,同时结转商品销售成本,用合同价格与商品公允价值之间的差额确认融资利息,其增值税纳税义务发生时间为合同约定的收款日期。因此,在没有先开具发票的情形下,分期收款方式销售商品(或服务)当期,会计上全额确认商品(或服务)销售收入,此时增值税纳税义务并未发生,增值税税额暂时挂放在"应交税费——待转销项税额"科目贷方,等到合同约定的收款日期,无论款项是否收到,均应按合同约定的收款金额计算增值税销项税额,从"应交税费——待转销项税额"科目转入"应交税费——应交增值税(销项税额)"科目。

【案例 4-18】 A 企业为增值税一般纳税人,2019 年 4 月与客户 B 公司约定销售设备采用分期收款方式,其销售价格不含税价为 500 万元,平均分 5 次在每季季末收取货款。2019 年 4 月 30 日收到第一笔货款 113 万元。已知设备在 2019 年 4 月 1 日现销价为 420 万元。

(1) 2019 年 9 月 4 日销售实现时:

借:长期应收账款	5 650 000
贷:主营业务收入	4 200 000
未实现融资收益	800 000
应交税费——待转销项税额	650 000

结转成本会计分录略。

（2）2019 年 4 月 30 日收到第一笔货款时：

借：银行存款	1 130 000
贷：长期应收账款	1 130 000
借：应交税费——待转销项税额	130 000
贷：应交税费——应交增值税（销项税额）	130 000

确认当期实现融资收益会计分录略。

（3）后四次收取货款的会计分录同上。

3. 销售折扣

商业折扣采用净额法核算，销售实现时，直接按商业折扣后的净额确认收入，商业折扣在账面上不作反映；现金折扣采用总额法核算，销售实现时，按未扣除现金折扣前的总额确认收入，现金折扣在实际发生时确认为"财务费用"。

【案例 4-19】　A 企业为增值税一般纳税人，2019 年 5 月以折扣方式销售甲产品，每台产品不含税售价 50 000 元，如果购买方购买数量在 100 台以上，给予 5% 的商业折扣。B 公司购买 A 企业甲产品 200 台，A 企业开具增值税专用发票，注明不含税价款 1 000 万元，折扣款 50 万元，增值税税额合计 123.5 万元，收到款项 1 073.5 万元存入银行。

借：银行存款	10 735 000
贷：主营业务收入	9 500 000
应交税费——应交增值税（销项税额）	1 235 000

【案例 4-20】　A 公司为增值税一般纳税人，在 2019 年 4 月 1 日向 B 公司销售一批商品，开出的增值税专用发票上注明的销售价款为 10 000 元，增值税税额为 1 300 元。为及早收回货款，A 公司和 B 公司约定的现金折扣条件为：2/10，1/20，n/30。假定计算现金折扣时不考虑增值税税额。会计处理如下：

借：应收账款	11 300
贷：主营业务收入	10 000
应交税费——应交增值税（销项税额）	1 300

如果 B 公司在 4 月 9 日付清货款，则按销售总价 10 000 元的 2% 享受现金折扣 200 元（10 000×2%），实际付款 11 100 元（11 300−200）。

借：银行存款	11 100
财务费用	200
贷：应收账款	11 300

如果 B 公司在 4 月 18 日付清货款，则按销售总价 10 000 元的 1% 享受现金折扣 100 元（10 000×1%），实际付款 11 200 元（11 300−100）。

借：银行存款	11 200
财务费用	100
贷：应收账款	11 300

如果 B 公司在 4 月 30 日付清货款时:

借:银行存款 　　　　　　　　　　　　　　　　　　　　　　　　11 300

　　贷:应收账款 　　　　　　　　　　　　　　　　　　　　　　　　11 300

4. 销售折让

销售折让是在销售已经实现后发生的,在销售实现时,企业已经全额确认了收入并结转了成本,在发生销售折让时,应冲减折让当期的销售收入(属于资产负债表日后事项的除外)。

【案例 4-21】　A 公司为增值税一般纳税人,2019 年 5 月销售给 B 商店一批产品,不含税销售额为 100 万元。该批产品成本为 50 万元,A 公司当月收讫销售款项并给购买方开具增值税专用发票。2019 年 7 月,B 商店发现所购 A 公司产品部分有质量问题,遂与 A 公司协商,索取销售折让,最终双方达成一致意见:A 公司退还购买方销售折让 11.3 万元。会计处理如下:

销售实现时:

借:银行存款 　　　　　　　　　　　　　　　　　　　　　　　1 130 000

　　贷:主营业务收入 　　　　　　　　　　　　　　　　　　　　1 000 000

　　　　应交税费——应交增值税(销项税额) 　　　　　　　　　　130 000

同时:

借:主营业务成本 　　　　　　　　　　　　　　　　　　　　　　500 000

　　贷:库存商品 　　　　　　　　　　　　　　　　　　　　　　　500 000

7 月发生销售折让时:

借:主营业务收入 　　　　　　　　　　　　　　　　　　　　　　100 000

　　应交税费——应交增值税(销项税额) 　　　　　　　　　　　　13 000

　　贷:银行存款 　　　　　　　　　　　　　　　　　　　　　　　113 000

5. 以旧换新

企业以旧换新方式销售货物,应按新货物的同期售价确定销售收入,计算增值税的纳税义务,换回的旧货物相当于购入。

【案例 4-22】　A 公司为增值税一般纳税人,主要经销某型号冰箱,每台不含税销售价格 10 000 元。为推广新研发的冰箱,A 公司决定采用以旧换新方式销售该型号冰箱,任何旧冰箱都可以用来以旧换新,旧冰箱的收购价每台 1 000 元。2019 年 5 月,A 公司采用以旧换新方式销售该型号冰箱 100 台。

销项税额＝100×10 000×13％＝130 000(元)。

借:银行存款 　　　　　　　　　　　　　　　　　　　　　　　1 030 000

　　库存商品 　　　　　　　　　　　　　　　　　　　　　　　　100 000

　　贷:主营业务收入 　　　　　　　　　　　　　　　　　　　　1 000 000

　　　　应交税费——应交增值税(销项税额) 　　　　　　　　　　130 000

6. 销售时的积分业务

企业为了促进商品销售,采取购物返积分(代金券)、积分(代金券)抵现金或积分送礼等促销方式。这类促销方式涉及的增值税的处理分为两种:一是积分送礼方式赠送的礼品应当作为视同销售,按同类货物的平均销售价格计提增值税销项税额,同时购进赠品取得的增值税专用发票可以申请抵扣进项税额;二是积分(代金券)在再次购买商品时抵现金,企业在运用这种促销策略时,如果处理不当可能产生税收风险,用积分(代金券)抵现金购买的商品,被税务机关要求按照同类商品的同期售价征收增值税。

【案例4-23】 A超市连锁企业为增值税一般纳税人,在店庆时推出购物返券方式促销,购买指定商品满10 000元返200元购物券,购物券在购买指定商品时抵现金,有效期为7日。甲顾客购买一台冰箱,含税售价为11 500元,收讫11 500元现金后返给甲顾客200元购物券。甲顾客持该购物券购买了一件含税价为226元的风扇,A超市连锁企业实际收款26元。

(1)销售冰箱时:

借:库存现金	11 500
贷:主营业务收入	10 000
应交税费——应交增值税(销项税额)	1 300
应付票据——购物券	200

结转成本会计分录略。

(2)销售风扇时:

借:应付票据——购物券	200
库存现金	26
贷:主营业务收入	200
应交税费——应交增值税(销项税额)	26

结转成本会计分录略。

7. 出售已使用过的固定资产

增值税一般纳税人销售自己使用过的、纳入营改增试点之前取得的固定资产,按照现行旧货相关增值税政策执行。出售已使用过的固定资产,通过"固定资产清理"科目核算。企业销售已使用过的固定资产,应当将固定资产的净值转入"固定资产清理"科目借方;发生清理费用记入"固定资产清理"科目借方;取得固定资产销售收入时,按收取的含税金额,借记"银行存款""应收账款"等科目,按不含税销售额贷记"固定资产清理"科目,按照增值税政策规定计算的增值税税额贷记"应交税费——应交增值税(销项税额)"科目(采用一般计税方法)或贷记"应交税费——简易计税"科目(采用简易计税方法)。固定资产清理完毕,需要将"固定资产清理"科目核算的净损益转入营业外收支,即净收益转入"营业外收入"科目,净损失转入"营业外支出"科目,结转之后,"固定资产清理"科目无余额。

【案例4-24】 A公司2015年6月购入一辆运输车辆(营改增之前缴纳营业税,固定资产进项税额未抵扣),价税合计 234 000 元,采用直线法折旧,按照 4 年计提折旧,预计净残值 5%,自 2016 年 5 月 1 起实行营改增,认定为增值税一般纳税人,2016 年 8 月出售,取得价款 150 000 元。

企业购入设备时:

借:固定资产　　　　　　　　　　　　　　　　　　　　　　234 000.00
　　贷:银行存款　　　　　　　　　　　　　　　　　　　　　　234 000.00

按月计提折旧时,每月计提折旧数额=234 000×(1-5%)÷4÷12=4 631.25(元),其分录为:

借:管理费用　　　　　　　　　　　　　　　　　　　　　　4 631.25
　　贷:累计折旧　　　　　　　　　　　　　　　　　　　　　　4 631.25

企业销售时,将固定资产价值转入清理:

借:固定资产清理　　　　　　　　　　　　　　　　　　　　169 162.50
　　累计折旧　　　　　　　　　　　　　　　　　　　　　　64 837.50
　　贷:固定资产　　　　　　　　　　　　　　　　　　　　　234 000.00

收款时:

借:银行存款　　　　　　　　　　　　　　　　　　　　　　150 000.00
　　贷:固定资产清理　　　　　　　　　　　　　　　　　　　147 087.38
　　　　应交税费——简易计税(150 000÷1.03×0.02)　　　　　2 912.62

结转净损益:

借:营业外支出——处置固定资产净损失　　　　　　　　　　22 075.12
　　贷:固定资产清理(169 162.5-147 087.38)　　　　　　　　22 075.12

注:上例适用于固定资产购进时未作进项税额抵扣的情形,下例是在营改增之后企业销售购进固定资产时的业务处理,适用于在固定资产购进时已作进项税额抵扣之后,出售固定资产的情形。

【案例 4-25】　A 公司为增值税一般纳税人,2017 年 8 月购入一辆运输车辆,取得机动车销售专用发票,价款 200 000 元,增值税 34 000 元,采用直线法折旧,按照 4 年计提折旧,预计净残值 5%,2019 年 8 月出售,取得价款 113 000 元。

购入时:

借:固定资产　　　　　　　　　　　　　　　　　　　　　　200 000.00
　　应交税费——应交增值税(进项税额)　　　　　　　　　　34 000.00
　　贷:银行存款　　　　　　　　　　　　　　　　　　　　　234 000.00

按月计提折旧时,每月计提折旧额=200 000×(1-5%)÷4÷12=3 958.33(元),分录为:

借:管理费用　　　　　　　　　　　　　　　　　　　　　　3 958.33
　　贷:累计折旧　　　　　　　　　　　　　　　　　　　　　　3 958.33

销售时,将固定资产价值转入清理:

借:固定资产清理　　　　　　　　　　　　　　　　　　　105 000.00

　　累计折旧　　　　　　　　　　　　　　　　　　　　　95 000.00

　　贷:固定资产　　　　　　　　　　　　　　　　　　　　200 000.00

收款时:

借:银行存款　　　　　　　　　　　　　　　　　　　　113 000.00

　　贷:固定资产清理　　　　　　　　　　　　　　　　　　100 000.00

　　　　应交税费——应交增值税(销项税额)　　　　　　　13 000.00

结转净损益时:

借:营业外支出——处置固定资产净损失　　　　　　　　5 000.00

　　贷:固定资产清理　　　　　　　　　　　　　　　　　　5 000.00

(二)视同销售业务的增值税会计处理

企业将自产、委托加工或购买的货物无偿赠送他人,属于视同销售货物;单位或者个体工商户向其他单位或者个人无偿提供服务(用于公益事业或者以社会公众为对象的除外),属于视同销售服务;单位或者个人向其他单位或者个人无偿转让无形资产或者不动产(用于公益事业或者以社会公众为对象的除外),属于视同销售无形资产或者不动产。上述三种视同销售行为,应按规定计算缴纳增值税。企业发生税法上视同销售的行为,应当按照企业会计准则制度相关规定进行相应的会计处理,并按照现行增值税制度规定计算的销项税额(或采用简易计税方法计算的应纳增值税税额),借记"应付职工薪酬""利润分配"等科目,贷记"应交税费——应交增值税(销项税额)"或"应交税费——简易计税"科目(小规模纳税人应计入"应交税费——应交增值税"科目)。需要注意的是,以社会公众对象的服务活动,不属于视同提供应税服务。

【案例4-26】　A制造厂为增值税一般纳税人,小汽车的出厂价为每辆不含税价100 000元,成本价为80 000元。2019年5月单位将小汽车8辆捐赠给某协作单位,并开具了增值税专用发票。

借:营业外支出(80 000×8+104 000)　　　　　　　　　744 000

　　贷:库存商品　　　　　　　　　　　　　　　　　　　640 000

　　　　应交税费——应交增值税(销项税额)(100 000×13%×8)　　104 000

【案例4-27】　2019年5月3日,A美容院安排两名美容师参加某女企业家论坛,现场免费为3为女性化妆。2019年端午节,该美容院安排三名美发师参加"夕阳红"日活动,为社区老人进行免费理发60人。(化妆服务价格为1 000元/人次,理发20元/人次)。

应纳增值税税额=(3×1 000)÷(1+6%)×6%=169.81(元)。

借:营业外支出　　　　　　　　　　　　　　　　　　169.81

　　贷:应交税费——应交增值税(销项税额)　　　　　　169.81

三、差额征税的增值税会计处理

企业发生相关成本费用允许扣减销售额的账务处理。按现行增值税制度规定企业发生相关成本费用允许扣减销售额的,发生成本费用时,按应付或实际支付的金额,借记"主营业务成本""存货""工程施工"等科目,贷记"应付账款""应付票据""银行存款"等科目。待取得符合规定的增值税扣税凭证且纳税义务发生时,按照允许抵扣的税额,借记"应交税费——应交增值税(销项税额抵减)"或"应交税费——简易计税"科目(小规模纳税人应借记"应交税费——应交增值税"科目),贷记"主营业务成本""存货""工程施工"等科目。

【案例 4-28】 A 企业为增值税一般纳税人,2019 年 4 月 17 日,取得有形动产融资租赁业务支付的贷款利息(包括外汇借款和人民币借款利息)、关税、进口环节消费税、安装费、保险费开具的各种合法有效凭证,金额 10 万元。其会计处理如下:

销项税额抵减额=100 000÷(1+13%)×13%=11 504.42(元)。

借:主营业务成本   88 495.58
    应交税费——应交增值税(销项税额抵减)   11 504.42
  贷:银行存款   100 000.00

关于金融商品转让按规定以盈亏相抵后的余额作为销售额的会计处理内容详见金融业的增值税会计处理部分。

四、一般计税方法下缴纳增值税的会计处理

(一)预缴增值税的会计处理

增值税纳税人预缴增值税分为两种类型:一种是纳税义务尚未发生,但国家为了保证税款的及时足额入库,规定纳税人在收到预收款时,先按照一定预征率向税务机关预缴增值税,待纳税义务发生时,再准确计算出应纳税额,抵减已经预缴的增值税后,补缴应补税额;另一种是纳税义务发生了,为了划分不同地方税源,在项目所在地按一定预征率预缴增值税,当期还需要向机构所在地主管税务机关进行纳税申报的应纳税额减去项目所在地已预缴税额,余额在机构所在地补缴。

第一种类型的预缴增值税包括两项:一是房地产开发企业采用预收款方式销售开发产品,收到预收款时按 3%预征率预缴税款;二是建筑企业提供建筑服务取得预收款,在收到预收款时,以取得的预收款扣除支付的分包款后的余额,按照 3%或 2%的预征率(一般计税方法预征率为 2%,简易计税方法预征率为 3%)预缴增值税。

第二种类型的预缴增值税包括三项:一是跨地级市提供建筑服务;二是跨县(市)出租不动产;三是销售不动产。

企业预缴增值税时,借记"应交税费——预交增值税"科目,贷记"银行存款"科目。月末,企业应将"预交增值税"明细科目余额转入"未交增值税"明细科目,借记"应交税费——

未交增值税"科目,贷记"应交税费——预交增值税"科目。房地产开发企业等在预缴增值税后,应直至纳税义务发生时方可从"应交税费——预交增值税"科目结转至"应交税费——未交增值税"科目。

1. 针对预收款的预缴税款

【案例4-29】 A房地产公司为增值税一般纳税人,2019年4月开工建设某小区(采用一般计税方法),从政府受让该宗土地直接支付土地价款为1 000万元。2019年9月开发项目封顶,企业办理了《商品房预售许可证》,并开盘预售商品房。2019年9月,A房地产公司预售住房20套,总建筑面积为2 400平方米,共取得含税预收款400万元,存入银行。

(1)收到预收款时:

借:银行存款 4 000 000.00

贷:预收账款 4 000 000.00

(2)预缴税款时:

收到预收款应预缴增值税税款=预收款÷(1+税率)×3%=4 000 000÷(1+9%)×3%=110 091.74(元)。

借:应交税费——预交增值税 110 091.74

贷:银行存款 110 091.74

2. 针对税源地的预缴税款

【案例4-30】 A公司增值税一般纳税人,选择一般计税方法。2019年5月,该公司将一幢不在本区的办公楼以经营租赁方式出租给B公司,合同约定每月收取的租金为10万元。会计处理如下:

该项出租业务的销项税额=100 000÷(1+9%)×9%=8 256.88(元)。

在不动产所在税务局预缴税款=100 000÷(1+9%)×3%=2 752.29(元)。

(1)收到租金时:

借:银行存款 100 000.00

贷:其他业务收入 91 743.12

应交税费——应交增值税(销项税额) 8 256.88

(2)预缴增值税时:

借:应交税费——预交增值税 2 752.29

贷:银行存款 2 752.29

(二)月末转出多交增值税和未交增值税的会计处理

月度终了,企业应当将当月应交未交或多交的增值税自"应交增值税"明细科目转入"未交增值税"明细科目。对于当月应交未交的增值税,借记"应交税费——应交增值税(转出未交增值税)"科目,贷记"应交税费——未交增值税"科目;对于当月多交的增值税,借记"应交税费——未交增值税"科目,贷记"应交税费——应交增值税(转出多交增值税)"科目。

【案例 4-31】 A 企业为实行增值税辅导期管理的一般纳税人,2019 年 4 月"应交税费——应交增值税"科目资料,借方金额进项税额为 4 550 元,贷方金额销项税额为 6 850 元,已交税金 1 200 元。

本期应交增值税=6 850−4 550=2 300(元)。

应交增值税 2 300 元大于已交税金 1 200 元。因此,应补交增值税 1 100 元。

借:应交税费——应交增值税(转出未交增值税)　　　　　　　　　　　　1 100

　　贷:应交税费——未交增值税　　　　　　　　　　　　　　　　　　　　1 100

(三)缴纳增值税的账务处理

缴纳当月应交增值税的账务处理。企业缴纳当月应交的增值税,借记"应交税费——应交增值税(已交税金)"科目(小规模纳税人应借记"应交税费——应交增值税"科目),贷记"银行存款"科目。

缴纳以前期间未交增值税的账务处理。企业缴纳以前期间未交的增值税,借记"应交税费——未交增值税"科目,贷记"银行存款"科目。

【案例 4-32】 A 企业为增值税一般纳税人,2019 年 5 月"应交税费——应交增值税"科目资料,借方金额进项税额为 2 850 元,贷方金额销项税额为 8 550 元。

本期实际应交增值税=8 550−2 850=5 700(元)。

(1)月末转出未交增值税:

借:应交税费——应交增值税(转出未交增值税)　　　　　　　　　　　　5 700

　　贷:应交税费——未交增值税　　　　　　　　　　　　　　　　　　　　5 700

(2)次月申报期缴纳增值税:

借:应交税费——未交增值税　　　　　　　　　　　　　　　　　　　　　5 700

　　贷:银行存款　　　　　　　　　　　　　　　　　　　　　　　　　　　5 700

五、简易计税方法项目的增值税会计处理

一般纳税人采用简易计税方法发生增值税的计提、扣减、预缴、缴纳均通过"应交税费——简易计税"明细科目核算。

(一)需要预缴的简易计税方法项目

纳税人发生应税行为,确认收入时,应计提该项目应纳增值税税额,借记"银行存款""应收账款"等科目,贷记"主营业务收入"和"应交税费——简易计税"科目。在不动产所在地或建筑服务发生地预缴增值税时,借记"应交税费——简易计税"科目,贷记"银行存款"科目。

【案例 4-33】 A 公司为增值税一般纳税人,2019 年 5 月在外地市承揽了一项清包工业

务,A公司选择简易计税方法并向税务机关备案。当月该项目完工并验收合格,与建设方结算工程103万元,并向建设方开具增值税普通发票,注明含税金为103万元,款项已经收讫。月末,A公司按规定向建筑服务发生地税务机关预缴增值税。

(1)收到工程款时:

借:银行存款　　　　　　　　　　　　　　　　　　　　　　　1 030 000

　　贷:主营业务收入　　　　　　　　　　　　　　　　　　　　1 000 000

　　　　应交税费——简易计税　　　　　　　　　　　　　　　　　30 000

(2)向建筑服务发生地税务机关预缴增值税＝1 030 000÷(1＋3％)×3％＝30 000(元)。

借:应交税费——简易计税　　　　　　　　　　　　　　　　　　30 000

　　贷:银行存款　　　　　　　　　　　　　　　　　　　　　　　30 000

(3)向主管税务机关申报纳税时,应纳税额为30 000元,预税额也为30 000元,不需要补缴增值税。

(二)不需要预缴的简易计税方法项目

简易计税方法按照销售额和增值税征收率计算应纳增值税税额,在销售实现时,纳税人确认收入的同时计提增值税税额,计提的增值税税额记入"应交税费——简易计税"科目贷方,形成企业的负债;缴纳增值税时,记入"应交税费——简易计税"科目借方,负债减少。

【案例4-34】　A建筑公司为增值税一般纳税人,2019年8月以清包工方式为B公司提供建筑服务,选择适用简易计税方法计税。当月取得含税施工费50 000元。

借:银行存款　　　　　　　　　　　　　　　　　　　　　　　50 000.00

　　贷:其他业务收入　　　　　　　　　　　　　　　　　　　48 543.69

　　　　应交税费——简易计税　　　　　　　　　　　　　　　　1 456.31

六、出口业务的增值税会计处理

为核算纳税人出口货物应收取的出口退税款,设置"应收出口退税款"科目,该科目借方反映销售出口货物按规定向税务机关申报应退回的增值税、消费税等,贷方反映实际收到的出口货物应退回的增值税、消费税等。期末借方余额,反映尚未收到的应退税额。

实务中,企业出口货物劳务及服务主要实行三种退(免)税方式,一是免抵退税,二是免税,三是代办退税。其中,免抵退税计算较为复杂,"免"税是指对生产企业出口的自产货物,免征本企业生产销售环节增值税;"抵"税是指生产企业出口自产货物所耗用的原材料、零部件、燃料、动力等所含应予退还的进项税额,抵顶内销货物的应纳税额;"退"税是指生产企业出口的自产货物在当月内应抵顶的进项税额大于应纳税额时,对未抵顶完的部分予以退税。而现行财务会计制度中有关出口货物免抵退税会计核算的内容比较少,使很多企业在发生出口业务时无法把握会计处理的准确性。

(一) 实行免抵退税企业的会计处理

1. 生产企业免抵退税会计核算

实行"免、抵、退"办法的一般纳税人出口货物,在货物出口销售后结转产品销售成本时,按规定计算的退税额低于购进时取得的增值税专用发票上的增值税税额的差额(即当期免抵退税不得免征和抵扣税额),借记"主营业务成本"科目,贷记"应交税费——应交增值税(进项税额转出)"科目;按规定计算的当期出口货物的进项税抵减内销产品的应纳税额,借记"应交税费——应交增值税(出口抵减内销产品应纳税额)"科目,贷记"应交税费——应交增值税(出口退税)"科目。在规定期限内,内销产品的应纳税额不足以抵减出口货物的进项税额,不足部分按有关税法规定给予退税的,借记"应收出口退税款"科目,贷记"应交税费——应交增值税(出口退税)"科目,在实际收到退税款时,借记"银行存款"科目,贷记"应收出口退税款"科目。在实务中,当期应退税额,通过"计算退税的期末留抵税额"与"当期免抵退税额"相比较计算添列,当免抵退税额≥计算退税的期末留抵退税额时,当期应退税额=计算退税的期末留抵退税额时,当期出口抵减内销产品应纳税额(免抵额)=当期免抵退税额−当期应退税额;当免抵退税额<计算退税的期末留抵退税额时,当期应退税额=当期免抵退税额,当期应退税款与免抵退税额的差额结转下期继续抵扣;当计算的当期应纳税款≥0时,当期出口抵减内销产品应纳税额(免抵额)=当期免抵退税额。其中:

$$\text{当期免抵退税额} = \text{当期出口货物离岸价格(FOB价,单证信息收齐部分,下同)} \times \text{外汇人民币牌} \times \text{出口退税率}$$

$$\text{期末留抵退税额} = \left(\text{本期发生进项税额} + \text{上期留抵进项税额} - \text{本期进项税额转出}\right) - \text{本期发生的销项税额}$$

注:本期进项税额转出=出口货物人民币销售额×(征税率−退税率)。

【案例 4-35】 A公司为增值税一般纳税人,2019年8月发生以下业务(假设该公司出口货物征税率13%,出口退税率10%):当月购入材料100万元,已验收入库。本月发生出口销售收入折合人民币(FOB价)150万元,并且出口货物报关信息齐全,期初留抵进项税8万元,本月无内销业务发生。那么,该公司免抵退税的核算与会计处理如下:

(1)首先计算应退税额:

① 当期免抵退税额=出口货物人民币销售额×出口退税率=150×10%=15(万元)。

② 当期免抵退税不得免征和抵扣税额=出口货物人民币销售额×(出口货物适用税率−出口货物退税率)=150×(13%−10%)=4.5(万元)。

当期应纳税额=本期发生的销项税额−(本期发生进项税额+上期留抵进项税额−当期免抵退税不得免征和抵扣税额)=0−(100×13%+8−4.5)=−16.5(万元)。

由于期末留抵退税额为16.5万元>当期免抵退税额15万元。因此,本期应退税额为15万元,本期出口抵减内销产品应纳税额(免抵税额)=0。需要注意的是,留抵进项税额未退完部分1.5万元(16.5−15)结转下期继续抵扣。

（2）会计处理如下：

结转成本时：

借：主营业务成本   45 000

 贷：应交税费——应交增值税（进项税额转出）   45 000

凭税务机关审批的当期免抵退税数额做会计计处理：

借：应收出口退税款   150 000

 应交税费——应交增值税（出口抵减内销产品应纳税额）   0

 贷：应交税费——应交增值税（出口退税）   150 000

借：银行存款   150 000

 贷：应交税费——应交增值税（出口退税）   150 000

2. 一般贸易出口货物免抵退税会计核算

出口企业以一般贸易方式报关出口的货物，按照会计规定确认外销收入实现时，根据出口销售额（FOB价）进行账务处理，借记"应收账款"（或"银行存款"等）科目，贷记"主营业务收入"（或"其他业务收入"等）科目；在收齐出口货物报关单电子信息时，计算免抵退税不得免征和抵扣税额，并借记"主营业务成本"科目，贷记"应交税费——应交增值税（进项税额转出）"科目，同时，再计算免抵退税于次月的征期内向主管税务机关进行申报。次月，根据税务机关已审批的上期《生产企业免抵退税汇总申报表》中的应退税额进行账务处理，借记"应收出口退税款"科目，贷记"应交税费——应交增值税（出口退税）"科目；次月根据税务机关审核确认的上期《生产企业免抵退税汇总申报表》中免抵税额进行账务处理，借记"应交税费——应交增值税（出口抵减内销产品应纳税额）"科目，贷记"应交税费——应交增值税（出口退税）"科目；在实际收到出口退税款时，借记"银行存款"科目，贷记"应收出口退税款"科目。应当注意的是，在实务中，次月根据税务机关审核确认的上期《生产企业免抵退税汇总申报表》中免抵税额是作为税务机关免抵调库依据的，如果出口企业不作此笔会计处理虽不影响增值税的核算，但对会计核算的数据以及计算教育费附加及城市建设维护税有着直接的影响。因为，免抵退税额是计算税费的主要依据，应当进行账务处理。

【案例4-36】 A生产企业为增值税一般纳税人，具有进出口经营权，2019年8月，报关出口了一批A产品，出口CIF价为105万美元，其中运保费5万美元，40万美元未在当期收齐出口报关单（退税专用联）电子信息，60万美元在当期全部收齐单证且信息齐全。当月发生内销销售收入（不含税价）200万元，销项税额为26万元。购进原材料400万元，进项税额64万元（注：原材料于2019年4月1日之前购进，在8月取得增值税专用发票，其适用税率为16%），上期无留抵税额。假设，当月1日外汇中间价为6.3，并且出口105万美元全部收汇。已知，A产品的征税率为13%，退税率为13%，则A生产企业计算免抵退税如下：

（1）确认内销销售收入时：

借：应收账款   2 260 000

 贷：主营业务收入——内销收入   2 000 000

  应交税费——应交增值税（销项税额）   260 000

（2）购进原材料时：

借：原材料　　　　　　　　　　　　　　　　　　　　　　　　　　　4 000 000

　　应交税费——应交增值税（进项税额）　　　　　　　　　　　　　640 000

　　贷：银行存款　　　　　　　　　　　　　　　　　　　　　　　　　4 640 000

（3）按照会计规定，确认外销销售收入时：

根据《增值税暂行条例实施细则》第十五条的规定，纳税人按人民币以外的货币结算销售额的，其销售额的人民币折合率可以选择销售额发生的当天或者当月1日的人民币汇率中间价。纳税人应在事先确定采用何种折合率，确定后1年内不得变更。另外，根据《财政部　国家税务总局关于出口货物劳务增值税和消费税政策的通知》（财税〔2012〕39号）第四条的规定，生产企业出口货物劳务（进料加工复出口货物除外）增值税退（免）税的计税依据，为出口货物劳务的实际离岸价（FOB）。实际离岸价应以出口发票上的离岸价为准，但如果出口发票不能反映实际离岸价，主管税务机关有权予以核定。因此，收到外销款项=105×6.3=661.5（万元），其中，运保费为5×6.3=31.5（万元），换算出口货物FOB价为（105-5）×6.3=630（万元）。需要注意的是，虽然该企业已全额收汇，但计算免抵退税的依据必须是出口货物报关单信息齐全的FOB价，所以，按FOB价确定计入外销收入为630万元，而计算免抵退税的依据是（100-40）×6.3=378（万元），并非是当月做外销收入的630万元。

借：银行存款——外汇账款（国外客户）　　　　　　　　　　　　　6 615 000

　　贷：主营业务收入——外销收入　　　　　　　　　　　　　　　　6 300 000

　　　　其他应付款——运保费　　　　　　　　　　　　　　　　　　315 000

当期免抵退税额=当期出口货物离岸价格（FOB价，单证信息收齐部分，下同）×外汇人民币牌×出口退税率=（100-40）×6.3×13%=49.14（万元）。

当期免抵退税不得免征和抵扣税额=当期出口货物离岸价格×外汇人民币牌×（出口货物适用税率-出口货物退税率）=（1 000 000-400 000）×6.3×（13%-13%）=0（元）。

当期应纳税额=本期发生的销项税额-（本期发生进项税额+上期留抵进项税额-当期免抵退税不得免征和抵扣税额）=260 000-[640 000+0-0]=-380 000（元），当期期末留抵税额为380 000元。

由于，当期期末留抵税额380 000元小于免抵退税额491 400元，则当期应退税额为380 000元，免抵额=当期免抵退税额-当期应退税额=491 400-380 000=111 400（元）。

在9月的征期内向主管税务机关申报计算的免抵退税及增值税。9月底，主管税务机关对A生产企业申报的免抵退税审批完毕，并返还所属期8月的《生产企业免抵退税汇总申报表》，A生产企业应根据此表中审批的免抵退税额，在9月底作会计处理如下：

借：应收出口退税款　　　　　　　　　　　　　　　　　　　　　　380 000

　　应交税费——应交增值税（出口抵减内销产品应纳税额）　　　　111 400

　　贷：应交税费——应交增值税（出口退税）　　　　　　　　　　　491 400

当收到退税款时：

| 借：银行存款 | 380 000 | |
| 贷：应收出口退税款 | | 380 000 |

3. 进料加工业务免抵退税会计核算

生产企业进料加工复出口业务在会计核算上同自营出口货物企业大致相同，因属于进料加工，其加工材料属于保税进口料件，因此在计算当期退税的核算不同。国外进口料件时，企业应根据进口合同规定，凭全套进口单证，借记"材料采购"科目，贷记"应付账款"等科目；因进料复出口业务海关实行保税进口制度，无须核算税金，但是应当将进口关税结转到"材料采购"成本中；进料加工免抵退税具体计算与一般生产企业出口业务核算不同，主要区别在于计算当期免抵退税额。

$$当期免抵退税额 = \left[当期出口货物离岸价（信息齐全） - 当期出口货物耗用的保税进口料件金额 \right] \times 外汇人民币折合率 \times 出口货物退税率$$

$$当期免抵退税不得免征和抵扣税额 = \left[当期出口货物离岸价（信息齐全） - 当期出口货物耗用的保税进口料件金额 \right] \times 外汇人民币折合率 \times （征税率 - 退税率）$$

$$当期出口货物耗用的保税进口料件金额 = 当期出口货物离岸价（信息齐全） \times 计划分配率$$

$$计划分配率 = （计划进口总值 \div 计划出口总值） \times 100\%$$

【案例 4-37】　A 公司为增值税一般纳税人的生产企业，主要从事服装的进料加工复出口业务。2019 年 6 月，使用 C4589732522580 号手册（手册中注明的计划进口总值为 910 万元，计划出口总值为 1 300 万元）进口甲材料 10 吨，组成计税价格 830 万元，增值税率为 13%，海关全额保税；7 月从国内购入乙材料 400 万元，进项税额 52 万元，已入库；7 月发生内销收入 300 万元，进料加工货物复出口收入 80 万美元（出口货物报关单信息齐全），折合人民币 664 万元，已向银行交单，本月无上期结转的留抵税额。已知，出口货物税率为 13%，出口退税率为 13%，则 7 月免抵退税会计核算为：

（1）6 月进口甲材料 10 吨，依有关单据：

| 借：原材料——甲 | 8 300 000 | |
| 贷：应付账款等 | | 8 300 000 |

（2）7 月从国内购入乙材料 400 万元，进项税额 52 万元，已入库：

借：原材料——甲	4 000 000	
应交税费——应交增值税（进项税额）	520 000	
贷：应付账款等		4 520 000

（3）7 月发生内销收入 300 万元，依发票：

借：应收账款等	3 390 000	
贷：主营业务收入——内销收入		3 000 000
应交税费——应交增值税（销项税额）		390 000

(4)7月进料加工货物复出口80万美元,折合人民币664万元,已向银行交单:

借:银行存款 6 640 000

    贷:主营业务收入——外销收入 6 640 000

(5)"免、抵、退"税额核算:

计划分配率=(计划进口总值÷计划出口总值)×100%=910÷1 300×100%=70%。

当期出口货物耗用的保税进口料件金额=当期出口货物离岸价(信息齐全)×计划分配率=6 640 000×70%=4 648 000(万元)。

当期免抵退税额=[当期出口货物离岸价(信息齐全)-当期出口货物耗用的保税进口料件金额]×外汇人民币折合率×出口货物退税率=(664-464.8)×13%=25.896(万元)。

当期免抵退税不得免征和抵扣税额=[当期出口货物离岸价(信息齐全)-当期出口货物耗用的保税进口料件金额]×外汇人民币折合率×(征税率-退税率)=(664-464.8)×(13%-13%)=0(万元)。由于当期免抵退税不得免征和抵扣税额为0,因此本期无进项税额转出。

当期应纳税额=本期发生的销项税额-(本期发生进项税额+上期留抵进项税额-当期免抵退税不得免征和抵扣税额)=39-(52+0-0)=-13万元,当期留抵税额为13万元。

由于当期免抵退税额25.896万元大于当期留抵退税额13万元,则当期应退税额=13万元,免抵额=当期免抵退税额-当期应退税额=25.896-13=12.896(万元)。

(6)"免、抵、退"税的会计处理。

A公司在8月的征期内向主管税务机关申报以上计算的免抵退税及增值税。8月底,主管税务机关对A企业申报的免抵退税审批完毕,并返还所属期7月的《生产企业免抵退税汇总申报表》,A公司根据此表中审批的免抵退税额,在8月底作会计处理如下:

借:应收出口退税款 130 000

    应交税费——应交增值税(出口抵减内销产品应纳税额) 128 960

    贷:应交税费——应交增值税(出口退税) 258 960

实际收到退税款时:

借:银行存款 130 000

    贷:应交税费——应交增值税(出口退税) 130 000

4. 零税率服务免抵退税会计核算

增值税零税率应税服务免抵退税办法的会计核算比照生产企业一般贸易出口的会计核算进行处理,具体办法及计算公式按《营业税改征增值税跨境应税行为增值税免税管理办法(试行)》(国家税务总局公告2016年第29号)有关出口货物劳务退(免)税的规定执行,其免退税的计税依据为购进应税服务的增值税专用发票或解缴税款的中华人民共和国税收缴款凭证上注明的金额,具体的会计核算此处略。

（二）实行免退税企业的会计处理

1. 一般贸易免退税会计核算与实务

实行免退税办法的一般纳税人出口货物按规定退税的,应计算应收出口退税额,借记"应收出口退税款"科目,贷记"应交税费——应交增值税(出口退税)"科目。收到出口退税时,借记"银行存款"科目,贷记"应收出口退税款"科目。退税额低于购进时取得的增值税专用发票上的增值税税额的差额,借记"主营业务成本"科目,贷记"应交税费——待抵扣进项税额"科目。具体核算方法如下:

由于征退税率不一致导致的不得抵扣的进项税额而计入成本,收购不含增值税购进金额×(征税率－出口退税率)。

应退税款(增值税)＝收购不含增值税购进金额×出口退税率。

其中:

（1）从小规模纳税人购进货物:

应退税款(增值税) ＝ 收购不含增值税代开发票注明的金额 × 征收率

（2）委托生产企业加工:

应退税款 ＝ (收购原材料成本＋加工费用)×出口退税率

（3）进料加工复出口:

应退税款 ＝ 国内加工费×出口退税率＋海关实征进口料件价格×出口退税率

【案例4-38】 A公司为增值税一般纳税人(具有进出口经营权)。2019年8月,从甲公司购进出口商品1 000箱,取得的增值税专用发票注明的价款为100万元,进项税额为13万元,货款已用银行存款支付。当月该批商品已全部出口,售价为每箱150美元(当日汇率为1美元＝6.3元人民币),申请退税的单证及信息齐全,则应退增值税会计分录为:

购进时:

借:库存商品	1 000 000
应交税费——待抵扣进项税额	130 000
贷:银行存款	1 130 000

出口报关销售时:

借:应收账款——美元(150×6.3×1 000)	945 000
贷:主营业务收入——外销收入	945 000

结转出口商品成本:

借:主营业务成本	1 000 000
贷:库存商品——库存出口商品——外销	1 000 000

申报出口退税时:

应退增值税＝收购不含增值税购进金额×出口退税率＝1 000 000×13%＝130 000(元)。

借：应收出口退税款　　　　　　　　　　　　　　　　　　　　130 000

　　贷：应交税费——应交增值税(出口退税)　　　　　　　　　　　　130 000

收到出口退税时：

借：银行存款　　　　　　　　　　　　　　　　　　　　　　　130 000

　　贷：应收出口退税款　　　　　　　　　　　　　　　　　　　　130 000

【案例 4-39】　　A 外贸企业出口货物劳务的业务流程是从 B 企业购进一批服装面料,以作价销售的形式将面料卖给 C 企业委托加工服装,收回后报关再出口。已知服装出口退税率为 13%,服装面料征税率为 13%,假设不考虑国内运费及所得税等其他因素,其业务发生如下：

2019 年 8 月初,A 外贸企业购买 B 企业服装面料收到开具的增值税专用发票计税金额为 10 000 元,进项税额 1 300 元,当月购货款已通过银行转账支付。

借：库存商品——服装面料　　　　　　　　　　　　　　　　　10 000

　　应交税费——应交增值税(进项税额)　　　　　　　　　　　1 300

　　贷：银行存款　　　　　　　　　　　　　　　　　　　　　　11 300

国内作价销售服装面料,以 12 430 元含税价出售给 B 企业,并结转成本：

借：银行存款　　　　　　　　　　　　　　　　　　　　　　　12 430

　　贷：主营业务收入——内销收入　　　　　　　　　　　　　　11 000

　　　　应交税费——应交增值税(销项税额)　　　　　　　　　　1 430

借：主营业务成本——内销商品　　　　　　　　　　　　　　　10 000

　　贷：库存商品——服装面料　　　　　　　　　　　　　　　　10 000

借：应交税费——应交增值税(转出未交增值税)　　　　　　　　130

　　贷：应交税费——未交增值税　　　　　　　　　　　　　　　　130

2019 年 9 月初时,申报缴纳税款；

借：应交税费——未交增值税　　　　　　　　　　　　　　　　130

　　贷：银行存款　　　　　　　　　　　　　　　　　　　　　　130

2019 年 10 月,从 B 企业收回委托加工的出口货物,加工费为 4 000 元,出售原材料时为 11 000 元,收回委托加工的出口货物合计购进成本为 15 000 元。

借：库存商品——库存出口商品——出口服装　　　　　　　　　15 000

　　应交税费——待抵扣进项税额　　　　　　　　　　　　　　1 950

　　贷：银行存款　　　　　　　　　　　　　　　　　　　　　　16 950

2019 年 11 月,委托加工的出口货物全部出口,确定外销收入为 18 000 元,并在月底做账：

借：应收账款——应收外汇账款　　　　　　　　　　　　　　　18 000

　　贷：主营业务收入——外销收入　　　　　　　　　　　　　　18 000

依据取得的增值税专用发票上列明计税金额核算退税,并提取出口退税和结转成本。

借:主营业务成本——出口商品   15 000
    贷:库存商品——库存出口商品——出口服装   15 000

计提应收出口退税款,应退税款＝(收购原材料成本＋加工费用)×出口退税率＝(11 000＋4 000)×13％＝1 950(元)。

借:应交税费——应交增值税(出口退税)   1 950
    贷:应交税费——待抵扣进项税额   1 950

借:应收出口退税款(增值税)   1 950
    贷:应交税费——应交增值税(出口退税)   1 950

收到出口退税时:

借:银行存款   1 950
    贷:应收出口退税款   1 950

2. 零税率服务免退税会计核算

增值税零税率应税服务免退税办法的会计核算比照外贸企业一般贸易外购货物出口的会计核算进行处理,具体办法及计算公式按《营业税改征增值税跨境应税行为增值税免税管理办法(试行)》(国家税务总局公告 2016 年第 29 号)有关出口货物劳务退(免)税的规定执行,其免退税的计税依据为购进应税服务的增值税专用发票或解缴税款的中华人民共和国税收缴款凭证上注明的金额,具体的会计核算此处略。

七、增值税税收优惠的会计处理

(一) 增值税税控系统专用设备和技术维护费用抵减增值税税额的会计处理

按现行增值税制度规定,企业初次购买增值税税控系统专用设备支付的费用以及缴纳的技术维护费允许在增值税应纳税额中全额抵减的,按规定抵减的增值税应纳税额,借记"应交税费——应交增值税(减免税款)"科目(小规模纳税人应借记"应交税费——应交增值税"科目),贷记"管理费用"等科目。

【案例 4-40】 A 公司为增值税一般纳税人,2019 年 5 月,首次购入增值税税控系统专用设备,支付价款 1 920 元,同时支付当年增值税税控系统专用设备技术维护费 400 元。当月两项合计抵减增值税应纳税额 2 320 元。

(1) 首次购入增值税税控系统专用设备:

借:固定资产——税控设备   1 920
    贷:银行存款   1 920

抵减当月增值税应纳税额:

借:应交税费——应交增值税(减免税款)   1 920
    贷:递延收益   1 920

（2）以后各月计提折旧时（按2年计提折旧）：

借：管理费用　　　　　　　　　　　　　　　　　　　　　　　　　80
　　贷：累计折旧　　　　　　　　　　　　　　　　　　　　　　　　　　80

借：递延收益　　　　　　　　　　　　　　　　　　　　　　　　　80
　　贷：管理费用　　　　　　　　　　　　　　　　　　　　　　　　　　80

（3）发生防伪税控系统专用设备技术维护费：

借：管理费用　　　　　　　　　　　　　　　　　　　　　　　　　400
　　贷：银行存款　　　　　　　　　　　　　　　　　　　　　　　　　400

抵减当月增值税应纳税

借：应交税费——应交增值税（减免税款）　　　　　　　　　　　　400
　　贷：管理费用　　　　　　　　　　　　　　　　　　　　　　　　　400

（二）免税项目的会计处理

一般纳税人购进货物、服务等用于免税项目，进项税额不得抵扣，按价税合计价格计入成本费用；销售免税货物或服务，收取的全部款项为不含税价，按全部款项借记"银行账款"或"应收账款"等科目，同时贷记"主营业务收入"等科目。免税项目相关购销业务会计处理都不涉及增值税的核算。

【案例4-41】　A公司为增值税一般纳税人，2019年2月17日为C企业提供专利技术使用权，取得转让收入50万元。企业应作的会计分录为：

借：银行存款　　　　　　　　　　　　　　　　　　　　　　　　500 000
　　贷：其他业务收入　　　　　　　　　　　　　　　　　　　　　　500 000

（三）即征即退项目的会计处理

享受增值税即征即退优惠的纳税人，应先按税法规定全额缴纳增值税，然后再申请定额或一定比率退还，是在增值税正常缴纳之后的退库，并不影响增值税计算应纳税额和增值税专用发票抵扣链条的完整性。销售货物或应税劳务时，可按规定开具增值税专用发票，正常计算销项税额，购买方也可以按规定抵扣。因此，享受增值税即征即退优惠的纳税人购进业务、销售业务和缴纳税款的会计处理与不享受税收优惠的纳税人的会计处理方式完全一致，即：购进业务取得合法扣税凭证时，按不含税价记入成本费用科目可以抵扣的增值税税额记入"应交税费——应交增值税（进项税额）"科目；销售业务发生时，按含税价款记入"银行存款""应收账款"等科目借方，贷记"主营业务收入"和"应交税费——应交增值税（销项税额）"等科目；月末，企业应将"应交税费——应交增值税"科目计算的本期应纳增值税税额转入"应交税费——未交增值税"科目，借记"应交税费——应交增值税（转出未交增值税）"科目，贷记"应交税费——未交增值税"科目。享受增值税即征即退优惠的纳税人与不享受税收优惠的纳税人的会计处理不同的是：享受增值税即征即退优惠的纳税人缴纳完税款后，按规定可以收到退回的增值税税额,借记"银行存款"科目。

【案例 4-42】 A 企业为增值税一般纳税人,主营软件销售,当月销售额 100 万元,销项 13 万元,进项是 0,当月缴纳增值税 13 万元,税务机关根据复核条件在次月确认退税处理,退回 10 万元。会计处理如下:

```
借:银行存款                                                    1 130 000
    贷:主营业务收入                                             1 000 000
        应交税费——应交增值税(销项税额)                         130 000

借:应交税费——应交增值税(转出未交增值税)                        130 000
    贷:应交税费——未交增值税                                     130 000

借:应交税费——未交增值税                                        130 000
    贷:银行存款                                                 130 000
```

次月收到退税款:

```
借:银行存款                                                     100 000
    贷:营业外收入                                                100 000
```

(四) 加计抵减政策的会计处理

根据《财政部　税务总局　海关总署关于深化增值税改革有关政策的公告》(财政部　税务总局　海关总署公告 2019 年第 39 号)的规定,自 2019 年 4 月 1 日至 2021 年 12 月 31 日,允许生产、生活性服务业纳税人按照当期可抵扣进项税额加计 10%,抵减应纳税额(以下简称加计抵减政策)。随后,财政部会计司发布了关于《关于深化增值税改革有关政策的公告》适用《增值税会计处理规定》有关问题的解读,生产、生活性服务业纳税人取得资产或接受劳务时,应当按照《增值税会计处理规定》的相关规定对增值税相关业务进行会计处理;实际缴纳增值税时,按应纳税额借记"应交税费——未交增值税"等科目,按实际纳税金额贷记"银行存款"科目,按加计抵减的金额贷记"其他收益"科目。

【案例 4-43】 A 公司为增值税一般纳税人,2019 年 4 月销项税额 120 万元,进项税额 100 万元,符合税收文件规定的加计抵减政策。假设,无其他与增值税相关的纳税事项。其会计处理如下:

月底,转出未交增值税税额为 20 万元(120−100),当期允许加计抵减金额 10 万元(100×10%)。具体分录:

月底,转出未交增值税:

```
借:应交税费——应交增值税(转出未交增值税)                        200 000
    贷:应交税费——未交增值税                                     200 000
```

实际缴纳增值税时:

```
借:应交税费——未交增值税                                        200 000
    贷:银行存款                                                 100 000
        其他收益                                                100 000
```

第三节　增值税小规模纳税人的会计处理

小规模纳税人发生应税行为适用简易计税方法计税,按照销售额和征收率计算应纳额并不得抵扣进项税额。增值税小规模纳税人没有进项抵扣的概念,所以不需要取得增值税专用发票和进行认证工作。

一、购进业务的增值税会计处理

(一) 国内采购业务的会计处理

由于小规模纳税人实行简易办法计算缴纳增值税,其购入货物或接受应税劳务、服务所支付的增值税税额应直接计入有关货物及劳务的成本,按支付的价税合计额,借记"材料采购""原材料""制造费用""管理费用""销售费用""其他业务成本"等科目,贷记"银行款"等科目。

【案例 4-44】　A 公司为增值税小规模纳税人,2019 年 4 月 9 日购买一辆拖车用于公司经营活动,以银行存款支付,取得的《机动车销售统一发票》上注明,不含税价格为 30 万元,增值税税额为 3.9 万元,另支付车辆购置税和其他费用合计 3.1 万元。其账务处理:

```
借:固定资产                                        370 000
    贷:银行存款                                         370 000
```

(二) 境外采购业务的会计处理

纳税人从境外购进货物在报关进口时应当缴纳进口增值税,小规模纳税人不能抵扣进项税额,从海关取得的海关进口增值税专用缴款书上注明的增值税税额不得抵扣。购买方取得进口货物支付的款项包括三个部分,一是支付给境外供货方的价款,二是支付给运输和保险企业的运输保险费用,三是支付给海关的进口增值税税额、关税等。小规模纳税人应当将这三个部分均记入进口货物成本。

【案例 4-45】　A 企业为小规模纳税人,2019 年 8 月 20 日从国外进口原材料一批,关税完税价格为 380 000 元,缴纳关税为 20 000 元,缴纳进口增值税为 52 000 元[(380 000＋20 000)×13%],取得完税凭证,进口税用银行存款支付,货尚未支付。

```
借:原材料                                          452 000
    贷:银行存款                                          72 000
        应付账款                                         380 000
```

(三) 购买方作为扣缴义务人的会计处理

我国境内企业从境外单位或个人购进服务或无形资产,增值税实行代扣代缴方式。境内购买方应将不含税价款支付给境外销售方,将增值税税额代缴到主管税务机关。购买方应将含税价款记入相关成本费用科目,将支付给境外销售方不含税价款记入"存款""应付账款"等科目贷方,将代扣的增值税记入"应交税费——代扣代交增值税"科目。

按照现行增值税制度规定,境外单位或个人在境内发生应税行为,在境内未设有经营机构的,以购买方为增值税扣缴义务人。境内小规模纳税人购进服务、无形资产或不动产,按应计入相关成本费用或资产的金额,借记"生产成本""无形资产""固定资产""管理费用"等科目,按应付或实际支付的金额,贷记"应付账款"等科目,按应代扣代缴的增值税税额,贷记"应交税费——代扣代交增值税"科目。

实际缴纳代扣代缴增值税时,按代扣代缴的增值税税额,借记"应交税费——代扣代交增值税"科目,贷记"银行存款"科目。

购进服务、无形资产或不动产可抵扣进项税额:

借:生产成本/无形资产/固定资产/管理费用等
　　贷:银行存款/应付账款等
　　　　应交税费——代扣代交增值税

实际缴纳代扣代缴增值税时,按代扣代缴的增值税税额,借记"应交税费——代扣代交增值税"科目,贷记"银行存款"科目。

借:应交税费——代扣代交增值税
　　贷:银行存款

【案例 4-46】 境外 A 企业为增值税小规模纳税人,提供设备远程系统升级服务,合价款 10.6 万元,合同注明税费均由境外方承担,所得税的适用税率为 10%,附加税费为 12%,该小规模纳税人应当扣缴的税额计算如下:

应扣缴增值税 $= 10.6 \div (1 + 6\%) \times 6\% = 0.6$ (万元)。

应扣企业所得税 $= 10.6 \div (1 + 6\%) \times 10\% = 1$ (万元)。

借:管理费用——咨询费	106 000
贷:应付账款——境外某公司	89 280
应交税费——代扣代交增值税	6 000
——代扣代交企业所得税	10 000
——代扣代交城市维护建设税	420
——代扣代交教育费附加	180
——代扣代交地方教育附加	120

实际缴纳代扣代缴增值税时:

借:应交税费——代扣代交增值税	6 000
——代扣代交企业所得税	10 000
——代扣代交城市维护建设税	420
——代扣代交教育费附加	180
——代扣代交地方教育附加	120
贷:银行存款	16 720

二、销售业务的增值税会计处理

小规模纳税人发生应税行为适用简易计税方法计税,按照销售额和征收率计算应纳并不得抵扣进项税额。应纳税额计算公式为:

$$应纳税额 = 销售额 × 征收率$$

小规模纳税人销售货物或提供应税劳务,应按实现的含税销售收入,借记"银行存款""应收账款"等科目,按实现的不含税销售收入,贷记"主营业务收入""其他业务收入"等科目,按规定收取的增值税税额,贷记"应交税费——应交增值税"科目。发生的销货退回,作相反的会计分录。

【案例 4-47】　A 餐饮企业为增值税小规模纳税人,2019 年 6 月提供餐饮服务,其中现金收款 3 万元,银行收款 4 万元,会计处理为:

借:银行存款	40 000.00	
现金	30 000.00	
贷:主营业务收入		67 961.17
应交税费——应交增值税		2 038.83

缴纳税费时:

借:应交税费——应交增值税	2 038.83	
贷:银行存款		2 038.83

【案例 4-48】　A 企业为增值税小规模纳税人,主要提供住宿服务。在淡季开展促销活动:住宿 3 日,在房价原有的基础上给予 20% 的商业折扣,每日住宿费含税 515 元。某客户住宿 4 日,会计处理为:

A 企业应纳增值额 $= 515 × 80\% × 4 ÷ (1 + 3\%) × 3\% = 48$(元)。

借:银行存款	1 648	
贷:主营业务收入		1 600
应交税费——应交增值税		48

三、缴纳增值税的会计处理

(一)小规模纳税人需要预缴的项目

小规模纳税人需要预缴增值税的项目包括转让不动产、提供异地不动产经营租赁服务、异地提供建筑服务。小规模纳税人发生上述三项行为的,需要在不动产所在地或项目所在地将应纳增值税税额全额预缴。小规模纳税人转让不动产、提供不动产经营租赁服务、提供建筑服务确认收入并计提该项目应纳增值税税额时,借"银行存款""应收账款"等科目,贷记"主营业务收入"和"应交税费——应交增值税"科目。在不动产所在地或建筑项目所在地预缴增值税时,借记"应交税费——应交增值税"科目,贷记"银行存款"科目。

【**案例 4-49**】 A 企业为增值税小规模纳税人，出租一幢不在同一县区的写字楼（非住房）。2019 年 4 月预收 2019 年 7 月至 2020 年 6 月房租 252 万元，按规定向不动产所在地主管税务机关申请代开增值税专用发票，并已在不动产所在地预缴税款 12 万元。其中，不动产所在地城市维护建设税适用税率为 5%，其机构所在地城市维护建设税适用税率为 7%，不考虑其他情况，纳税人已预缴增值税税款 12 万元，城市维护建设税 0.6 万元，教育费附加 0.36 万元，地方教育附加 0.24 万元，会计处理为：

应纳税额＝不含税销售额×征收率＝252÷1.05×5%＝12（万元）。

取得预收款并按规定代开增值税专用发票：

借：银行存款		2 520 000
贷：预收账款		2 520 000
借：应收账款		120 000
贷：应交税费——应交增值税		120 000
借：税金及附加		12 000
贷：应交税费——应交城市维护建设税		6 000
——应交教育费附加		3 600
——应交地方教育附加		2 400

代开增值税专用发票时缴纳税费：

借：应交税费——应交增值税		120 000
——应交城市维护建设税		6 000
——应交教育费附加		3 600
——应交地方教育附加		2 400
贷：银行存款		132 000

2019 年 7 月至 2020 年 6 月每月确认房租收入：

借：预收账款		210 000
贷：其他业务收入		200 000
应收账款		10 000

（二）小规模纳税人不需要预缴的项目

小规模纳税人销售业务实现时，在确认收入的同时，已经将应纳增值税税额记入"应交增值税"科目贷方；按规定的纳税期限上缴税款时，借记"应交税费——应交增值税"科目，贷记"银行存款"等科目。详见本节中"销售业务的增值税会计处理"。

四、增值税税收优惠的会计处理

（一）增值税税控系统专用设备和技术维护费用抵减增值税税额的会计处理

现行增值税制度规定，企业初次购买增值税税控系统专用设备支付的费用及缴纳的技术维护费允许在增值税应纳税额中全额抵减的,按规定抵减的税应纳税额,借记"应交税费——应交增值税"科目,贷记"管理费用"科目。

借:应交税费——应交增值税

贷:营业外收入——减免税款/管理费用——税控技术维护费等

初次购买增值税税控系统专用设备支付的费用抵减应纳增值税税额,记入"营业外收入——减免税款"科目或购买增值税税控系统专用设备记入的对应科目;支付技术维护费抵减应纳增值税税额,直接冲减记入支付技术维护费入账科目。

【案例4-50】 A企业为增值税一般纳税人,2019年4月,用银行存款支付初次购买增值税税控系统专用设备的费用1 000元(含税价)、购买打印机的2 260元(含税价),以及缴纳的技术维护费300元,会计处理如下:

(1)支付初次购买增值税税控系统专用设备支付的费用以及缴纳的技术维护费时:

借:管理费用   1 300

  固定资产   2 260

  贷:银行存款   3 560

(2)在增值税应纳税额中全额抵减时:

借:应交税费——应交增值税(减免税款)   1 300

  贷:管理费用   1 300

(二)小微企业免征增值税的会计处理

小微企业在取得销售收入时,应当按照税法的规定计算应交增值税,并确认为应交税费,在达到增值税制度规定的免征增值税条件时,将有关应交增值税转入当期损益。

其中,"增值税制度规定的免征增值税"在实务中需要关注以下两点:

(1)《国家税务总局关于全面推开营业税改征增值税试点有关税收征收管理事项的公告》(国家税务总局公告2016年第23号)第六条第二款规定(注:根据国家税务总局公告2017年第52号文件的规定,本款可分别享受小微企业暂免征收增值税优惠政策截止期限延长至2020年12月31日;根据国家税务总局公告2019年第4号的规定,国家税务总局公告2017年第52号自2019年1月1日起废止,本项规定自2019年1月1日起废止),增值税小规模纳税人应分别核算销售货物,提供加工、修理修配劳务的销售额和销售服务、无形资产的销售额。增值税小规模纳税人销售货物,提供加工、修理修配劳务月销售额不超过3万元(按季纳税9万元),销售服务、无形资产月销售额不超过3万元(按季纳税9万元)的,自2016年5月1日起至2017年12月3日可分别享受小微企业暂免征收增值税优惠政策。

(2)《国家税务总局关于合理简并纳税人申报缴税次数的公告》(国家税务总局公告2016年第6号)规定,自2016年4月1日起,增值税小规模纳税人缴纳增值税、消费税、文化事业建设费,以及随增值税、消费税附征的城市维护建设税、教育费附加等税费,原则上实行按季申报。

根据上述文件规定,自 2016 年 4 月 1 日起增值税小规模纳税人缴纳增值税,原则上实行按季申报,也就是说增值税制度规定的免征增值税条件,按季纳税季度销售额不超过 9 万元。

结合《财政部关于印发〈增值税会计处理规定〉的通知》[财会(2016)22 号],小微企业免征增值税的会计处理如下:

(1)每月取得销售收入时,应当按照税法的规定计算应交增值税,并确认为应交税费

借:应收账款等
　　贷:主营业务收入其他业务收入/固定资产清理/工程结算等
　　　　应交税费——应交增值税

按照机构所在地的城市维护建设税适用税率和教育费附加征收率计算计提城市维护建设税和教育费附加:

借:税金及附加
　　贷:应交税费——应交城市维护建设税
　　　　　　　　——应交教育费附加
　　　　　　　　——应交地方教育附加

(2)季度申报时,达到增值税制度规定的免征增值税条件时,将有关应交增税转入当期损益,建议转到"营业外收入"明细科目。

借:应交税费——应交增值税
　　贷:营业外收入

需要注意的是,将有关应交增值税转入当期损益,不包括当期代开增值税专用发票未将专用发票全部联次追回或者按规定开具红字增值税专用发票,在代开增值税专用发票时向主管税务机关缴纳的增值税。

(3)季末时,达到增值税制度规定的免征增值税条件的,将季度内计提的城市维护建设税及教育费附加冲回做相反的会计分录。

借:税金及附加(红字)
　　贷:应交税费——应交城市维护建设税(红字)
　　　　　　　　——应交教育费附加(红字)
　　　　　　　　——应交地方教育附加(红字)

需要注意的是,冲回的城市维护建设税及教育费附加,不包括当期代开增值税专用发票未将专用发票全部联次追回的或者按规定开具红字的专用发票,在代开增值税专用发票时向主管税务机关缴纳的增值税,计算缴纳的城市维护建设税和教育费附加。

【案例 4-51】　A 企业为增值税小规模纳税人,按季度申报缴纳增值税。2019 年 1 月取得提供服务收入含税销售额为 10 300 元,2 月提供服务收入含税销售额为 20 600 元,3 月提供服务收入含税销售额为 10 300 元,其中城市维护建设税适用税率为 7%,教育费附加征收率为 3%,地方教育附加征收率为 2%,不考虑其他情况,账务处理如下。

（1）2019 年 1 月账务处理：

借：银行存款 10 300

　　贷：主营业务收入 10 000

　　　　应交税费——应交增值税 300

同时计提城市维护建设税和教育费附加账务处理：

借：税金及附加 36

　　贷：应交税费——应交城市维护建设税 21

　　　　　　　　——应交教育费附加 9

　　　　　　　　——应交地方教育附加 6

（2）2019 年 2 月账务处理：

借：银行存款 20 600

　　贷：主营业务收入 20 000

　　　　应交税费——应交增值税 600

同时计提城市维护建设税和教育费附加账务处理：

借：税金及附加 72

　　贷：应交税费——应交城市维护建设税 42

　　　　　　　　——应交教育费附加 18

　　　　　　　　——应交地方教育附加 12

（3）2019 年 3 月会计处理：

借：银行存款 10 300

　　贷：主营业务收入 10 000

　　　　应交税费——应交增值税 300

同时计提城市维护建设税和教育费附加账务处理：

借：税金及附加 36

　　贷：应交税费——应交城市维护建设税 21

　　　　　　　　——应交教育费附加 9

　　　　　　　　——应交地方教育附加 6

（4）季度末达到增值税制度规定的免征增值税条件，账务处理为：

2019 年第一季度的销售额＝10 000＋20 000＋10 000＝40 000（元），不超过 9 万元（含 9 万元），所以按规定免征增值税。季末时需将分离出来的增值转入"营业外收入"科目，并缴纳企业所得税。

借：应交税费——应交增值税（减免税款） 1 200

　　贷：营业外收入 1 200

同时将计提城市维护建设税和教育费附加冲回：

借：税金及附加(红字)　　　　　　　　　　　　　　　　144
　　贷：应交税费——应交城市维护建设税(红字)　　　　84
　　　　　　——应交教育费附加(红字)　　　　　　　36
　　　　　　——应交地方教育附加(红字)　　　　　　24

第四节　特定行业增值税会计处理

本节围绕建筑安装业、房地产业、金融服务业三个特殊行业,介绍了三个行业的特点,并结合行业特殊业务,详细阐述了三个特殊行业的增值税会计处理。

一、建筑安装业增值税会计处理

(一) 建筑安装行业特点

1. 建筑安装企业与建筑服务

建筑业是国民经济的重要物质生产部门,是国民经济体系中专门从事建筑活动的个行业。建筑安装企业主要从事土木工程、房屋建筑和设备安装工程施工业务,亦称施工企业。建筑安装企业提供的服务为建筑服务。

建筑服务是指各类建筑物、构筑物及其附属设施的建造、修、装饰,线路、管道、设备、设施等的安装以及其他工程作业的业务活动,包括工程服务、安装服务、修服务、装饰服务和其他建筑服务工程服务。

工程服务是指新建、改建各种建筑物、构筑物的工程作业,包括与建筑物相连的各种设备或者支柱、操作平台的安装或者装设工程作业,以及各种窑炉和金属结构工程作业。

2. 安装服务

安装服务是指生产设备、动力设备、起重设备、运输设备、传动设备、医疗实验设备以及其他各种设备、设施的装配、安置工程作业,包括与被安装设备相连的工作台、梯子、栏杆的装设工程作业,以及被安装设备的绝缘、防腐、保温、油漆等工程作业。固定电话、有线电视、宽带、水、电、燃气、暖气等经营者向用户收取的安装初装费、开户费、扩容费以及类似收费,按照安装服务缴纳增值税。

3. 修缮服务

修缮服务是指对建筑物、构筑物进行修补、加固、养护、改善,使之恢复原来的使用价值或者延长其使用期限的工程作业。

4. 装饰服务

装饰服务是指对建筑物、构筑物进行修饰装修,使之美观或者具有特定用途的工程作业。

5. 其他建筑服务

其他建筑服务是指上列工程作业之外的各种工程作业服务,如钻井(打井)、拆除建筑物或者构筑物、平整土地、园林绿化、疏浚(不包括航道疏)、建筑物平移、搭脚手架、爆破、矿山穿孔、表面附着物(包括岩层、土层、沙层等)剥离和清理等工程作业。

(二) 建筑业的行业特点

1. 行业准入

根据《建筑法》的规定,建筑施工企业在取得相应等级的资质证书后,才可在其资质等级许可的范围内从事建筑活动。建筑施工企业按照其拥有的注册资本、专业技术人员、技术装备和已完成的建筑工程业绩等资质条件,划分为不同的资质等级。根据《建筑业企业资质管理规定》,建筑业企业资质分为施工总承包资质、专业承包资质、施工劳务资质三个序列。其中,施工总承包资质可分为特级资质、三级资质、二级资质、三级资质;专业承包资质按照工程性质和技术特点,分别划分为若干资质类别,并进一步按照规定的条件划分为若干资质等级;施工劳务资质不分类别与等级。取得施工总承包资质的企业,可以拥有独资或者控股的劳务企业。

2. 经营模式的特殊性

施工企业一般通过招投标或议标等方式取得工程项目承包合同。合同建设的周期长,投资金额大,需要分期、分部位来确认合同完成情况,支付工程款。从项目的开工建设开始,经历项目正常施工,项目完工验收,项目交付使用,直到质保期满、质保金支付完毕,是一个长期、复杂的过程。

3. 组织管理模式

目前,施工企业采用项目法施工模式组织生产经营,项目经理部作为内部独立机构管理项目,工程项目建设开工前,项目经理部成立;工程项目完成竣工并交付后,该项目经理部撤销。从建筑业的发展生态来看,建筑企业的项目经营一般包括公司直营项目承包、联营挂靠、区域承包等四类比较普遍的模式。这决定了施工企业的组形式多为分级管理模式:

(1) 公司直营项目承包,公司负责承揽项目、采购材料、组织施工队伍、实施现场管理、成所承揽项目的工程施工工作。

(2) 项目承包模式,公司承揽项目后,自身只完成工程的核心环节或主体部分,将项目其他部分工程承包给有资质的外部施工单位或公司内部项目经理。

(3) 联营挂靠式,外部施工组织以公司名义承揽项目并完成工程项目施工工作,向公司缴纳一定比例的管理费用,公司本身不承揽工程项目,也不是工程项目的施工主体。

(4) 区域承包模式,公司将某个区域的工程承包及施工工作承包给某个人或团队设立分公司,根据区域经营情况向公司缴纳管理费用。

4. 经营活动的特点

(1) 建筑产品具有固定性单件性、形体巨大,多样性和使用寿命长的等特点,建筑产品一般为厂房、住宅、写字楼、道路、桥梁、铁路、隧道、建筑物、构筑物、大型设备安装等,在功能、结构和用途上,很难实现标准化,不能像工业企业那样进行批量生产,只能按照建设单位的要求和单个图纸单件生产。

(2) 施工生产流动性强,且工程施工点多、施工面广。由于承揽的工程项目固定性强且具有很高的地域性,施工人员要随着施工对象坐落位置的变化而迁徙流动。

(3)目前,施工企业尚属于劳动密集型企业,但一般施工企业只宜拥有精干的管理人员、工程技术人员和适量的技术工人,工程需要时再根据实际情况临时雇佣工人。

(三)建筑安装企业会计核算的特点

建筑安装企业的经营管理特点,决定了其会计核算的特点。

1. 分级管理、分级核算

为使会计核算与施工生产有机地结合起来,目前我国建筑安装施工企业的会计基本上采取三级核算体制,即公司、分公司、工程项目部。

2. 以施工项目作为成本核算对象

因为施工产品的多样性和每一施工项目所生产的产品的特定性,要求建筑安装企业必须按照每个工程项目分别归集其施工成本和费用,单独计算每个施工项目的工程成本。

3. 工程价款结算方法独特

施工企业把已完成预算定额规定的内容作为"已完工程",分期计算预算成本和实际成本,并及时与建设单位进行工程价款的中间结算。等到工程全部完工后,再进行清算。对于跨年度施工的项目工程,施工企业一般采用完工百分比法计量和确认各年度的工程价款结算收入和工程施工成本费用,并确定年度经营成果。

4. 预收账款有特殊的会计处理要求

财税〔2016〕36号文件附件1《营业税改征增值税试点实施办法》第四十条第(二)项规定,纳税人提供建筑服务采取预收款方式的,其纳税义务发生时间为收到预收款的当天。据此税收政策,当建筑企业收到预收账款时,建筑企业的增值税纳税义务时间是预收账款的当天。

但是,这一规定在2017年7月1日后发生了变更,《财政部 国家税务总局关于建筑服务等营改增试点政策的通知》(财税〔2017〕58号,以下简称财税〔2017〕58号文件)规定,纳税人提供建筑服务取得预收款,应在收到预收款时,以取得的预收款扣除支付的分包款后的余额,按照相关规定的预征率预缴增值税。按照现行规定应在建筑服务发生地预缴增值税的项目,纳税人收到预收款时在建筑服务发生地预缴增值税。按照现行规定无需在建筑服务发生地预缴增值税的项目纳税人收到预收款时在机构所在地预缴增值税。适用一般计税方法计税的项目预征率为2%,适用简易计税方法计税的项目预征率为3%。

5. 税务处理具有特殊性

1)跨区域预缴税款

根据《国家税务总局关于发布〈纳税人跨县(市、区)提供建筑服务增值税征收管理暂行办法〉的公告》(国家税务总局公告2016年第17号)第四条的规定,纳税人跨县(市、区)提供建筑服务,按照以下规定预缴税款:

(1)一般纳税人跨县(市、区)提供建筑服务,适用一般计税方法计税的,以取得的全部价款和价外费用扣除支付的分包款后的余额,按照2%的预征率计算应预税款。

(2)一般纳税人跨县(市、区)提供建筑服务,选择适用简易计税方法计税的,以取得的全部价款和价外费用扣除支付的分包款后的余额,按照 3% 的征收率计算应预缴税款。

（3）小规模纳税人跨县（市、区）提供建筑服务,以取得的全部价款和价外费用扣除支付的分包款后的余额,按照 3% 的征收率计算应预缴税款。

2）建筑业一般纳税人可以选择简易计税方式的情形

第一类是清包工工程。一般纳税人以清包工方式提供的建筑服务,可以选择适用简易计税方法计税。

清包工方式提供建筑服务是指施工方不采购建筑工程所需的材料或只采购辅助材料,并收取人工费用、管理费用或其他费用的建筑服务。

第二类是甲供工程。一般纳税人为甲供工程提供的建筑服务,可以选择适用简易计税方法计税。甲供工程是指全部或部分设备、材料、动力由工程发包方自行采购的建筑工程。

第三类是一般纳税人为建筑工程老项目提供的建筑服务。建筑工程老项目是指《建筑工程施工许可证》注明的合同开工日期在 2016 年 4 月 30 日前的建筑工程项目,或未取得《建筑工程施工许可证》的,建筑工程承包合同注明的开工日期在 2016 年 4 月 30 日前的建筑工程项目。当然,即使建筑企业一般纳税人提供的建筑服务符合以上条件,企业仍然可以按适用一般计税方法计税。

3）纳税义务发生时间

纳税人提供建筑服务、租赁服务采取预收款方式的,其纳税义务发生时间为收到预收款的当天（依据财税〔2017〕58 号文件,本条从 2017 年 7 月 1 日起不再执行,即改为预缴税款）。

纳税人发生视同销售服务情形的,其纳税义务发生时间为服务完成的当天。增值税扣缴义务发生时间为纳税人增值税纳税义务发生的当天。

以上规定在建筑安装企业中具体表现为:

（1）书面合同未约定收款的,收到工程款等款项的当天。应税行为已经发生,纳税人提供建筑服务的行为仍在进行过程中的;或者该行为经完成,纳税人已经收到工程款等款项的,此种情况下,纳税义务发生时间为收到工程款等款项的当天。

（2）合同约定的收款日期。应税行为已经发生,纳税人提供建筑服务的行为仍在进行过程中的;或者该行为已经完成,纳税人并未收到工程款等款项,但合同当事人在书面合同约定了付款日期的,此种情形下,纳税义务发生时间为合同确定的付款日期。

（3）建筑服务完成的当天。应税行为已经发生,纳税人提供建筑服务的行为仍在进行过程中的;或者该行为已经完成,但纳税人并未收到工程款等款项,且合同当事人未签订书面合同或者虽然签订了书面合同但未确定付款日期的,此种情形下,纳税义务发生时间为建筑服务完成的当天。

（4）开具发票的当天。应税行为已经发生,纳税人提供建筑服务的行为仍在进行过程中的;或该行为已经完成,但纳税人并未收到工程款等款项的;或应税行为尚未发生,但纳税人提前开具发票的,此种情形下,纳税义务发生时间则为开具发票的当天。

（5）收到预收款的当天。提供建筑服务且采取预收款方式的纳税人,2017 年 6 月 30 日前收到预收款的,虽其应税行为并未发生,但其纳税义务发生时间为收到预收款的当天。

根据财税〔2017〕58 号文件第二条、第三条的规定,对提供建筑服务且采取预收款方式的纳税人,收到预收款时,虽然其应税行为并未发生,也没有产生纳税义务,但应当按规定依据预征率预缴增值税。

如果施工企业依照业主或发包方的要求开具发票,则该预收账款的增值税纳税义务时间为施工企业开具发票的当天;如果业主或发包方支付预付款时,未要求施工企业开具发票且施工企业没有开具发票,在没有明确之前,施工方收到预收款的增值税纳税义务时间可以为已经提供建筑服务并与业主或发包方进行工程进度结算且签订进度结算书的当天,在实务中为"预收账款"科目结转到"工程结算"科目的当天。

(四) 建筑安装企业增值税会计处理

1. 小规模纳税人增值税的会计处理

由于小规模纳税人不存在进项税额抵扣的问题,所以购进货物时所包含的增值税一般都计入购进货物的成本。其购买物资、服务、无形资产或不动产,取得增值税专用发票上注明的增值税应计入相关成本费用或资产,不通过"应交税费——应交增值税"科目核算。所以,小规模纳税人增值税的会计处理主要是提供建筑服务确认收入或预收工程时的处理,一般情况下只设置"应交税费——应交增值税"科目。

【案例 4-52】 A 建筑公司为增值税小规模纳税人,2019 年 2 月在本地承揽 B 公司华小区的道路施工工程,合同价 206 万元(含税),工期自 2019 年 2 月 10 日至 2019 年 4 月 10 日。合同约定,2019 年 2 月 15 日 B 公司预付工程价款 50 万元(含税),工程完工并验收合格后结算工程价款,未开具增值税专用发票。2019 年 2~4 月,A 建筑公司共计发生材料费 90 万元(含税),人工费 60 万元,机器租赁费为 10 万元(含税),施工管理费支出 6 万元(含税)。2019 年 4 月 10 日工程完工并验收合格,确认工程价 206 万元(含税),并开具增值税专用发票,4 月 15 日收到合同约定的工程款,已存入银行。A 公司的会计处理:

(1) 2019 年 2 月 15 日 B 公司预付工程价款时:

借:银行存款	500 000.0
贷:预收账款	500 000.0

(2) 下月初缴纳增值税,预交税款为:500 000÷(1+3%)×3%=14 563.1(元)。

借:应交税费——应交增值税	14 563.1
贷:银行存款	14 563.1

(3) A 公司发生材料成本费用:

借:库存材料	900 000.0
贷:银行存款	900 000.0

工程领用材料时:

借:工程施工——合同成本	900 000.0
贷:库存材料	900 000.0

支付人工费时：

借：应付职工薪酬　　　　　　　　　　　　　　　　　　600 000.0
　　贷：银行存款　　　　　　　　　　　　　　　　　　　　600 000.0

借：工程施工——合同成本　　　　　　　　　　　　　　600 000.0
　　贷：应付职工薪酬　　　　　　　　　　　　　　　　　　600 000.0

支付机械费用时：

借：工程施工——合同成本　　　　　　　　　　　　　　100 000.0
　　贷：银行存款　　　　　　　　　　　　　　　　　　　　100 000.0

支出施工管理费时：

借：工程施工——施工间接费　　　　　　　　　　　　　60 000.0
　　贷：银行存款　　　　　　　　　　　　　　　　　　　　60 000.0

确认工程价款 206 万元（含税），并开具增值税专用发票：

借：预收账款　　　　　　　　　　　　　　　　　　　2 060 000.0
　　贷：工程结算　　　　　　　　　　　　　　　　　　　2 000 000.0
　　　　应交税费——应交增值税　　　　　　　　　　　　60 000.0

借：主营业务成本　　　　　　　　　　　　　　　　　1 660 000.0
　　工程施工——合同毛利　　　　　　　　　　　　　　340 000.0
　　贷：主营业务收入　　　　　　　　　　　　　　　　　2 000 000.0

借：工程结算　　　　　　　　　　　　　　　　　　　2 000 000.0
　　贷：工程施工——合同成本　　　　　　　　　　　　1 600 000.0
　　　　　　　　——施工间接费　　　　　　　　　　　　60 000.0
　　　　　　　　——合同毛利　　　　　　　　　　　　340 000.0

收到工程款：

借：银行存款　　　　　　　　　　　　　　　　　　　1 457 000.0
　　贷：预收账款　　　　　　　　　　　　　　　　　　　1 457 000.0

另外，如果存在跨地区预缴的情形，需要按照规定在建筑服务发生地向主管税务机关预缴增值税。具体会计处理同一般纳税人增值税的会计处理，详见本节"一般纳税人增值税的会计处理"部分。

2. 一般纳税人增值税的会计处理

根据《企业会计准则——应用指南》及《增值税会计处理规定》（财会〔2016〕22 号），建筑安装企业一般纳税人应交增值税，通过"应交税费"科目进行核算。本科目核算建筑安装企业按照税法规定计算应缴纳的各种税费，如增值税、城市建设维护税、房产税、城镇土地使用税、车船税、印花税、教育费附加、企业所得税及企业按规定应缴纳的代扣代缴的个人所得税等。本科目应当按照应交税费的税种设置二级明细科目。

1）纳税人异地施工项目的会计处理

【**案例 4-53**】　A 建筑公司为增值税一般纳税人，按一般计税方法核算。异地工程，部分工程分包给分包商 B。2019 年 4 月取得分包商 B 开具的增值税专用发票，价款 100 万元，注明的增值税税额为 9 万元，款项未付。4 月 A 建筑公司与甲方结算工程款 300 万元（不含税），发票已开，工程款未收。假设，当月取得其他可抵扣的进项税额 12 万元，无其他增值税纳税事项。A 建筑公司的账务处理如下：

项目所在地税务局预缴税款＝（3 000 000－1 000 000）×2%＝40 000（元）。

借：应交税费——预交增值税	40 000
贷：银行存款	40 000
借：工程施工——合同成本——分包成本	1 000 000
应交税费——应交增值税（进项税额）	90 000
贷：应付账款——应付工程分包	1 090 000
借：应收账款——甲方工程款	3 270 000
贷：工程结算	3 000 000
应交税费——应交增值税（销项税额）	270 000

机构所在地申报缴纳税款＝270 000－（90 000＋120 000）－40 000＝20 000（元）。

借：应交税费——应交增值税（转出未交增值税）	60 000
贷：应交税费——预交增值税	40 000
——未交增值税	20 000
借：应交税费——未交增值税	20 000
贷：银行存款	20 000

2）纳税人采用简易计税方法的会计处理

【**案例 4-54**】　A 建筑公司为增值税一般纳税人，分包 B 公司的某小区施工项目的商业配套施工服务，分包合同金额为 2 000 万元。按合同约定 B 公司支付工程价款 1 000 万元，开票 1 000 万元。工程施工完毕并验收合格，确认工程量结算总价款 2 000 万元并补开发票 1 000 万元。假设，工程成本共计 1 800 万元。除预留 5% 的质量保证金外，余款已结清，另 B 公司奖励 A 公司 100 万元，款已收到并开票（以上均为不含税金额，不考虑其他税费）。无质量问题，质保金自工程验收合格三方签字之日起满 1 年后一次性无息支付。A 建筑公司会计处理如下：

假设该项目为 2016 年 4 月 30 日前的老项目，适用简易计税方法。会计处理为：

收到工程价款 1 000 万元时：

借：银行存款	10 300 000
贷：工程结算	10 000 000
应交税费——简易计税	300 000

申报纳税时：

借：应交税费——简易计税　　　　　　　　　　　　　　　　　　300 000
　　贷：应交税费——未交增值税　　　　　　　　　　　　　　　　　　300 000

借：应交税费——未交增值税　　　　　　　　　　　　　　　　　　300 000
　　贷：银行存款　　　　　　　　　　　　　　　　　　　　　　　　　300 000

收到奖励时：

借：银行存款　　　　　　　　　　　　　　　　　　　　　　　1 030 000
　　贷：工程结算　　　　　　　　　　　　　　　　　　　　　　　1 000 000
　　　　应交税费——简易计税　　　　　　　　　　　　　　　　　　　30 000

确认工程价款，预留质保金时：

借：应收账款　　　　　　　　　　　　　　　　　　　　　　10 300 000
　　贷：工程结算　　　　　　　　　　　　　　　　　　　　　　10 000 000
　　　　应交税费——简易计税　　　　　　　　　　　　　　　　　　300 000

收到结算的工程款时：

借：银行存款　　　　　　　　　　　　　　　　　　　　　　　9 300 000
　　应收账款——质保金　　　　　　　　　　　　　　　　　　　1 000 000
　　贷：应收账款　　　　　　　　　　　　　　　　　　　　　　10 300 000

申报缴纳税费时：

借：应交税费——简易计税　　　　　　　　　　　　　　　　　　330 000
　　贷：应交税费——未交增值税　　　　　　　　　　　　　　　　　　330 000

借：应交税费——未交增值税　　　　　　　　　　　　　　　　　　330 000
　　贷：银行存款　　　　　　　　　　　　　　　　　　　　　　　　　330 000

确认收入时：

借：主营业务成本　　　　　　　　　　　　　　　　　　　　18 000 000
　　工程施工——合同毛利　　　　　　　　　　　　　　　　　　2 000 000
　　贷：主营业务收入　　　　　　　　　　　　　　　　　　　　20 000 000

最后根据施工成本和结算进行结转，具体请参照本书其他相关的案例内容。

3）纳税人总分包工程的会计处理

根据《财政部　国家税务总局关于全面推开营业税改征增值税试点的通知》（财税〔2016〕36号）、《国家税务总局关于营改增试点若干征管问题的公告》（国家税务总局公告2016年第53号）等规定，建筑企业一般纳税人异地施工，应在项目所在地预交增值税，总承包人从建设单位取得的全部价款和价外费用中扣除支付的分包款的差额计算应预交的增值税税额，但在机构所在地申报纳税时，不得差额纳税，应将从分包方处取得的增值税发票上注明的增值税税额作为进项税额予以抵扣。

【案例 4-55】 A 建筑公司为增值税一般纳税人,2018 年 10 月在异地施工承建了甲房地产公司供热工程施工项目(采用一般计税方法)。2019 年 4 月工程已完工并验收合格,合同价款 2 000 万元。A 公司已开出建筑安装发票 2 000 万元,已收工程款 1 900 万元。合同约定质保期为一个供暖季,供暖季结束后无质量问题,5% 的质保金一次性无息付清。A 建筑公司自己只完成土建施工部分的 1 500 万元工作量,管道安装工程部分分包给 B 安装公司(小规模纳税人),分包价款 200 万元,供热站工程部分分包给 C 施工企业(一般纳税人),分包价款 300 万元。2019 年 4 月 20 日,A 建筑公司收到 C 施工企业开具的增值税专用发票 300 万元,B 安装公司在税务局代开的增值税专用发票 200 万元。A 建筑公司已向 C 施工企业支付工程款 285 万元,预留质保金 5%;A 建筑公司已支付给 B 安装公司分包款 190 万元,预留质保金 5%。A 公司的土建部分投入材料费 720 万元,取得可抵扣的进项税额 120 万元;直接人工费 400 万元,其他直接费 80 万元,取得可抵扣的进项税额 10 万元(已上价款均为不含增值税的价款,均在 2019 年 4 月 1 日之前取得增值税专用发票,不考虑附加税费)。

异地预交增值税时:

应预交增值税 $=(2\,000-500)\times2\%=30$(万元)。

借:应交税费——预交增值税		300 000
贷:银行存款		300 000

确认结算工程量时:

借:应收账款		21 800 000
贷:工程结算		20 000 000
应交税费——应缴增值税		1 800 000

A 公司施工部分核算时:

借:库存材料——主要材料		7 200 000
应交税费——应缴增值税(进项税额)		1 200 000
贷:银行存款		8 400 000

借:库存材料——辅助材料等		800 000
应交税费——应缴增值税(进项税额)		100 000
贷:银行存款		900 000

借:应付职工薪酬		4 000 000
贷:银行存款		4 000 000

借:工程施工——合同成本——直接材料		7 200 000
——直接人工		4 000 000
——其他直接费		800 000
贷:库存材料——主要材料		7 200 000
——辅助材料等		800 000
应付职工薪酬		4 000 000

C 施工企业、B 安装公司分包工程时：

借：工程施工——合同成本——分包成本 3 000 000
　　应交税费——应交增值税(进项税额) 270 000
　　　　贷：应付账款——C 施工企业 3 270 000

借：工程施工——合同成本——分包成本 2 000 000
　　应交税费——应交增值税(进项税额) 60 000
　　　　贷：应付账款——B 安装公司 2 060 000

A 公司收到工程款时：

借：银行存款 20 710 000
　　　　贷：应收账款 20 710 000

借：应收账款——质保金 1 090 000
　　　　贷：应收账款 1 090 000

支付分包款时：

借：应付账款——C 施工企业 3 270 000
　　应付账款——B 安装公司 2 060 000
　　　　贷：银行存款 5 330 000

借：应付账款——质保金(B 安装公司)(100 000×3%＋100 000) 103 000
　　　　　　——质保金(C 施工企业)(150 000×9%＋150 000) 163 500
　　　　贷：应付账款——B 安装公司 103 000
　　　　　　　　　——C 施工企业 163 500

4) 纳税人分级核算会计处理

目前,我国建筑安装施工企业的会计基本上采取三级核算体制,即公司、分公司、工程项目部。各项目部、分公司、公司总部各自建账,分别核算,各机构之间的业务往来一般通过"内部往来"科目进行核算。

5) 纳税人挂靠经营的会计处理

挂靠就是没有资质的实际施工人借用有资质的建筑施工企业名义,或者低资质的建筑企业借用高资质建筑企业的名义签订建设工程合同,进行施工的行为,其又称资质共享。依据《建筑法》第六十六条的规定,建筑施工企业转让、出借资质证书或者以其他方式允许他人以本企业的名义承揽工程的,责令改正,没收违法所得并处罚款,可以责令停业整顿,降低资质等级;情节严重的,吊销资质证书。对因该项承揽工程不符合规定的质量标准造成的损失,建筑施工企业与使用本企业名义的单位或者个人承担连带赔偿责任。

根据《财政部 国家税务总局关于全面推开营业税改征增值税试点的通知》(财税〔2016〕36 号)的规定,在境内提供建筑服务的单位和个人,为建筑业增值税纳税人。单位以挂靠方式经营的,以被挂靠人名义对外经营并向发包人承担相关法律责任的,以被挂靠人为纳税人。

二、房地产业增值税会计处理

根据《国民经济行业分类》（GB/T 4754—2011）的规定，房地产业包括房地产开发经营、物业管理、房地产中介服务、自由房地产经营活动及其他房地产业等。其中，房地产开发经营是指房地产开发企业进行的房屋、基础设施建设等开发，以及转让房地产开发项目或者销售、出租房屋等活动。

房地产企业具有以下特点：（1）资金密集；（2）智力密集；（3）受国家的宏观经济形势、经济政策、产业政策和金融部门的信贷政策的影响极大；（4）投资周期较长，市场风险较大；（5）售后服务工作要求高。

（一）房地产企业会计核算

房地产开发可分为房地产开发企业的设立阶段、开发项目的准备阶段、项目开发阶段、房地产销售阶段及利润分配阶段。由于房地产开发企业的各个阶段特点不同，其会计核算的侧重点也有所不同。

1. 开发企业设立阶段的会计核算

成立新的房地产开发企业必须按规定办理有关登记注册手续，包括办理企业名称登记、验资、制定公司章程、办理营业执照、银行开户和纳税登记。因此，这一阶段的会计核算重点是注册资本金及筹建费用的核算，核算的难点是对投资方投入的非现金资产（包括存货、固定资产、无形资产）的计价。

2. 开发项目准备阶段的会计核算

（1）取得土地使用权的核算。取得土地使用权是房地产开发企业进行房地产开发的前提，也是开发产品成本的主要组成部分，因此，加强土地使用权的核算显得尤为重要，在会计核算中要注重在不同方式下取得土地的核算。

（2）取得项目借款。由于房地产开发项目所用资金量很大，项目借款一般期限较长，在会计上作"长期借款"进行核算。为了反映和监督企业长期借款的借入、应计利息和归还本息的情况，应设置"长期借款"科目。核算的难点与重点是对借款利息费用的核算，包括利息费用的费用化与资本化的计算与处理。

（3）开发前物资准备，包括为开发商品房而购置原材料、固定资产等，会计核算要点是对购入物资的计价以及领用发出时的成本核算。

3. 项目开发阶段的会计核算

房地产开发企业在这一阶段的会计核算重点：一是房地产开发成本的核算；二是房地产开发产品的核算。

4. 销售阶段及利润分配阶段的会计核算

（1）房地产企业销售业务的核算。

销售业务核算主要包括主营业务收入和其他业务收入的核算。房地产销售收入是指房地产开发企业自行开发的房地产在市场上进行销售获得的收入，包括土地转让收入、商品房（包括周转房）销售收入、配套设施销售收入等。

（2）利润分配阶段的核算。

利润分配是指企业根据国家有关规定和公司章程、投资者协议等，对企业当年可供分配的利润进行的分配。企业应通过"利润分配"科目，核算企业利润的分配。

（二）房地产企业增值税会计处理

房地产企业通常在取得《商品房预售许可证》时就开始售房收取购房款，这时尚未将商品房交付给业主，通常称之为预收款。

《企业会计准则第 14 号——收入》规定的收入的确认条件是：（1）企业已将商品所有权上的主要风险和报酬转移给购货方；（2）企业既没有保留通常与所有权相联系的继续管理权，也没有对已售出的商品实施有效控制；（3）收入的金额能够可靠地计量；（4）相关的经济利益很可能流入企业；（5）相关的已发生或将发生的成本能够可靠地计量。可见，按照会计处理的收入判断原则，此时尚不符合收入确认条件。当房地产公司将商品房交付给业主时，商品房所有权上的主要风险和报酬方才转移给业主，此时收入确认的条件已满足，会计上确认为收入。

1. 一般计税方法下的增值税会计处理

【案例 4-56】　2017 年 5 月 20 日，A 房地产公司通过"招拍挂"的方式取得某市城东一块占地 30 亩的土地，土地价款为 10 400 万元，用于开发普通住宅。该项目总建筑面积为 7 万平方米，预计开工时间为 2017 年 7 月 1 日，竣工时间为 2019 年 4 月 1 日，交房时间为 2019 年 12 月 15 日。2017 年 11 月 1 日取得《商品房预售许可证》，2017 年 11 月 15 日开盘，2019 年 4 月 1 日该项目顺利完成交房。假设土地增值税预征率 2%、城市维护建设税税率 7%、教育费附加 3%、地方教育附加 2%。

2017 年 5 月 20 日取得土地，会计处理如下（单位：万元，下同）：

借：开发成本——土地征用及拆迁补偿费 10 400

　　贷：银行存款 10 400

假设，2017 年 11 月 15 日开盘至将商品房交付给业主验收前，共计预收业主购房款 77 700万元，会计处理如下：

借：银行存款 77 700

　　贷：预收账款 77 700

开盘至将商品房交付给业主验收前（即未达到会计收入确认条件），这一期预缴增值税税款＝77 700÷（1＋11%）×3%＝2 100（万元）。

借：应交税费——预交增值税 2 100

　　贷：银行存款 2 100

按预缴的增值税计算的应交城市维护建设税、教育费附加及地方教育附加：2 100×（7%＋3%＋2%）＝252（万元）。

借：应交税费——应交城市维护建设税　　　　　　　　　　　　　　　147

　　　　　　——应交教育费附加　　　　　　　　　　　　　　　　　63

　　　　　　——应交地方教育附加　　　　　　　　　　　　　　　　42

　　贷：银行存款　　　　　　　　　　　　　　　　　　　　　　　　252

注：《财政部　国家税务总局关于纳税人异地预缴增值税有关城市维护建设税和教育费附加政策问题的通知》（财税〔2016〕74 号）规定，纳税人跨地区提供建筑服务、销售和出租不动产的，应在建筑服务发生地、不动产所在地预缴增值税时，以预缴增值税税额为计税依据，并按预缴增值税所在地的城市维护建设税适用税率和教育费附加征收率就地计算缴纳城市维护建设税和教育费附加；预缴增值税的纳税人在其机构所在地申报缴纳增值税时，以其实际缴纳的增值税税额为计税依据，并按机构所在地的城市维护建设税适用税率和教育费附加征收率就地计算缴纳城市维护建设税和教育费附加。

应预征土地增值税＝（预收款－应预缴增值税税款）×土地增值税预征率＝（77 700－2 100）×2％＝1 512（万元）。

借：应交税费——应交土地增值税　　　　　　　　　　　　　　　1 512

　　贷：银行存款　　　　　　　　　　　　　　　　　　　　　　　1 512

根据《国家税务总局关于营改增后土地增值税若干征管规定的公告》（国家税务总局公告 2016 年第 70 号）的规定，房地产开发企业采取预收款方式销售自行开发的房地产项目的，可按照以下方法计算土地增值税预征计征依据：

土地增值税预征的计征依据 ＝ 预收款 － 应预缴增值税税款

【案例 4-57】　假设，开工至竣工共计发生除土地价款以外的开发成本 35 000 万元，可抵扣进项税额 3 850 万元，会计处理如下（单位：万元，下同）：

借：开发成本——土地价款以外成本　　　　　　　　　　　　35 000.00

　　应交税费——应交增值税（进项税额）　　　　　　　　　　3 850.00

　　贷：银行存款　　　　　　　　　　　　　　　　　　　　38 850.00

2019 年 4 月月 1 日取得《建设工程规划验收合格证》，并于当月将商品房交付给业主验收。结转开发成本，会计处理如下：

借：开发产品　　　　　　　　　　　　　　　　　　　　　45 400.00

　　贷：开发成本——土地价款　　　　　　　　　　　　　　10 400.00

　　　　　　——土地价款以外的成本　　　　　　　　　　　35 000.00

结转主营业务收入，会计处理如下：

销项税额＝77 700÷（1＋9％）×9％＝6 415.60（万元）。

借：预收账款　　　　　　　　　　　　　　　　　　　　　77 700.00

　　贷：主营业务收入　　　　　　　　　　　　　　　　　　71 284.40

　　　　应交税费——应交增值税（销项税额）　　　　　　　　6 415.60

计算销项税额抵减额＝允许扣除的土地价÷（1＋9％）×9％＝10 400÷（1＋9％）×

9％＝858.72(万元)，会计处理如下：

借：应交税费——应交增值税(销项税额抵减)　　　　　　　　　　　858.72
　　贷：主营业务成本　　　　　　　　　　　　　　　　　　　　　　　858.72

结转预交增值税时：

借：应交税费——未交增值税　　　　　　　　　　　　　　　　　　2 100.00
　　贷：应交税费——预交增值税　　　　　　　　　　　　　　　　　　2 100.00

2. 简易计税方法下的增值税会计处理

【**案例4-58**】　2015年11月20日，A房地产公司通过"招拍挂"的方式取得某市城东块占地30亩的土地，土地价款为10 400万元，用于开发普通住宅。该项目总建筑面积为7万平方米，预计开工时间为2015年7月1日，竣工时间为2018年11月30日，交房时间为2018年12月15日。2016年3月1日取得《商品房预售许可证》，当月15日开盘，2018年12月该项目顺利完成交房，其中2016年5月1日前预收房款60 000万元，2016年5月1日后至交房前收到预收房款17 850万元。假设土地增值税预征率2％、城市维护建设税7％、教育费附加3％、地方教育附加2％。

2016年5月1日前收到预收房款，会计处理如下(单位：万元，下同)：

借：银行存款　　　　　　　　　　　　　　　　　　　　　　　　60 000.0
　　贷：预收账款　　　　　　　　　　　　　　　　　　　　　　　　60 000.0

2016年5月1日前预收房教应交营业税＝60 000×5％＝3 000(万元)，应交城建教育费及附加＝3 000×(7％＋3％＋2％)＝360(万元)，会计处理如下：

借：应交税费——应交营业税　　　　　　　　　　　　　　　　　3 000.0
　　　　　　　——应交城市维护建设　　　　　　　　　　　　　　210.0
　　　　　　　——应交教育费附加　　　　　　　　　　　　　　　90.0
　　　　　　　——应交地方教育附加　　　　　　　　　　　　　　60.0
　　贷：银行存款　　　　　　　　　　　　　　　　　　　　　　　3 360.0

2016年5月1后至交房前收到房款，会计处理如下：

借：银行存款　　　　　　　　　　　　　　　　　　　　　　　17 850.0
　　贷：预收账款　　　　　　　　　　　　　　　　　　　　　　　17 850.0

计算2016年5月1日后至交房前收到预收款应预缴的增值＝预收款÷(1＋5％)×3％＝510(万元)，会计处理如下：

借：应交税费——简易计税　　　　　　　　　　　　　　　　　　510.0
　　贷：银行存款　　　　　　　　　　　　　　　　　　　　　　　510.0

借：应交税费——应交城市维护建设税　　　　　　　　　　　　　35.7
　　　　　　　——应交教育费附加　　　　　　　　　　　　　　　15.3
　　　　　　　——应交地方教育附加　　　　　　　　　　　　　　10.2
　　贷：银行存款　　　　　　　　　　　　　　　　　　　　　　　61.2

2018年12月取得《建设工程规划验收合格证》，并于当月将商品房交付给业主验收。

计算应交增值税＝17 850÷(1＋5％)×5％＝850(万元)

借：预收账款   77 850.0

  贷：主营业务收入   77 000.0

    应交税费——简易计税   850.0

借：税金及附加   102.0

  贷：应交税费——应交城市维护建设税   59.5

    ——应交教育费附加   25.5

    ——应交地方教育附加   17.0

2019年1月缴纳相关税金，计算应缴纳的增值税附加＝102－61.2＝40.8(万元)，会计处理如下：

借：应交税费——简易计税   340.0

  贷：银行存款   340.0

借：应交税费——应交城市维护建设税   23.8

    ——应交教育费附加   10.2

    ——应交地方教育附加   6.8

  贷：银行存款   40.8

三、金融服务业增值税会计处理

金融服务是指经营金融保险的业务活动，包括贷款服务、直接收费金融服务、保险服务和金融商品转让。

提供金融服务的纳税人并非仅指金融机构，而是所有提供该服务的纳税人，但是部分金融服务免税优惠仅适用于金融机构，如金融机构农户小额贷款、金融同业往来利息收入免征增值税。但是国债和地方政府债利息收入免征增值税则不局限于金融机构。这里的金融机构是指银行(包括中国人民银行、商业银行、政策性银行)；信用合作社；证券公司；金融租赁公司、证券基金管理公司、财务公司、信托投资公司、证券投资基金；保险公司；其他经中国人民银行、银监会、证监会、保监会批准成立且经营金融保险业务的机构等。

金融机构应当在"应交税费"科目下设置"应交增值税""未交增值税""预交增值税""待抵扣进项税额""待认证进项税额""待转销项税额""增值税留抵税额""简易计税""转让金融商品应交增值税""代扣代交增值税"等明细科目。在"应交增值税"明细分类账账内设置"进项税额""销项税额抵减""已交税金""转出未交增值税""减免税款""出口抵减内销产品应纳税额""销项税额""出口退税""进项税额转出""转出多交增值税"等专栏。

对于农村信用社、村镇银行、农村资金互助社、由银行业机构全资发起设立的贷款公司、法人机构在县(县级市、区、旗)及县以下地区的农村合作银行和农村商业银行，在提供金融服务时可以选择适用简易计税方法，按照3％的征收率计算缴纳增值税，记入"应交税费——简易计税"科目。

根据《中华人民共和国商业银行法》的规定,商业银行可以经营的业务包括:吸收公众存款;发放短期、中期和长期贷款;办理国内外结算;办理票据承兑与贴现;发行金融债券;代理发行、代理兑付、承销政府债券;买卖政府债券、金融债券;从事同业拆借;买卖、代理买卖外汇;从事银行卡业务;提供信用证服务及担保;代理收付款项及保险业务;提供保管箱服务;经国务院银行业监督管理机构批准的其他业务。

(一) 利息收入的会计处理

1. 贷款利息收入

关于贷款利息收入增值税的处理,依照财税〔2016〕36 号文件,贷款业务取得的利息及利息性质的收入,按照贷款服务缴纳增值税。纳税义务发生时间为合同约定的付款日期,合同未约定的以应税服务完成的当天确认纳税义务发生,先开具发票的为发票开具的当天。

企业发生贷款时,按照合同金额,借记"贷款"科目,贷记"吸收存款"等科目。在资产负债表日,银行系统会按照合同利率和合同金额计算确定的贷款利息收入,借记"应收利息"科目,贷记"利息收入"科目。贷款还款时,按实际收到的金额,借记"存放中央银行款项"等科目,贷记"贷款""应收利息"科目;按其差额,贷记"利息收入"科目。贷款逾期时,将贷款转列到逾期贷款科目,借记"逾期贷款"科目,贷记"贷款"科目。逾期超过 90 天时贷款利息转非应计税收入,同时应计利息转表外。

【案例 4-59】 A 金融机构 2019 年 1 月 1 日发放贷款一笔,金额 1 000 万元,到期日为 2019 年 12 月 31 日,一次性还本付息,利率 9%。会计处理如下(单位:万元,下同):

贷款发放时:

借:贷款——本金   1 000.00

     贷:存款类科目   1 000.00

正常贷款计提利息(按月):应纳税额＝(1 000×9%÷12)÷1.06×6%＝0.42(万元)。

借:应收利息   7.50

     贷:利息收入   7.08

         应交税费——待转销项税额   0.42

2019 年 12 月 31 日还款:

借:存款类科目   1 090.00

     贷:相关贷款类科目   1 000.00

         应收利息   90.00

借:应交税费——待转销项税额   5.04

     贷:应交税费——应交增值税(销项税额)   5.04

【案例 4-60】 接[案例 4-59],假设按月收取利息,到 1 月、2 月末客户正常归还利息,但 3 月 31 日开始客户一直未归还利息。会计处理如下(单位:万元):

3 月 31 日、4 月 30 日、5 月 31 日正常贷款计提利息(按月):

借：应收利息   7.50

    贷：利息收入   7.08

         应交税费——待转销项税额   0.42

至 6 月 30 日，客户仍未归还利息，3 月 31 日的利息逾期 90 天以上，利息即转表外：

借：应收利息   −7.08

    贷：利息收入   −7.08

同上，至 7 月 31 日，客户未归还利息，4 月 30 日的利息逾期 90 天以上，利息即转表外；至 8 月 31 日，客户未归还利息，5 月 31 日的利息逾期 90 天以上，利息即转表外。

注：金融企业发放贷款后，自结息日起 90 天内发生的应收未收利息按现行规定缴纳增值税，自结息日起 90 天后发生的应收未收利息暂不缴纳增值税，待实际收到利息时按规定缴纳增值税。

2. 贴现利息收入

票据贴现是在贴现业务发生时预先扣除利息，贴现申请人得到的贷款是票面金额扣除利息后的净额。根据《财政部　国家税务总局关于全面推开营业税改征增值税试点的通知》（财税〔2016〕36 号）的规定，票据贴现业务取得的利息及利息性质的收入，按照贷款服务缴纳增值税。根据《财政部　税务总局关于建筑服务等营改增试点政策的通知》（财税〔2017〕58 号）的规定，自 2018 年 1 月 1 日起，金融机构开展贴现、转贴现业务，以其实际持有票据期间取得的利息收入作为贷款服务销售额计算缴纳增值税。此前贴现机构已就贴现利息收入全额缴纳增值税的票据，转贴现机构转贴现利息收入继续免征增值税。

之后，《国家税务总局关于跨境应税行为免税备案等增值税问题的公告》（国家税务总局公告 2017 年第 30 号）进一步细化明确规定，自 2018 年 1 月 1 日起，金融机构开展贴现、转贴现业务需要就贴现利息开具发票的，由贴现机构按照票据贴现利息全额向贴现人开具增值税普通发票，转贴现机构按照转贴现利息全额向贴现机构开具增值税普通发票。

企业办理贴现时，按照贴现票面金额，借记"贴现资产（面值）"科目；按照实际支付的金额，贷记"吸收存款"等科目；按照其差额，贷记"贴现资产（利息调整）"科目。在资产负债表日，银行按照系统计算确定的票据贴现利息收入，借记"贴现资产（利息调整）"科目，贷记"利息收入"科目。贴现票据到期，按实际收到的金额，借记"存放中央银行款项"等科目；按贴现的票面金额，贷记"贴现资产（面值）"科目；按其差额，贷记"利息收入"科目。存在利息调整金额的，也同时结转。贴现发生时按预先扣除的利息计算应缴纳的增值税。借记"贴现资产——面值"科目；贷记"单位活期存款""贴现资产——利息调整"科目；按现行增值税制度规定计算的销项税额（或采用简易计税方法计算的应纳增值税税额），贷记"应交税费——应交增值税（销项税额）"或"应交税费——简易计税"科目。

【案例 4-61】 A 金融机构（采用一般计税方法）2020 年 1 月 10 日收到甲公司交来的商业承兑汇票一份，票面金额 200 万元，到期日为 2020 年 3 月 6 日，月贴现率 4.24%，贴现息 16 112 元，开具增值税普通发票。会计处理如下：

贴现时：

借：贴现资产——面值	2 000 000.00
贷：单位活期存款	1 983 888.00
贴现资产——利息调整	15 200.00
应交税费——应交增值税（销项税额）	912.00

持有期间，按直线法计算收益，每日确认利息收入：

借：贴现资产——利息调整	266.66
贷：利息收入——贴现利息收入	266.66

到期收回时：

借：存放中央银行款项	2 000 000.00
贴现资产——利息调整	267.04
贷：贴现资产	2 000 000.00
利息收入——贴现利息收入	267.04

3. 金融机构往来业务

银行在资产负债表日计算利息计入。例如，约期存款，在资产负债表日按约定利率计算应收利息，记入"金融机构往来收入"科目；到期支取时借记"存放中央银行款项"等科目，贷记"存放业同款项""应收利息"科目，差额记入"金融机构往来收入"科目。

对于持有的买入返售金融商品（债券、票据），应按照实际支付的金额借记"买入返售金融资产"科目，贷记"存放中央银行款项"科目。资产负债表日，按照计算确定的买入返售金融资产的利息收入，借记"应收利息"科目，贷记"金融机构往来收入——买入返售票据利息收入"科目。返售日，按照实际收到的金额，借记利息收入"存放中央银行款项"科目，按其账面余额，贷记"买入返售金融资产""应收利息"科目，按其差额贷记"金融机构往来利息收入——买入返售票据利息收入"科目。

对于持有至到期的金融债，取得时按支付的价款中包含的、已到付息期但尚未领取的利息，借记"应收利息"科目，面值记入"持有至到期投资——成本（面值）"科目，贷记"存放中央银行款项"等科目，差额记入"持有至到期投资——利息调整"科目。在资产负债表日，持有至到期投资为分期付息、一次还本债券投资的，应按票面利率计算确定的应收未收利息，借记"应收利息"科目。按持有至到期投资摊余成本和实际利率计算确定的利息收入，贷记"投资收益"科目，按其差额，借记或贷记"持有至到期投资——利息调整"。持有至到期投资为一性还本付息债券的，应按票面利率计算确定的应收未收利息，借记"持有至到期投资（应收利息）"科目，按持有至到期投资摊余成本和实际利率计算确定的利息收入，贷记"投资收益"科目，按其差额借记或贷记"持有至到期投资——利息调整"。

【**案例 4-62**】　A 金融机构 2018 年 7 月 1 日存入另一金融机构 3 000 万元，期限 1 年到期付息，利率 3.8%。会计处理如下（单位：万元）：

存放同业款项：

借：存放同业款项   3 000.0

  贷：存放中央银行款项   3 000.0

2018 年第三季度、第四季度，2019 年第一季度、第二季度分别计息：

借：应收利息   28.5

  贷：金融机构往来收入   28.5

2019 年 6 月 30 日收本收息：

借：存放中央银行款项   3 114.0

  贷：应收利息   114.0

    存放同业款项   3 000.0

【案例 4-63】 A 金融机构 2019 年 3 月 1 日与对方银行约定，支付 1 980 万元，买入笔债券票面金额 2 000 万元，对方银行约定在 2019 年 5 月 31 日按照 1 992 万元回购该笔债券。会计处理如下（单位：万元）

买入日：

借：买入返售金融资产——债券   1 980

  贷：存放中央银行款项   1 980

3 月 31 日和 4 月 30 日：

借：应收利息   4

  贷：金融机构往来利息收入——买入返售票据利息收入 4

5 月 31 日：

借：存放中央银行款项   1 992

  贷：买入返售金融资产——债券   1 980

    应收利息   8

    金融机构往来利息收入——买入返售票据利息收入 4

4. 债券持有期间取得的利息收入

各种占用、拆借资金取得的收入，包括金融商品持有期间（含到期）利息（保本收益、报酬、资金占用费、补偿金等）收入、信用卡透支利息收入、买入返售金融商品利息收入、融资融券收取的利息收入，以及融资性售后回租、押汇、罚息、票据贴现、转贷等业务取得的利息及利息性质的收入，按照贷款服务缴纳增值税。以货币资金投资收取的固定利润或者保底利润，按照贷款服务缴纳增值税。

【案例 4-64】 A 金融机构 2019 年 1 月 1 日购入某企业债，债券面值 2 000 万元，票面利率 10%，期限 1 年，每半年付息一次，实际价格 1 950 万元，准备持有至到期，债券实际利率 15.6%，按季度计息。其会计处理如下：（单位：万元）

购入债券：

借：持有至到期投资——成本（面值）　　　　　　　　　　　　2 000.00
　　贷：存放中央银行款项　　　　　　　　　　　　　　　　　　　　1 950.00
　　　　持有至到期投资——利息调整　　　　　　　　　　　　　　　　　50.00

2019 年按季度分别核算利息收入：

借：应收利息　　　　　　　　　　　　　　　　　　　　　　　　50.00
　　持有至到期投资——利息调整（1 950×15.6%÷4.50）　　　　　26.05
　　贷：投资收益——金融债利息收入（76.05÷1.06）　　　　　　　71.75
　　　　应交税费——待转销项税额（71.75×6%）　　　　　　　　　　4.30

2019 年 6 月 30 日取得利息：

借：存放中央银行款项　　　　　　　　　　　　　　　　　　　100.00
　　贷：应收利息　　　　　　　　　　　　　　　　　　　　　　　100.00

借：应交税费——待转销项税额　　　　　　　　　　　　　　　　8.60
　　贷：应交税费——应交增值税（销项税额）　　　　　　　　　　　8.60

2019 年 12 月 31 日取得收入利息，收回本金：

借：存放中央银行款项　　　　　　　　　　　　　　　　　　　100.00
　　贷：应收利息　　　　　　　　　　　　　　　　　　　　　　　100.00

借：存放中央银行款项　　　　　　　　　　　　　　　　　　　2 000.00
　　贷：持有至到期投资——面值　　　　　　　　　　　　　　　2 000.00

借：应交税费——待转销项税额（4.30×2）　　　　　　　　　　　8.60
　　贷：应交税费——应交增值税（销项税额）　　　　　　　　　　　8.60

半年付息一次，因此年底只有 2 个季度的待转销项税额。

（二）直接收费金融服务的会计处理

直接收费金融服务是指为货币资金融通及其他金融业是供相关服务并且收取费用的业务活动，包括提供货币兑换、账户管理、电子银行、信用卡、信用证、财务担保、资产管理、信托管理、基金管理、金融交易场所（平台）管资金结算、资金清算、金融支付等服务。对于用一般计税方法的银行来讲，税率为 6%，对于如农村信用社等可以选择简易计税方法的金融机构来讲，征收率为 3%。

直接收费金融服务，以提供直接收费金融服务收取的手续费、佣金、酬金、管理费、服务费、经手费、开户费、过户费、结算费、转托管费等各类费用为销售额。

在应收取各项手续费时计入"手续费及佣金收入"科目；按现行增值税制度规定计算的销项税额（或采用简易计税方法计算的应纳增值税税额），贷记"应交税费——应交增值税（销项税额）"或"应交税费——简易计税"科目。

在收到手续费、定期或者合同到期结算时计算手续费收入，记入"手续费和佣金收入"科目。

【案例 4-65】 A 银行 2019 年 1 月接受 A 公司委托发放贷款 1 000 万元,每月按贷款本金的 0.3‰收取手续费(不含增值税),贷款期限 1 年。会计处理如下(单位:万元):

每月收取手续费时:

借:存放中央银行款项   0.318

 贷:手续费和佣金收入(0.3‰×1 000)   0.300

  应交税费——应交增值税(销项税额)   0.018

(三) 金融商品转让的会计处理

金融商品转让是指转让外汇、有价证券、非货物期货和其他金融商品所有权的业务活动。其他金融商品转让包括基金、信托、理财产品等各类资产管理产品和各种金融衍生品的转让。金融商品转让,按照卖出价扣除买入价后的余额为销售额。

转让金融商品出现的正负差,按盈亏相抵后的余额为销售额。若相抵后出现负差,可结转下一纳税期与下期转让金融商品销售额相抵,但年末时仍出现负差的,不得转入下一个会计年度。纳税人从事金融商品转让的增值税纳税义务发生时间,为金融商品所有权转移的当天。

对于处置金融资产取得的收益,《财政部关于印发〈增值税会计处理规定〉的通知》(财会〔2016〕22 号)规定,增值税一般纳税人应当在"应交税费"科目下设置"转让金融商品应交增值税"明细科目。金融商品转让按规定以盈亏相抵后的余额作为销售额的账务处理。金融商品实际转让月末,如产生转让收益,则按应纳税额借记"投资收益"等科目,贷记"应交税费——转让金融商品应交增值税"科目;如产生转让损失,则按可结转下月抵扣税额,借记"应交税费——转让金融商品应交增值税"科目,贷记"投资收益"等科目。缴纳增值税时,应借记"应交税费——转让金融商品应交增值税"科目,贷记"存放中央银行款项"科目。年末,本科目如有借方余额,则借记"投资收益"等科目,贷记"应交税费——转让金融商品应交增值税"科目。

【案例 4-66】 A 银行 2019 年 1 月 5 日购入企业债作为交易性金融资产,债券面值 5 000 万元,公允价值 5 020 万元,交易费用 5 万元;1 月末该债券的市场价值为 5 032 万元;2 月 3 日售出该债券,卖出价 5 073 万元(本例未考虑应收利息)。会计处理如下(单位:万元):

购入时:

借:交易性金融资产——成本   5 020

 投资收益——交易费用   5

 贷:存放同业款项   5 025

1 月末公允价值变动:

借:交易性金融资产——公允价值变动   12

 贷:公允价值变动损益   12

2月3日售出该债券：

借：存放同业款项　　　　　　　　　　　　　　　　　　　5 073
　　贷：交易性金融资产——成本　　　　　　　　　　　　　5 020
　　　　　　　　　　——公允价值变动　　　　　　　　　　12
　　　投资收益——投资买卖价差　　　　　　　　　　　　　41

借：公允价值变动损益　　　　　　　　　　　　　　　　　　12
　　贷：投资收益——投资买卖价差　　　　　　　　　　　　12

本次金融商品买卖价差为5 073－5 020＝53(万元)，应计提金融商品转增值税＝53÷1.06×6％＝3(万元)。

借：投资收益——投资买卖价差　　　　　　　　　　　　　　3
　　贷：应交税费——转让金融商品应交增值税　　　　　　　3

第五章　增值税发票及行业核查

当前,从增值税各类发票管理的形势来看,在不同行业、不同地区和领域,虚开发票虚假抵扣或骗取出口退税的违法犯罪行为仍然十分严峻,涉案范围不断扩大,作案手法不断翻新,跨地区虚开骗税链条拉长,犯罪周期逐渐缩短,造成国家税款大量流失,已经成为税收征管工作中不容忽视的顽疾。对此,为进一步增强税务核查的独立性和震慑力,有效维护了税法尊严和税收秩序。本章通过整理若干有代表性及针对性的虚开骗税案例,介绍增值税专用发票与出口骗税的税务核查要点及手段,帮助读者进一步了解和掌握,以避免税收风险的发生,在日常工作中得以应用。

第一节　增值税发票核查

增值税发票的管理一直以来就是税务机关的工作重点,对发票的核查主要分为发票流、资金流、货物流、生产经营现场等四个方面,它们互为支撑、相互印证,融合利用进而形成税务机关核查的证据链条。当前,不法人员利用虚开增值税专用发票,偷、逃、骗取国家税款的案件高发不断,严重危害了社会经济健康发展,扰乱了公平竞争秩序,侵蚀了国家税收利益。因此,加强增值税发票的管理与打击虚开发票违法犯罪行为势在必行。

一、发票流的核查

发票作为商事凭证和虚开行为的必备载体,载明销货方纳税义务、购买方进项税额的合法证明,是受票方纳税人认证申报抵扣进项税额和企业所得税税前扣除的重要凭证。发票流是生产、经营活动的真实性、关联性、流转逻辑性的表现形式。发票流的核查在发票违法案件查处中处于首要、基础的环节,与资金流、货物流、生产经营情况以及上下游企业的核查相互依赖、互为支撑,有效地印证发票违法行为是否成立。

发票流的核查,须从发票的真伪、票面信息的汇总比对以及流转过程的逻辑性等三个方面进行核查。

(一) 真伪辨别

目前,发票违法行为主要为真票虚开与假票虚开并存。真票虚开是指从税务机关领取并开具与实际经营业务情况不符的发票,是虚开的主要表现形式。假票虚开是指使用私自印制、伪造、变造、非法取得(含套用合法发票代码、号码)或者废止的发票开具与实际经营业务情况不符的发票;假票虚开目的主要是报销费用、列支成本、套取资金,以"普通发票"居多。随着税务机关着力优化营商环境，领取发票便利化措施的持续推进，"假发票"呈下降趋势、偶发态势或不能开具状态。因此，对发票流的核查，应坚持查案必须查票、查票先验真伪的原则开展核查。

1. 票面查验

（1）增值税专用发票加密防伪措施。增值税发票管理新系统在原系统发票代码、发票号码、开票日期、购方税号、销方税号、金额、税额等七项数字信息系统自动生成"数字＋符号"的 84 位加密内容的基础上，新增了汉字信息防伪内容，对共计十二项票载信息进行加密，形成 108 位密文信息。在打印发票时，将密文在打印到发票右上角"密码区"，发票的主要信息被逐条计入金税盘或税控盘上的"黑匣子"完成计税功能，并逐级上传至国家税务总局发票电子底账库。受票方在勾选认证时，在确定开票方已上传开票数据的情况下，不能找到对应发票，或与票面信息不符的，可确定为假票或克隆票。新系统通过证书验证实现数据的保密性、完整性和真实性，以及数据内容和人员操作行为的抗抵赖等安全功能，实现在线开票与限制离线开票功能，适时传输开票电子数据信息。税务数字证书系统为税务信息系统构建统一的网络信任体系，包括数字证书身份认证、数据加密、签名验签等，从开票系统将纳税人票据信息上传至电子底账数据库，最后进行票表比对保证纳税人发票信息的可用性和防止发票信息不被篡改。

（2）增值税专用发票纸质防伪措施。一是光角变色圆环纤维防伪技术。在增值税专用发票的发票联、抵扣联、记账联专用纸张中使用了光角变色圆环纤维防伪技术，防伪纤维的物理形态呈圆环状随机分布在纸张中，在自然光下观察与普通纸张基本相同，在紫外光下圆环纤维近光源一侧和远光源一侧表现出不同的荧光色。使用标准 365 nm 紫外光源以小于 45 度的角度照射圆环纤维，靠近光源的半圆环为红色，远离光源的半圆环为黄绿色。由于其独特的物理形态和光学防伪效果，可有效防止印刷模仿。二是造纸防伪线。在增值税专用发票的发票联、抵扣联、记账联专用纸张中使用了造纸防伪线防伪技术。在自然光下对光观察防伪线呈现黑色线状水印，使用标准 365 nm 紫外光源垂直照射防伪线呈现红蓝荧光点形成的条状荧光带。假发票可能会采用印刷荧光带模拟防伪线，但在自然光下不具有黑水印效果。三是颜色擦可变技术。发票所有联次地区代码使用具有颜色擦可变特征的防伪油墨印刷。油墨印迹在外力摩擦作用下可以发生颜色变化，产生红色擦痕。该项技术是一种可靠性强、公众易于识别的防伪技术。使用一张普通的白纸摩擦票面的地区代码区域，在白纸表面以及地区代码的摩擦区域均会产生红色擦痕。四是异型号码。发票所有联次号码使用异型号码印刷，印刷号码的字体是专为增值税专用发票设计的异型变化字体。该项技术可直接用肉眼识别，异型号码的字形、字体均与普通号码有明显差异。五是特殊波段机读技术。在发票的发票联、抵扣联、记账联监制章油墨中采用了该项专用机读技术，监制章图案可在特殊波段的光谱激发下，发射出特定波段的机读信号。六是复合信息防伪特征。在发票联、抵扣联、记账联票面中采用了复合信息防伪技术。该项技术将多种防伪技术有机结合，具有较强的防伪能力。如图 5-1 所示。

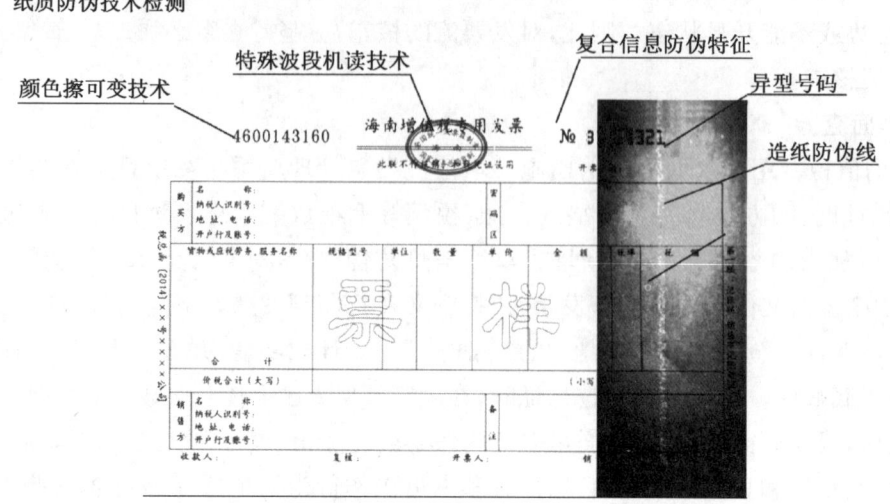

图 5-1 增值税专用发票纸质防伪识别图

（3）增值税普通发票防伪。使用白纸摩擦票面的发票代码和字符区域，在白纸表面以及发票代码和字符的摩擦区域均会产生红色擦痕。

2. 平台查验

通过国家税务总局增值税发票查验平台，输入发票代码、号码、开票日期，可查验最近 1 年内使用增值税发票管理新系统开具的发票如图 5-2 所示，包括增值税专用发票、增值税普通发票（含卷式发票、通行费发票）、增值税电子普通发票、机动车销售统一发票、二手车销售统一发票。不在上述范围之内的发票，须进入当地税务机关网站查询。

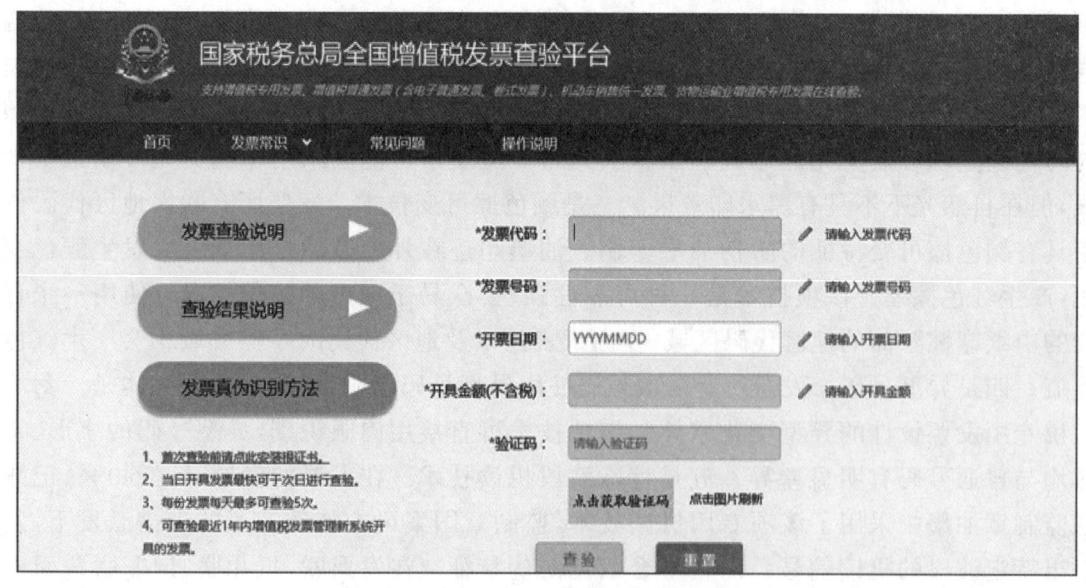

图 5-2 国家税务总局全国增值税发票查验平台图

3. 协查查验

一般情形下,在核查虚开增值税专用发票案件时,对有疑问的发票可向受票地或开票地税务机关发起协查,核实票面内容和业务的真实性,也可根据案情需要,开展上下游实地调查核实。需要注意的是,定性虚开类发票的协查,无论是根据上游企业虚开确定下游企业,还是下游企业虚开确定上游企业,《已证实虚开通知单》不是判定受托方企业是否虚开的必要条件。

(二) 比对核查

1. 票面信息核对

增值税专用发票是票据类中最重要的扣税凭证,应核对其发票联和抵扣联、汇总开具发票的抵扣联和《销售货物或者提供应税劳务清单》等票面信息是否一致。票面信息应重点关注各要素内容,如"发票代码""发票号码""货物或应税劳务、服务名称""金额""税额""开票方""受票方"等。对取得的增值税专用发票和普通发票的纸质发票联和抵扣联的,可利用增值税发票新系统,核对发票电子数据与纸质票面数据是否一致。对于机动车统一销售发票,应核对六联票面信息是否一致,尤其是存根联与其他联次信息进行比对,必要时可核对电子底账系统与车辆购置税系统内采集的机动车统一销售发票信息。对增值税电子普通发票必须按电子普通发票上的税额进项抵扣,需要关注纳税人支付道路通行费开具电子普通发票的时间与通行费项目,并对电子普通发票的金额进行运营业里程测算。对农产品销售发票或收购发票,应注意税率的选择,应选择"免税"而不是"0",同时关注销售方信息以及备注栏里,是否分别按要求详细登记售货人姓名、家庭住址、身份证、联系电话并附以其他证明产品自产材料。

对滞留票应核查发票联、抵扣联是否在受票单位处,如滞留发票不在受票方处的,应追查发票去向、对有关票据交接人员开展询问,核查有无中间人。对于红字增值税专用发票,应核对系统审核通过生成的红字通知单编码;对负数增值税普通发票,应核对以前开具的对应蓝字普通发票票面信息是否一致。对于异常低值开具的发票,应核对是否存在仅仅在系统内开具发票,而用空白发票或分享相关联次对外开具"阴阳票"的情况。对作废发票应核查作废发票全部联次是否齐全、票面信息是否一致。

2. 经营信息比对

依托金税三期税收管理系统、增值税发票管理新系统等,提取发票数据信息,通过票面信息敏感词、货物进销品名称、税率匹配、经营范围、上下游企业等逻辑关联比对,综合分析核查期间取得和开具发票涉及的货物品名、规格、数量等关键要素。

1) 核查日期、发票号码

一般情形下,不法企业对外虚开发票时较为集中,其取得进项抵扣凭证也较为集中,或者不取得进项抵扣凭证而通过虚填增值税申报表的进项税额予以抵扣。开具的发票一般集中在月份下旬、季度末月,多是连号且顶额开具。核对票面信息时如有上述异常情况,应认真核查,排除疑点。

2) 核查货物品名、规格、数量

分析核查发票票载的货物品名、规格、数量,归纳汇总,进行综合比对分析。

（1）比对经营范围。核查时应核查企业登记的经营范围、经营方式以及经营规模、行业常规，了解企业实际面对的交易对象、受票方，其受票方是否在实际销售或提供劳务服务群体中。存在受票方离散度较高，销售服务半径过长，销售货物进销项不符，存货周转率畸高，或主要是面对终端消费者而开具增值税专用发票的金额、数量占比过高等情况的，应认真核查。

其是否存在利用"富余票""套取进项"实施"票货分离"虚开增值税专用发票的嫌疑，应着重结合物流核查情况进行综合判定。例如，电商企业交易多发生利用"富余票"实施"票货分离"虚开行为，黄金、铜等大宗物资交易多发生"套取进项"实施"票货分离"虚开行为。

（2）核查业务合同。合同是当事人或当事双方之间设立、变更、终止民事关系的协议，依法成立的合同受法律保护。正常购货业务，购销双方一般都会签订合同，来保证当事人的民事权利。因此，在核查过程中如遇到发票金额大、现金支付等异常现象，应首先从购销合同入手，分析判断业务的真实性，再综合企业银行资金往来与货物、劳务、服务之间相互勾稽关系，核查与实际业务是否相符。

（3）比对验收入库单。税务人员在核查过程中，应结合业务合同规定的货物交付方式与时间，对核查验收入库单与发票开具内容进行逻辑判断。根据增值税暂行条例规定，先开具发票的纳税义务发生时间为开具发票的当天，但对后发货物的时间没有明确规定。因此，一般情况下，先开票后发货的业务存在虚开发票嫌疑较大。核查中若发现纳税人经常取得发票时间在前，验收入库单在后，但验收入库时数量与发票上数量完全相符，则往往存在虚开发票嫌疑；同时，需要对验收入库单开展货物流跟踪核查，是否存在虚假入库虚构进项的问题。

（4）比对运价及承运数量。对比起运地到终点地的常规运价，分析运输单价与取得增值税专用发票货物运输单价、运输单价占货物的价格比例是否合理；从运输货物数量可行性分析，取得增值税专用发票的货物数量、实际运输货物数量、货物入库数量与账上是否相符，核查多开运费抵扣或虚开运费抵扣等异常情况。

（5）比对生产经营能力。生产型企业虚开发票易发生在纺织、服装、皮革、中药材等涉农产品加工行业中，一般对资金、人员和场地要求不高，只生产少量产品，对外大量虚开发票。税务人员在核查时，一是应当根据现场勘验企业人员、场地、机器设备等生产要素，核查其生产量是否与销售量匹配、生产能力是否与开票销售额匹配，有无委外加工；二是核查可运用水、电、气等能耗的投入产出比对分析方法，根据其实际耗水电气量，测算生产能力与可供开票的产品数量和金额，同时结合资金、发票流向的核查，排除委外加工的可能性。

3）核查发票销货清单

如果不法企业汇总开具发票的，《销售货物或者提供应税劳务清单》应当使用防伪税控系统开具并加盖发票专用章。如果是自行打印销货清单的，属于未按规定开具发票不得抵扣。对开具《销售货物或者提供应税劳务清单》的，从增值税发票管理新系统、电子底账系统提取物品清单明细，与纸质清单开展逐项比对核查，核查是否存在机外开具阴阳销货清单情况。

（三）上下游交易对象的核查

增值税发票管理新系统上线后,已建立及时、完整、准确的发票电子底账库,纳税人开具的发票的全票面信息,包括汉字、数字内容都会实时加密上传,新系统将作为纳税申报、发票数据查验、税源管理以及数据分析利用的依据,开票数据还会实时跨省异地推送,夯实了增值税纳税申报信息票表税比对的数据基础,对比对结果进行相应处理,可有效解决不法企业虚开发票的问题,全面提高税收管理质量和效率。

因增值税发票管理新系统异地推送的为开票数据信息,开票方与受票方的发票数据信息完全相同,受票方登陆"增值税发票选择确认平台"(以下简称"确认平台")勾选认证增值税专用发票,企业只需在本月申报上月增值税前,通过"勾选认证方式"在"确认平台"上认证所有未认证的增值税进项发票,勾选认证成功即可抵扣本月以前的增值税进项税额。通过增值税发票查询平台,未查询到取得增值税发票信息的,仍可进行扫描认证。不法企业则会利用开票数据信息上传后可勾选认证的规定,只通过系统上传开具发票的电子数据,弃用纸质发票。受票单位在开票方上传数据后,立即勾选认证形成进项税额抵扣项,再向下游开具发票,下游受票单位再往下下游企业开具发票,人为拉长虚开链条,增加查处难度。核查中,可依托增值税发票管理新系统、电子底账信息管理系统、金税三期决策支持系统(总局云平台),进行发票流向上下游查询、比对、追踪,取得开票方主管税务机关提供的涉案企业纳税人开具发票的相关证据,以及受票方主管税务机关提供的涉案企业勾选认证发票的相关证据,形成上下连通的发票流证据链条。

从核查证据取证上看,证据与证据之间应相互"印证",能证明虚开事实的才是可以定性处理的有效证据。因此,对增值税发票的核查,要以涉嫌虚开企业为主体,对涉嫌虚开企业开具发票业务链条的上下游企业及上下游企业各自的上下游企业进行全链条或穿透式核查,取得相关证据,印证事实,综合判断,扣紧证据链条,形成证据组合。

1. 全链条式核查

从以往的增值税发票虚开作案方式上看,虚开链条主要有两种:(1)套取进项发票→票货分离→洗票虚开→变票虚开→用票单位;(2)按表配票(含暴力虚开)→洗票虚开→变票虚开→用票单位。需要说明的是,链条层级并不固化,也可以互为串通。税务人员在核查中,可依托总局云平台进行票流上下游多层级分析,以虚开疑点信息为线索,贯通发票流转链条,确定涉案企业所在链条层级,围绕虚开主体企业,以发票流向为主线,层层对其上下游涉案企业进行核查、调查、协查,从源头虚开企业全链条核查至最终用票单位,挽回国家税款损失。

1)源头虚开企业

不法企业对外虚开前必须要有足够的进项予以抵扣,以达到不实现或者少缴纳税款的目的。作为发票开具的源头企业,主要有暴力虚开后随即走逃的空壳企业、虚填申报表抵扣进项税额栏(含海关进口增值税缴款书、自开农产品发票等)的按表配票企业、因客户端为终端消费者或享受增值税优惠政策(免征、先征后返)而有富余票额度的中小型生产商贸企业、套取上游享受增值税优惠政策企业开具的发票后再实施票货分离的虚开企业。

不法企业恶意利用"放管服"等创新政策及商事制度改革的便利,通过没有任何实际经营业务的空壳企业,短期存续领票暴力虚开后迅速走逃。这类虚开企业是目前源头虚开企业的主要载体,是税务机关严厉打击的对象。此类不法企业一般均为团伙虚开企业。对于这类虚开企业,可以通过增值税发票新系统采集的税控开票端关键字段信息,归集虚开企业,进行上下游震荡分析关联串并团伙,迅速启动税警联络协作机制实施税警联合办案,并做好跨区域联动核查和协查工作,对其虚开的全部发票和下游中间环节、最终用票单位开展核查。

虚填申报表抵扣进项税额栏(含海关进口增值税缴款书、自开农产品发票等)的按表配票企业,存续期一般较短。随着增值税纳税申报信息进行票表税比对管理的加强,申报表表内、表间逻辑关系以及票表比对规则的细化、优化,按表配票企业可及时被税务机关发现。对于此类企业,可以调取金税三期系统内企业增值税申报表及相关附表数据信息进行对比分析,参照查处暴力虚开后随即走逃的空壳企业的核查方法进行处理。

因客户端为终端消费者或享受增值税优惠政策(免征、先征后返)而有富余票额度的中小型生产商贸企业,在源头虚开企业中的占比较少,虚开金额因受限于自身开具发票富余额度的限制,虚开金额一般也不会太大,虚开链条较短。对于此类企业,可以对其下游企业或群体进行分析,结合资金流、货物流进行核查取证。

套取上游享受增值税优惠政策企业开具的发票后再实施票货分离的虚开企业,表象上看虚开嫌疑较小,实则隐蔽性很强。此类企业多通过黄金等贵金属交易平台的会员单位取得交易平台代理客户资格,套取贵金属交易平台开具的发票抵扣进项,票货分离后在不变换品名的情况下对外虚开。对于此类源头虚开企业,可以通过资金流向分析查实其资金回流的事实,再启动税警联络协作机制实施税警联合办案。

2)中间环节虚开企业

中间环节虚开发票的不法企业在虚开链条中起到承上启下的作用,多表现为进销项货物品名一致的"洗票企业"或进销项货物品名不一致的"变票企业"。"洗票企业"与"变票企业"有可能为单层也有可能为多层,多层"洗票"后再单层"变票"的情况居多,无"洗票"环节而直接"变票"的情况也呈上升趋势。

"洗票企业"的纳税申报指标相对正常,只是发票的开具相对集中且数量金额较大,核查取证相对困难,需要从其上下游环节的企业找准突破口并做好多轮次的资金流向核查。资金回流证据是定性"洗票企业"虚开的关键证据,也是突破虚开全链条的关键线索。

"变票企业"的纳税申报指标则相对明显异常,商贸企业从进销商品品目各自所占的比例、金额大小就可以判断企业是否涉嫌虚开,生产型企业辅之比对其生产经营能力也可以判断企业是否涉嫌虚开。

以中间环节虚开发票的不法企业作为立案核查主体的,组织协调对辖区外的全部开票单位、受票单位发起委托协查或派人实地协查是必不可少的核查环节之一。

3)最终用票单位

最终用票单位是虚开全链条的最后一环,接受虚开发票的主要目的是为抵扣增值税款和虚增成本费用,不再对外虚开发票,是造成国家税款损失的终端主体。此类虚开企业,一般为生产型企业或大型商贸企业,生产经营状态正常,走逃失联的可能性较小。应将符合立案条件的企业予以立案查处,通过行政立案、行政取证、行政定性、行政处理全力挽回国家税款损失。同时,应对其提供虚开发票的上游开票单位以及虚开发票业务链条上的再上游开票单位进行层层追踪,开展联动核查和协查工作。

税务人员在核查过程中,要拟定严密的询问提纲,以发票时间信息为主线,厘清发票的取得、入账、抵扣、开具时点,查明发票交接方式与痕迹。目前,虚开发票交接方式主要有直接交接、委托交接、邮寄交接、中间人交接等。对于直接交接的,应核查或询问当事人:何人、何时、以何种工具到达何地、与何人在何处交接、何人在场、收到发票后何时再交予何人;对于委托交接的,应核查或询问当事人:何人、何时、何地、受何人委托、以何方式交予何人;对于邮寄交接的,应核查或询问当事人:寄出地、寄达地、收发途径、寄件人、收件人;对于中间人交接的,应核查或询问当事人:中间人的基本情况及联络方式,何时、何地从开票方取得开具发票,何时、何地交予受票方何人,以及中间人收取开票费等情况。

2. 穿透式核查

穿透式查证即贯穿企业的全部购销业务,从传统的发票流、货物流、资金流"三流"核查转变为发票流、货物流、资金流、人员流、信息流等"五流"核查,将取得的各类信息串联在一起比对分析。发票流不仅仅是对企业本身的穿透,还有对上下游企业的穿透;资金流的穿透会找到资金回流的突破口与资金实际控制人;货物流的穿透会发现物流链接断链或虚假;人员流的穿透会发现相关涉案人员地位分工以及相互间的关联关系;信息流的穿透要依托公安机关查找虚开嫌疑人活动轨迹及实际控制人,以此挖掘"五流"的重合点和虚开链条,立体呈现虚开事实。虚开案件的查处,应充分借力税务稽查的专业优势、公安部门的侦查优势、银行部门的数据优势,税、警、银三方各尽其能,交叉取证,证据互补,找到突破口。

二、资金流的核查

资金流指的是在交易对象间随着业务活动而发生的资金往来。任何经济业务都伴有经济利益的实现,经济利益实现的主要形式又是通过资金流动来完成的。正常经营活动,如企业原材料的采购、商品的销售、工资的支付、税款的缴纳以及红利的分配等,其资金的位移在交易对象间不会发生回流。虚开发票借以隐藏的形式为虚构经济业务,与虚构经济业务相对应的资金必然出现回流,或者没有相对应的资金流动仅有非法所得资金的收付。

(一)资金流核查的作用

资金流的核查和对资金回流分析可以彻底揭露虚构经济业务。资金流向核查不仅是查处虚开发票案件的一个很好的切入点,同时也是查处其他涉税案件虚假业务的一个很好的突破口。有些重大偷税、逃税等违法案件的线索往往是从查询银行或者其他金融机构的存款户得到的。在税务查账、生产经营现场核查中发现的许多可疑情况,也大多可以在银行或者其他金融机构的存款账户查询中得到澄清或证实。

资金流动在经济违法犯罪案件核查领域,"资金流"就是案件侦破的主要"突破口"。非法诈取国家税款是各类不法企业的犯罪动机和目的,利用资金流进行虚假支付是其必须依托的犯罪手段。资金流能够反映资金收付人员的真实身份、人员关系、资金对手、交易明细、资金规模、人员关系架构等多层次信息,具有较强的可靠性和指向性。一旦做到对资金流的有效监控,就等于和犯罪嫌疑人在同一时空点上"同步并行",以"资金流"追踪"犯罪流",可以迅速突破各类虚开发票案件。从虚开案件司法判决实践来看,税务机关对虚开发票违法行为认定承担举证责任,所提供的资金流证据是行政定性,是移送司法处理最直接、最有力、最关键的证据。在虚开发票案件核查中,对资金流核查尤为重要,需尽责取证。

需要注意的是,资金回流产生"虚开"的可能性较大,需要客观分析,理性认定。在确定"资金回流"与"虚开"关系的时候,需要重点把握与确认以下关键点:一是确认"资金回流"是否客观存在,没有"资金回流"认定"虚开"的可能性相对会低,需要完整的、客观的、真实的证据,如银行流水等凭证、收据等。二是确定"资金回流"的真实依据与理由,任何资金的流动都是建立在交易的基础之上,如借贷、买卖、租赁等。既然有交易就应该有配合资金流动的合同、收据、收(发)货单、运输单据、对账单等。三是审查"资金回流"与所依据的合同等材料是否一致,如果不一致,认定"虚开"的可能性就很大。总之,"资金回流"不能仅仅简单看资金的流动情况,更应该看每次资金流动所依据的交易实质,只要每次交易客观真实存在,即使存在"资金回流",也是形式上的,并非"虚开"所需要的"资金回流"。

(二)资金交易数据查询途径

资金流核查的前提是获取资金流转明细数据。实际工作中,资金流转明细数据查询主要有七种途径。如表 5-1 所示。

表 5-1　资金交易明细数据查询途径

序号	查询途径	作用
1	中国人民银行反洗钱监测分析中心	功能强大
2	中国人民银行省会城市分行反洗钱处	协作机制
3	商业银行省级分行	网络银行
4	商业银行地级市分行	常用途径
5	商业支行或银行分理处	常用途径
6	商业银行柜员	资金冻结
7	银行原始凭证	现金交易

中国人民银行反洗钱监测分析中心是为人民银行履行组织协调国家反洗钱工作职责而设立的收集、分析、监测和提供反洗钱情报的专门机构,负责研究、分析和甄别大额与可疑资金交易报告,配合有关行政执法部门进行调查等。其资金交易查询功能最为强大,可以查询法人和自然人在全国各地各金融机构的全部开立户情况,可以查询所有账户的交易对手、对手明细、交易方式、交易时间等。中国人民银行省会城市分行反洗钱处在现有省级四部门协作机制框架下,也会积极受理相关协查请求,提供资金查询支持。因为网络银行交易数据在

地级市金融分支机构没有相应的原始数据的,可从商业银行省级分行获取。商业银行地级市分行与商业支行或银行分理处是查处资金交易数据的常用途径。冻结、划拨资金可以到商业银行柜员处办理。在银行原始凭证上,主要可获取提现、存现反映的交易方信息。

需要注意的是,涉案资金账户查询覆盖面要广。首先,要查询涉案企业(所有能获取的账户)及其上下游企业、法定代表人等所有涉案账户的资金交易明细数据。其次,核查存款账户证明管辖权要充分运用。根据《税收征收管理法》第五十四条第(六)项的规定,经县以上税务局(分局)局长批准,凭全国统一格式的核查存款账户许可证明,查询从事生产、经营的纳税人、扣缴义务人在银行或者其他金融机构的存款账户。税务机关在调查税收违法案件时,经设区的市、自治州以上税务局(分局)局长批准,可以查询案件涉嫌人员的储蓄存款。税务机关查询所获得的资料,不得用于税收以外的用途。纳税人、扣缴义务人在生产经营活动中各项经济活动款项的支付大多是通过在银行或者其他金融机构的存款结算,税务机关通过对纳税人、扣缴义务人在银行或者其他金融机构的存款进行查询,就能比较准确地掌握纳税人、扣缴义务人的实际收入和支付情况。《税收征收管理法》第五十四条第(六)项规定了严格的程序限制和规范制约,税务机关可在全国范围内查询涉案企业或自然人存款账户、储蓄存款,不受立案核查企业所在地税务机关地域管辖限制。虚开发票案件立案企业开立的单位银行账户、上下游业务链条上的涉案企业单位银行账户,虚开团伙内的其他涉案企业单位银行账户,资金流转涉及的个人银行账户,无论银行账户开立在本地或异地,均可由立案地的税务局稽查局凭全国统一格式的《核查存款许可证明》到银行或其他金融机构进行查询,但不得滥用存款账户、储蓄存款的查询权,更不得将查询所获得的资料用于税收以外的用途。最后,资金交易明细数据的电子数据与纸质明细需要同时获取。要加盖提供资金交易数据金融机构印章的纸质明细数据作为证据使用;电子明细数据主要用于资金回流分析,在条件允许的情况下尽可能获取,无法取得电子数据的,可通过 OCR 扫描转换成电子数据。

(三) 资金流核查方法

资金流的核查方法围绕核查虚开发票活动中的虚假资金流转、虚假债权、虚假债务展开。虚假资金流转是指虚假现金结算、利用银行账户虚假转账结算、利用承兑汇票虚假转账结算;虚假债权是指大宗交易开具发票后未收款长期挂应收账款;虚假债务是指大宗交易取得发票(自行开具发票)部分或全部资金未支付,长期挂应付账款。

1. 通用核查方法

(1) 数据加工。税务人员在资金交易数据查询获取后,因各金融机构提供的电子数据格式不尽相同,需要进行标准格式转换以利于人工分析。人工分析耗时费力、低质低效,可借助资金分析工具予以解决。目前,常用的资金分析工具主要有人民银行的资金分析系统、税软科技的资金蛛网分析系统。资金分析系统均嵌有格式转换工具,最多可以转换 2 000 余种不同格式的数据。无资金分析工具的可以采用以下两种数据加工方法:

① 数据量级较小的。TXT 格式的电子数据要转换成 EXCEL 格式(勾选分隔符号栏的"空格"),表格内需要添加资金交易对手,资金交易对手为法定代表人、财务负责人、办税人

员等自然人的要尽可能添加其身份证号码,资金交易数据再按时间排序。

② 数据量级较大的。要把 EXCEL 格式通过 ACCESS 的外部数据链接导入功能,建立 ACCESS 数据库。数据加工方法:以日期为主要关键字、付款方为次要关键字、收款方为第二次要关键字进行排序,再进行分类汇总和透视,就可比较容易分析资金流向。

(2) 查找源头。资金流核查,简而言之就是资金源头、中转节点以及终端的核查。资金源头的核查可以查找幕后控制人身份,打开虚开案件的突破口,尤为重要。实际操作中,可以从以下三个方面入手:一是查清企业注册成立时初始注册资金注入人的身份信息、开立的银行账户信息;二是查清各银行账户开户时注入第一笔资金的人员身份信息;三是查清企业发生第一笔业务初始开具发票时,相对应的资金注入人身份及银行账户信息。

(3) 甄别回流。一是资金顺查法。操作流程:梳理高危开票单位信息→筛查可疑银行账户→掌握高危虚开人员职业信息→追踪可疑银行账户。二是资金逆查法。以受票、开票单位为突破口,从发票的开票方和受票方企业并查资金流。操作流程:通过虚开进项发票的上游开票公司情况,查清整个虚开犯罪链条的源头所在;通过接受虚开发票的下游受票公司,确定延伸分析方向,进而综合分析确定犯罪链条上下游关系。

需要注意:一是要把开票方与受票方"资金周转"时间与进销项发票的开具时间相互比较、相互印证。二是要把"资金周转"的金额与进销项发票的开具金额相互比较、相互印证。三是甄别发现资金断流时,要及时再查询相关账户补充资金流信息。

2. 现金结算的核查

现金结算是转账结算的对称,是指在商品交易、劳务服务提供等经济往来中直接使用现金进行应收应付款结算的行为,是货币结算的形式之一。主要适用于单位与个人之间的款项收付在现金结算起点金额以下的零星小额收付。

根据《中华人民共和国现金管理暂行条例》(国务院令第 12 号,以下简称《现金管理暂行条例》)第五条、《中华人民共和国现金管理暂行条例实施细则》(以下简称《现金管理暂行条例实施细则》)第六条、第七条,以及财政部印发的《内部会计控制规范——货币资金(试行)》(财会〔2001〕41 号)的规定,开户单位之间的经济往来,必须通过银行进行转账结算;开户单位只可在下列范围内使用现金:(1)职工工资、各种工资性津贴;(2)个人劳务报酬,包括稿费和讲课费及其他专门工作报酬;(3)支付给个人的各种奖金,包括根据国家规定颁发给个人的各种科学技术、文化艺术、体育等各种奖金;(4)各种劳保、福利费用以及国家规定的对个人的其他现金支出;(5)收购单位向个人收购农副产品和其他物资支付的价款;(6)出差人员必须随身携带的差旅费;(7)结算起点以下的零星支出;(8)确实需要现金支付的其他支出。现金结算起点为 1 000 元,需要增加时由中国人民银行总行确定后,报国务院备案。同时,《现金管理暂行条例实施细则》第二十条规定,开户单位如违犯《现金管理暂行条例》,开户银行有权责令其停止违法活动,并根据情节轻重给予警告或罚款。对超出规定范围和限额使用现金的,可按超过额的 10%～30%处罚。综上,正常的经营活动,企业与企业之间的货币收付,除按规定的范围内使用现金结算外,大部分货币收付业务应通过银行办理转账结算。因此,在虚开发票案件中现金结算的核查,一般适用于虚开发票业务链条中最后一个环节

"用票单位"现金交易的核查。

因现金结算的核查不易发现交易真实性和交易金额,企业通过现金支付方式来掩盖虚假交易和虚开发票违法的事实,已成为应对税务核查的主要表现手段之一。在案件核查过程中,因对行政机关做出的具体行政行为的证据要求都体现了一个基本原则——举证倒置原则(行政机关负有举证责任),我国税法对于税务机关的稽查行为也无举证原则方面的具体规定,税务机关在稽查时一般根据"先取证、后决定"的行政法原则和行政诉讼法、行政复议法的相关法律精神,因负责举证而搜集证据,在一定程度上,税务稽查单向举证导致的案件调查难、核查取证难,已对税务机关查处和打击涉税违法行为产生不利影响。因此,在虚开发票案件核查过程中,应谨慎要求纳税人自行举证,尽可能自行搜集证据对纳税人行为定性。对于大额的现金交易,应根据《最高人民法院关于行政诉讼证据若干问题的规定》(法释〔2002〕21号)对行政案件证据效力问题规定的规则之一:不具备合法性和真实性的其他证据材料不能作为定案依据,税务机关对违反《现金管理暂行条例》规定的现金交易应作为不予认可的证据。

现金结算的核查,着重于通过现金来源、支出合理性的排除,开展购销合同真实性核查、收付对应性核查、现金收支业务核查和当事人员询问的调查取证来综合判定现金结算是否真实。

1) 购销合同真实性核查

不法企业虚开发票活动的载体是虚假贸易活动,而贸易活动中双方民事权利义务的保证依靠合同的订立。在虚开发票业务链条"用票单位"的行为中,除少数票面金额少的虚假交易活动外,其他虚开发票活动一般会附有合同。通过对合同中经营业务要素的核查,可以判定合同约定的贸易活动是否真实。

根据《合同法》的规定,合同一般应有下列构成要素:当事人的名称或者姓名和住所;标的、数量、质量;价款或者报酬;履行期限、地点和方式;违约责任;解决争议的方法。因此,税务人员在核查时,要与正常经营活动中的购销合同相对比,一般开票方、受票方伪造购销合同的都存在阴阳合同、变造合同、合同要件缺失、合同格式简单、合同内容雷同等特征。应从购销双方分别调取同一笔业务购销合同进行印证比对,从合同的要约、承诺、构成要件、实质内容等方面加以核查甄别,判定购销合同是否真实。

(1) 合同要约的核查。受票方在何时、何地、何人经办、以何种方式发出招标公告、投标邀请、询价函件。

(2) 合同承诺的核查。开票方在何时、何地、何人经办、以何种方式送达投标文件、应标回函、报价函件。

(3) 合同要件的核查。提取开票方、受票方公章或合同专用章印模、提取法定代表人签名,提取授权委托书、授权人、委托人身份证明文件,比对公章、合同专用章印章、签名与提取的相应证据是否一致、必要时可委托司法鉴定机关出具鉴定意见。若合同中未约定货物质量验收标准、未约定争议解决方式、未约定货物的产地包装、未约定交运方式,非紧缺商品买方一次性支付卖方全部货款,卖方未先行收取买方定(订)金等情况,则该合同虚假的可能性较大,可结合货物流核查、当事人询问笔录、委托协查资料、受托协查资料等核查证据综合判定。

(4)合同内容的审查。合同标的物的品名、规格、型号、计量单位、单价、金额与开具发票票面数据是否一致;合同约定的款项支付结算方式与账务核算凭证所附结算方式是否一致;合同约定的付款时间与财务核算时间是否吻合;合同约定的价款与财务核算的金额是否匹配。

(5)证据收集:从开票方、受票方处提取购销合同、授权委托书等书证资料,提取开票方、受票方印章以及法定代表人、委托人、被委托人签名,提取司法鉴定机构鉴定意见等。

2)收付对应性核查

税务人员应分别调取开票方、受票方的账簿及记账凭证,对开票方、受票方的业务经办人员、财务人员分别进行询问。正常经营业务购销双方对同一笔现金收付业务账务核算应对应,但虚开发票业务链条中因存在中间人或购销双方无直接联系,容易出现同一笔现金收付业务账户核算不对应的情况,如受票方财务核算为现金付款结算,开票方对同一业务账务核算却为转账结算或者应收往来结算。

注意证据的收集,包括库存现金日记账、应收账款明细账、应付账款明细账,相关记账凭证及所附原始凭证,业务经办人员、财务人员询问笔录等。

3)现金收支业务核查

有收才有付,要虚列现金支付,先要虚列库存现金增加,通过对库存现金来源的核查取证,证明虚(增)列现金收入的,其无现金来源的现金支付业务也就不具备真实性基础,进而通过对库存现金支出对应性核查取证,证明现金支付业务的虚假。在用票单位核查中,可以用此方法揭示纳税人用现金交易的说辞掩盖经济业务虚假的真相。

(1)核查从银行存款中提取现金业务是否真实。企业从银行存款提取现金方式,一般采用现金支票支取现金(用途为差旅费、备用金),原始凭证应附有现金支票存根。核查"库存现金日记账"中摘要说明为"取现""提现"的业务,对应科目为"银行存款"的记账凭证及所附原始凭证、票据种类、回单;核查"银行存款日记账""银行对账单"与"银行存款余额调节表",必要时到开户银行提取现金支票复印件,与现金支票存根联比对核查。

一般情况下,涉嫌虚假经济交易的虚开企业会用网银等现代支付手段,将企业银行账户存款以支取备用金等名义转账到个人银行账户,账务核算处理记为库存现金增加(取现)。核查时,应将相关个人银行账户作为涉案账户,进一步核查个人银行账户资金交易情况,追踪资金交易对手,同时将相应账户的自然人信息列入涉案人员信息名单。

注意证据的收集,包括库存现金日记账、银行存款日记账、银行提供的现金支票复印件、对应科目的记账凭证及所附的原始凭证、银行对账单、银行存款余额调节表等。

(2)核查向他人借入现金业务是否真实。涉嫌虚假经济交易的虚开企业,一般常用在虚假经济交易前"借入"法定代表人、股东、他人或外单位现金的方式虚列现金增加,原始凭证一般会附有借条或现金收据。核查"库存现金日记账"中摘要说明为"借款""借入",对应科目为"其他应付款""其他应收款"的记账凭证及所附原始凭证;必要时可向债权人、当事人发出《询问通知书》询问借款业务是否真实,向企业送达《税务事项通知书》责成提供借款协议,大额借款协议还应提供司法公证书。核查应收账款、应向个人收取的垫付款项以及个人归还借款业务是否真实。

注意证据的收集,包括库存现金日记账、其他应收款明细账、其他应付款明细账、对应科目的记账凭证及所附的原始凭证、债权人、当事人询问笔录、借据、借款协议、司法公证书等。

(3) 核查投资者投入现金业务是否真实。核查"库存现金日记账"中摘要说明为"所有者投入",对应科目为"实收资本""资本公积"的记账凭证及所附原始凭证;虚开发票活动为虚列现金支出,可能会利用修订后的《中华人民共和国公司法》将注册资本实缴登记制改为认缴登记制,以认缴注册资本的名义虚增现金。核查时可向企业送达《税务事项通知书》责成提供公司章程,核查章程中约定认缴出资额、出资方式、出资期限等。到工商登记机关提取企业工商登记注册资料与企业提供的公司章程比对。对认缴出资股东发出《询问通知书》询问其出资业务是否真实。

注意证据的收集,包括库存现金日记账、实收资本明细账、资本公积明细账、抽取的记账凭证及所附原始凭证、股东询问笔录、工商登记部门调取的企业工商登记资料、公司章程、股东缴纳资本现金来源等。

4) 当事人询问

向现金结算业务的当事人送达《询问通知书》,拒绝接受询问的送达《税务事项通知书》,询问笔录包括但不局限以下内容:

(1) 收取现金当事人:何时、何人、何地收取现金;大额现金由何人携带,用什么工具装运;如何清点,清点时有谁在场,何人开具的收据;现金收取后是否存入银行,何时存入银行,存入何银行,是否有现金缴存银行凭证;未缴存银行的,是否坐支现金,坐支现金业务是否真实;当日库存现金余额,在何处保管,使用何种装置保管,由谁保管等。

(2) 交付现金当事人:何时、何人、何地支付给谁;现金的来源(是银行提现、借款、股东投入、经营活动收取);支付清点时何人在场,收款方何人开具收据,收据收到后交予何人等。

3. 转账结算的核查

转账结算,亦称"非现金结算""划拨结算",即现金结算的对称,是指不使用现金,通过银行将款项从付款单位(或个人)的银行账户直接划转到收款单位(或个人)的银行账户的货币资金结算方式。这里的"账",指的是各单位在银行开设的存款账户。银行接受客户委托代收代付,即从付款单位存款账户划出款项,转入收款单位存款账户,以此完成经济单位之间债权债务的清算或资金的调拨。

转账结算方式是货币收付的程序和方法,即办理结算业务的具体组织形式,主要内容包括:货款、费用收付或资金周转调拨的时间、地点和条件;票据、结算凭证的格式及其操作程序。按照同城和异地,转账结算方式大体可以分为三种:同城结算、异地结算以及同城异地均可采用的结算方式。其中,同城结算包括支票、银行本票;异地结算包括商业汇票、银行汇票、汇兑、托收承付;同城异地均可采用的是委托收款、商业汇票、银行汇票以及信用卡。按照是否为票据结算,转账结算方式可分为票据结算和非票据结算。其中,票据结算方式为支票、银行本票、银行汇票、商业汇票;非票据结算方式为汇兑、委托收款、信用卡、信用证、异地托收承付、电子支付方式等。

按照银行结算办法的规定,除了《现金管理暂行条例》规定的可以使用现金结算的以外,所有企业、事业单位和机关、团体、部队等相互之间发生的商品交易、劳务供应、资金调拨、信用往来等均应按照银行结算办法的规定,通过银行实行转账结算。国家之所以鼓励实行银行转账结算,原因之一就是有利于银行监督各单位的经济活动。实行转账结算,各单位的款项收支,大部分都通过银行办理结算,银行通过集中办理转账结算,便能全面地了解各单位的经济活动,监督各单位认真执行财经纪律,防止非法活动的发生,促进各单位更好地遵守财经法纪。

转账结算增强了结算方式的通用性、灵活性、安全性。虚开不法分子就是利用了转账结算的便利条件,在虚开发票活动中通过资金回流完成虚假经济交易。目前,资金回流主要通过网银转账(汇兑结算方式中的电汇方式)、商业汇票等形式予以实施。在虚开发票业务链条中,处于票货分离、洗票、用票单位环节的涉案企业往往会利用多个、多层的单位和个人银行结算账户进行资金回流,匹配虚假经济业务交易。

1)相关知识概述

(1)银行账户简述。银行结算账户是指银行(经中国人民银行批准经营支付结算业务的政策性银行、商业银行、城市信用合作社、农村信用合作社)为存款人开立的办理资金收付结算的人民币活期存款账户。银行结算账户按存款人分为单位银行结算账户和个人银行结算账户。

单位银行结算账户是存款人以单位名称开立的银行结算账户,按用途分为基本存款账户、一般存款账户、专用存款账户、临时存款账户。单位银行结算账户的存款人只能在银行开立一个基本存款账户。个体工商户凭营业执照以字号或经营者姓名开立的银行结算账户纳入单位银行结算账户管理。

个人银行结算账户是存款人凭个人身份证件以自然人名称开立的银行结算账户,邮政储蓄机构办理银行卡业务开立的账户纳入个人银行结算账户管理。根据《中国人民银行关于改进个人银行账户服务加强账户管理的通知》(银发〔2015〕392 号)、《中国人民银行关于落实个人银行账户分类管理制度的通知》(银发〔2016〕302)的规定,个人银行账户分为Ⅰ类银行账户、Ⅱ类银行账户和Ⅲ类银行账户(以下分别简称Ⅰ类户、Ⅱ类户和Ⅲ类户)。Ⅰ类户是全功能的银行结算账户,必须在柜面或通过银行自助机具,经银行工作人员现场面对面审核身份后开立,存款人可通过Ⅰ类户办理存款、购买理财产品等金融产品、支取现金、转账、消费及缴费支付等全部金融业务,没有限额。Ⅱ类户可以办理存款、购买投资理财产品等金融产品、限额消费和缴费、限额向非绑定账户转出资金业务,经银行工作人员现场面对面确认身份的,Ⅱ类户还可以办理存取现金、非绑定账户资金转入业务,可以配发银行卡实体卡片,Ⅱ类户非绑定账户转入转出资金、存入取出现金日累计限额合计为 1 万元,年累计限额合计为 20 万元。Ⅲ类户权限最小,只能办理限额消费和缴费、限额向非绑定账户转出资金业务。经银行柜面、自助设备加以银行工作人员现场面对面确认身份的,Ⅲ类户还可以办理非绑定账户资金转入业务;Ⅲ类户账户余额不得超过 1 000 元,消费和缴费支付,非绑定账户资金转入转出日累计限额为 5 000 元,年累计限额为 10 万元。中央银行关于账户分类管理的规定主要针对的是 2016 年 12 月 1 日以后开立的新账户,2016 年 12 月 1 日以前开立使用的银行卡和存折等账户,基本都是在银行柜面开立的,都属于Ⅰ类户,是功能权限最全的账户。虚开案件中幕后资金控制人常常租借他人开立的Ⅰ类户实施资金的转入转出。

(2) 银行账户开户。单位银行结算账户开户,基本存款账户、一般存款账户、专用存款账户、临时存款账户均需要单位法定代表人或负责人的身份证件。基本存款账户、专用存款账户、临时存款账户均需要有行政机关核发的证照或相关主管部门的批文,一般存款账户提供借款合同或有关证明即可办理。一般存款账户也是资金回流常用账户。个人银行结算账户开户,开户申请人开立个人银行账户时,应核验其身份信息,对开户申请人提供身份证件的有效性、开户申请人与身份证件的一致性和开户申请人开户意愿进行核实,不得为身份不明的开户申请人开立银行账户并提供服务,不得开立匿名或假名银行账户;成功开立个人银行账户的,银行应登记存款人的基本信息、与存款人身份信息核验有关的身份证明文件信息、完整的身份信息核验记录,留存存款人身份证件、辅助身份证明文件的复印件或者影印件、以电子方式存储的身份信息,有条件的可留存开户过程的音频或视频等;他人代理开立个人银行账户的,银行应当登记代理人和被代理人的身份信息,留存代理人和被代理人有效身份证件的复印件或者影印件、以电子方式存储的身份信息以及委托书原件等,有条件的可留存开户过程的音频或视频等。

(3) 银行结算方式。结算方式主要有银行汇票、商业汇票、银行本票、支票、汇兑、委托收款、异地托收承付结算等七种。

银行汇票是汇款人将款项交存当地银行,由出票银行签发,由其在见票时按照实际结算金额无条件支付给收款人或者持票人的款项的票据,适用先收款后发货或钱货两清的商品交易,单位和个人均可以适用。

商业汇票是出票人签发的,委托付款人在指定日期无条件支付确定金额给收款人或者持票人的票据,使用商业汇票必须要有真实的交易关系或债权债务关系;商业汇票的付款期限由交易双方商定,最长不超过 6 个月,商业汇票的提示付款期限自商业汇票到期日起 10日内;按承兑人划分,可以分为商业承兑汇票和银行承兑汇票,未到期的商业汇票可以到银行办理贴现;适用范围相对较窄,只适用于企业之间由于先发货后收款或双方约定延期付款的商品交易;使用对象相对较少,一是在银行开立账户,二是具有法人资格;同城、异地都可以使用,而且没有结算起点的限制。

银行本票是申请人将款项交存银行,由银行签发凭以办理转账或提取现金的一种票据,适用于同一票据交换区域需要支付各种款项的单位和个人。

支票是出票人签发的,委托办理支票存款业务的银行在见票时无条件支付确定的金额给收款人或持票人的票据,支票的提示付款期限为 10 天,超过提示付款期限提示付款的,持票人开户银行不予受理,付款人不予付款;分为现金支票和转账支票两类,现金支票只能提取现金,转账支票不能提取现金,只能用于转账。

汇兑汇款人委托银行将款项汇给外地收款人的结算方式,分为信汇和电汇,网银转账就是汇兑结算方式中的电汇方式。

委托收款收款人委托银行向付款人收取款项的结算方式,分为邮寄和电报划回,适用同城和异地结算不受金额起点限制。

异地托收承付是根据购销合同由收款人发货后,委托银行向异地付款人收取款项,由付款单位向银行承认付款的结算方式。适用于有合法的商品交易,以及因商品交易而产生的劳务供应的款项,代销、寄销、赊销商品的款项不得办理托收承付结算。托收承付结算每笔的金额起点为 10 000 元。

(4) 电子银行业务。网上支付要求金融业电子化,E-Bank(Electronic Bank)的建立成为大势所趋。电子银行业务是指商业银行等银行业金融机构利用面向社会公众开放的通讯通道或开放型公众网络,以及银行为特定自助服务设施或客户建立的专用网络,向客户提供的银行服务,其业务包括利用计算机和互联网开展的银行业务(以下简称网上银行业务),利用电话等声讯设备和电信网络开展的银行业务(以下简称电话银行业务),利用移动电话和无线网络开展的银行业务(以下简称手机银行业务),以及其他利用电子服务设备和网络,由客户通过自助服务方式完成金融交易的银行业务。金融机构开展电子银行业务,需要对客户信息和交易信息等使用电子签名或电子认证。

目前,电子银行业务提供的业务,无论是账务查询、各类账户之间的转账、代理交费、银证转账网上实时交易(股票、外汇、黄金、国债等),还是为企业销售网络办理结算、为集团客户进行内部资金调拨,基本上是传统业务在网上银行的实现,也就是说网上银行只起到了一个传统银行业务服务渠道的作用,一般利用信用卡、储蓄卡作为支付工具,在产品上尚没有完全摆脱传统业务功能的限制。

(5) 账户交易记录保存规定。根据《金融机构客户身份识别和客户身份资料及交易记录保存管理办法》(中国人民银行中国银行业监督管理委员会中国证券监督管理委员会中国保险监督管理委员会令〔2007〕第 2 号发布)第二十九的条规定,金融机构应当按照下列期限保存客户身份资料和交易记录:(1)客户身份资料,自业务关系结束当年或者一次性交易记账当年计起至少保存 5 年;(2)交易记录,自交易记账当年计起至少保存 5 年。如客户身份资料和交易记录涉及正在被反洗钱调查的可疑交易活动,且反洗钱调查工作在上述规定的最低保存期届满时仍未结束的,金融机构应将其保存至反洗钱调查工作结束。

同一介质上存有不同保存期限客户身份资料或者交易记录的,应当按最长期限保存。同一客户身份资料或者交易记录采用不同介质保存的,至少应当按照上述期限要求保存一种介质的客户身份资料或者交易记录。

法律、行政法规和其他规章对客户身份资料和交易记录有更长保存期限要求的,遵守其规定。

2) 资金回流的成因

在正常的经营活动中,发票作为记载购销商品、提供或者接受服务以及从事其他经营活动中开具、收取的收付款凭证。其记载交易要素的交易资金会从受票方账户流出、流入开票方账户,即会发生真实的资金收付。这种正常交易资金流动一般与发票流向相反且是单向不可逆的,即给付的交易资金不会流回。虚开发票活动的虚构交易资金流动是双向可逆的流动,资金流出是构造正常资金收付假象,资金流回是确保构造资金流动痕迹的资金安全。

但是随着万物互联的时代来临,电子银行业务普及,依靠现代支付系统支撑,资金流转突破时间、空间约束,只要拥有一台连接互联网终端,就可以随时随地进行网上支付转账,并保证资金实时到账。目前,电子银行业务风险与便利同在。电子银行转账业务造成账户实名制难以根本执行,主要表现在三个方面:一是业务准入门槛低,导致账户实名制难以执行。现行账户管理相关法规对允许开通电子银行业务的账户无明确要求,无论是单位账户还是个人账户,无论是何种账户性质的单位账户,均可申请开通电子银行业务。二是缺少有效手段进行客户身份识别。电子银行使客户足不出户即可完成账户资金收付,割断了客户与银行的直接联系,客户对银行柜台的依存度降低,使得银行缺少有效手段对客户身份进行持续识别与更新,账户实名制效果大打折扣,银行系统对海量的交易信息难以做到实时监测。三是银行结算账户出租、出借用于资金流转情况大量出现。开票方、受票方只要授权他人进入自己的电子银行账户,利用通用 U 盾(在个人电脑、平板电脑和智能手机平台上均可以使用。在原网银 U 盾的基础上增加了转换配件,既可以通过 USB 口与电脑相连,也可以通过音频接口与手机、ipad 等移动设备相连)就可以进行资金收付流转,产生资金交易痕迹,套取结算收付凭证。

在电子银行转账业务中,账户分类使用规则难以有效执行,银行事前难以审核账户分类使用的合规性。银行事后难以执行关闭电子银行账户转账使用功能。随着电子银行业务的蓬勃发展,其管理部门已经认识电子银行转账业务中的潜在危害,因此在制度设计上加以完善,明确规定对于单位账户向个人账户转账满足一定条件的可疑交易,银行应关闭单位账户的网上银行转账功能。但是,银行在实际执行过程中,会遇到一定的困难。一方面,电子银行业务为电子自助渠道,银行对客户违规转账行为的发现存在滞后性,发现后再经过一系列的核实、审查工作,对可疑单位账户的电子银行业务转账功能的关闭缺乏时效性;另一方面,关于可疑交易特征的描述没有量化指标,在实际操作中以经办人员的主观判断为主,执行性较差。

电子银行转账业务客观上给虚开发票活动中的虚假资金流转带来极大便利,加上互联网终端的便携化、移动化,同一时点维度内可集中多个银行结算账户,让虚开发票活动可以安全、短暂、频繁地异地调度资金流转,构建复杂的资金流转网络,并从中安全、方便地收取或支付开票手续费用,同时也利于职业化的构造资金流转痕迹提供资金结算凭证的走账公司,提供虚假交易资金参与虚开发票活动,并从中谋取非法利益。

3) 资金回流的账户特征

虚开活动中资金流转,不法企业为保证资金安全及时获取开票手续费,实际控制人亲自或极少数核心人员操控账户,进行电子银行业务转账,表现为资金快进快出、账户交易频发、过渡性质明显(包括但不局限于下列情况)。

(1) 同一笔等额资金短期内(24 小时内)在受票方账户、开票方账户、个人银行账户之间快速流动。

（2）短期内相同的受票方账户与个人账户，开票方账户与个人账户，开票方账户与其生产经营无明显关系、无真实债权关系的第三方单位账户，个人账户与个人账户频繁发生资金收付。

（3）短期内个人银行账户资金或与其生产经营无明显关系、无真实债权关系的第三方单位账户资金转入受票方账户后，向开票方账户转出（一对一账户注入、一对多账户注入、多对一账户注入）。

（4）开票方账户短期内将受票方转入资金转入个人银行结算账户或与其生产经营无明显关系、无真实债权关系的第三方单位账户的（一对一转出、一对多转出、多对一转出）。

（5）开票方账户资金快进快出，不留余额或者留下一定比例余额后转出，过渡性质明显。

（6）个人银行账户短期内频繁提现，再存入受票方单位银行账户的。

（7）开票方银行账户短期内频繁提现后存入个人银行账户或受票方银行账户。

（8）第三方单位账户频繁提现，以受票方名义存入开票方账户，或存入受票方账户的。

（9）长期闲置的个人账户原因不明地突然启用或者平常资金流量小的账户突然有异常资金流入，且短期内出现大量资金收付。

（10）账户销户前发生大量资金收付。

4）资金回流模式

根据是否有货物购销、提供或接受应税劳务，资金回流模式可以分为无货交易虚开资金回流、有货虚开资金回流（为他人或让他人为自己虚开）、有货交易虚开资金回流（票货分离虚开）。

（1）无货交易虚开资金回流。从三种虚开发票业务链条各环节来看，无货交易资金不需要回流的环节主要在按表配票（含暴力虚开）环节、多层洗票的洗票前端环节以及变票虚开的前端环节，开票手续费（以下简称手续费）通过开票方实际控制人、特定关系人或控制的他人个人银行结算账户或者第三方支付平台（微信、支付宝等）予以结算。洗票末端环节为了规避税务机关的风险扫描与监控，变票末端环节为了匹配用票单位发票流均需要通过资金回流支撑其虚假交易。一般而言，无货交易虚开基本是借助开票方或受票方实际控制人、特定关系人或控制的他人个人银行结算账户（以下简称开票方或受票方控制账户），通过其他应付款与短期投资等借款或投资形式形成资金回流。需要注意的是，开票方或受票方控制账户资金循环往复、滚动流转，与虚开发票价税合计金额相对一致、时间相对吻合。其资金回流主要有以下四种方式：

① 受票单位银行账户以全额款项转入开票单位银行账户，开票单位扣除手续费后转回受票单位控制账户，受票单位控制账户再以投资或借款形式转回受票单位银行账户。

② 受票单位银行账户以全额款项转入开票单位银行账户，开票单位以借款形式全额转入中间人控制账户，中间人控制账户扣除手续费后转回受票单位控制账户，受票单位控制账户再以投资或借款形式转回受票单位银行账户，中间人账户实际上也为开票单位控制。

③ 受票单位银行账户以全额款项转入开票单位银行账户,开票单位以借款形式全额转入开票单位控制账户后再转入中间人控制账户,中间人控制账户扣除手续费后转回受票单位控制账户,受票单位控制账户再以投资或借款形式转回受票单位银行账户,中间人账户实际上也为开票单位控制。

④ 受票单位银行账户以全额款项转入开票单位银行账户,开票单位以借款形式全额转入开票单位控制账户后转回受票单位控制账户,受票单位控制账户再以投资或借款形式转回受票单位银行账户。

(2) 有货交易虚开资金回流(为他人或让他人为自己虚开)。虚开发票业务链条各环节中,有货购进套取进项税额进行抵扣一般不存在资金回流,但如果采取票货分离方式的,有资金回流时同样也存在有货交易这种情形,单独阐述。用票单位因购买的货物缺少相应的进项发票,而让他人为自己虚开发票或在不知情的情况下接受他人开具的虚开发票,资金回流大多体现让他人为自己虚开。为了规避税务机关风险扫描与监控,洗票末端环节与为了匹配用票单位发票流均需要通过资金回流支撑其虚假交易的洗变票末端环节,资金回流大多体现为他人虚开。

此种情形的资金回流,受票单位与购货单位一般为同一主体,但开票单位与销货单位(个人)是不同的主体。虚开方式根据"让"的主观故意性体现在购销双方的哪一方,又细分为两种类型:一是销货单位(个人)直接或通过中间人寻找开票单位为自己虚开发票提供给受票单位(购货单位),销货单位(个人)一般不具有开具发票资格,受票单位(购货单位)对接受虚开发票事宜不知情;二是购货单位(受票单位)直接或通过中间人让开票单位为自己虚开发票,销货单位(个人)供货后只收取货款不提供发票。这两种类型,最关键的是购销双方中"谁让"开票方提供开票单位开具的发票,"谁让"则谁就具有主观故意。"谁让"的税务处理与司法处理是不同的。在税务处理上,销货单位、购货单位均具有虚开发票违法行为;在司法处理上,销货单位(个人)、购货单位双方"谁让"开票单位开具发票谁就构成虚开增值税专用发票罪,而开票单位因其具有主观故意性,税务与司法定性一致。

(3) 有货交易虚开资金回流(票货分离虚开)。虚开链条各环节中,票货分离的资金回流最为复杂。与有货交易虚开资金回流(为他人或让他人为自己虚开)最大的不同是,开票单位与销货单位一般为同一主体,受票单位与用货单位是不同的主体,受票单位不需要货物,套取进项发票抵扣税金后再对外虚开发票或只是套取进项发票用以抵扣税金。中间人既有受票单位中间人又有负责货物分销的中间人,受票单位中间人以受票单位的名义购货后通过实际销售货物的中间人实施票货分离。一般情况下,受票单位先把资金打入开票单位(销货单位),开票单位(销货单位)开票给受票单位,提货单交给受票单位中间人(销货单位对中间人的身份只知其一不知其二),受票单位中间人把提货单交由负责货物分销的中间人后,负责货物分销的中间人再货物销售给用货单位获取资金,扣除手续费后转入受票单位完成资金流转,手续费就是受票单位套取进项发票的成本,受票单位再对外虚开赚取开票手续费获取非法所得。

票货分离虚开这种方式,大多出现在商品销售出现"空余开票额度"或者增值税抵扣链条政策割裂的行业。例如,成品油、建材等大宗商品部分终端消费不需要发票,空余开票额度为虚开带来可乘之机。又如,黄金交易,选矿、冶炼、精炼、标准金入场、场内交易、实物交割这些环节分别享受增值税免税、即征即退优惠政策,黄金深加工进入普通商品流通市场后才开始进入增值税抵扣链条,票货分离虚开空间就因政策割裂而放大,这也是黄金行业成为虚开多发行业的重要原因。

其资金回流方式为,票货分离虚开源头为套取进项的受票单位,即资金流转的源头从受票单位开始发起,受票单位通过银行结算账户先把全额款项转入开票单位(销货单位)用于购买可实施票货分离的货物,开票单位(销货单位)向受票单位开具发票并交付货物或者提货单(交割单),受票单位通过受票单位中间人、货物分销中间人(中间人在票货分离的虚开发票业务链条中分别承担着不同角色,对接受票单位套取进项发票与负责货物分销的中间人是链条中必不可少的环节)将货物销售给用货单位,用货单位将购货全款(一般情况下少于受票单位购货的全额款项)转入中间人控制账户,中间人扣除手续费(中间人之间相互分成)后转存入受票单位控制账户完成资金回流。资金循环往复周转,资金每周转一次就会减少一次(减少金额即为手续费金额),受票单位会通过对外虚开补充盗取进项的资金。

以上三种资金流转模式是最为典型、最为常见的资金流转模式,基本覆盖了各种类型虚开案件的资金流转模式。

5) 资金流转表现形式

资金流转过程中,金额不发生变化,起点即为终点的完全回流情况较少;金额发生变化,起点和终点为同一控制人的不完全回流较多,主要表现为:

(1) 回流金额相同。受票单位银行账户转入开票单位银行账户的金额,开票单位账户或开票单位控制账户转回受票单位银行账户或受票单位控制账户,开票单位账户或开票单位控制账户通过中间人控制账户转回受票单位银行账户或受票单位控制账户的金额与受票单位取得发票金额相同,开票手续费通过受票单位控制账户或其他支付方式支付。

(2) 回流至受票单位金额与发票票面金额不同。开票单位账户或开票单位控制账户转回受票单位银行账户或受票单位控制账户,开票单位账户或开票单位控制账户通过中间人控制账户转回受票单位银行账户或受票单位控制账户的金额小于受票单位取得发票金额,开票手续费由开票单位通过开票控制账户或中间人账户直接扣除。

(3) 受票单位转入开票单位款项金额与取得发票金额不同。受票单位以预付货款、货物随后发出的方式躲避税务机关核查,受票单位银行账户转出到开票单位银行账户金额大于取得的发票票面金额。此类情形的原因主要为:一是半真半假型虚开,开票单位收取真实业务部分货款,虚开部分资金回流。二是资金流转情况复杂,资金流转中不断拆分或聚合,涉及流转账户众多,每一笔资金流转难以逐一厘清。三是受票单位转入开票单位账户金额大于票面金额,开票方在扣除开票手续费,或中间人报酬后将剩余资金回流的。四是开票单位以报销费用、支付工资、销售提成、折扣返利等方式另外向受票单位控制账户回流资金。

6) 资金回流的核查

资金回流核查主要是对虚开骗税案件的发票数据与资金数据进行匹配,以案件为单位,结合发票数据、个人及纳税人账户数据，利用资金回流分析中的组合匹配原理，筛选出涉案企业及个人。目前，可借助税务资金分析系统，以系统自动匹配与人工干预相结合，提高了资金回流核查分析的效率，同时也可以通过锁定的嫌疑企业用软件分析查找出整个交易的不法团伙企业。

4. 承兑汇票结算的核查

1）定义概述

票据是指以支付资金为目的的有价证券，即出票人根据《中华人民共和国票据法》（以下简称《票据法》）签发的，由自己无条件支付确定金额或者委托他人无条件支付确定金额给收款人或持票人的有价证券。在我国，票据即汇票（银行汇票和商业汇票）、支票及本票（银行本票）的统称，是我国企事业单位使用最广泛的非现金支付结算工具。

汇票是出票人签发的，委托付款人在见票时或者在指定日期无条件支付确定的金额给收款人或者持票人的票据。汇票分为银行汇票和商业汇票。银行承兑汇票一式三联，第一联为卡片，由承兑银行支付票款时作付出传票；第二联由收款人开户行向承兑银行收取票款时作联行往来账付出传票；第三联为存根联，由出票人编制有关凭证。

2）利用汇票虚假支付结算成因

由于汇票是一种远期支付工具，汇票从出票、背书、贴现、承兑、付款流转环节多。出票人既可签发票据将其交付给收款人，又可将汇票权利以背书转让的方式授予他人，以证明其完成交易结算。同时会计实务中企业一般以承兑汇票复印件或电子汇票系统打印件作为入账的原始凭证，客观上造成汇票复印件容易篡改、重复使用等问题。当前，虚开发票活动中利用票据虚假支付结算频发，不法分子作案手法变化多端，虚开发票活动的开票单位、受票单位虚构贸易背景将自己伪装为汇票流转环节的出票人、收款人，利用填开光票（所谓光票是指赠予、偿债、定金等用途之外无真实交易关系的汇票）背书回流；利用变造、伪造、克隆的票据虚假支付结算；更多的是以票据持票人的名义，假汇票真背书、真汇票虚假背书构造资金流、篡改汇票记载事项、重复复印等方式虚假支付结算。

3）电子商业汇票

根据《中国人民银行关于规范和促进电子商业汇票业务发展的通知》（银发〔2016〕224号）的规定，自2017年1月1日起，单张出票金额在300万元以上的商业汇票全部通过电子商业汇票（以下简称电票）办理；自2018年1月1日起，原则上单张出票金额在100万元以上的商业汇票应全部通过电票办理。

电子商业汇票是指出票人依托电子商业汇票系统，以数据电文形式制作的，委托付款人在指定日期无条件支付确定金额给收款人或者持票人的票据。电子商业汇票分为电子银行承兑汇票和电子商业承兑汇票。电子银行承兑汇票由银行业金融机构、财务公司（以下统称金融机构）承兑；电子商业承兑汇票由金融机构以外的法定代表人或其他组织承兑。

电子商业汇票是依托电子商业汇票系统实现在线签发、承兑、背书转让、提示付款等过程的一种新型票据形式。与传统纸质商业汇票相比，电子商业汇票以数据电文形式代替实物票据，以电子签名取代实体签章，以计算机录入代替手工书写，以网络传输代替人工传递，电子商业汇票具有全程电子化特征。因此,电子商业汇票不易丢失、损坏,不易遭受假票、克隆票诈骗,可以有效避免伪造、变造风险。目前虚开发票活动尚未发现利用伪造、变造电票虚假支付结算案件。但存在受票单位填发光票后通过电票系统背书回流到关联企业,以及中间人或受票单位通过地下票据交易公司收购电子商业汇票后再通过电票系统背书给开票单位套取发票的虚构资金支付新动向,在核查中应予以关注。

4)核查方法

(1)账务单证核查。核查开票单位、受票单位"应收票据""应付票据"明细科目中,对应科目为"银行存款""应付账款""应收账款"的记账凭证及所附原始凭证、票据复印件,票据使用粘单的,应提取粘单复印件、交易方双方收到或交付票据的证明文件;开票单位、受票单位内部收支款项的审批单证、贸易合同。

(2)出票人履约能力核查。以受票人为出票人的,应到其承兑银行提取核查承兑协议,核查承兑银行是否有真实的委托关系,核查开、受票单位现金流量表、银行存款账户余额、核查其是否按承兑银行要求存入一定比例的保证金,综合判定商业承兑汇票的付款人是否有足够的支付能力。

(3)汇票数据聚合分析。计算开票单位、受票单位利用汇票尤其商业承兑汇票支付结算占其全部资金结算比例,占比较高的可筛选金额较大的部分汇票列入涉税疑点排查,根据抽查结果再判断是否需要进行全面核查。

若核查中票据支付结算业务较多,可将从开票单位、受票单位调取的汇票制表列示。表格要素包括不限于:序号、凭证日期、凭证编号、应收(应付)票据发生额、对应科目发生额、开受票单位名称、票据种类、票据号码、出票人名称、收款人名称、承兑行或承兑人开户行行号、承兑人名称、出票日期、承兑日期、到期日、金额、承兑协议合同编号。对表格数据进行分析:一是核查是否出现承兑汇票号码重复的情况,对号码重复汇票可发起委托协查或外调核查;二是对汇票出票金额进行筛选排序,2017年1月1日后出票、单张出票金额300万元以上的纸质汇票和2018年1月1日后出票、单张出票金额100万元以上的纸质汇票应发起委托协查或外调核查;三是结合开受票单位在虚开链条或业务链中的环节对汇票流转过程进行排查。一般来说,汇票应自消费企业出票开始,历经经销企业、生产企业最后流向原材料供应企业,与货物流向反向匹配,若出现逆流程流转汇票,应发起委托协查或外调核查。

(4)银行查询。承兑汇票查询须到出票人处调取其签发汇票的存根联复印件,同时到出票人的出票(付款)银行大厅对公业务办理。要说明的是,汇票是资金通过银行账户进行转账结算的方式之一,根据《税收征收管理法》第五十四条第六项的规定,经审批同意后,核查人员制作全国统一格式的《核查存款账户许可证明》到相关银行或者其他金融机构进行查询,并办理向银行提供调取的承兑汇票(含粘单)复印件和送达回证等相关手续。税务机关可在全国范围内查询涉案企业签发出具的汇票,不受立案核查企业所在地税务机关地域管辖限制,虚开发票案件立案企业签发出具的汇票、上下游业务链条上的涉案企业签发出具的汇票等,无论汇票中银行账户开立在本地或异地,均可由立案地的税务局稽查局凭全国统一格式的《核查存款许可证明》至银行查询到出票人的出票(付款)银行查询。

银行查询承兑汇票时,主要根据承兑汇票右上角的号码在其系统内进行查询,根据《中国人民银行关于启用 2010 版银行票据凭证的通知》(银发〔2010〕299 号)的规定,汇票号码为 16 位,分上下两排,每排 8 位数字。第一排 8 位数字为票据代码,其中第 7 位为票据种类(1 为现金支票、2 为转账支票、3 为清分机支票、4 为银行汇票、5 为银行承兑汇票、6 为商业承兑汇票、7 为非清分机本票、8 为清分机本票),第二排 8 位数字为流水号。

(5) 查询情况判定。

① 该笔汇票在出票银行或电子商业汇票系统内无法查到。此情况应进一步提供承兑汇票中的出票人名称、收款人名称、承兑行或承兑人开户行行号、承兑人名称、出票日期、承兑日期、到期日、金额、承兑协议编号等信息给银行做进一步的核实筛查,确认银行系统中确实无此笔汇票记录;从银行提取的此笔汇票的原件复印件与企业提取的同一张汇票的复印件上载明的信息内容不完全相符甚至完全不符。根据《纸质商业汇票登记查询管理办法》第五条的规定,登记主体办理纸质商业汇票承兑、未用退回、贴现、转贴现、再贴现、质押、质押解除、委托收款、付款、拒付、挂失止付、公示催告、止付解除业务,应按规定进行登记。核查时应取得出票(付款)银行和出票人出具情况说明,固定银行承兑汇票涉嫌伪造、变造、克隆的证据,进一步判定开、受票双方的结算支付为虚假支付。

② 出现承兑汇票没有背书给受票单位;或者承兑汇票虽然背书给受票单位,但受票单位没有背书给开票单位;或者承兑汇票背书给受票单位,但由其他票据持有人背书给开票单位,未依次前后衔接的。根据《票据法》第二十七条的规定,持票人可以将汇票权利转让给他人或者将一定的汇票权利授予他人行使。《票据法》第三十条规定,汇票以背书转让或者以背书将一定的汇票权利授予他人行使时,必须记载被背书人名称。根据《支付结算办法》第三十三条的规定,以背书转让的票据,背书应当连续。持票人以背书的连续,证明其票据权利。非经背书转让,而以其他合法方式取得票据的,依法举证,证明其票据权利。背书连续是指票据第一次背书转让的背书人是票据上记载的收款人,前次背书转让的被背书人是后一次背书转让的背书人,依次前后衔接,最后一次背书转让的被背书人是票据的最后持票人。《支付结算办法》第二十二条规定,票据的签发、取得和转让,必须具有真实的交易关系和债权债务关系。汇票的出票、背书等流转环节应当连续不得有中断遗漏,且必须按银行预留印章签章。正常经营业务的开票方和受票方企业名称应在承兑汇票的出票人(付款人)、收款人、被背书人等流通环节中体现。核查时应取得出票(付款)银行和出票人出具情况说明,若开票单位从受票单位取得的汇票由开票单位再背书转让、或向银行贴现或由该汇票付款人付款的,经核查双方业务交易真实的前提下,应由开票单位、受票单位举证证明该汇票为受票单位以其他方式取得的非经背书转让给开票单位。否则,可判定该银行承兑汇票实际资金流向与开、受票双方账列交易资金流向不符,开、受票双方通过该汇票的结算支付为虚假支付。

③ 承兑汇票背书给受票单位,由受票单位再背书给开票单位。核查时应取得出票(付款)银行和出票人出具情况说明,若开票单位从受票单位取得的汇票由开票单位再背书转让、或向银行贴现或由该汇票付款人付款的,经核查货物流、票流双方业务交易真实,可判定

该银行承兑汇票实际资金流向与开、受票双方账列交易资金流向相符。需要注意的是,如受票方为工业生产型企业或者商品交易会员单位(代理商)且汇票支付结算占比高的,应注意核查是否存在"置换汇票、票货分离、卖货漏销、卖票牟利"的情况。

置换汇票是指中间人或受票单位通过地下汇票交易公司用现金收购纸票或电票,完成用现金置换汇票后,将汇票背书转让给开票方,开票方再将汇票背书转让给原材料供应商或上游客户。

票货分离是指中间人持受票方授权委托或受票方直接从工业生产型企业处或者商品交易会员单位(代理商)交割仓库处以自提或委托发货方式将货物提出,取得开票方开具的发票,完成票货分离。

卖货漏销是指中间人或受票方将提取的货物销售给小规模纳税人或不需要发票的他人和个人消费者,以现金方式收取货款不计收入。收取的现金又用于地下汇票交易公司收购汇票,循环往复。

卖票牟利是指中间人将从开票方处套取的发票出售给需要发票的受票方抵扣税款及虚增成本或取得虚假进项继续对外虚开。

④ 承兑汇票出票人为受票单位,收款人为开票单位,但开票单位将该汇票背书转让给后手,后手再背书转让给受票单位的关联或受控企业。核查时应取得出票(付款)银行和出票人出具情况说明,若受票方利用银行承兑汇票出票,作为收款人的开票方,利用背书将票据权利再转让给后手(不法企业的关联企业或虚开团伙内专门走账公司、非法票据中介公司等),然后再由后手将汇票背书给受票方的关联企业或受控于虚开团伙的企业,完成利用真汇票、真背书的虚假结算支付。

对于真汇票真背书转让的情况,特别是一天内多次背书转让的电票,应在增值税发票新系统中查询背书转让的前后手企业是否发生发票业务往来。如前后手之间未发生发票业务往来的,可列入待核查疑点,后续开展前后手交易真实性和债权债务关系核查,并结合开票方业务经办人员询问、货物流核查、实际购货人外调等核查综合判定。

5. 虚假债权的核查

企业虚假债权的形成,其主要目的是为其虚假交易作掩护,规避税务机关的核查。表现形式主要有:一是富余票虚开挂往来款。销货(开票)单位的销售对象主要为终端消费者或者因享受增值税税收优惠政策而不需要进项发票抵扣的企业,在其销售货物后,现金收款不入账或账外收款不申报不开票,产生富余开票额度,再向其他需要发票的受票方开具发票后,长期挂应收账款。二是真假虚开发票伴生,虚开价款部分挂往来款。开票单位向受票单位开具超出实际交易部分的增值税发票,真实交易部分开票方已收取货款,虚开部分挂应收账款。

对此,税务人员应核查开票方财务报表——利润表中资产减值损失是否填列,核查账簿中是否设置"资产减值损失""坏账准备"科目,如设置科目借贷方是否有发生额;核查应收账款借方明细科目,预收账款贷方明细科目;开、受票双方年末是否进行对账;对长期挂应收账款的,参考经营信息比对中合同真实性核查与对应性核查方法开展核查。

6. 虚假债务的核查

不法企业虚假债务的形成,其主要目的同样是为其虚假交易作掩护,规避税务机关的核查,但与虚假债权的形成并不完全一一对应。其表现形式主要有:一是受票单位已入账并申报抵扣税款,部分款项未支付,长期挂应付账款(让他人为自己虚开后挂应付账款),开票单位已经走逃(失联)或注销。二是收购或购买农产品后未付款(自己给自己虚开农产品收购发票后挂应付账款)。三是多虚抵部分挂应付账款,与开票单位虚假债权相对应,受票单位真实交易部分已支付货款,虚开部分挂应收账款。

对此,税务人员应核查应付账款明细账,预收账款明细账;核查受票单位与开票单位之间是否存在库存商品或设备等抵偿债务业务发生而会计未做处理情况;受票单位与开票单位之间是否存在合同异议、质量纠纷情况;是否有因债权人缘故确实无法支付的应付款项,受票单位是否计入营业外收入;对长期挂应付账款的参考经营信息比对中合同真实性核查与对应性核查方法开展核查。

三、货物流的核查

货物流是企业生产经营活动极其重要的组成部分,与资金流一并构成交易闭环。它与资金流逆向流动,即"一手交钱一手交货"成为交易活动不可缺少的两个方面。企业的货物流与其经营规模、行业特性、营销策略、结算方式等因素都有一定的关系。现在交易体系中,货物流可能是货物发生物理位置的移动,也可能是产权的变更,最终实现货物所有权的转移。通常情况下,查处虚开发票案件会在核查企业资金流、发票流的同时,对其货物流展开核查,查清有无货物流或票货分离,使之形成认定虚开行为的有力证据链条。对虚开发票案件货物流的核查可归纳为"一看、二比对、五核实"的方法。

(一)"一看"

"一看"是指审阅购销合同。通过对企业购销合同的审阅,初步了解企业购进和销售货物的交货单位、交货方式(自运、代运、自提)、运输方式、到货地点、接货单位或接货人,以及货物的名称、品种、规格、质量、数量、计量单位、计量方法等基本信息。

(二)"二比对"

"二比对"是指比对发票、合同信息,比对购、销是否关联匹配,确定无货虚开、票货分离、变名虚开的核查方向。

(1) 比对发票、合同信息。结合发票及销货清单风险分析情况,将发票(含销货清单)的货物信息与购销合同的货物信息进行比对,重点关注是否一致。货物信息包括名称、品种、规格、数量、计量单位等。

(2) 比对购、销是否关联匹配。就是通过对购进发票商品信息的分析,厘清购进原材料(商品)的种类、数量、金额。同时,通过对销售发票商品信息的分析,确定销售商品的种类、数量、金额,从而判定购进原材料(商品)与已销商品之间是否关联、匹配。

(三)"五核实"

"五核实"是指核查货物购销业务的真实性;核查委托加工业务的真实性;核查物流凭

证,追查货物流向;核查出入库时间,追查发票性质;核查存货和经营能力是否匹配。

1. 核实货物购销业务的真实性

① 提取企业账列货物的入库和出库单据,并与企业实物登记部门的出入库单据进行比对,确认账实是否一致。

② 进行外调或发函协查,将收集到的上下游企业的货物出入库单据与企业账列资料或实物登记资料进行比对,确认是否发生真实的购销业务。对出口企业,还要查看有无地、市、州级商检部门出具的每一批次出口商品的商检报告。

2. 核实委托加工业务的真实性

结合资金流、发票流的核查,收集委托加工业务材料出库的相关资料,与委托加工商品入库的相关资料进行比对分析,确认原材料与加工商品之间是否匹配,从而确定加工业务的真实性。

3. 核实运输凭证,追查货物流向

通过对企业账簿资料的核查,收集快递、物流等报销凭证资料;到物流部门查阅收发货记录,追查货物的准确流向,并与购销合同上记载的货物流向进行比对,确认是否一致。对以签署货物所有权属转移确认文件方式证明货物转移交接的,应对购销合同约定的货物存放地、厂仓、交割仓库开展实地核查,核查货物入仓、在仓、出仓情况。调取购销双方仓储、搬运、物流费用的支付单证与货物厂仓、交割仓收取的上述费用情况进行比对核查。从货物厂仓、交割仓处调取货物交割指令的签发(授权)文书对货物实际提取人提货发运的情况进行核查。对承运单位、运输工具、运输人员进行调查及询问,查清货物最终去向。

(1)运输费用的核查。一般情况下,可按以下步骤进行核查。

第一步:查找相应会计凭证。根据企业"销售费用""材料采购"等总账科目、明细账科目摘要栏注明的内容,查找记录运输费用的会计记账凭证。

第二步:查看原始凭证资料。根据会计凭证所附运输费用原始资料,了解相关结算信息,包括结算方式(转账、现付、汇票)、结算标准、结算时间等。

第三步:追寻运费资金流向。根据会计凭证所附运输费用支付原始资料,查找运费资金的流向,特别对相应银行账号的流水记录要全面审查,深入核查是否存在资金回流。

第四步:核查结算单位关联程度。对企业发生的运输费用情况进行总体分析,如果同一结算单位经常频繁出现,则应追查运输企业与涉案企业之间是否存在人员、股权等方面的关联关系,进一步调查是否存在虚假物流现象。重点核查运输费用是否符合营运常规,没有运输费用的,则应侧重从货物流转、资金流、发票流以及相关人员流等方面印证、突破。

(2)运输发票的核查。

第一步:审阅发票,确认票源。通过审阅企业取得的发票,确认发票是由税务部门代开或来自运输企业,分析承运人的登记、经营、运力、纳税、开票情况,调查该笔承运业务的经办人、车辆、司机、运输线路、货物交接等环节具体情况。

第二步:关注异常,重点核查。对发票记载的信息要结合企业法定代表人、财务人员、营销人员等人员开展询问,进行逻辑性分析,同时结合运输合同相关内容,关注是否存在货物运输起运地、收货地、运输费用支付方式、运输方式等与企业实际情况有悖常理的异常现象，特别对经核查确认发票是伪造用来抵扣税款或者来自敏感地区的，则应重点核查。

4. 核实出入库时间，追查发票性质

通过对货物购进入库时间与出库时间的比对，分析判断是否存在入库时间晚于出库时间的问题，进一步追查是否存在恶意取得增值税专用发票的问题。

5. 核实存货和经营能力是否匹配

从总体分析判断企业货物流向是否正常，结合资金流、发票流的核查，对其存货进销存数量统计并与企业实际经营能力（行业特性、投资规模、营销方式、生产能力等情况）进行比较，同时对涉案企业实际控制人、法定代表人、财务人员、营销人员等人员询问，如果与分析结果存在较大差异，说明货物流转与经营能力不匹配，货物流向存在问题，需要深入追踪调查。

四、生产经营现场核查

对涉嫌虚开的生产型企业，需要税务人员实地核查其生产或经营情况，制作现场核查笔录、勘验笔录，通过现场核查确认企业是否虚假登记注册地址与经营地址，通过现场调取的被查对象账簿、记账凭证、电子数据和其他涉税单据、资料，结合其他外部证据对企业的生产经营真实性进行判别。

（一）查前准备

1. 摸排企业基本情况

（1）调阅了解。调阅主管税务机关在被核查对象新办时对法定代表人或其授权的实际控制人在首次办税时的约谈记录，关注约谈内容中以下几个事项：法定代表人、财务负责人、办税人员及投资人基础信息、企业组织架构、人员数量、经营地址、经营规划、经营项目、经营规模、经营特征、进货渠道、生产工艺、设备需求、日常能耗、仓储场所、销售对象、发货方式、市场行情，是否可以准确计算进项和销项税额等。

（2）巡查暗访。采取不通知、不入户、不打扰被核查对象的巡查方式进行暗访摸排。摸排内容包括但不限于以下几个事项：注册地址与经营地址是否真实、是否重复登记、与登记信息是否相符；经营场所是否有现场工作人员、能否满足经营项目需要、与经营规模是否匹配，获取水电气能耗等第三方信息能否匹配经营项目与规模。了解被核查对象法定代表人、财务负责人、购销业务管理部门负责人和相关主管人员的办公地址（场所），暗访掌握其财务部门的工作地址和信息化会计核算管理系统数据服务器的存放地址，以及所使用的核算管理软件品牌、版本、数据库管理系统及计算机操作系统等。

2. 制定详细的进驻现场方案

涉嫌虚开实体经营企业的现场核查不同于正常生产经营企业的现场核查，制定核查预案时要详细制定进驻现场方案。安排进场人员时应综合考虑稽查力量配置，可充分依托公安驻税务联络机制，商请公安经侦部门派员参与现场核查；进场前要统一组织、集中安排，安排内容主要为：参加核查的人员名单、通讯方式、具体核查任务、职责分工、工作要求、交通工具、集中时间、集中地址、进场实施核查时间等;进场核查前不得提前通知企业,应直接到企业注册登记地址和实际生产经营地址进行突击核查。

3. 实地核查取证准备

进驻现场时,除携带《税务核查通知书》、税务核查证等外,还需携带查账软件数据采集工具、执法记录仪、取证工具箱、计算机设备等其他相关工具,携带询问笔录、现场笔录、勘验笔录、调取账簿资料清单等空白纸质税务文书与电子文书。

(二)主要核查内容

1. 企业登记注册地址和实际经营地址核查

核查人员实地核查企业的登记注册地址和生产经营地址,制作现场笔录和勘验笔录,通过现场场所的勘验照片、证人证言(如物业公司、街道办事处、村委会管理人员、登记注册地址或实际经营地址实际使用人员或其他相关人员的书面陈述或口述记录)、水电物业费用等相关证据,判断企业是否虚假登记注册地址和经营地址,进而判断企业虚开嫌疑的大小。若登记注册地址和实际经营地址不存在或者无核查企业,企业为空壳虚开企业的可能性较大;若登记注册地址与实际经营地址不一致,或者企业是选择地址挂靠的方式注册登记,则需要结合企业业务类型进行综合判别。

注意:一是不能简单用勘验照片代替勘验笔录,勘验照片证据需要进一步通过勘验笔录固定,勘验笔录是对一些专门的物品和场所进行勘测为所作的记录,所反映多是静态的客观情况,勘验人应当将勘验情况和结果制作笔录,由勘验人、当事人和被邀请参加人签名或者盖章。二是不能用勘验笔录代替现场笔录,现场笔录则是对执法现场当时的情况所作的记录,一般为动态的事实,而且往往反映的是制作笔录的当时的情况。现场笔录应写明现场勘查的日期、起止时间、现场勘查人员、见证人与勘查的地点、处所;准确、详细地记述现场勘查过程和所见;说明勘查中发现和提取的书证、物证,做了哪些现场记录;最后由勘查人员、见证人及笔录制作人签名。

2. "三类"人员现场联系询问

对企业法定代表人、财务负责人、办税人员(以下简称"三类人员")等进行现场联系并询问,对实地联系情况予以记录、说明。能够联系到企业法定代表人的,应现场向其询问企业组织架构、人员数量、经营规划、经营项目、经营规模、经营特征、进货渠道、生产工艺、设备需求、日常能耗、仓储场所、销售对象、发货方式、市场行情等内容,根据法定代表人回答的详实程度,可以判别法定代表人是否为实际经营人。不能联系到企业法定代表人但可以联系财务负责人或办税人员的,应现场向其询问法定代表人基本情况、与法定代表人如何相识、实际经营人情况、与实际经营人如何相识、财务核算主要内容、发票取得开具情况、水电物业费用缴纳渠道、物流运输方式和合作单位等,通过对财务负责人或办税人员询问,敏锐捕捉上下游企业与被查企业的业务操作,实际控制人的习惯、动向等敏感信息,可以初步判别企业实际经营情况的是否真实。联系不上"三类人员"的,应取得第三方人员的证人证言或其他证明材料。

3. 调取账簿和其他涉税单据、资料

(1)全面采集涉案纸质资料和电子数据。一是纸质资料。对涉嫌虚开实体经营企业进行突击核查时,应当调取被核查对象当年及以往涉案年度的账簿、凭证、报表和经营方面的其他有关资料,具体包括会计账簿、记账凭证、原始凭证、财务报表、申报资料、抵扣凭证、购销合同、供应商和客户往来资料、产品目录清单、产品进销存台账、仓库盘点表单、银行资料、产品组成或制作配方、员工名册等、相关涉案人员名单、资料、各部门的工作总结、电话号码簿等。二是电子数据。运用数据采集软件和恢复工具尽可能的完全采集被核查对象涉案电子文档与表格。核查被核查对象的 ERP 系统、电子账套数据等电子信息系统,包括计算机操作系统、数据库管理系统、应用管理系统、数据库字典等说明、数据服务器地址、相关数据库文件。电子数据的取得、固定、使用和保管等应按《税务稽查工作规程》规定的程序和要求进行操作。

(2)固定涉案证据原件。对现场核查发现的用来伪造、变造证件和发票的机器设备,现场核查发现的税控设备、开票设备、金税盘、报税盘、印章、身份证、企业证照、表证单书等,现场不提取原件可能导致灭失或者被转移、隐匿的其他证据材料,核查人员应出具《提取证据专用收据》提取证据原件。

(3)提取涉案证据原件。对现场难以判定是否为伪造、变造、虚开的发票的,可以先行依照相关规定分别使用《发票换票证》或者《调验空白发票收据》进行调取,经鉴定或者查验确认为伪造、变造、虚开的发票后,使用《提取证据专用收据》调取证据原件,同时换回原先交付给证据提供单位或者个人的《发票换票证》或者《调验空白发票收据》。现场难以判定是否为伪造、变造的账簿、凭证及有关资料的,可以先行依照法律、行政法规的规定使用《调取账簿资料通知书》填写《调取账簿资料清单》进行调取。经鉴定或者查验确认为伪造、变造的账簿、凭证及有关资料后,使用《提取证据专用收据》调取证据原件,同时在原先出具的《调取账簿资料清单》上注明。伪造、变造、虚开的发票应当提取,且不需要归还。依照法律、法规规定可以没收、收缴的资料、物品,经提取作为证据材料的,可以不归还。

4. 生产经营真实性的判定

在涉税案件证据收集时,税务机关到纳税人的生产经营场所和货物存放地核查,核查任务之一就是查证工业企业的生产能力与商贸企业经营的真实性。

(1)核查生产能力。企业生产能力是指企业在一定时期内,在合理的、正常的生产条件下,所能生产产品的最大数量。企业生产能力通常指企业各生产环节直接参与产品生产过程的固定资产所具有的加工产品的能力,因此从企业生产能力中发现问题、寻找证据,可以从固定资产数量,固定资产在合理的、正常生产条件下在一定时间范围内生产的产品数量入手,分析固定资产所具有的加工产品的能力与账载生产产品数量是否相符;分析购进的原材料、辅助材料数量与账载生产产品数量是否相符;分析生产产品数量与账载产品销售数量是否相符。生产场所、生产人员、机器设备、货币资金等是组成生产能力的必备基本生产要素,核查上述基本生产要素是否具备,与实际生产产出情况是否相符;核查生产经营所需物耗、能耗水平、辅助材料的耗用情况与产销情况是否匹配。

(2)产销匹配核查。核查生产企业购进原材料、辅料与其生产工艺、产品构成是否相关;核查生产型企业有无委托加工;测算企业最大生产能力下的可生产产品数量与开具发票上记载销售数量是否匹配;核查购进原材料与产成品的匹配性,购进原材料是否可能生产相应的产成品或者只能生产少量产成品;核查有无能力生产外销规格的销售货物。

(3)进销匹配核查。商贸企业是否存在有进无销、有销无进、进多销少、进少销多等进销货物品名、数量不符情况。是否有购进货物的计量单位与发出货物的计量单位明显不一致的情况。小型的生产企业购销货物品名、生产加工能力、数量是否匹配。例如,主要购进货物仅为玻璃杯、纸盒的礼品包装生产企业,无水、电能耗,则不可以根据进销货物品名不符,判定其有虚开发票嫌疑。

(4)委托加工核查。核查委托加工业务是否真实。核查委托加工业务是否同时符合两个条件:一是由委托方提供的原料和主要材料;二是受托方只收取加工费和代垫部分辅助材料。核查提供的原料和主要材料与加工出的产品是否匹配,受托方收取的手续费是否符合常规。

(三)突发情况处理

1. 注意把控核查现场

(1)要做好应急预案,做好证据固定于保全。

(2)询问、调账、采集电子数据等注意核查人员编配分组实施,以防止串供和跑气通风。

(3)对于虚开嫌疑大、案情复杂的案件,提请公安经侦部门参与现场核查,以备第一时间控制住在场涉案人员和通风报信人员的通讯工具,做好现场和证据保护工作以防止人为销毁账簿、资料及相关证据。

2. 注意现场记录及离场确认

在涉税现场核查和取证过程中,税务核查人员必须做好拍照、录像、录音和现场笔录等现场取证工作,以备日后作为证据使用。在涉嫌虚开案件核查现场,当税务核查人员完成相关涉税电子数据核查工作后,让当事人检验其计算机设备及应用信息管理系统是否正常运行,被核查对象无异议后方可离场。如果当事人故意以涉税电子数据采集会影响其应用信息管理系统正常运行而不配合税务核查工作,或者不对有形存储介质中涉税电子数据信息的制作情况和一致性进行确认的,可请公证机关现场予以公证,由公证人员对应用信息管理系统正常运行,有形存储介质中存贮的涉税电子数据信息的制作情况、合法性和真实性进行现场公正和签封。

五、走逃(失联)企业与异常发票核查

近年来,虚开不法分子恶意利用"放管服"等创新政策及商事制度改革之便利,通过没有任何实际经营业务只为虚开发票的"空壳企业",采取"化整为零""以时间换空间"的手法,短期存续领票暴力虚开后迅速走逃,域内换壳再开、窝点不撤,域外远程遥控、幕后操作,虚开周而复始,屡打不禁,税务稽查打击难以锁定到幕后主犯真实身份,仅能行政上定性虚开,挽回部分税款损失。对此,国家税务总局分别下发《国家税务总局关于走逃(失联)企业开具增值税专用发票认定处理有关问题的公告》(国家税务总局公告 2016 年第 76 号)和《国家税务总局关于异常增值税扣税凭证管理等有关事项的公告》(国家税务总局公告 2019 年第 38

号,以下简称 38 号公告),在一定程度上对走逃(失联)企业判定、收集证据标准、交易真实性判定、核查处理程序予以明确。

(一)增值税异常凭证的范围

纳税人发生以下六类情形的增值税异常凭证,不得抵扣增值税税款和办理出口退税以及留抵退税业务。

1. 防伪税控系统"失控发票"

38 号公告第一条第(一)项将纳税人丢失、被盗税控专用设备中未开具或已开具未上传的增值税专用发票列入异常凭证范围。主要是结合防伪税控系统的实时比对、在线上传等功能,加强"失控"状态下增值税专用发票的管理,防止不法分子利用系统设置间隙骗取抵扣税款。

2. 未按规定纳税的非正常户

38 号公告第一条第(二)项将非正常户纳税人未向税务机关申报或未按规定缴纳税款的增值税专用发票列入异常凭证范围。主要将《国家税务总局关于建立增值税失控发票快速反应机制的通知》(国税发〔2004〕123 号)规定的一些尚未办理增值税纳税申报或缴纳税款的企业,开具发票可能存在虚假行为,而税收征管部门只有采集失控发票数据上传或移交稽查部门处理的职能(含稽查部门案件查处中发现的走逃企业),不能在前置环节有效快速地处理异常发票的税收问题,调整为税收管理部门对上述情形可以直接进行处理,及时防范虚开发票行为的发生。

3. 比对不符或不通过的发票

38 号公告第一条第(三)项将增值税发票管理系统稽核比对发现"比对不符""缺联""作废"的增值税专用发票列入异常凭证范围。主要考虑到《国家税务总局关于金税工程增值税征管信息系统发现的涉嫌违规增值税专用发票处理问题的通知》(国税函〔2006〕969 号)规定的"增值税专用发票稽核系统发现涉嫌违规发票分'比对不符''缺联'和'作废'等类型,暂不得作为增值税进项税额的抵扣凭证,由管理部门按照审核核查的有关规定进行核查,并按有关规定进行处理"在税收处理方式上表述过于模糊,因此将其列入异常凭证的范围,有利于税务机关行政执法。

4. 涉嫌虚开或未缴消费税的发票

38 号公告第一条第(四)项将经税务总局、省税务局大数据分析发现,纳税人开具的增值税专用发票存在涉嫌虚开、未按规定缴纳消费税等情形列入异常凭证范围。此项属于新增条款,是税务机关通过大数据风险防控比对系统,及时发现和识别涉嫌虚开增值税专用发票及未按规定缴纳消费税而采取的主动预防措施。

5. 走逃(失联)企业开具的发票

38 号公告第一条第(五)项将属于《国家税务总局关于走逃(失联)企业开具增值税专用发票认定处理有关问题的公告》(国家税务总局公告 2016 年第 76 号)第二条第(一)项规定情形的增值税专用发票列入异常凭证范围。

《国家税务总局关于走逃(失联)企业开具增值税专用发票认定处理有关问题的公告》

(国家税务总局公告2016年第76号)第二条第(一)项规定,走逃(失联)企业存续经营期间发生下列情形之一的,所对应属期开具的增值税专用发票列入异常增值税扣税凭证范围:一是商贸企业购进、销售货物名称严重背离的;生产企业无实际生产加工能力且无委托加工,或生产能耗与销售情况严重不符,或购进货物并不能直接生产其销售的货物且无委托加工的。二是直接走逃失踪不纳税申报,或虽然申报但通过填列增值税纳税申报表相关栏次,规避税务机关审核比对,进行虚假申报的。

上述规定重申了走逃(失联)企业开具的异常凭证是防范税收风险的重点。

6. 对外开具的异常凭证

38号公告第二条将增值税一般纳税人申报抵扣异常凭证,同时符合下列情形的,其对应开具的增值税专用发票列入异常凭证范围:一是异常凭证进项税额累计占同期全部增值税专用发票进项税额70%(含)以上的;二是异常凭证进项税额累计超过5万元的。纳税人尚未申报抵扣、尚未申报出口退税或已作进项税额转出的异常凭证,其涉及的进项税额不计入异常凭证进项税额的计算。

【案例5-1】 假设A公司2020年4月抵扣全部增值税专用发票进项税额为20万元,其中15万元已被税务机关确定为异常凭证。该公司异常凭证进项税额累计占同期全部增值税专用发票进项税额为75%[(15÷20)×100%],且异常凭证进项税额累计为15万元超过了5万元标准,同时符合了异常凭证范围的两个条件,则15万元应作进项税额转出,A公司对应开具的增值税专用发票也列入异常凭证范围,其下游企业取得其列入异常凭证的增值税专用发票,尚未申报抵扣增值税进项税额的,暂不允许抵扣;已经申报抵扣增值税进项税额的,除另有规定外,一律作进项税额转出处理。

(二) 列入异常凭证范围的税收处理

38号公告第三条针对纳税人取得的增值税异常凭证,规定了不同的税收处理方式。

(1)异常凭证抵扣进项税额的处理。对尚未申报抵扣增值税进项税额的暂缓抵扣,已抵扣进项税额的一律作转出处理(另有规定除外)。

(2)异常凭证办理出口退税的处理。对尚未申报出口退税或者已申报但尚未办理出口退税的,暂不允许办理出口退税。如果适用增值税免抵退税办法的纳税人已经办理出口退税的,应根据列入异常凭证范围的增值税专用发票上注明的增值税税额作进项税额转出处理;适用增值税免退税办法的纳税人已经办理出口退税的,税务机关应按照现行规定对列入异常凭证范围的增值税专用发票对应的已退税款追回;纳税人因骗取出口退税停止出口退(免)税期间取得的增值税专用发票列入异常凭证范围的,尚未申报抵扣增值税进项税额的,暂不允许抵扣;已经申报抵扣增值税进项税额的,除另有规定外,一律作进项税额转出处理。

(3)异常凭证用于抵扣消费税的处理。消费税纳税人以外购或委托加工收回的已税消费品为原料连续生产应税消费品,尚未申报扣除原料已纳消费税税款的,暂不允许抵扣;已经申报抵扣的,冲减当期允许抵扣的消费税税款,当期不足冲减的应当补缴税款。

(4)采用信用企业特殊对待原则。纳税信用A级纳税人取得异常凭证且已经申报抵扣增值税、办理出口退税或抵扣消费税的,可以自接到税务机关通知之日起 10 个工作日内,向主管税务机关提出核实申请。经税务机关核实,符合相关规定的,可不作进项税额转出、追回已退税款、冲减当期允许抵扣的消费税税款等处理。纳税人逾期未提出核实申请的,应于期满后按照上述异常凭证的税收规定处理。可以看到,该项处理与《国家税务总局关于纳税信用修复有关事项的公告》(国家税务总局公告 2019 年第 37 号)前后协调、相辅相成,以推动企业纳税信用等级管理的升级,让纳税人切实体验到依法纳税、信用第一的重要性。

(5) 充分发挥税收救济手段。纳税人对税务机关认定的异常凭证存有异议,可以向主管税务机关提出核实申请。经核实符合相关规定的,可以继续申报抵扣、申请出口退税或申报抵扣消费税。

除以上规定外还应注意,38 号公告第四条、第五条规定,对于存在涉税风险的纳税人,不得离线开具发票,其开票人员在使用开票软件时,应当按照税务机关指定的方式进行人员身份信息实名验证。新办理增值税一般纳税人登记的,自首次开票之日起 3 个月内不得离线开具发票,按照有关规定不使用网络办税或不具备风险条件的特定纳税人除外。

(三) 一般异常表现

1. 注册经营情况异常

(1) 通过对走逃(失联)企业注册登记的法定代表人在税务机关留存的通讯信息进行调查,无法取得联系;或虽然取得联系,但有证据证明是冒用、借用、骗取他人身份证登记注册,或法定代表人对走逃(失联)企业在存续期间对外开具的发票情况不知情。

(2) 通过对注册地址、生产经营地址进行实地调查,取得该地址不存在;或虽然存在,但有证据证明属于是他人生活、生产经营场所,走逃(失联)企业从未在此生产、经营[从未对外出租、虽出租但从未出租给走逃(失联)企业、虽出租给走逃(失联)企业但其从未在此经营]。

(3) 通过对走逃(失联)企业向税务机关报送的财务报表数据进行核实,资金、设备、人员、能耗等数据与取得、开具发票上载明的信息严重不匹配。

2. 进项异常

(1) 无取得进项增值税专用发票认证、申报信息。

(2) 进项增值税专用发票与销项增值税专用发票商品名称严重背离。

(3) 同一代码、号码的增值税专用发票,记账联(发票清单)与抵扣联(发票清单)的货物品名或受票单位名称不一致。

(4) 冒用他人海关进口专用缴款书申报抵扣进项。

(5) 虚构农产品收购业务,为自己开具虚假农产品收购发票。

(6) 发生增值税税控系统专用设备费用和技术维护费、道路、桥、闸通行费等支出不符合经营常规,与取得、开具发票上载明的信息严重不匹配。

3. 纳税申报异常

(1) 直接走逃失踪不纳税申报。

(2) 虽然纳税申报但欠税不缴。

(3) 虽然申报但通过虚假填列增值税纳税申报表相关栏次,规避税务机关审核比对。

4. 资金异常

（1）银行开户信息虚假。

（2）虽在银行开立账户，但记载资金往来情况与取得、开具发票上载明的信息严重不匹配。

（3）全部或部分交易资金信息不真实的。

（4）大宗交易未付款或虚假现金结算的。

（5）利用银行承兑汇票虚假结算。

5. 上游或下游企业异常

（1）上游或下游企业被定性虚开。

（2）受票单位被认定为接受虚开。

（3）上游或下游企业已走逃（失联）。

（四）税务核查

对走逃（失联）企业核查收集相关证据资料并列出清单，结合相关证据标准进行核查。

1. 企业登记情况

查证企业工商或者税务登记是否具有异常情况，从而推定企业存续的目的是虚开增值税专用发票。包括但不限于以下情形：

（1）"买壳"变更：由涉案嫌疑人"买壳"获得公司，其过程均由隐藏身份的中间人操作。

（2）虚假身份注册：委托中介机构用非法获得的真实身份证件注册公司（法人代表不露面）；或虽以真实身份注册公司，但法定代表人对公司经营情况一无所知，实际经营人幕后操作。

（3）无实际经营场所。

2. 发票购领情况

查证企业购领增值税专用发票是否存在异常情况，从而推定企业购买发票的目的是用于虚开。包括但不限于以下情形：

（1）大量囤积发票。

（2）通过增量等方式一次大量购票。

（3）短期频繁购票。

3. 开具发票情况

查证企业开具增值税专用发票是否存在异常情况，从而推定企业开具增值税专用发票实际为虚开。包括但不限于以下情形：

（1）"变票"开具：进项发票货物品名与销项发票不一致，且无逻辑关联。例如，取得的进项发票品名是黄金或手机，对外开具的是钢材或其他商品。再如，取得的进项发票品名为大米，玉米，小麦或是棉花，皮棉等农产品，对外开具却是钢、铜、煤等货物。

（2）无进项发票直接大量对外开票。

（3）短时间内集中开票或开票时点异常。

（4）"两头在外"企业：进项发票的销货方和销项发票的购货方均为本地区以外的企业。

（5）本地购票，异地开票。

4. 纳税申报情况

查证企业纳税申报是否存在异常情况，从而推定企业存在虚开增值税专用发票行为。包括但不限于以下情形：

（1）按规定完成发票报税操作后，利用增值税纳税申报表或其附表中可冲减销售但系统不监控的栏次。

（2）利用农产品普通发票不比对的特点，采用重复填报农产品发票、虚拟农产品抵扣发票或用虚假农产品发票申报抵扣进项税额。

（3）利用"虚假"或用虚假内容的海关完税凭证申报抵扣进项税额。

（4）利用虚拟的外贸企业进项税额抵扣证明申报抵扣进项税额。

（5）利用进项转出红字填列的形式进行虚假申报。

（6）利用已证明虚开的发票申报抵扣进项税额。

（7）用票量大、销售额高，但实际税额明显偏低。

5. 资金账户情况

通过查证企业银行账户或者案件相关人员个人信用卡账户，核查资金往来是否存在异常情况，据此推定企业的经营情况是否异常，以证明存在虚开增值税专用发票行为。包括但不限于以下情形：

（1）未发现收付款资金。

（2）有大量异常情况的资金往来。

（3）存在资金回流现象。

6. 企业走逃、失联或逃避核查情况

通过查找涉案企业或当事人的情况，判断是否已处于走逃、失联或有逃避核查的情况，据此作为适用本意见的依据，同时与其他证据共同证明涉案企业或者当事人存在虚开行为，以走逃、躲避等方式逃避税务机关查处。包括但不限于以下情形：

（1）税务机关稽查过程中，企业或者涉案人走逃、失联或有其他逃避核查情形的。

（2）企业或者涉案人员在大量开具发票后，走逃、失联或有其他逃避核查情形的。

第二节　交通运输业增值税核查

交通运输业是国民经济在生产过程中连接各部门的链条和纽带，是一个感应度和带动度很高的基础产业，被喻为国民经济"大动脉"和"先行官"。近年来，交通运输建设紧紧抓住扩大内需的历史性机遇，建网提质，内外畅通，努力构建大交通发展格局，交通运输事业呈现快速、健康发展势头。但由于交通运输业经营模式多样，业务类型复杂，管理难度大，具有较强的分散性、流动性和隐蔽性，财务核算不规范，纳税遵从度低，税务部门无法直接掌握相关运输市场主体的经营信息，对相应的税收征管工作造成一定的困难。现阶段行业管理信息的传递和共享机制尚未完善,尚未形成有效的社会协税护税网络,从而造成了在交通运输业税收征管上的信息不对称,进一步弱化了税务机关对行业的管理,行业存在的税收风险也不断显现,尤其是营改增后,一系列问题更加凸显。

一、定义概述

交通运输服务是指利用运输工具将货物或者旅客送达目的地,使其空间位置得到转移的业务活动。包括陆路运输服务、水路运输服务、航空运输服务和管道运输服务。

(一) 陆路运输服务

陆路运输服务是指通过陆路(地上或者地下)运送货物或者旅客的运输业务活动,包括铁路运输服务和其他陆路运输服务。铁路运输服务是指通过铁路运送货物或者旅客的运输业务活动。其他陆路运输服务是指铁路运输以外的陆路运输业务活动,包括公路运输、缆车运输、索道运输、地铁运输、城市轻轨运输等。

公路运输中的公路货运,以其小批量、快速、“门到门”运输的优势,在高价值、高时效的区域内及区域间货物运输中占有重要地位。2016年8月,交通运输部印发的《交通运输部关于推进改革试点加快无车承运物流创新发展的意见》(交办运〔2016〕115号)明确了无车承运人的运输市场主体地位,无车承运业务的实质是借用现代网络平台经济开展货物运输业务,是公路运输中的货物运输业务的新业态、新模式。

(二) 水路运输服务

水路运输服务是指通过江、河、湖、川等天然、人工水道或者海洋航道运送货物或者旅客的运输业务活动。

(三) 航空运输服务

航空运输服务是指通过空中航线运送货物或者旅客的运输业务活动。航空运输的湿租业务,属于航空运输服务。航天运输服务,按照航空运输服务缴纳增值税。

(四) 管道运输服务

管道运输服务是指通过管道设施输送气体、液体、固体物质的运输业务活动。

二、税收风险分析

(一) 行业切入点分析

物流运输方式取决于货物属性及运输地点。目前物流运输主要采用五种运输方式:公路运输、铁路运输、航空运输、水路运输、管道运输。每种运输方式都有各自的适用环境与细分市场,各有其优缺点,分别满足不同运输业务的需要。承运人会在不同的运输环境和运输条件下选择不同的运输方式。随着运输业的发展,以单一运输方式就可以满足各种运输需求的情况越来越少,需要多种运输方式合理协调与分工的综合运输方式的情况却来越多。通过了解运输方式的优劣,可以初步判断运输业务是否符合实际,是否真实发生,是否存在税收方面的风险。如表5-2所示。

表 5-2　交通运输方式对比表

运输方式		优势	劣势	税收风险
陆路运输	公路运输	机动灵活,适应性强,可实现"门到门直接运输";短途运输速度快;受地形气候限制小;时间上自由度大	运输成本比铁路和水运成本高;运输单位小;运行持续性较差;运输能耗高,空气污染严重;交通事故等安全问题多	高
	铁路运输	承运能力大,适合大批量低值物品及长距离运输;不易受气候和自然条件限制,可保证经常性运输;轨道运输安全系数大、计划性强;可方便实现背驮运输及多式联运;运输成本较低	运输时间长,需要列车编组、解体和中转改编等作业环节;灵活性差,只能在固定线路上实现运输,需要以其他运输手段配合和衔接	低
水路运输		水路运输能力最大,是开展国际贸易的主要方式;能进行低成本、大批量、远距离的运输,非常适合大宗货物的运输	运输速度慢,在途货物多,增加货主的流动资金占用量;受港口、水位、季节、气候影响较大,因而一年中中断运输的时间较长	低
航空运输		运送速度快,不受地形的限制,在火车、汽车都达不到的地区也可依靠航空运输;适用于运费承担能力大的商品中、长距离运输的商品,如贵重、鲜活、易腐的物品;货物损失小	运费较高,普通货物运输不适用;受气候影响较大;可直达性差	低
管道运输		采用密封设备,运输形式是靠物体在管道内顺着压力方向循序移动实现。运输量大、能耗小;不受气候影响可全天候运输、连续运输;送达货物安全可靠、不易散失、丢失	专用性强,灵活性差,运输货物较单一,一般只能运输石油、天然气及固体料浆;运输路线固定,管道起输量与最高运输量幅差小	低

(二) 相关税种分析

1. 增值税

交通运输业纳税人应以提供交通运输服务向购买方收取的全部价款和价外费用为销售额,依照9%的税率计算缴纳增值税销项税额,或依照3%的征收率计算当期应纳增值税。

营改增前,交通运输业务的经营种类可分为自运业务和联运业务两类。自运业务是指运输企业自行承接运输业务,并自行实施完成旅客或货物从发送点至到达地点所进行的运输业务,应以取得的全部价款和价外费用作为应税收入。联运业务是指两个以上的运输企业完成旅客或货物从发送点至到达地点所进行的运输业务,纳税人将承揽的运输业务分给其他单位或者个人的,以其取得的全部价款和价外费用扣除其支付给其他单位或者个人的运输费用后的余额为营业额。企业将承揽的运输业务分给其他单位或个人的,企业可差额缴纳营业税,避免重复征税问题。

营改增后,交通运输业务的经营种类虽然不再划分为自运业务和联运业务,联运业务应税销售额也不适用于差额确定销售额的规定,但按照联运业务实质可以进行以下两类处理。一是按照增值税一般计税方法,将承揽的运输业务分给其他纳税人的,以其取得的全部价款和价外费用作为应税销售额计算当期销项税额,承揽运输业务的其他纳税人向其提供可抵扣凭证后,按销项税额减进项税额计算缴纳增值税。二是按照承包、挂靠的规定确定应税销售额。纳税人以承包、挂靠方式经营的,承包人、挂靠人(以下统称承包人)以发包人、被挂靠人(以下统称发包人)名义对外经营并由发包人承担相关法律责任的,以该发包人为纳税人,联运业务应以提供交通运输服务向购买方收取的全部价款和价外费用作为应税销售额。否则,以承包人为纳税人。

2. 其他税种

一是企业所得税。企业所得税的征税对象是交通运输业的纳税人取得的交通运输收入所得和其他所得。

二是城市维护建设税。城市维护建设税以交通运输业的纳税人实际缴纳的增值税税额、消费税税额、免抵税额及当期补缴的税款为依据计算缴纳,城区的适用税率为7%,县城、建制镇的适用税率为5%,纳税人所在地不在市区、县城或者镇的,税率为1%。

三是教育费附加。教育费附加以交通运输业的纳税人实际缴纳的增值税税额为依据计算缴纳,征收率为3%。

四是城镇土地使用税。城镇土地使用税是在城市、县城、建制镇和工矿区范围内,对拥有土地使用权的交通运输业的纳税人以实际占用的土地面积为计税依据,按规定税额征收。

五是车船税。车船税是对交通运输业的纳税人行驶于公共道路的车辆和航行于国内河流、湖泊或领海口岸的船舶,按照种类、吨位和规定的税额征收的一种财产行为税。

六是契税。契税是向承受土地使用权、房屋所有权的交通运输业的纳税人征收的一种税。

七是个人所得税。个人所得税是以个人取得的各项应税所得为对象征收的一种税。

综上,税务机关对交通运输行业的税收风险防范,应抓住重点环节,尤其关注交通运输业中交通运输销售额确定及应缴纳增值税的核查。

(三)运输方式税收风险分析

1. 陆路运输

(1)铁路运输。铁路运输企业,主要包括中国铁路总公司及其所属运输企业,以及中国铁路总公司及其所属运输企业以外的铁路运输企业(其他铁路运输企业)。

汇总申报缴纳增值税的中国铁路总公司及其所属运输企业(含下属站段)适用《国家税务总局关于发布〈铁路运输企业增值税征收管理暂行办法〉的公告》(国家税务总局公告2014年第6号),其他铁路运输企业不适用该公告。

中国铁路总公司及其所属运输企业,主要税收风险点为:一是用于提供铁路运输及辅助服务的进项税额与不得汇总的进项税额是否进行准确划分;二是用于提供铁路运输及辅助服务的进项税额是否在中国铁路总公司及其所属运输企业之间重复抵扣。其他铁路运输企业发生的增值税应税行为,按照《增值税暂行条例》及相关规定就地申报纳税。总体而言,铁路运输企业财务核算规范,税收风险较低。

(2)其他陆路运输。主要包括公路运输、缆车运输、索道运输、地铁运输、城市轻轨运输等。

公路运输尤其是公路货运,因其税源分散、隐蔽,运输企业对经营业务难以全面掌控管理,无法做到按实核算应税交通运输服务收入,正确区分可抵扣的进项发票及计算应纳税额等问题时有发生,税收风险较高。

地铁、城市轻轨、公交客运、出租车、长途客运、班车服务一般属于公共交通运输服务,采取简易计税方法计算应纳税额,不得抵扣进项税额,主要税收风险点为是否隐匿提供交通运输服务收入,多体现在提供出租车、长途客运运输服务的企业。缆车运输、索道运输应注意区分是否属于景区统一运营管理,进而确定适用行业税率。相对而言,此两种类型的陆路运输服务企业,税收风险要低于公路货运企业。

注意:一是出租车公司向使用本公司自有出租车的出租车司机收取的管理费用,按照陆路运输服务缴纳增值税。二是汽车租赁企业提供的租赁服务,在提供车辆的同时不提供驾驶员,则该业务属营改增的有形动产经营性租赁业务;若提供车辆的同时提供驾驶员,该业务属交通运输服务。税收风险点主要为是否混淆了有形动产租赁和交通运输服务。

2. 水路运输

水路运输主要工具是船舶,主要提供内河与海洋航道运送货物或者旅客的运输业务。

海洋运输又称"国际海洋货物运输",是国际物流中最主要的运输方式。它是指使用船舶通过海上航道在不同国家和地区的港口之间运送货物的一种方式,在国际货物运输中使用最广泛。海洋运输业是资金密集型行业,目前,我国提供海洋运输服务的企业主要有:中国对外贸易运输总公司(China National Foreign Trade Transportation Corporation)、中国租船公司(China National Chartering Corporation)、中国远洋运输公司(China Ocean Shipping Company,COSCO)、中国远洋运输集团总公司(以下简称中远)等。自 2016 年 5月 1 日起,国际运输服务作为跨境服务之一,免征增值税,包含未取得《国际船舶运输经营许可证》的以水路运输方式提供的国际运输服务,符合零税率政策但适用简易计税方法或声明放弃适用零税率选择免税的国际运输服务。

内河货物运输,从事内河水路运输船舶的所有权多为个人拥有,不具有自主从事水路运输的资质,多以委托经营形式从事运输业务为主,按现行水路运输政策规定,吨位在总吨600 以上的水运船舶必须要以公司形式进行营运,由于成立船务公司需要取得《中华人民共和国水路运输经营许可证》和《中华人民共和国水路运输证》,条件比较多、门槛高,所以大部分个人拥有的船舶都委托船务公司营运,船务公司自有的船舶数量不多。港航管理部门直接管理水运企业的运输业务,对企业的营运资质、营运范围、安全核查、挂靠船舶的审批,运输合同要素的审核等方面管理比较规范,对船务公司船舶总载重量和起运港的运货单信息监控比较严格。立足税收风险防控,应采取以下两种措施:一是抓好发票环节的管理,接受内河运输服务的企业多为一般纳税人企业,只要抓好发票环节的管理就能有效管控水路运输行业的税收风险;二是注意采集船务公司船舶总载重量信息、水路运输船舶的报税信息和水路运货单第三法涉税信息,船务公司船舶总载重量信息是船务公司运输能力的最主要指标,起运港的水路运货单是从事水路运输的船舶必须要随船携带的要件。

轮客渡属于公共交通运输服务,采取简易计税方法计算应纳税额,不得抵扣进项税额,主要税收风险点为是否隐匿提供的交通运输服务收入。总体而言,水路运输方式税收风险较低。

3. 航空运输

航空运输主要包含提供货物和旅客运输业务活动的民用航空运输服务,以及为专业工作提供飞行服务活动的通用航空服务或航天服务。

我国对民航业实行价格管制,航空运输企业没有完全自主定价的权利,其主要收入包括客运收入、货运收入、燃油附加费收入、退票手续费及销售代理收入,其中客运收入占比约在90%左右。营改增后,民航企业燃油价格中包含的已缴纳的增值税进项税额得以抵扣,虽然航油成本在民航企业成本管理中占据很大比重(约为40%),但大量的人工费用无进项抵扣,一些航空公司则会将租赁班车等用于简易征收、集体福利、非增值税应税项目等取得的进项税额就做了抵扣处理,从而带来一定的税务风险。为解决国航、东航、南航等航空运输企业营改增后增值税缴纳问题,满足航空运输企业总分机构缴纳增值税的政策和征管需要。《国家税务总局关于发布〈航空运输企业增值税征收管理暂行办法〉的公告》(国家税务总局公告 2013 年第 68 号)明确了航空运输企业允许总机构汇总计算企业集团的应交增值税,抵减分支机构已经缴纳的增值税后申报入库。主要税收风险点为:一是用于发生《应税服务范围注释》所列业务的进项税额与不得汇总的进项税额是否进行准确划分;二是用于发生《应税服务范围注释》所列业务的进项税额是否在航空运输企业总机构及其分支机构之间重复抵扣。

营改增后,航空运输税收优惠政策较多。自 2016 年 5 月 1 日起,国际运输服务作为跨境服务之一,免征增值税。未取得《公共航空运输企业经营许可证》或者其经营范围未包括"国际航空客货邮运输业务"的以航空运输方式提供的国际运输服务的,免征增值税。符合零税率政策但适用简易计税方法或声明放弃适用零税率选择免税的航天运输服务的,免征增值税。总体而言,航空运输方式税收风险较低。

4. 管道运输

管道运输货物较单一,一般只能运输石油、天然气及固体料浆,运输路线固定,管道起输量与最高运输量幅差小。对于一般纳税人提供的管道运输服务,对其增值税实际税负超过3%的部分实行增值税即征即退政策。相比较而言,管道运输方式税收风险最低。

三、公路运输业增值税核查方法

我国公路运输行业在改革开放以后发展较为迅速,大量的汽车运输工具掌握在个人手中,大量的实际运输业务是个人而非公司完成的。但由于其多为个体经营,表现了小而分散的特点,出现市场份额不集中、规模型企业相对偏少、组织效率低下、货源信息和运力信息相互不对称、信息聚焦和匹配成本较高等问题,严重影响我国公路运输乃至物流服务业的行业提升和发展。在这一行业矛盾突出阶段,公路运输出现了多种市场主体的运用模式,主要包括个体运输户运营、小型运输企业运营、规模运输企业运营。随着移动互联网技术与道路货运行业不断加深融合,无车承运人这种新型的运输市场主体也应运而生。

公路运输尤其是公路货运零散税源分散、隐蔽,难以规范的现实决定了该行业存在较高的税收风险。

(一) 纳税人种类

从经营主体看,提供货物运输劳务的单位和个人,主要有四种类型:个体运输户、小型运输企业(小规模纳税人)、规模运输企业(一般纳税人)、无车承运人(一般纳税人)。其中"无车承运人"平台是一个将发货方、承运方、司机和收货方连接起来,形成自己的物流生态封闭环。

(二) 公路运输企业业务流程

1. 业务流程简述

公路运输企业一般设经理室、办公室、财务部、安保部、机修部、业务部(车队)、站场等职能部门,经营运作由企业各职能部门分工进行完成,业务部门进行运输业务承接并实施运营,财务部门进行款项结算与发票开具,安保部门进行交通安全管理,机修部进行运输工具发放与维护。

2. 收入核算

公路运输企业对其取得的提供交通运输服务的销售收入通过"主营业务收入"和"其他业务收入"科目进行核算,一般体现在"运输收入""装卸搬运收入""堆存收入""代理业务收入"等明细科目。

3. 成本费用

公路运输企业将一切与营运活动直接相关的支出,计入企业的运输成本,将间接相关的支出通过运输费用、管理费用和财务费用进行归集,作为期间费用计入当期损益。主要包括:

(1) 实际耗用的燃油、材料、润料、动力、轮胎、照明、配件、各种物料和低值易耗品等支出。

(2) 各种固定资产折旧费、固定资产修理支出;一次性租入固定资产租赁费。

(3) 路桥通行费、车辆牌照检验费、车辆清洗费、公路运输管理费、司机中宿费、取暖费、季节性和修理期间的停工损失、事故净损失等支出。

(4) 人员工资、奖金、津贴补贴、职工福利费等。

根据相关数据的贝恩分析,公路运输行业成本占比明细构成如图 5-3 所示。

公路运输企业的成本构成主要包括燃油费、路桥费、人力费用、折损费、维护费、轮胎费等方面,其中路桥费超过 30％、燃油费超过 28％、人力费用超过 22％。对规模运输企业(一般纳税人)、无车承运人进行核查分析时,应逐项厘清成本费用中可以抵扣的项目。

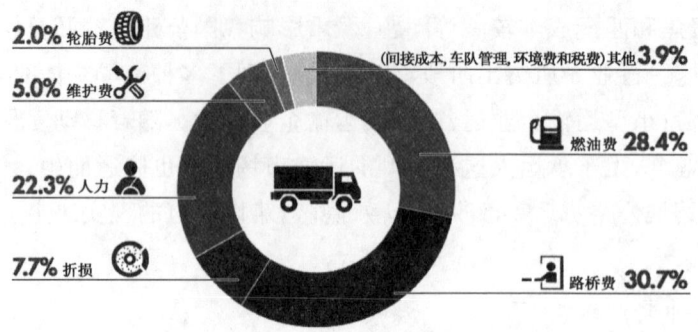

图 5-3　公路运输行业成本占比明细构成图

（三）公路运输业常见涉税风险

1. 收入难以监控，存在隐匿收入风险

交通运输业不同于其他的行业，业务发生地流动性很强，跨区经营的现象普遍存在。本地注册登记的车辆有在本地从事运输，也有长期在外从事运输的；在本地从事运输的车辆，有本地注册登记的也有外地注册登记的。这些均导致从事交通运输业的车辆车籍所在地、企业注册地和实际经营地往往不一致，经营收入尤其是异地经营收入、配载收入、管理费收入难于监控管理，存在少记、不记等隐匿应税收入风险。

2. 拆分经营主体，存在避税不当风险

交通运输行业经营模式多样。重资产的规模运输企业、挂靠经营的规模运输企业在营改增后面临的突出问题是不能及时、足额取得增值税进项税额予以抵扣；众多的个体运输企业取得异地代开的增值税专用发票比较困难；个别交通运输企业为规避一般纳税人认定，人为地拆分成多个小规模运输企业进行避税，"化整为零"躲避税务机关监管。

3. 错用"差额征税"，存在侵蚀税基风险

个别关联运输公司之间运输业务错误适用"差额征税"，侵蚀增值税税基。例如，客运公司受托为省内的关联公司代售客运发票，可按售票收入的一定比例取得服务费，委托方应按受托方代售收入的全额申报计缴增值税，但实际中，委托方却按减除服务费后的差额开票并申报，侵蚀了增值税税基。又如，货运公司外包运输业务，委托方应按取得的收入全额申报计缴增值税，但实际中，委托方却按减除外包运费后的差额申报，侵蚀了增值税税基。按照规定，只有航空运输企业的销售额（不包括代收的机场建设费和代售其他航空运输企业客票而代收转付的价款）、试点纳税人中的一般纳税人提供客运场站服务（以其取得的全部价款和价外费用扣除支付给承运方运费后的余额为销售额）适用"差额征税"计算应税销售额。

4. 混淆经营收入，存在"低征高扣"风险

营改增前，交通运输业征收范围与国民经济分类的行业大类和行业细类的范围一致，同一行业中不同行业细类的营业税税率均为 3％。

营改增后，交通运输业被划分为交通运输业和物流辅助业两个不同的行业，其增值税税率分别为 9％ 和 6％，这意味着具有同质性的经济活动在税法的行业分类中被划分为不同的征收品目，加大了税务机关与纳税人执行税收政策的难度。从事交通运输企业往往兼营物流辅助、运输代理、货运配载等其他业务,营改增后,需准确划分各类型业务的收入和适用税率,个别兼营货物运输代理业的交通运输企业利用现行营改增行业增值税税率差(货物运输代理业的税率为6%,交通运输业的税率为9%)的政策漏洞,多计物流辅助业收入而少计交通运输业收入,将外包部分的运输收入人为地调整为货运代理收入按6%申报纳税,而从对方取得货运专票按9%进行抵扣,出现"低征高扣"现象,造成国家税款流失。

5. 抵扣项目缺失,存在虚假抵扣风险

公路运输企业的成本构成主要包括固定资产折旧费、燃油费、路桥费、人力费用、维护费、轮胎费等方面。在几项主要成本中,固定资产折旧费、路桥费因经营模式的不同,是否纳入增值税抵扣链条也有所不同;对运输途中加油产生的燃油费,有时因无法取得增值税专用发票,也不能纳入增值税抵扣链条;人力费用目前尚没有纳入增值税抵扣链条,无法形成抵扣项目。这些政策上的缺失,也是导致了企业虚假抵扣的原因之一。

6. 虚开运输业务,存在虚开发票风险

交通运输业小规模纳税人代开发票往往是在事后才到税务部门申请办理,无法核实其业务真实性,代开货运专票无法从货物流、资金流等方面判定其业务真实性,这就给虚开发票带来很大的空间。同时,交通运输业的经营特点、增值税专用发票的抵扣功能等因素,容易形成利益驱动的洼地,导致一些交通运输企业虚构运输业务、虚开发票套取不法利益。另外,地方政府超税负返还的财政扶持政策,人为割裂了增值税抵扣链条,间接为提供虚开货运增值税专用发票的交通运输企业一般纳税人消化掉部分税款,也助推了虚开货运增值税专用发票现象的滋生。

(四) 规模运输常见涉税问题及核查

目前,道路货物运输市场门槛较低,《中华人民共和国道路运输条例》第二十一条规定,申请从事货运经营的,应当具备下列条件:(1)有与其经营业务相适应并经检测合格的车辆;(2)有符合本条例第二十二条规定条件的驾驶人员;(3)有健全的安全生产管理制度。基于上述规定,企业只要拥有经检测合格的车辆、驾驶人员及管理制度即可申请道路货物运输经营许可,因此规模较小的公路运输企业数量众多,信息化、系统化管理程度较高的大型公路运输企业较少。从税收角度分析其常见涉税问题,可将公路运输企业分为运输企业(一般纳税人)、运输企业(小规模纳税人)。其中,运输企业(一般纳税人)多为重资产企业,自身拥有运输车辆,可抵扣项目如图5-4所示。

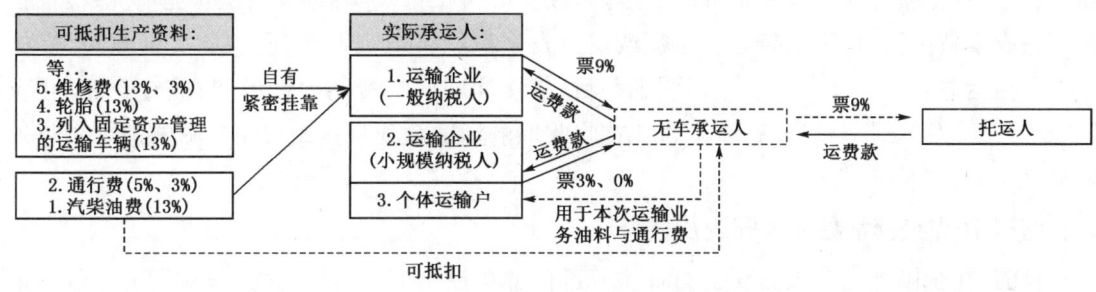

图5-4 运输企业(一般纳税人)进销项列示图

从图 5-4 中可以看出,自身拥有运输车辆的规模运输企业,汽柴油燃油费、列入固定资产管理的车辆、轮胎费用、维修费用均可以抵扣,且进项抵扣税率为 13%,同时,路桥通行费按 5% 或 3% 征收率抵扣进项税额,但应当注意的是,《财政部 国家税务总局关于全面推开营业税改征增值税试点的通知》(财税〔2016〕36 号)附件 2《营业税改征增值税试点有关事项的规定》第一条第(九)项二款明确规定,公路经营企业中的一般纳税人收取试点前开工的高速公路的车辆通行费,可以选择适用简易计税方法,减按 3% 的征收率计算应纳税额。试点前开工的高速公路,是指相关施工许可证明上注明的合同开工日期在 2016 年 4 月 30 日前的高速公路。在 2016 年 5 月 1 日后,开工的高速公路车辆通行费应当按现行适用税率进行抵扣。而对于提供交通运输服务销项税率为 9%。因此,规模运输企业有足够的进项税额予以抵扣。其主要涉税问题与核查方法主要有以下几点。

1. 隐匿运输业务收入

一是突击核查运输企业经营场所,获取与生产经营有关的流水账、内部报表等账外资料,与实际申报数据进行比较;二是调取业务部门运输合同,核实承接业务的实施情况,与财务结算情况核对,核查已实施运输的业务应收或已收款项是否均作收入处理;三是到保险公司调查投保情况,核查已投保并已承运的业务收入是否在账面全面反映并申报纳税;四是根据资金往来情况,核实是否有通过特定关系人账户收取业务款不入账、不申报的情形。

2. 混淆经营收入,套用非运输业务收入低税率,少缴税费

调取业务部门运输合同,核实承接业务的实施情况。核查企业对兼营的物流辅助、运输代理、货运配载等其他业务是否准确划分,确定纳税人是否有故意错开发票项目达到少缴税款的目的,必要时可进行实地查看车辆及设备的使用情况,并向托运人、承租方核实进行相应事项的询问取证;核查应税收入是否计入享受税收优惠政策的免税收入。

3. 计入其他业务收入、营业外收入的应税收入项目不纳税申报

按照车辆强制报废规定,核查企业固定资产清理收入是否入账;核查企业因经常性维修而发生的废电瓶、废机油、废轮胎处理收入是否入账;核查核对企业"营业外收入"科目内容,审核开具发票、收款单据等原始凭证,审核企业的"其他应付款""其他应收款"等往来科目,审核科目的发生内容是否存在其他应税收入未申报纳税问题。

4. 收入直接抵顶债务、冲减运输成本、直接发放职工薪酬

核查企业的"其他应付款""其他应收款""应付账款""应收账款"等往来科目的账务处理,查看是否存在将应税收入抵冲"其他应付款""应付账款"等科目少缴税费的情况;核查企业有关成本费用科目,将其贷方发生额或借方发生额红字与记账凭证、原始凭证核对,审核是否存在运输收入不计"运输收入"明细科目,直接冲减成本费用少缴税费;核查企业的"应付职工薪酬"及其对应科目,查看是否存在将收取的运输款项直接发放工资薪酬而未做收入处理。

(五)挂靠经营常见涉税问题及核查

目前,在全国绝大多数省份的行业主管部门源头控制道路运输许可,只对运输企业的车辆发放道路运输许可证,准许其从事道路货物运营。大部分个体运输户无法通过自行申请取得相关资质,只能通过挂靠方式进行运营,实际开展业务时,仍由个体运输户负责联系货源、收付款、成本费用发票的取得,承担大部分运输风险。部分运输企业凭借道路运输许可证的资质,通过大量挂靠吸收的方式,形成自己的运力,收取挂靠门槛费、管理费,管理模式松散,挂靠车辆、人员流动性大。因此道路货物运输业中个人车辆挂靠运输企业的"挂靠经营"普遍存在,真假"挂靠"难辨,为行业增值税管理埋下了较大风险。

按照挂靠人自身车辆的法律身份是否为被挂靠人、是否"由被挂靠人名义对外经营并由被挂靠人承担法律责任",挂靠形式可分为"紧密型"与"松散型"。"紧密型"挂靠,挂靠人以被挂靠人名义对外经营并由被挂靠人承担法律责任,由被挂靠人作为纳税人进行统一管理,被挂靠人按其收取的全部应税服务销售额计算缴纳增值税,同时挂靠车辆燃油费用、路桥通行费用等以被挂靠人名义取得的进项税额均可抵扣,挂靠人购入车辆取得的防伪税控系统开具的《机动车销售统一发票》上的接受方为被挂靠人的,且车辆按照被挂靠人固定资产管理,其购入车辆、车辆维修费用、购置轮胎费用的进项税额允许抵扣。"松散型"挂靠,即挂靠人的车辆与被挂靠人无直接法律关系,挂靠人与被挂靠人只是临时签订了挂靠协议,挂靠人以被挂靠人名义对外经营并由被挂靠人承担法律责任也只是体现在临时性业务中,这种运营模式下,挂靠人购入车辆、车辆维修费用、购置轮胎费用等均由挂靠人承担,被挂靠人取得挂靠人上述业务的进项税额,不得抵扣。

"紧密型"挂靠主要涉税问题与核查方法与规模运输企业基本相同,实际上规模运输企业在拥有自身运输车辆的同时,也有大量的"紧密型"挂靠车辆。"松散型"挂靠,挂靠行为目的常常基于开票需求,一车多挂、游离挂靠业务较难查实,税务机关仅能根据受票方提供的资料进行形式审核、逻辑判断综合确定,不仅存在一定的涉税风险,也给税务核查带来了一系列的难题,其主要涉税问题与核查方法主要由以下几点。

1. 隐匿应税收入、对外虚开发票

部分挂靠人合同签订、车辆保险等相关事项均为挂靠人自身行为,与被挂靠企业无关,挂靠人发生经营行为故意不开具发票,被挂靠企业对其取得收入不开发票,不如实报账的行为难以掌握,收入难以准确核算。部分挂靠人只是将被挂靠企业承揽的运输业务取得的收入入账,自行承揽的业务不入账。现实中运输收入多不通过银行结算,难以准确认定纳税人营业收入,加之交通运输企业普遍存在通过强制挂靠户定点加油、定点维修等行为取得进项税发票等行为,这都给交通运输企业隐瞒收入、虚开发票留下了空间。

核查方法:根据纳税人运输车辆的数量,结合每辆运输车一定期间内运营情况,里程表数据,计算总运输里程,或者通过一定期间消耗成品油数量,结合运输车辆数量及车辆百公里油耗情况,计算总运输里程。按照车辆核定载重及行业平均吨公里运输费用测算纳税人营业收入数据,与纳税人实际申报运费收入进行比对,据以测算纳税人申报收入的真实性。核查中关注有无因承包经营、挂靠、代办保险车检的固定收入不按规定申报纳税的;有无将收入直接抵顶债务、直接冲减挂靠人工资、运输成本、费用支出,少计应税收入的;有无车载广告和场地出租收入项目不申报纳税的;有无出租(转让)固定资产(房产、车辆等)未按规定申报纳税的情况等。

2. 虚增成本费用, 虚假抵扣进项

"松散型"挂靠中, 被挂靠运输企业中"找票"抵扣的现象相当普遍。由于挂靠经营管理通常是松散的, 挂靠人基本自行负担车辆的油耗、修理等费用, 被挂靠企业为了平衡税负而取得虚开发票。在购进燃料油品方面, 有自有油库或指定加油站的, 作为组织运输的附加条件强制定点加油赚取被挂靠车辆差价, 或是直接取得虚开的成品油发票; 在购进、维修车辆进项税方面, 由于更换轮胎、维修等多在运输过程中发生, 且多数为现金支付, 真实性难以确定。被挂靠运输企业为了取得进项税发票往往采取自己"找票"或是通过挂靠人"找票"给予一定优惠的行为取得虚开发票抵扣进项, 以上现象都有较大的虚抵风险。修理费发票比例低, 配件发票比例高, 配件类型单一, 虚构维修车辆、更换配件等, 进行进项税额抵扣。

核查方法: 对燃料油品进项核查中, 可以结合库存计算当期耗用再和成本比较, 看是否抵扣比例过高; 可以对企业购油业务的真实性进行核查, 结合企业运输合同核实企业运输线路, 特别要对无自用油库的企业没有取得本地和运输线路上的燃料油发票要重点核查; 对连续多日大额、整数发票和实际加油情况不符情况应重点核实; 对大额的汽油发票、大额的高标号柴油发票应重点关注。必要时可以通过对上游成品油经销企业进行核查来印证成品油购进的真实性。对维修配件进项核查中, 应结合车辆新旧程度、车辆运输方式及路线, 推算纳税人更换车辆配件及维修费用的真实性。

需要注意的是, "紧密型"挂靠也存在较大虚开风险, 被挂靠企存在大量挂靠人的固定资产, 越积压越多的进项税额为被挂靠企业提供了大量的虚开发票额度, 虚开的风险得以产生。交通运输行业虚开发票核查方法, 详见下文"虚开发票常见涉税问题及核查"。

(六) 无车承运常见涉税问题及核查

由于个体运输经营小而分散, 挂靠经营混乱无序, 组织效率低下问题较为突出, 货源信息和运力信息相互不对称, 信息聚焦和匹配成本较高, 严重影响了我国公路运输乃至物流服务业的行业提升和发展。在这一行业矛盾突出阶段, 同时基于移动互联网技术与道路货运行业不断加深融合的行业发展阶段, 无车承运人应运而生。无车承运人利用移动互联网等先进信息技术, 整合了大量的货源车源, 并通过信息网络实现了零散运力、货源、站场等资源的集中调度和优化配置, 无车承运试点企业通过线上资源合理配置, 实现线下物流高效运行, 促进行业"降本增效", 逐步引导和带动行业从"零、散、小、弱"向集约化、规模化、组织化方向发展。

1. 业务概述

无运输工具承运业务是指经营者以承运人身份与托运人签订运输服务合同, 收取运费并承担承运人责任, 然后委托实际承运人完成运输服务的经营活动。所谓无车承运人是指以"承运人"身份与"托运人"签订运输合同, 承担"承运人"的责任和义务, 通过委托"实际承运人"完成运输任务的道路货物运输经营者。无车承运人接受货主委托后, 组织匹配运力资源开展实际运输活动, 并承担运输途中可能发生的货损风险, 但由于其并不是实际承运人, 所以自身可以不需要拥有车辆资产和司机。无运输工具承运人提供的承运业务, 按照交通运输服务缴纳增值税。

需要注意的是,无运输工具承运与货物运输代理服务两者分属于不同行业,税务处理也有所差异。货物运输代理服务属于现代服务中的商务辅助服务——经济代理服务,是指接受货物收货人、发货人、船舶所有人、船舶承租人或者船舶经营人的委托,以委托人的名义,为委托人办理货物运输、装卸、仓储和船舶进出港口、引航、靠泊等相关手续的业务活动,一般纳税人适用6%的税率。而无运输工具承运属于交通运输行业,一般纳税人适用9%的税率。两者业务模式区别如下图5-5所示。

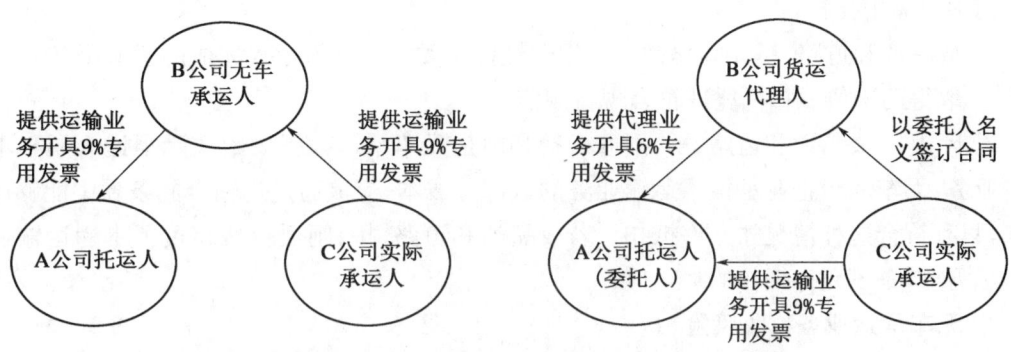

图5-5 货物运输代理服务与无运输工具承运业务模式图

【案例5-2】 无运输工具承运业务模式,无车承运人B以承运人的名义与托运人A签订运输合同,然后找到有实际运力的实际承运人C,以托运人的名义来让C实际完成运输服务,C将运输发票开给B,B将运输发票开给A。假设A、B、C在该业务中都是一般纳税人,B给A提供交通运输服务,C给B提供交通运输服务,适用增值税税率都是9%。无车承运人B承担承运人运输责任。

【案例5-3】 货物运输代理服务业务模式,货运代理人B提供的服务属于货物运输代理服务,以代理人的名义与托运人(委托人)A签订货物运输代理合同,以托运人(委托人)A的名义与实际承运人C签订合同,为A办理货物运输相关手续,向A收取代理服务费。假设A、B、C在该业务中都是一般纳税人,B将货运代理费发票开给A适用的增值税税率为6%,C将运输费用发票开给A适用的增值税税率为9%。货运代理人B不承担运输责任。

2. 无车承运业务增值税政策分析

(1)《财政部 国家税务总局关于全面推开营业税改征增值税试点的通知》(财税〔2016〕36号)附件《销售服务、无形资产、不动产注释》规定,无运输工具承运业务,按照交通运输服务缴纳增值税。无运输工具承运业务是指经营者以承运人身份与托运人签订运输服务合同,收取运费并承担承运人责任,然后委托实际承运人完成运输服务的经营活动。

以上说明,判断企业业务是否是无车承运业务应看企业的业务性质如果符合财税〔2016〕36号文件对"无车承运业务"的定义,如果符合,应按交通运输业纳税。

(2)《交通运输部 办公厅关于推进改革试点加快无车承运物流创新发展的意见》(交办运〔2016〕115号)规定,各省级交通运输主管部门应加强与税务部门的沟通,将营改增相关政策落到实处,进一步细化试点企业增值税征管具体流程和监管要求,协调解决增值税征管中开票资格、进项抵扣、额度监管等实际问题,规范试点企业纳税行为,强化税收监管,防范税收风险。

(3)《国家税务总局关于跨境应税行为免税备案等增值税问题的公告》(国家税务总局公告 2017 年第 30 号)第二条规定,纳税人以承运人身份与托运人签订运输服务合同,收取运费并承担承运人责任,然后委托实际承运人完成全部或部分运输服务时,自行采购并交给实际承运人使用的成品油和支付的道路、桥、闸通行费,同时符合下列条件的,其进项税额准予从销项税额中抵扣:

① 成品油和道路、桥、闸通行费,应用于纳税人委托实际承运人完成的运输服务。

② 取得的增值税扣税凭证符合现行规定。

以上说明,成品油和道路、桥、闸通行费必须是无车承运人提供给实际承运人用于本趟运输业务,无车承运企业承担了运输业务的这部分成本,应该通过运输合同条款中能够反映出来,只有符合这种情况才允许抵扣。若成品油和道路、桥、闸通行费超过了本趟运输业务的实际需求,是不允许抵扣的。

3. 无车承运业务税收风险

目前,国内无车承运人处于试点起步阶段,还存在许多的问题。无车承运业务推行的关键因素之一就是税收政策。营改增以后,无车承运业务的无车承运人向托运人开具 9% 增值税专用发票的政策已经明确,但无车承运人因实际承运人的不同决定了其是否可以及时、足额取得可抵扣进项,也就决定了无车承运业务税收风险的高低。

【案例 5-4】 某物流有限公司(具有一般纳税人资格)经交通运输部认定具有无车承运业务资格,2019 年 10 月无车承运业务收入不含税 500 万元,与一般纳税人运输企业签订 200 万元(不含税)运输合同,收到开具的 9% 增值税专用发票;与个体运输户签订 150 万元运输合同,收到代开的 3% 增值税专用发票,自行采购并交付实际承运人的汽油费 50 万元,支付实际承运人路桥通行费 30 万元(符合增值税抵扣标准)。本期应缴纳增值税=500×9%-200×9%-150×3%-50×13%-30×3%=15.1(万元)。

上述案例中可以看出,无车承运人与一般纳税人运输企业的实际承运人签订的运输合同越多,无车承运人可以及时足额获得增值税进项税额予以抵扣,增值税税负较低,其税收风险相对较低;与小规模运输企业或者个体运输户实际承运人签订的运输合同越多,其及时足额获得增值税进项税额的抵扣值就越小,承担的增值税税负会越高,税收负担相对较高。因此,应结合无车承运业务模式准确分析其税收风险点,进而加强税收监管,补缺政策漏洞,规范行业发展。若实际承运人均为小规模运输企业或者个体运输户,无车承运人可以获得的增值税进项税额主要是小规模运输企业开具的或者个体运输户代开的 3% 的运输费用专用发票、无车承运人提供给实际承运人用于本趟运输业务的 13% 的成品油专用发票和 3% 的道路桥通行费用专用发票,仅就运输业务取得收入仍然有 6% 的税率价差。由大型货物运输企业和传统物流企业转变过来的无车承运人,因有积压的列入固定资产管理运输车辆的进项税额予以抵扣,税收风险相对较小。但多数无车承运人是由互联网信息平台转变过来的,面对的是众多的运输公司、个体运输户,即使能及时足额取得 3% 的运输发票抵扣,但无车承运人提供给实际承运人用于本趟运输业务的13％的成品油专用发票占比不高,加大了无车承运人寻找虚开发票予以抵扣的可能。

4. 主要涉税问题及核查

(1)隐匿运输业务收入。

此情形的核查方法与规模运输企业核查方法相同。无车承运业务通过物联网、移动互联网及云计算的信息技术集成,利用卫星与移动终端的双定位技术,使线上信息链条与线下操作链条的互动形成业务影像资料并予以及时保存,核查时可调取业务影像资料判别业务真实性。

(2)混淆经营收入,套用货运代理收入低税率。

调取业务部门运输合同,核实承接业务的实施情况,核查企业从事货物运输代理服务与无车承运业务是否准确划分,确定纳税人是否有故意错开发票项目达到少缴税款的目的,必要时可向托运人、实际承运人核实,进行相应事项的询问取证。

(3)收入直接抵顶债务、冲减运输成本、直接发放职工薪酬。

此情形的核查方法与规模运输企业核查方法相同。

(4)虚假抵扣进项。

核查无车承运人与实际承运人双方签订的合同。是否与多少个体运输户签订运输合同,取得的个体运输户代开发票是否符合抵扣规定;是否与多少小规模纳税人签订运输合同,取得的小规模纳税人代开或自开的发票是否符合抵扣规定;以上两项自行采购并交付实际承运人的汽油费,支付实际承运人过路费、过桥费、过闸费等是否符合增值税抵扣标准;是否与多少一般纳税人(自有运力的)签订运输合同,取得的自开的发票是否符合抵扣规定。

(七)虚开发票常见涉税问题及核查

不法企业在虚开增值税发票过程中,虚构物流业务制造有货交易假象,逃避税务机关的生产经营要素分析比对等日常监管,成为虚开的重要环节,形成了一定的与虚开"配比"的运输业务市场。而运输行业的上游企业属于油、轮胎、维修等富余票沉积较多,虚开案频发的行业,易于取得进项增值税专用发票,为不法分子提供了虚假注册运输企业从事虚开的作案空间。公路运输企业虚开同样具备一般虚开增值税专用发票的全部特征,既有快注册、快开票、快走逃、流审作案等表面特征,又有发票流、资金流、物流等三流异常的特征。其中,虚构运力虚开作案的特征与工业企业虚构生产能力虚开作案特征相似,其不同之处在于车辆、司机、油耗、通行费、合同等生产经营要素的虚构;虚构转包运输业务的虚开作案与商贸企业虚开相似,其不同之处在于商贸企业虚构的是货物,甚至是进销不匹配的货物,而运输企业虚构的只是运输业务,不存在匹配问题。目前查办的公路运输企业虚开案例中,虚构转包运输业务的虚开作案极为少见,而虚构运力虚开作案的占据了大部分,核查人员可通过折旧、人工等成本费用率以及油耗占比、通行费率、维修费用率等指标及其相互间的内在逻辑关系,有效监控运输企业成本列支、进项税额抵扣、运输收入的真实性与合理性。

1. 发票相关规定

根据《国家税务总局关于停止使用货物运输业增值税专用发票有关问题的公告》(国家

税务总局公告 2015 年第 99 号)第一条的规定,增值税一般纳税人提供货物运输服务,使用增值税专用发票和增值税普通发票,开具发票时应将起运地、到达地、车种车号以及运输货物信息等内容填写在发票备注栏中,如内容较多可另附清单。

根据《国家税务总局关于停止使用货物运输业增值税专用发票有关问题的公告》(国家税务总局公告 2015 年第 99 号)的规定,自 2016 年 1 月 1 日起,为避免浪费,方便纳税人发票使用衔接,货物运输业增值税专用发票最迟可以使用至 2016 年 6 月 30 日,自 2016 年 7 月 1 日起停止使用。

2. 主要涉税问题

(1)发票信息不全。开票信息备注栏没有清楚载明起运地、到达地、车种车号、运输货物等信息,或相关信息逻辑关系不符,或没有相关信息,也没有另附清单列明运输业务信息。

(2)虚构货运车辆。每辆货运车都有行驶证,载明所有者、吨位、车牌号等基本信息,且单辆货运车辆的价值较大,容易找到真实的车主。虚开企业一般没有货运车辆进项税额认证抵扣。虚开企业极少真实拥有货运车辆,而是通过虚假挂靠货运车辆作为道具掩盖虚开。

(3)虚构货运司机。驾驶证号码与身份证号码相同。与一般虚开作案一样,运输企业虚开常常会变造、伪造大量的驾驶证信息,从而虚构人力资源形成驾驶员队伍。无车承运平台对运输企业驾驶员全部纳入平台管理,虚构驾驶员信息已没有可能。

(4)虚构保险业务。无论是车辆保险,还是承运货物保险,虚开企业无法做到完整齐备,常常虚构货运车辆的保险,而没有任何保险费用支出,或伪造、变造保险合同。

(5)取得虚开发票。纯虚开企业想方设法都要取得虚开增值税专用发票,或在申报表的特定栏次做文章,达到不缴或少缴税的目的。其中,取得虚开发票列明货物中,成品油、轮胎、通行费、维修费等全部经营要素项目极难取全,单项取得发票时间不均衡,难以形成正常经营要素、项目间配比逻辑关系。

3. 核查方法

税务人员在查办交通运输企业虚开案件时,可运用基本核查方法。同时,运输企业在形成运力过程中,会伴随产生车辆所有者、司机、保险公司以及上下游等多方信息,核查时也可根据公路运输企业的特征,着重对车辆、司机、保险、油耗、通行费等运力要素疑点开展核查,比对印证。

(1)核查货运车辆情况。核查企业固定资产卡片,查看车辆总数、运力账实情况以及与运输收入是否相符。在车管部门提取货运车辆信息及年审情况,与企业提供的货运车辆进行一一比对,查证车辆出产时间、吨位等信息。挂靠在企业的,找到货运车辆所有人核对挂靠业务及实际承运情况。

(2)核查货运司机情况。核查人工工资表、驾驶员承运业务及费用报销情况,调取驾驶人员及其证件信息。按驾驶证信息指引,在交管部门核查驾驶证真伪,在公安经侦部门查证驾驶员身份,力求找到证件号码人员,核实从事驾驶工作、承运业务的具体情况。

(3)查证保险业务情况。根据保险合同、发票,通过电话或网络方式进行初核,带着问题向对应保险公司调取相关投保项目、被保险人、受益人、保费缴纳等情况(含付费银行账号)查证,查证保险业务真实情况。

（4）核查油耗情况。集中购油的,核查油料存储情况、资金流以及加油卡分发、分次加油情况,查实业务真实性,查证有无票、油分离情况。或抽取上游售油企业中大额异地超长购油、不均衡购油等疑点企业外调核查。

（5）核查通行费情况。在高管部门以及相关公司核查货运车辆通行于相关高速公路的情况,与企业通行费发票、ETC 记录构成及交费(账号)、加油等情况印证,查证货运车辆是否从事运输合同所列业务情况。自 2018 年 1 月 1 日起,可登录 www. txffp. com 查询打印通行费,也可登录 https://inv-veri. chinatax. gov. cn 对通行费电子发票信息进行查验。

（6）核查维修、轮胎费用。查证货运车辆维修及费用支付情况,外调轮胎销方企业,查明收取货款方式、账号与运输企业账记是否相符,查证维修及购买轮胎的真实情况。

（7）核查运输合同情况。核查运输合同,详细核对合同要素、内容,核对对应发票所载明的货物名称、数量或重量、起止地点、车牌号码、订单号、发货人、提货人、运输单价、开票额等信息,查实运输合同真实性及执行情况。

第三节　电信服务业增值税核查

电信服务业属于垄断性行业,涉及客户服务较为广泛且具有一定的复杂性,因此,在增值税核查中对收入、存货、赠送、售销产品并提供服务等情形,入手比较难、手段较为单一,是各类行业税务核查中的重点、难点。

一、电信服务业涉税风险分析

（一）收入申报方面

1. 特殊电信收入拆分风险

电信企业运用业务系统将电信服务自动拆分为基础电信和增值电信服务,分别按照9%和 6%税率申报纳税,规避了人为操作风险。但一些企业将各类电信业务收取的滞纳金、违约金等收入统一依据前一年度基础电信和增值电信服务收入比例进行拆分,并按照对应税率申报增值税。根据《增值税暂行条例实施细则》第十二条、《财政部　国家税务总局关于将电信业纳入营业税改征增值税试点的通知》(财税〔2014〕43 号)第一条、《国家税务总局关于将铁路运输和邮政业纳入营业税改征增值税试点的通知》(财税〔2013〕106 号)附件 1第三十三条的规定,电信企业收取各项电信业务的滞纳金、违约金等属于价外费用,应并入电信业务收入总额,按照所属电信业务对应的税率申报增值税。

2. 终端设备计税定价风险

电信企业销售手机、手机配件、用户识别卡、存储卡等终端设备有两种方式销售:单独销售和绑定套餐销售。在单独销售时,销售价格是在成本价基础上加上一定利润进行定价。绑定套餐销售时,由于无单独价格,申报时应不低于终端成本价作为计税价格。企业在绑定套餐销售终端设备时,一般直接以成本价作为计税价格,进行纳税申报。在核查中,应关注终端设备成本价核算是否准确、企业在绑定套餐销售终端设备时,是否按照不低于其成本价作为计税价格申报增值税(13%税率)。

(二)进项抵扣方面

1. 进项发票管理系统风险

电信企业通过业务系统对成本进项发票进行分类管理,从成本预算开始就对进项发票进行区分,在一定程度上减少人为操作风险。由于增值税进项抵扣政策比较复杂,电信企业的成本类别较多,其成本项目类别不一定严格按照税收政策进行划分设定,而进项发票是否可以抵扣也不一定是非此即彼的关系,一些进项是否可抵扣需根据其业务实质进行综合判断,如下列几种情况:

(1)一些进项既可以用于不动产构筑物维护,也可以用于电信设备(动产)维护,这就需要根据其实际用途去向进行判断。

(2)对一些无法划分的进项税额,如应税业务和免税业务(国际业务)对应的共同进项,需要重点关注是否按照《财政部 国家税务总局关于全面推开营业税改征增值税试点的通知》(财税〔2016〕36 号)附件 1 第二十九条规定的公式进行准确计算拆分。

2. 终端设备进项抵扣风险

电信企业采购终端设备时一般要求对方全部为其开具增值税专用发票,并进行认证入账处理,每月申报时根据实际业务决定是否进行进项转出处理。对于企业采购的终端设备,若通过捆绑套餐进行销售,在试点之前开始且结束的套餐因缴纳营业税故不可以抵扣,在营改增试点之后开始的套餐因缴纳增值税故可以抵扣。在试点之前开始且试点之后仍然存续的套餐,应如何计算缴税和进项抵扣问题还需要税政方面的支持。

在实际操作中,这类业务要求企业严格区分绑定套餐的业务类型及时间点,并进行对应的进项处理,主管税务部门无法对其进行直接监督,可能存在一定风险。在核查时,可从企业进项发票管理流程入手,尤其涉及需人工进行进项转出账务处理的环节,对终端设备进项抵扣情况进行核查。

(三)发票开具方面

1. 定额发票重复开具风险

业务需求客户在进行网上充值或购买充值卡时可从电信企业取得定额发票,实际消费之后,客户还可以让电信企业为其开具增值税专用发票或账单发票,这就导致重复开票的情况。在这种情况下,客户同一笔电信消费支出,可以重复取得发票进行税前列支,专票存在被虚开的风险。目前,电信企业暂时无法对这种情况进行有效控制,而定额发票使用量较大,使得潜在发票风险增大。

2. 特殊业务专票开具风险

电信企业在开具专票前,要求企业客户提供一般纳税人资料进行审核,并录入开票系统,开票时由开票系统直接从业务系统中导出开票信息进行开票,避免人为开票操作风险。但是对于特殊业务,如统一支付业务中,一个客户账号下可以包括多个手机号码、座机号码、宽带号码等,该客户可以为账号下所有号码统一支付费用,而电信企业依据账号下所有消费金额为客户统一开具一张专票或普票。对于一般企业客户,常通过这种业务为本公司员工报销电话费用;对于大型企业集团客户,也常通过这种业务为集团下属公司统一支付电信费用。在这种业务模式下,一般企业客户可能存在将一些职工福利费性质的费用以通讯费形式进行变相开票抵扣;大型企业集团客户可能存在开票金额与自身实际消费金额不匹配的情况。

二、电信业增值税业务核查

(一) 准备工作

了解纳税人基本情况、组织架构及核算方式,掌握纳税人涉税情况,如税种核定、纳税方式、税收优惠及纳税申报等,与一般基本核查方法相同。

(二) 工作预案

1. 确定人员及总体方案

针对电信业汇总缴纳增值税的特点,将核查人员分为"总部核查组"和"分支机构核查组",计划分头行动,有针对性地对电信业的增值税的纳税情况开展核查。

2. 确定稽查重点和方向

(1) 不同税率收入的划分。

纳税人提供适用不同税率或者征税率的应税服务,应当分别核算销售额;未分别核算的,从高适用税率。

主要审查企业基础电信服务和增值服务的分类是否正确,账务是否分开核算。

(2) 电信服务附带终端的收入划分。

电信服务附带终端的收入划分(购机赠话费中的电信终端),取得的全部价款和价外费用,作价及适用税率是否合理。征税率的应税服务,应当分别核算销售额;未分别核算的,从高适用税率。

主要审查电信企业提供电信业服务附赠电信终端(购机赠话费中的电信终端),是否以电信终端的成本价作为货物价格,剩余部分是否按照公允价值拆分为基础电信和增值电信,按各自适用的税率计算缴纳增值税。

(3) 套餐收入的摊分。

所有套餐需要按照不同的税率进行业务收入摊分,以准确计算相关应税金额。

主要审查电信服务附审查各业务套餐内分摊收入计算方法。

(4) 违约金等收入划分。

注意违约金等如果作为电信服务的价外费用,对应具体账单,该部分收入应正确区分基础电信服务与增值电信服务。

主要审查企业取得的价外费用如何处理,是否区分基础电信服务与增值电费服务,使用的税率是否正确。

(5) 视同销售的处理。

纳税人以积分兑换形式赠送的货物、以积分兑换形式赠送的除电信业务以外的应税服务,未视同销售。

主要审查主营业务收入、销项税金科目,看是否存在应计税而未计税的问题。

(6)积分兑换、电子券消费的处理。

客户在积分兑换或者电子券消费时,消费的货物或除电信外的应税服务的销售额,应按不低于其成本价格计提销项税额。

主要审查企业营业成本的核算,对货物类、其他应税服务成本所对应的营业收入及计提的税金进行关联性审查,若差异较大则存在少缴税款的风险。

(7)公益服务号收入确认。

纳税人通过手机短信公益特服号为公益性机构接受捐款服务,扣除的支付给公益性机构捐款是否合理。

主要审查销售额扣除项目时,应注意是否取得符合法律、行政法规和国家税务总局有关规定的有效扣除凭证并核查扣除额的合理性,判断是否存在违规扣除的情况。

(8)简易计税的处理。

选择简易计税的通过卫星提供的语音通话服务、电子数据和信息的传输服务收入划分是否准确,是否有将用于简易计税项目的购进货物及服务用于抵扣的情况。

主要审查简易计税项目是否单独核算,重点审查与之对应的购进货物及服务是否用于抵扣。

(9)收入确认时间。

所有套餐需要按照不同的税率进行业务收入摊分,以准确计算相关应税金额。

主要审查企业主营业务收入及其他业务收入会计科目,与企业签订的销售合同、出库时间进行对比,核实确认收入实现,计提销项税额,不能提前,是否存在未及时确认收入的问题。

(10)进项税凭证的取得。

增值税专用发票等可用于抵扣的进项税凭证的获取是否正确、规范。进项抵扣是否合规。

主要审查取得的增值税专用发票开具内容及范围是否符合合同的约定,其税率和开票时间是否与业务一致。

(11)进项抵扣是否合规。

对纳税人购进业务延迟取得进项发票用于增值税抵扣的现象。

主要审查企业申报抵扣进项税额的发票开具时间、货物所填列名称、验收入库时间、是否存在红字发票对冲情况等进行审核,防止人为滞后抵扣。

(12)进项转出是否合规。

纳税人已抵扣进项税额的存货、固定资产等,因管理不善发生非正常损失,是否转出进项税额;发生退货或取得折让,是否按规定冲减当期进项税额;向供货方收取的与商品销售量、销售额挂钩的各种返还收入,是否转出进项税额。

主要审查企业"应交税费——应交增值税——进项税额转出"会计科目中,与企业固定资产、管理费用、销售费用等进行对比,核实是否存在应转出进项税额的业务未按规定进行进项税转出的情况。

(13) 总分机构申报。

分支机构预缴税款计算是否准确,是否分支机构申报表上销售额、预收款金额、进项税额等数据填写是否正确;总机构季度汇缴税款计算基数是否准确。

主要审查企业的汇总纳税信息传递单金额是否准确。

(14) 所得税的收入确认和成本费用列支。

在审查营改增后增值税处理是否准确的同时,对所得税相关项目进行连带审查,主要包括收入确认是否正确,成本费用是否按规定列支。

主要审查企业上报总公司的收入和成本费用归集是否准确。

(三) 核查开展

1. 排查系统性风险

电信业业务内容繁杂、账务数据庞大,其财务核算和税务处理高度依托营业系统、计费账务系统和 SAP 财务核算系统,如果系统搭建时税务处理出现错误,将导致系统性风险。对电信业的系统设定进行核查,要求市场部、财务部和技术部门人员介绍系统设定情况并做具体演示,取得系统设定规则文件,按照重点稽查事项逐项审查。

一是通过电信业主要业务产品税目税率表,审查不同税率收入划分的准确性。

二是审查包含手机终端销售的合约套餐的处理。终端平进平出,以进价作为销价。合约款中,终端价款按 13% 一次性计税。扣除终端价款后,在合约有效期内按摊分规则进行摊销。

三是审查违约金收入的划分。电信业以上年基础电信与增值电信的比例作为拆分比例对违约金收入进行拆分。鉴于增值电信业务比例呈逐年上升趋势,该拆分方法与按实际账单拆分相比,按税率分别计算的税收收入偏大,故不做疑点处理。建议企业进一步完善系统,按实际账单对违约金收入进行拆分。

四是审查积分的处理。用户发生电信业务消费后,根据相应的积分规则产生积分。系统每月根据产生的积分形成报表,做计提处理。用户发生积分兑换后,每月形成兑换报表,根据兑换商品类别分别统计兑换总额,根据报表做相应的财务处理。

五是审查提供通过手机短信公益特服号为公益性机构接受捐款的服务;通过卫星提供的语音通话服务、电子数据和信息的传输服务简易征收。

六是审查统一核算各分支机构的销售额和预收款,各分支机构以此为依据向主管税务机关预缴税款,取得经税务机关证明的传递单,传递至总公司作为抵减依据。

2. 排查操作性风险

除系统性风险外,企业在处理具体涉税事项时是否正确、合规,容易构成操作性风险。通过与企业人员约谈、寻找疑点,分析财务报表、纳税申报表,审查合同、原始凭证、会计凭证等方式逐项排查操作性风险。

一是进行抵扣及进项转出的处理是否准确。对公司的支出(成本)构成和对应的进项抵扣情况进行分析;对不可抵扣事项进行重点审查,逐一排查风险点;对可抵扣事项进行抽查,确认抵扣凭证的取得是否正确、规范。

二是审查电信业营改增前后,电信业收入确认和进项抵扣的处理,是否存在提前确认收入或延后取得进项用于抵扣的情况,应依据权责发生制按照归属期进行确认。

第四节　房地产行业增值税核查

房地产业是以土地和建筑物为经营对象,从事房地产开发、建设、经营、管理以及维修、装饰和服务的集多种经济活动为一体的综合性产业。房地产开发经营是按照城市规划和社会经济发展的需要,在依法取得国有土地使用权后,对土地和地上建筑物、构筑物及其他设施进行开发建设和经营管理的一项综合性社会经济活动,它贯穿于项目规划、开发土地、房屋建造、经营销售、后续管理服务等全过程。在实际生活中,人们习惯将从事房地产开发和经营的行业称为房地产业。

一、生产经营流程及特点

(一)生产经营方式与流程

房地产企业的经营紧紧围绕土地和资金两个关键要素展开。企业的产成品是商品房屋,同时也存在土地"一级开发"的经营方式。土地开发权的取得是企业经营开展的首要条件。经营前期,企业经营是投入多回报少;到预售阶段,企业通过预售方式开始获得资金流入。商品房的销售收入的确认主要包括一次性收款、分期收款、以土地使用权或其他财产置调换房屋和银行提供按揭贷款销售等形式。而有些房地产企业销售、租赁两种形式并存。

(二)行业特点

(1)开发周期较长:由于产品的特殊性,企业单一项目开发周期为 12 个月至 40 个月。由于开发形式、资金投入的不同,开发周期普遍长于该区域值。

(2)开发环节清晰:房地产开发经营行业主要包括设立(立项)、施工、预售、竣工(完工)、销售、清算等几个环节。

(3)经营模式独特:房地产开发经营行业有其独有的专业人员、经济产品、运作模式、投资回报率等,企业持续经营要求投资者有较强的资金投入实力。

(4)开发对象广泛:行业开发对象主要包括住宅、写字楼、工业地产、商业地产、旅游地产、教育地产等开发类型。

(5)营销体系复杂:开发产品的销售包括现售和预售,这是房地产行业区别于其他行业的显著特征之一。从房地产市场营销的具体方式来看,既有开发商自行销售的方式,也有委托物业代理(即代理商或经济人)的方式。其中,委托物业代理的形式复杂多样。

(6)产业链长:房地产业涉及建筑材料、施工安装、装饰装潢、家居家电、通信网络、水、电、服务等许多行业。

（7）涉及行政主管部门较多：房地产开发，除了工商和税务部门外，还涉及了国土局、发改委、规划局、房管局、建设局等行政主管部门，该行业的许多重要节点都是以这些部门的审批文件为依据。

（8）实行资质管理：国家通过设定注册资本、经营年限、累计开发面积等条件对企业进行严格的分类和资质管理。

（三）税收征管特点

（1）税收征管环节较复杂。房地产业开发周期长，各经营环节涉及的纳税情况较复杂。例如，企业取得土地时缴纳契税，并开始缴纳城镇土地使用税；房地产开发环节，涉及开发成本的核算，缴纳个人所得税和印花税；房地产销售环节，涉及缴纳增值税（营改增前为营业税）、企业所得税、预缴土地增值税等，项目清算环节，涉及土地增值税的清算。

（2）土地增值税的征管。同其他企业相比，房地产企业还要缴纳土地增值税，土地增值税采取先预缴后清算的征管模式，国家税务总局 2009 年出台了《土地增值税清算管理规程》，进一步加强房地产企业的土地增值税征收管理，规范土地增值税清算工作。

（3）行业特殊税收规定较多。房地产企业在房产预售时取得预收房款，应缴纳增值税、预缴土地增值税、按预计毛利率计算预缴企业所得税。针对房地产企业财务会计核算特点，国家税务总局出台了《房地产开发经营业务企业所得税处理办法》（国税发〔2009〕31 号），加强从事房地产开发经营企业的企业所得税征收管理，规范从事房地产开发经营业务企业的纳税行为。

二、增值税涉税问题及核查

（一）主营业务收入

（1）销售开发产品收取的价款和价外费用是否未按规定入账，少计收入。

① 在开发产品完工前，取得的预售收入（包括定金）是否全部计入"预收账款"进行申报缴纳税款；是否计入"预收账款"以外的往来科目，长期挂账不申报纳税。

② 是否将售房款冲减成本、费用或直接转入关联单位，未按规定入账；是否将售房款打入个人储蓄账户或信用卡账户，存在账外收入等情况。

③ 总机构有无将分支机构的未完工开发产品的销售收入合并计入。

④ 私改规划，增加销售面积的收入是否按规定入账；主要审查"开发产品""其他业务成本""其他应收款"等科目明细，审查现金流量表、销售合同，确认企业是否按规定入账。

⑤ 销售阁楼、停车位、地下室以及精装房装修部分单独开具收款收据，取得的收入是否按规定入账。

⑥ 拆迁补偿收入是否未按规定确认收入，是否按补偿标准面积的工程成本价与超出补偿面积部分的差价款之和计算缴纳增值税。

⑦ 是否采取包销低价开票方式，少计收入。（与包销商签订一个价格较低的包销合同，按约定的包销价格开具发票，高于包销价格的房款由包销商收取并开具发票或收据，未计入收入。）

⑧ 收取的定金、违约金、"诚意金"等,是否未按规定确认收入。

⑨ 向对方收取的手续费、基金、集资费、代收款项、代垫款项及其他各种性质的价外收费,是否未按规定确认收入。

主要审查"其他应付款"明细账、银行对账单,有无利用该科目隐匿收入或资金挂账超过一个营业周期的情形;审查现金流量表、销售合同以及预售许可证取得情况。

(2)开发项目完工后,是否将收入挂在"预收账款"等科目长期不结转收入。

(3)按分期收款合同约定的时间应收取而未收到的销售款是否及时申报纳税。

(4)采取委托销售方式销售开发产品,是否不及时收取售房款,或者部分售房款由中介服务机构收取并开具发票或收据,开发企业未计入收入。

(5)以银行按揭方式销售开发产品,开发企业在收到首付款,银行按揭贷款到账后,是否未按规定计税;是否将收到的按揭款项以银行贷款的名义记入"短期借款"科目,不做收入。

主要审查"短期借款"明细账、贷款合同、销售合同和房屋销售明细,确认开发企业是否存收取银行按揭款未按规定计税情况。

(6)对将待售开发产品转作经营性资产,先以经营性租赁方式租出或以融资租赁方式租出以后再出售的,租赁期间取得的价款是否按租金确认收入,出售时是否再按销售资产确认收入。对将待售开发产品以临时租赁方式租出的,租赁期间取得的价款是否按租金确认收入,出售时是否再按销售开发产品确认收入。

(7)针对关联企业之间销售价格明显偏低而无正当理由,人为压低收入、转移利润。

主要审查与关联企业之间业务往来账、销售合同、房屋销售明细及房产部门房产合同备案信息,比较同期同等条件开发产品销售价格信息。

(8)发生视同销售行为,是否按规定申报纳税。

① 以开发产品换取土地使用权、股权,是否按非货币性资产交换的准则进行税务处理。

② 以开发产品抵顶材料款、工程款、广告费、银行贷款本息、动迁补偿费等债务,是否按规定计税。

③ 将开发产品用于捐赠、赞助、广告、样品、职工福利、奖励、分配给投资者,是否按规定申报纳税。

④ 自建住房低价销售给本单位内部职工或有经济利益往来的单位和个人,是否按市场价足额申报纳税。

⑤ 将公共配套设施无偿赠与地方政府、公用事业单位以外其他单位的,是否按规定申报纳税。

主要审查"长期股权投资"明细账,了解投资项目的实际操作内容;审查"其他业务收入""应付账款""营业外支出"明细账,确认企业是否存在将开发产品用于对外投资、交换、抵顶建设工程款以及捐赠的情况,是否已按照规定进行视同销售业务申报处理。

(二)其他业务收入

(1)房屋出租收入。

① 出租收入是否抵顶工程款、抵顶银行贷款利息,确认收入。

② 出租收入(如将未售出的房屋、商铺、车位等出租)、周转房手续费收入等是否按税法规定的时间入账或计入"应付账款"等往来科目贷方,确认收入。

③ 以明显低于市场的价格出租给关联方,未按规定计税。

(2) 商品房售后服务如物业收入、代客装修、清洁等取得的收入以及材料销售收入、无形资产转让收入和固定资产出租收入是否按规定申报纳税。

(三) 其他增值税涉税问题

(1) 利用自有施工力量建造房屋等建筑物,在销售不动产时,是否申报缴纳建筑环节增值税。

(2) 中途转让在建项目,是否按规定缴纳增值税。

(3) 支付境外公司来华提供咨询、设计、施工等劳务费,是否未规定代扣代缴增值税。

(4) 合作建房是否按税法规定足额纳税。

(5) 不符合条件的代建房行为,是否将其作为代建处理而少计或不计销售收入。

注:上述若干问题也会涉及企业所得税、土地增值税的计算、缴纳。

三、发票管理方面涉税问题及核查

查阅房地产开发企业是否建立完整的发票管理制度,对发票的申领、开具、入账以及对于承包商和供应商提供的发票校验和抵扣等做出明确的规定。可以从以下几个方面加以关注:

(1) 发票抵扣管理方面。一是在采购环节,可能在未取得进项发票的情况下支付了款项。尤其是营改增后,房地产企业增值税税负的大小很大程度上是由其进项税额决定的,企业在采购过程中,未取得进项发票,在支付款项后,可能由于发生纠纷,无法及时取得进项发票,不能进行抵扣;二是企业在进行进项税发票管理时,未注意区分可抵扣与不可抵扣进项税项目。企业在分析完企业进项税抵扣项目和金额之后,应有效确保能够及时获取到增值税专用发票,实现进项税的抵扣。

(2) 发票认证管理方面。企业的财会人员未充分了解实践中无法抵扣的增值税专用发票的几种类型:上游已定性为虚开的、经鉴定为伪造的、被证明为非税务机关出售的、通过金税系统发现的"失控""作废"票,以及走逃企业开具的未报税的增值税专用发票等。因此,在未仔细认证比对上述情况的发票,可能出现轻则不予抵扣进项税款,重则触犯刑法的风险。

(3) 发票开具管理方面。税收政策对增值税专用发票的使用有严格的规定,发票开具的形式要件会直接影响到企业增值税的缴纳义务,带来纳税风险。

第五节 建筑行业增值税核查

建筑服务是指各类建筑物、构筑物及其附属设施的建造、修缮、装饰,线路、管道、设备、设施等的安装以及其他工程作业的业务活动。包括工程服务、安装服务、修缮服务、装饰服务和其他建筑服务。根据《国民经济行业分类》的规定,建筑业可分为房屋建筑业、土木工程建筑业、装饰业和其他建筑业。

一、生产经营流程与特点

(一)生产经营方式与流程

建筑业的主要经营方式是建设单位与建筑安装企业通过不同形式建立承发包关系,签订施工合同,按合同要求组织施工。最常见的承包方式分为包工包料、包工半包料及包工不包料;另外,还存在转包、挂靠等多种经营模式,被挂靠企业收取一定比例的管理费。

建筑业企业在承接各项工程作业时,基本都把项目部作为基本实施单位。生产经营的整个流程也都围绕项目部展开。较为规范的建筑企业主要生产流程为:项目考察、公司投标、成立项目部、编制成本计划、项目实施、项目完工、项目部解散等。

(二)特点

(1)经营周期长,机构所在地和项目施工地往往不一致。

(2)属于劳动密集型行业,从业人员数量庞大,流动性强,劳动生产率较低。

(3)市场竞争激烈,挂靠、转包、分包现象十分普遍。

(4)建筑工程投资巨大,往往需要施工方垫付资金,经常出现拖欠工程款现象,导致资产负债较高。

(5)用工成本增加和融资成本上升促使行业利润率不断降低。

(6)我国投资项目中大部分是固定资产投资,与建筑业息息相关,该行业极易受宏观政策变动的影响。

二、增值税涉税问题及核查

(一)未按照税法规定的时间确认收入

主要通过查看企业的项目《中标通知书》、施工合同,掌握项目地点、开工时间、竣工时间、工程预算造价等信息,将《建筑安装工程施工进度明细表》与"工程结算收入"科目贷方发生额进行核对。根据施工合同约定的价款结算办法确定应税收入,并与企业增值税纳税申报信息进行比对,看是否存在未按规定时间确认收入的问题。

(二)纳税人提供建筑服务取得预收款,未按规定及时预缴增值税

主要通过查看"预收账款""应收账款"等往来款项科目明细账,核实是否存在收到预收款项,而不预缴增值税的情况。

(三)将一般计税项目混为简易计税项目,少交增值税

(1)审核企业的《建筑工程施工许可证》或者"建筑工程承包合同",以明确"新""老"项目。

（2）查看企业的"建筑工程承包合同"中的"甲乙方权利义务""材料质量标准与选定""＊＊方自行采购所有材料"等条款的规定来判定该项目是否属于简易计税项目。

（3）对于《建筑工程施工许可证》和"建筑工程承包合同"中的"开工日期"模糊或涂改的合同应高度关注，以确认真实的开工日期。

（四）企业在施工过程中，处理建筑材料边角废料收入未申报缴纳增值税

重点审核其他业务收入、工程施工、原材料等科目以及施工现场的材料保管账，核实企业是否存在销售边角料行为未按规定计算缴纳增值税。

（五）处置抵债资产未做视同销售

（1）核查企业应收账款、其他应收款等科目，结合相关凭证，查看抵账物品处置协议，是否按规定缴纳增值税等。

（2）审查工程合同中约定的工程款实际收款情况，未收工程款如何进行处理，是否提请诉讼、查封对方资产等情况，诉讼执行情况，必要时去所承建项目业主方进行核查。

（3）查看"管理费用""应交税费"科目及其二级明细科目，以明晰此项业务各项税费的计提缴纳情况。

（六）少计机械施工设备等固定资产租赁收入

核查路径：核查"其他应收款""银行存款""固定资产""其他业务收入"等科目，结合施工合同，查看发包方是否提供相应设备和资产。

（七）收取的与工程有关的其他收入与价外费用，未按规定计提销项税

主要核查企业"其他应收款""其他应付款""应收账款"等往来科目明细账，是否收取了与工程有关的其他收入与价外费用，是否按照规定计提销项税。

（八）混淆一般计税和简易计税项目，未按规定抵扣进项税

（1）通过企业申报信息分别测算该企业一般计税项目、简易计税项目增值税税负，看一般计税项目增值税税负是否明显偏低。

（2）查看企业"生产成本"科目，对一般计税项目和简易计税项目的生产成本中的主要原材料所占比重进行测算，看是否存在性质相似的工程中，相近原材料所占比重相差较大。

（3）核查疑点项目的原始凭证和相关供货合同，与工程项目地址、供货方信息、材料种类等进行比对，确认是否有项目归属错误的材料成本费用。

（4）核查"应交税金——应交增值税进项税"等科目，结合抵扣凭证和相关项目合同，看是否存在抵扣简易计税项目进项税。

（九）用于集体福利或个人消费的购进货物或劳务抵扣进项税，未做进项税转出

主要核查"应交税金——应交增值税进项税"等科目，结合抵扣凭证看是否存在用于集体福利或个人消费的购进货物或劳务抵扣了进项税的情况。

（十）发票问题

建筑企业找人代开，接受虚开，购买假票等，多抵扣进项税，虚增工程项目成本，多列支相关成本费用等。

主要结合合同、发票、资金流等进行核查,详见本章第一节增值税发票核查内容。

第六节　金融服务行业增值税核查

金融服务业是指专门从事金融服务业务的行业。我国金融服务业目前包括(不含中国香港、澳门特别行政区和中国台湾省)银行、证券、信托、保险。金融服务业主要提供金融的存贷,社会资金收缩、扩放,金融领域消费的管理和设计,对金融产品设计,对消费支付方式提供和创新,金融服务业成为现代社会不可缺少的重要服务手段。其税务核查范围主要有贷款服务、直接收费金融服务、保险服务、金融商品转让等。

一、贷款服务增值税风险点及核查

(一) 风险提示

(1) 将未超过应收未收利息核算期限(90 天)的应收利息转为表外利息。

(2) 2018 年 1 月 1 日之前,发生转贴现业务的贴现利息收入未全额缴纳增值税。

(3) 银团贷款参与行将银团贷款的利息收入混在金融机构往来收入中;银团贷款牵头行向参与行收取的手续费收入直接冲减了费用。

(4) 融资性售后回租超额、超范围列支销售额扣除项目。

(二) 核查方法

1. 一般贷款利息收入

核查利息收入,应重点核查"应收利息"和"利息收入"科目的核算方法,而后通过核对贷款合同、表外项目、呆账收回情况,计算不计、少计和冲减利息收入的数额。其审核要点为:一是逾期利息冲销是否正确;二是收回表外应收未收利息是否及时计入收入;三是已核销资产收回是否按规定计利息收入;四是处置抵债资产是否按规定计利息收入等。

2. 贴现利息收入

对贴现业务的核查,应将贴现利息收入的核算作为核查重点。目前,金融机构在贴现业务核算时,主要采用以下三种方法:

(1) 在贴现业务发生时,直接全额计贴现利息收入。

(2) 设置"递延贴现利息收入"科目,贴现业务发生时,将收取的贴现利息收入计入其中,按贴现日至票据到期日的剩余月份或天数逐月或逐日摊入"贴现利息收入"科目,如将已贴现的票据向其他金融机构进行转贴现、再贴现,则在转贴现、再贴现的当月将递延贴现利息收入余额一次性转入"贴现利息收入"。

(3) 设置"递延贴现利息收入"科目,贴现业务发生时,将收取的贴现利息收入计入其中,按贴现日至票据到期日的剩余月份或天数逐月或逐日摊入"贴现利息收入"科目,如将已贴现的票据向其他金融机构进行转贴现、再贴现,则将递延贴现利息收入余额一次性转销。

上述三种处理方法,对税收产生不同的影响。第一种方法将在当月全额计提销项税及附加;第二种方法,逐月计提销项税及附加。与第一种方法相比,第二种方法增值税申报缴纳时间滞后。第三种方法如将票据持有至到期兑付日,则产生的税收影响与第二种方法相同,但如果进行转贴现、再贴现,则将减少贴现利息收入的确认总额,对增值税产生永久性的影响。

3. 银团贷款

核查时如发现"银团贷款"类科目有发生额或余额,税务人员应索要合同,通过对利息收入、金融机构往来、金融机构往来收入的核查,发现是否将银团贷款的利息收入混在金融机构往来收入中。对牵头行,还应该核查取得的手续费收入是否直接冲减了费用。

4. 融资性售后回租

(1) 选择按有形动产租赁服务缴纳增值税的"老合同",选择销售额确认不包含借款本金的,其收取的租金相当于借款本金部分的金额给承租人开具了增值税专用发票。审核合同资料及发票开具情况,核查是否存在虚开发票的情形。

(2) 核查借款合同、债券发行说明书、结息单等业务资料,会计核算资料,发票等,判断是否存在超额、超范围列支销售额扣除项目。

二、直接收费金融服务增值税风险点及核查

(一) 风险提示

(1) 由于坐支收入等原因导致直接收费金融服务手续费收入未按照规定全额缴纳增值税。

(2) 总分机构分成收入未按照规定分别完税。

(3) 将手续费收入混入同业往来利息收入核算。

(二) 核查方法

(1) 核查利润明细表、业务状况表,了解各项中间业务的名称、范围、收入金额。

(2) 对照有关合同,核查收入确认是否符合增值税纳税义务发生时间的规定。

(3) 重点核查新开展的中间业务和收入比重较大的业务,如委托住房公积金贷款业务,代发行债券、基金业务,代销售保险产品业务等是否存在坐支收入现象;是否将收入计入往来科目。

(4) 核查分成收入。对取得的有总行划转的各项中间业务分成收入,如待发行信用卡手续费收入(境内、境外)、理财手续费收入、代发行债券手续费收入等,应重点核查内部往来项下的各核算明细。对取得的分成收入是否计入销售额。

(5) 审核冲减手续费收入的业务内容。例如,POS机收单服务,特约商户结算手续费等是否全额计入收入,是否扣减了给银联方、机具发放方、发卡方等收入后入账等。

三、保险服务增值税风险及核查

（一）风险提示

（1）批单冲减保费收入。批单是合同双方当事人就已经签订的保险合同进行修改、补充或者增删内容是使用的一种书面凭证。有些保险公司通过批单冲减收入。对增值税而言，除终止或变更保险责任的真实退保允许冲减保费收入外，其他任何名目和形式的独立开票冲减保费收入的行为，均不符合政策规定。常见的税收风险包括：

① 利用批单支付手续费、经纪费。在批单上的批改原因栏中注明"支付手续费""支付经纪费"等内容，而这些事项不涉及保险合同内容的变更，保险责任未发生变化，应属于成本列支范畴。

② 假退保。有些批单上注明批退事项是正常退保，而且也具备了退保形式要素，但经外调可发现，退保收入未进入投保人账户，款项去向可能用于支付手续费、回扣或者是个人私款。寿险公司的假退保还可能涉及团险洗钱的问题。寿险公司有可能与投保人勾结，通过业务档案造假或通过特别的约定，帮助投保人采用"长险短做""团险个做""趸缴即领"等非正常的投保、退保、给付方式洗钱，达到将集体或国家的公转入单位"小金库"，化为个人私款或逃避纳税的目的。

③ 随意变更费率冲减保费收入。有些批单上注明"由于费率降低"退保给投保人，实际上是借此支付给投保人无赔款奖励或续保折扣等返利，或者是用于支付手续费、回扣等。

④ 虚假注销保单。此种手段又称撕单（删单），是指将保费入账后，再通过虚假注销保险合同的方式将保费非法套出，用于其他用途。

⑤ 更改投保资料。财险公司通过批单更改被保的车型、购车时间、车辆使用性质及其他要等方式，冲减保费收入。

（2）埋单、吃单。保险公司在向投保人收取保费后，未将保费计入保险公司账上，私自截留后挪作他用。无论是公司授意还是营销人员的个人行为，均会导致税收的减少。

（3）阴阳单证（包括阴阳保单、阴阳发票等）。此种行为是指保险公司留存的保单或业务系统中的保单信息与投保的保单内容不一致，保费发票存根联与开具给投保人的保费发票金额不一致。

（4）净保费入账（坐扣保费）。此种行为是指从保费收入直接坐支代理手续费或给投保人的返佣后以净保费做收入。例如，寿险公司应将支付给被保险人的满期给付金与投保人应交保费直接抵扣，已抵扣后的差额计入保费收入账户，造成抵交的保费收入少计缴增值税；共保业务中扣除公共费用后差额作为收入等等。

（5）其他收入未申报纳税。主要包括：一是销售各种保险业务用单证直接冲减营业费用，未计入其他业务收入申报纳税；二是向营销员收取的培训费、软件费、测试费等，未计入其他业务收入申报纳税；三是向其他保险公司收取的代勘察费用未计入收入；四是产、寿险公司之间相互推销保险产品收取的手续费收入，未及时足额申报纳税。

（6）初保人扣减了分出保费后申报增值税。

（7）保户储金投资收益混入同业往来利息收入核算。

（8）预收保费未及时结转为保费收入。

（二）核查方法

1. 不计或少计保费收入

（1）保险合同与客户约定趸交的保费是否一次性计入收入，分期缴纳的未按协议缴纳而少缴的是否已经计入收入；按低于合同价格收取保费而全额承担风险的是否按合同价值做收入；发生退保业务，手续是否齐全，计算是否准确，是否合理冲减保费收入。

（2）核查寿险公司"退保金"科目，调取相应保险合同、发票等进行核对，确认退保是否真实，是否存在假退保支付费用问题。

（3）审查分保费收入。通过"系统内外来""应付分保账款""分保收入"等科目查看分保险业务收入是否按规定核算。

2. 以批单支付手续费或佣金并冲减收入

调取保单、保险发票和批单，逐一核对。审查"应收保费""保费收入"贷方红字发生额和"预收保费"借方发生额。同事注意资金流向和支付对象，判断是否以批单和退保费发票支付佣金、经纪费、手续费、奖励、优惠、折扣额等，冲减保费收入。

3. 隐匿保费收入

（1）审查保险业务系统流程及保险协议、保单、批单签订情况，保单号、批单是否连续，如有断号，应查明原因，确认是否存在隐藏保单、隐瞒收入的问题。

（2）选择经常性投保的企业进行调查，获取向被查保险公司投保的支出情况，与保险公司业务系统、财务系统中的数据进行比对，查实其有无隐瞒收入的行为。

（3）审查核对保费发票与保险合同，对有疑问的进行适当的外调取证，查看是否存在保险公司留存的保单或业务系统中的保单信息与投保的保单内容不一致等阴阳单证现象。

4. 保费收入未及时入账

对"应收保费""预收保费"及"应退多交保费"科目的分户的贷方余额进行动态分析，对异常户调取保险合同和记账凭证进行核查，是否有长期挂往来账，不记收入或延迟记收入的情形。

5. 视同销售行为未做纳税调整

核查"管理费用""应付福利费""营业外支出"等科目。是否有赠送保单或为自己公司员工办理保险不计收入的情况。统计业务系统中一定时期的保费总额与财务系统中保费收入进行比对，查核是否有赠送保单或为员工保险不作账务处理的情况。

6. 其他收入未申报纳税

（1）审核"银行存款""现金""其他应付款"科目，看有无将长期挂账的付款（如代理收入、销售单证收入、营销人员培训收入）不转收入的情况。

（2）审核"勘察费""代堪费"明细项目，看有无向独立法人的保险公司收取勘察费，收取的代勘察费收入有无冲减费用未申报纳税的现象。

四、金融商品转让增值税风险点及核查方法

(一) 风险点提示

(1) 利息收入当中,应税利息与免税利息未做到独立核算。

(2) 投资收益中,利息收入与买卖差价未做到独立核算。

(3) 金融商品转让增值税计税依据计算错误。

(二) 核查方法

对金融商品投资业务进行核查时,应将投资收益的核算作为核查重点。

应重点关注以下问题:一是利息收入当中,应税利息与免税利息是否做到独立核算;二是投资收益中,利息收入与买卖差价未做到独立核算;三是金融商品转让增值税计税依据计算错误。

第七节　现代服务行业增值税核查

现代服务业是指以现代科学技术特别是信息网络技术为主要支撑,建立在新的商业模式、服务方式和管理方法基础上的服务产业。它既包括随着技术发展而产生的新兴服务业态,也包括运用现代技术对传统服务业的提升。其税务核查范围主要有研发和技术、信息技术、文化创意、物流辅助、租赁、鉴证咨询、广播影视、商务辅助服务等。

一、研发和技术服务增值税风险及核查

(一) 风险提示

(1) 免税销售研发和技术服务未做进项转出。

(2) 适用税目错误。

(3) 多开或代开发票,发票取得方(委托方)加计扣除。

(二) 核查方法

1. 核实进项税额转出情况

非企业性单位中的一般纳税人提供的研发和技术服务、信息技术服务、鉴证咨询服务,以及销售技术、著作权等无形资产,可以选择简易计税方法按照3%征收率计算缴纳增值税。

非企业性单位中的一般纳税人提供"技术转让、技术开发和与之相关的技术咨询、技术服务",可以参照上述规定,选择简易计税方法按照3%征收率计算缴纳增值税。

根据《财政部　国家税务总局关于全面推开营业税改征增值税试点的通知》(财税〔2016〕36号)的规定,适用一般计税方法的纳税人,兼营简易计税方法计税项目、免征增值税项目而无法划分不得抵扣的进项税额,按照下列公式计算不得抵扣的进项税额:

$$\text{不得抵扣的进项税额} = \text{当期无法划分的全部进项税额} \times \left(\frac{\text{当期简易计税方法计税项目销售额} + \text{免征增值税项目销售额}}{\text{当期全部销售额}} \right)$$

主管税务机关可以按照上述公式依据年度数据对不得抵扣的进项税额进行清算。

"当期"应为销售研发和技术服务的当期。因此,应根据纳税人发生购进行为取得增值税抵扣凭证及免税收入等情况归集不可抵扣的进项税额,调整核查当月的增值税申报表。

2. 核查销售明细账分类统计情况

根据《财政部　国家税务总局关于全面推开营业税改征增值税试点的通知》(财税〔2016〕36 号)的规定,纳税人兼营销售货物、劳务、服务、无形资产或者不动产,适用不同税率或者征收率的,应当分别核算适用不同税率或者征收率的销售额;未分别核算的,从高适用税率。

试点纳税人销售货物、加工修理修配劳务、服务、无形资产或者不动产适用不同税率或者征收率的,应当分别核算适用不同税率或者征收率的销售额,未分别核算销售额的,按照以下方法适用税率或者征收率:

(1) 兼有不同税率的销售货物、加工修理修配劳务、服务、无形资产或者不动产,从高适用税率。

(2) 兼有不同征收率的销售货物、加工修理修配劳务、服务、无形资产或者不动产,从高适用征收率。

(3) 兼有不同税率和征收率的销售货物、加工修理修配劳务、服务、无形资产或者不动产,从高适用税率。

因此,应核查销售明细账的分类统计,分析纳税人是否存在适用错误税目导致少缴税款情形。

3. 核查发票的开具情况

核查开票与抵扣是否正常,与企业实际生产经营能力是否配比,开票金额增长是否异常,金额波动是否异常等。

二、信息技术服务增值税风险及核查

(一)风险提示

(1) 提供软件服务混用销售软件产品增值税即征即退政策。

(2) 选择简易计税方法未做进项税额转出。

(二)核查方法

1. 关注是否取得了软件产品相关证明

(1) 取得省级软件产业主管部门认可的软件检测机构出具的检测证明材料。

(2) 取得软件产业主管部门颁发的《软件产品登记证书》或著作权行政管理部门颁发的《计算机软件著作权登记证书》。

2. 核实进项税额转出情况

非企业性单位中的一般纳税人提供的研发和技术服务、信息技术服务、鉴证咨询服务,以及销售技术、著作权等无形资产,可以选择简易计税方法按照 3‰ 征收率计算缴纳增值税。

非企业性单位中的一般纳税人提供"技术转让、技术开发和与之相关的技术咨询、技术服务",可以参照上述规定,选择简易计税方法按照 3‰ 征收率计算缴纳增值税。

根据《财政部 国家税务总局关于全面推开营业税改征增值税试点的通知》(财税〔2016〕36 号)的规定,适用一般计税方法的纳税人,兼营简易计税方法计税项目、免征增值税项目而无法划分不得抵扣的进项税额,按照下列公式计算不得抵扣的进项税额:

$$\text{不得抵扣的进项税额} = \text{当期无法划分的全部进项税额} \times \left(\text{当期简易计税方法计税项目销售额} + \text{免征增值税项目销售额} \right) \div \text{当期全部销售额}$$

主管税务机关可以按照上述公式依据年度数据对不得抵扣的进项税额进行清算。

三、文化创意服务增值税风险及核查

(一)风险提示
主要针对纳税人选择简易计税方法未做进项税额转出的情形。

(二)核查方法
经认定的动漫企业为开发动漫产品提供的动漫脚本编撰、形象设计、背景设计、动画设计、分镜、动画制作、摄制、描线、上色、画面合成、配音、配乐、音效合成、剪辑、字幕制作、压缩转码(面向网络动漫、手机动漫格式适配)服务,以及在境内转让动漫版权(包括动漫品牌、形象或者内容的授权及再授权)可以选择简易计税方法。

根据《财政部 国家税务总局关于全面推开营业税改征增值税试点的通知》(财税〔2016〕36 号)的规定,适用一般计税方法的纳税人,兼营简易计税方法计税项目、免征增值税项目而无法划分不得抵扣的进项税额,按照下列公式计算不得抵扣的进项税额:

$$\text{不得抵扣的进项税额} = \text{当期无法划分的全部进项税额} \times \left(\text{当期简易计税方法计税项目销售额} + \text{免征增值税项目销售额} \right) \div \text{当期全部销售额}$$

主管税务机关可以按照上述公式依据年度数据对不得抵扣的进项税额进行清算。

四、物流辅助服务增值税风险及核查

(一)风险提示
(1)隐匿不开票收入。
(2)变换品名开具发票,如实为租赁服务却开具仓储服务发票。
(3)差额征税项目超额、超范围列支销售额扣除项目。

(二)核查方法
(1)针对隐匿不开票收入问题,应重点核查以下问题:一是税负低于同行业水平幅度较大;二是成本费用率的增长远远高于收入增长率;三是未开票收入占收入总额的比重过低等。

（2）针对变换品名开具发票问题，需要抽查业务合同等资料，通过合同当事人及合同约定的权利义务关系等判断业务实质。

（3）核查业务资料、会计核算资料、发票等，判断客运场站服务是否存在超额、超范围列支销售额扣除项目。

五、租赁服务增值税风险及核查

（一）风险提示

主要包括：一是差额征税项目超额、超范围列支销售额扣除项目；二是选择简易计税方法未做进项税额转出。

（二）核查方法

（1）核查业务资料、会计核算资料、发票等，判断融资租赁业务是否存在超额、超范围列支销售额扣除项目。

（2）一般纳税人以纳入营改增试点之日前，取得的有形动产为标的物提供的经营租赁服务，一般纳税人在纳入营改增试点之日前签订的尚未执行完毕的有形动产租赁合同，一般纳税人出租其 2016 年 4 月 30 日前取得的不动产，公路经营企业中的一般纳税人收取试点前开工的高速公路的车辆通行费，一级公路、二级公路、桥、闸通行费，可以选择适用简易计税方法，减按 3% 的征收率计算应纳税额。

根据《财政部　国家税务总局关于全面推开营业税改征增值税试点的通知》（财税〔2016〕36 号）的规定，适用一般计税方法的纳税人，兼营简易计税方法计税项目、免征增值税项目而无法划分不得抵扣的进项税额，按照下列公式计算不得抵扣的进项税额：

$$\text{不得抵扣的进项税额} = \text{当期无法划分的全部进项税额} \times \left(\text{当期简易计税方法计税项目销售额} + \text{免征增值税项目销售额} \right) \div \text{当期全部销售额}$$

主管税务机关可以按照上述公式依据年度数据对不得抵扣的进项税额进行清算。

六、鉴证咨询服务增值税风险及核查

（一）风险提示

主要针对纳税人选择简易计税方法未做进项税额转出的情形。

（二）核查方法

非企业性单位中的一般纳税人提供的鉴证咨询服务可以选择简易计税方法按照 3% 征收率计算缴纳增值税。

根据《财政部　国家税务总局关于全面推开营业税改征增值税试点的通知》（财税〔2016〕36 号）的规定，适用一般计税方法的纳税人，兼营简易计税方法计税项目、免征增值税项目而无法划分不得抵扣的进项税额，按照下列公式计算不得抵扣的进项税额：

$$\text{不得抵扣的进项税额} = \text{当期无法划分的全部进项税额} \times \left(\text{当期简易计税方法计税项目销售额} + \text{免征增值税项目销售额} \right) \div \text{当期全部销售额}$$

主管税务机关可以按照上述公式依据年度数据对不得抵扣的进项税额进行清算

七、广播影视服务增值税风险及核查

(一) 风险提示

主要针对纳税人选择简易计税方法未做进项税额转出的情形。

(二) 核查方法

一般纳税人发生电影放映服务、仓储服务、装卸搬运服务、收派服务和文化体育服务应税行为可以选择适用简易计税方法计税。

根据《财政部 国家税务总局关于全面推开营业税改征增值税试点的通知》(财税〔2016〕36号)的规定,适用一般计税方法的纳税人,兼营简易计税方法计税项目、免征增值税项目而无法划分不得抵扣的进项税额,按照下列公式计算不得抵扣的进项税额:

$$\text{不得抵扣的进项税额} = \text{当期无法划分的全部进项税额} \times \left(\text{当期简易计税方法计税项目销售额} + \text{免征增值税项目销售额} \right) \div \text{当期全部销售额}$$

主管税务机关可以按照上述公式依据年度数据对不得抵扣的进项税额进行清算。

八、商务辅助服务增值税风险及核查

(一) 风险提示

(1) 差额征税项目超额、超范围列支销售额扣除项目。

(2) 差额征扣除项目开具了增值税专用票。

(3) 选择简易计税方法未做进项税额转出。

(二) 核查方法

(1) 核查业务资料、会计核算资料、发票等,判断经纪代理服务、物业管理服务、劳务派遣服务、人力资源外包服务、签证代理服务是否存在超额、超范围列支销售额扣除项目。

(2) 核查上述服务发票开具情况,判断扣除项目部分是否开具了增值税专用票。

(3) 物业管理、劳务派遣、人力资源外包服务可以选择简易计税方法。根据《财政部 国家税务总局关于全面推开营业税改征增值税试点的通知》(财税〔2016〕36号)的规定,适用一般计税方法的纳税人,兼营简易计税方法计税项目、免征增值税项目而无法划分不得抵扣的进项税额,按照下列公式计算不得抵扣的进项税额:

$$\text{不得抵扣的进项税额} = \text{当期无法划分的全部进项税额} \times \left(\text{当期简易计税方法计税项目销售额} + \text{免征增值税项目销售额} \right) \div \text{当期全部销售额}$$

主管税务机关可以按照上述公式依据年度数据对不得抵扣的进项税额进行清算。

第八节 生活服务增值税核查方法

生活服务涉及的范围比较广泛,它包含人们日常生活中的方方面面,餐饮、娱乐、租房、

买房、工作、旅游、教育培训等生活相关的"衣食住行用"都属于这类服务的范畴。其税务核查范围主要有文化体育、教育医疗、旅游娱乐、餐饮住宿、居民日常服务等。

一、文化体育服务增值税风险及核查

(一) 风险提示

主要针对纳税人选择简易计税方法未做进项税额转出的情形。

(二) 核查方法

一般纳税人发生文化体育服务应税行为可以选择适用简易计税方法计税。

根据《财政部　国家税务总局关于全面推开营业税改征增值税试点的通知》(财税〔2016〕36 号)的规定,适用一般计税方法的纳税人,兼营简易计税方法计税项目、免征增值税项目而无法划分不得抵扣的进项税额,按照下列公式计算不得抵扣的进项税额:

$$\text{不得抵扣的进项税额} = \text{当期无法划分的全部进项税额} \times \left(\text{当期简易计税方法计税项目销售额} + \text{免征增值税项目销售额} \right) \div \text{当期全部销售额}$$

主管税务机关可以按照上述公式依据年度数据对不得抵扣的进项税额进行清算。

二、教育医疗服务增值税风险及核查

(一) 风险提示

(1) 差额征税项目超额、超范围列支销售额扣除项目,向境外支付费用未按规定扣缴增值税。

(2) 选择简易计税方法未做进项税额转出。

(3) 不符合免税条件而享受了减免税优惠。

(二) 核查方法

1. 差额征税项目

应核查业务资料、会计核算资料、完税凭证等,判断考试费收入是否存在超额、超范围列支销售额扣除项目,代为收取并支付给境外单位的考试费是否按规定扣缴了增值税。

2. 简易计税项目

一般纳税人提供非学历教育服务、教育辅助服务,可以选择适用简易计税方法按照 3% 征收率计算应纳税额。

根据《财政部　国家税务总局关于全面推开营业税改征增值税试点的通知》(财税〔2016〕36 号)的规定,适用一般计税方法的纳税人,兼营简易计税方法计税项目、免征增值税项目而无法划分不得抵扣的进项税额,按照下列公式计算不得抵扣的进项税额:

$$\text{不得抵扣的进项税额} = \text{当期无法划分的全部进项税额} \times \left(\text{当期简易计税方法计税项目销售额} + \text{免征增值税项目销售额} \right) \div \text{当期全部销售额}$$

主管税务机关可以按照上述公式依据年度数据对不得抵扣的进项税额进行清算。

3. 不符合免税条件而享受了减免税优惠

主要核审纳税人减免税备案材料,核查相关收入是否符合免税条件。

三、旅游娱乐服务增值税风险及核查

(一) 风险提示

(1) 差额征税项目超额、超范围列支销售额扣除项目。

(2) 提供旅游服务不符合免税条件而享受了减免税优惠。

(3) 购进的娱乐服务抵扣了进项税额。

(二) 核查方法

1. 差额征税

应核查业务资料及会计核算资料、发票或发票复印件等,判断旅游服务收入是否存在超额、超范围列支销售额扣除项目。

2. 不符合免税条件而享受了减免税优惠

针对纳税人对境外提供的旅游服务服务免征增值税。主要核审纳税人减免税备案材料,核查相关收入是否符合免税条件。

境内的单位和个人在境外提供旅游服务,应以下列材料之一作为服务地点在境外的证明材料:

(1) 旅游服务提供方派业务人员随同出境的,出境业务人员的出境证件首页及出境记录页复印件。

出境业务人员超过 2 人的,只需提供其中 2 人的出境证件复印件。

(2) 旅游服务购买方的出境证件首页及出境记录页复印件。

旅游服务购买方超过 2 人的,只需提供其中 2 人的出境证件复印件。

3. 购进的娱乐服务抵扣了进项税额

根据管理费用等账户,结合原始凭证进行核查。

四、餐饮住宿服务增值税风险及核查

(一) 风险提示

主要包括:一是适用税目错误;二是购进的餐饮服务抵扣了进项税额。

(二) 核查方法

1. 适用税目错误

宾馆、旅馆、旅社、度假村和其他经营性住宿场所提供会议场地及配套服务的活动不属于住宿服务,而属于会议展览服务。

根据《财政部　国家税务总局关于全面推开营业税改征增值税试点的通知》(财税〔2016〕36 号)的规定,纳税人兼营销售货物、劳务、服务、无形资产或者不动产,适用不同税率或者征收率的,应当分别核算适用不同税率或者征收率的销售额;未分别核算的,从高适用税率。

试点纳税人销售货物、加工修理修配劳务、服务、无形资产或者不动产适用不同税率或者征收率的,应当分别核算适用不同税率或者征收率的销售额,未分别核算销售额的,按照以下方法适用税率或者征收率:

(1) 兼有不同税率的销售货物、加工修理修配劳务、服务、无形资产或者不动产,从高适用税率。

(2) 兼有不同征收率的销售货物、加工修理修配劳务、服务、无形资产或者不动产,从高适用征收率。

(3) 兼有不同税率和征收率的销售货物、加工修理修配劳务、服务、无形资产或者不动产,从高适用税率。

因此,应核查销售明细账的分类统计,分析纳税人是否存在适用错误税目导致少缴税款情形。

2. 购进的餐饮服务抵扣了进项税额

税务人员应根据管理费用等账户,结合原始凭证进行核查,详见本章第一节增值税发票核查内容。

五、居民日常服务增值税风险及核查

(一) 风险提示

主要包括:一是购进的居民日常服务增抵扣进项税额;二是不符合免税条件而享受减免税优惠的。

(二) 核查方法

(1) 购进的居民日常服务抵扣进项税额。根据管理费用等账户,结合原始凭证进行核查。

(2) 不符合免税条件而享受减免税优惠。主要核审纳税人减免税备案材料,核查相关收入是否符合免税条件。

第九节　出口企业增值税核查方法

出口货物以不含税价格进入国际市场,公平参与贸易竞争是国际通行的做法。自1985年我国实行出口退税制度以来,对促进外贸经济发展,推动"一带一路""供给侧改革"、财税体制改革及营改增顺利实施发挥了积极作用。然而,受金钱的驱使与引诱,部分国内外不法企业将出口退税作为谋取非法利益的工具。在当前全国重拳打击出口骗税的严峻形势下,涉税案件仍然频发不断、屡查不止。不法企业为达到骗税的目的,围绕出口货物报关单、增值税专用发票、收汇凭证是申报退税的三个要素,可以演变出千变万化的骗税手法,但税务机关只要抓住这三个要素,做到单证货物一致,发票货物一致,就能有效堵住出口骗税的渠道。

一、出口骗税的界定

(一) 出口骗税界定

出口骗税是指企业或者个人利用国家出口退税政策,采取假报出口或者其他欺骗手段,非法获取国家出口退税款和其他经济利益的一种违法犯罪行为。

(二) 出口骗税司法解释

《刑法》第二百零四条规定,以假报出口或者其他欺骗手段,骗取国家出口退税款数额较大的违法犯罪行为,是骗取出口退税罪。通常常见的手段包括:

(1) 伪造或者签订虚假的买卖合同。

(2) 以伪造、变造或者其他非法手段取得出口货物报关单、出口收汇凭证、出口货物专用缴款书等有关出口退税单据、凭证。

(3) 虚开、伪造、非法购买增值税专用发票或者其他可以用于出口退税的发票。

(4) 骗取出口货物退税资格的。

(5) 将未纳税或者免税货物作为已税货物出口的。

(6) 虽有货物出口,但虚构该出口货物的品名、数量、单价等要素,骗取未实际纳税部分出口退税款的。

(7) 以其他手段骗取出口退税款的。

二、出口骗税的主要特点

(一) 骗税单证"合法"化

不法企业主要是从获取出口退税合法单证的各个环节入手,通过虚构购销业务等手段,从相关部门套取出口货物报关单、出口收汇凭证和增值税专用发票等票面真实而内容虚假的退税单证,为骗取出口退税披上合法的外衣。

(二) 骗税手段隐蔽化

不法企业已由原来在退税申报环节作假,改为在发票的取得和开具等环节作假,先虚假抵扣,后真票虚开,在真票虚开的同时也使用假票进行抵扣,造成先偷税,继而进一步骗税,骗税手段更加隐蔽,增大了查处的难度。

(三) 骗税方式专业化

骗税分子与外贸企业、生产企业相互勾结,团伙作案,多数骗税企业之间存在关联关系,他们利用家族等亲密关系勾结在一起,分工明确,专业化协作。一般方式是骗税分子在幕后操纵,按照办理出口退税的程序,先选定外贸企业,再寻找虚假的供货企业,虚构从收购到出口的各个环节,给税务部门造成真实出口的假象,继而达到骗取出口退税的目的。

(四) 骗税范围扩大化

从地域上看,骗税活动呈现由沿海敏感地区向内陆非敏感区域转移,由南方向北方转移的趋向。

（五）骗税行动迅速化

骗税分子消息灵通，通信及交通工具先进，骗税一旦暴露，马上将相关企业注销，犯罪分子迅速携款逃窜，销声匿迹。

三、出口骗税手段分析及风险事项

目前，我国出口骗税案件高发不下，运用手法逐渐趋向隐蔽，由无货出口、借货出口等骗税方式，逐步演化为"四配"出口骗税、"循环"出口骗税、"招标"出口骗税等多种新手法，并呈现出新的特征。

（一）出口骗税手段分析

（1）"四配"出口骗税。"四配"出口骗税是指不法分子将他人真实发生但不申报退税的出口报关单信息，以非法缮制手段实施配单（信息）、配票、配货、配收汇等配比申报出口退税凭证，进行骗取出口退税的违法行为。通常该手法是不法分子将他人不满足退税条件的真实出口业务单据（信息）转嫁至有进出口经营权企业名下，套用其空白出口报关单（信息）、虚构国外客户、伪造出口合同、匹配虚假收汇资金流。同时，操控虚开增值税专用发票，整合成表面完整的退税资料，并申报骗取出口退税。例如，广东茂名市公安局2017年侦破一起特大虚开骗税案，涉案金额近45亿元。经初步查明，2016年4月至2017年1月，犯罪嫌疑人杨某友等人通过茂名市某商贸有限公司等9家公司先后与2 501家企业利用虚构贸易活动签订虚假购销合同、提供和虚开票证、伪造虚假交易流水等手段，将"贷款"通过公转私方式多次转账，化整为零并提现或回流，并大肆虚开增值税专用发票用于骗取出口退税。①

（2）"循环"出口骗税。"循环"出口骗税是指不法分子选择易于避开海关抽检的货物作为"道具"，出口至境外或中国香港等地，并在到达后更换包装或简单改装，伪装成其他货物报关进口或走私入境回流，进入新一轮出口循环，以达到持续骗取出口退税的目的。通常该手法是不法企业先从供货商购进货物并取得增值税专用发票，购进货物再以不开票方式销售给国内客户，然后从国内收购低价同数量同型号货物替代实际已经内销的货物，进行虚假报关出口。在境外又将其改头换面成其他货物报关进口或走私回流。同时，通过地下钱庄汇款至境外虚假客商账户，并以其名义将"货款"通过外汇账户汇入国内结汇账户，造成收汇假象，配齐虚假单证申请退税，实现"循环"出口骗税。例如，2016年8月，查办的宁波蓝鲸进出口有限公司涉嫌出口骗税案，在2012年10月至2015年7月，以支付开票手续费的方式或以实际控制生产厂家方式取得虚开增值税专用发票，涉及金额17 662.23万元，并伙同境外商人以循环进出口的方式虚构海参出口业务，最终骗取出口退税2 296.09万元。②

（3）"招标"出口骗税。"招标"出口骗税是指货代公司充当骗税主谋（改变以往骗税分子主谋角色），在整个骗税链条中以招标形式，组织协调出口企业竞标购买出口信息和增值

---

①　广东茂名警方侦破特大虚开骗税案涉案金额近45亿元［EB/OL］. http://www.chinanews.com/sh/2017/08-31/8319112. shtml,2017-08-31.

②　税务总局曝光6起骗取出口退税案件［EB/OL］. http://finance.sina.com.cn/roll/2016 - 10 - 21/doc-ifxwztrw3495821. shtml,2016-10-21.

税专用发票,并负责为出口企业提供配货单据,以吸引更多出口企业联合参与骗税。通常手法是不法分子利用目前金税三期系统不比对增值税申报表附表二中"其他"栏次金额的漏洞,虚列进项税额,降低虚开成本,由货代公司出面以较低开票税点吸引出口企业竞标买票,进而攫取更多出口退税暴利。例如,2015年12月深圳市国家税务局查处的"海浪三号"专案,不法分子为出口企业提供成本较低的增值税专用发票虚开信息,层层洗票过滤,并组织企业伪造手机配件、"成品手机"等道具供给出口企业,最终报关出口,整个骗税链条隐蔽性强,暴利空间大。①

(二) 出口骗税风险防范

(1) 主管税务机关发现出口企业或其他单位的出口业务有以下情形之一的,该笔出口业务暂不办理出口退(免)税。已办理的,主管税务机关可按照所涉及的退税额对该企业其他已审核通过的应退税款暂缓办理出口退(免)税,无其他应退税款或应退税款小于所涉及退税额的,可由出口企业提供差额部分的担保。待税务机关核实排除相应疑点后,方可办理退(免)税或解除担保。主要包括:一是因涉嫌骗取出口退税被税务机关稽查部门立案查处未结案;二是因涉嫌出口走私被海关立案查处未结案;三是出口货物报关单、出口发票、海运提单等出口单证的商品名称、数量、金额等内容与进口国家(或地区)的进口报关数据不符;四是涉嫌将低退税率出口货物以高退税率出口货物报关;五是出口货物的供货企业存在涉嫌虚开增值税专用发票等需要对其供货的真实性及纳税情况进行核实的疑点。

(2) 主管税务机关发现出口企业或其他单位购进出口的货物劳务存在提供虚假备案单证的货物、增值税退(免)税凭证有伪造或内容不实的货物,以及具有以下情形之一的出口货物劳务:

① 将空白的出口货物报关单、出口收汇核销单等退(免)税凭证交由除签有委托合同的货代公司、报关行,或由境外进口方指定的货代公司(提供合同约定或者其他相关证明)以外的其他单位或个人使用的。

② 以自营名义出口,其出口业务实质上是由本企业及其投资的企业以外的单位或个人借该出口企业名义操作完成的。

③ 以自营名义出口,其出口的同一批货物既签订购货合同,又签订代理出口合同(或协议)的。

④ 出口货物在海关验放后,自己或委托货代承运人对该笔货物的海运提单或其他运输单据等上的品名、规格等进行修改,造成出口货物报关单与海运提单或其他运输单据有关内容不符的。

⑤ 以自营名义出口,但不承担出口货物的质量、收款或退税风险之一的,即出口货物发生质量问题不承担购买方的索赔责任(合同中有约定质量责任承担者除外);不承担未按期收款导致不能核销的责任(合同中有约定收款责任承担者除外);不承担因申报出口退(免)

---

① 税务总局通报5起骗取出口退税案两案虚开骗税100多亿[EB/OL]. http://www.xinhuanet.com/legal/2016-04/21/c_128918039.htm,2016-04-21.

税的资料、单证等出现问题造成不退税责任的。

⑥ 未实质参与出口经营活动、接受并从事由中间人介绍的其他出口业务,但仍以自营名义出口的。

有上述情形之一的出口企业和其他单位,该批出口货物劳务的出口货物报关单上所载明的其他货物,主管税务机关须排除骗税疑点后,方能办理退(免)税。

(3)出口企业或其他单位被列为非正常户的,主管税务机关对该企业暂不办理出口退税。

(4)出口企业或其他单位未按规定进行单证备案(因出口货物的成交方式特性,企业没有有关备案单证的情况除外)的出口货物,不得申报退(免)税,适用免税政策。已申报退(免)税的,应用负数申报冲减原申报。

(5)出口企业按规定向国家商检、海关、外汇管理等对出口货物相关事项实施监管核查部门报送的资料中,属于申报出口退(免)税规定的凭证资料及备案单证的,如果上述部门或主管税务机关发现为虚假或其内容不实的,其对应的出口货物不适用增值税退(免)税和免税政策,适用增值税征税政策。查实属于偷骗税的按照相应的规定处理。

(6)出口企业或其他单位发生虚开增值税专用发票或者其他增值税扣税凭证、骗取国家出口退税款行为,被税务机关行政处罚或审判机关刑事处罚的,其发生增值税违法行为对应的出口货物劳务服务,视同内销,按规定征收增值税(骗取出口退税的按查处骗税的规定处理)。发生两次增值税违法行为的,自税务机关行政处罚决定或审判机关判决或裁定生效之日的次日起,其出口的所有适用出口退(免)税政策的货物劳务服务,一律改为适用增值税免税政策。纳税人如果已被停止出口退税权的,适用增值税免税政策的起始时间为停止出口退税权期满后的次日。

(7)出口企业购进货物的供货纳税人有属于办理税务登记2年内被税务机关认定为非正常户或被认定为增值税一般纳税人2年内注销税务登记,且符合下列情形之一的,自主管其出口退税的税务机关书面通知之日起,在24个月内出口的适用增值税退(免)税政策的货物劳务服务,改为适用增值税免税政策。

① 外贸企业使用上述供货纳税人开具的增值税专用发票申报出口退税,在连续12个月内达到200万元以上(含本数,下同)的,或使用上述供货纳税人开具的增值税专用发票,连续12个月内申报退税额占该期间全部申报退税额30%以上的。

② 生产企业在连续12个月内申报出口退税额达到200万元以上,且从上述供货纳税人取得的增值税专用发票税额达到200万元以上或占该期间全部进项税额30%以上的。

③ 外贸企业连续12个月内使用3户以上上述供货纳税人开具的增值税专用发票申报退税,且占该期间全部供货纳税人户数20%以上的。

④ 生产企业连续12个月内有3户以上上述供货纳税人,且占该期间全部供货纳税人户数20%以上的。

(8)属于上述第(6)、(7)项所述的出口企业,如果变更《税务登记证》纳税人名称或法定代表人担任新成立企业的法定代表人的企业,应继续执行完上述第(6)、(7)项的规定;执行第(6)项的出口企业,如果注销税务登记,在原地址有经营原业务的新纳税人,除法定代表人为非注销税务登记纳税人法定代表人的企业外,主管税务机关应在12个月内,对其购进、销售、资金往来、纳税等情况进行重点监管。

被停止出口退税权的纳税人在停止出口退税权期间,如果变更《税务登记证》纳税人名称或法定代表人担任新成立企业的法定代表人的企业,在被停止出口退税权的纳税人停止出口退税权期间出口的货物劳务服务,实行增值税征税政策。

(9)出口企业或其他单位出口的适用增值税退(免)税政策的货物劳务服务,如果货物劳务服务的国内收购价格或出口价格明显偏高且无正当理由的,该出口货物劳务服务适用增值税免税政策。

(10)出口企业或其他单位存在下列情况之一的,其出口适用增值税退(免)税政策的货物劳务服务,一律适用增值税免税政策:

① 法定代表人不知道本人是法定代表人的。

② 法定代表人为无民事行为能力人或限制民事行为能力人的。

(11)主管税务机关发现出口企业申报出口货物退(免)税提供的收汇资料存在以下情形的,除按《税收征收管理法》相应的规定处罚外,相应的出口货物适用增值税征税政策,属于偷骗税的,由稽查部门查处:

① 不能收汇的原因或证明材料为虚假的。

② 收汇凭证是冒用的。

(12)代办退税的出口业务存在异常情形或者有按规定暂不办理退税情形的,外贸综合服务企业主管税务机关应按下列规则处理:

① 未办理退税的,对该出口业务暂缓办理退税。

② 已办理退税的,按所涉及的退税额,对其已核准通过的应退代办退税税款,等额暂缓办理退税。

③ 排除相应疑点后,按排除疑点的结论,方可继续办理代办退税。

(13)代办退税的出口业务有按规定应予追回退税款情形的,由生产企业主管税务机关向生产企业进行追缴。外贸综合服务企业主管税务机关应根据生产企业主管税务机关的通知,按照所涉及的退税额对该生产企业已核准通过的应退税款予以暂扣。

(14)代办退税的出口业务有按规定应予追回退税款情形,如果外贸综合服务企业未能按照《国家税务总局关于调整完善外贸综合服务企业办理出口货物退(免)税有关事项的公告》(国家税务总局公告2017年第35号)第九条的规定履行其职责,且生产企业未能按规定将税款补缴入库的,外贸综合服务企业应当承担连带责任,将生产企业未能补缴入库所涉及的税款进行补缴。

如果外贸综合服务企业连续12个月内被认定为骗取出口退税的代办退税税额占申报代办退税税额5%以上的,36个月内不得按照上述公告规定从事代办退税业务。

上述36个月,自外贸综合服务企业收到税务机关书面通知书次月算起,具体日期以出口货物报关单注明的出口日期为准。

(15)代办退税的出口业务,如发生骗取出口退税等涉税违法行为的,生产企业应作为责任主体承担法律责任。外贸综合服务企业非法提供银行账户、发票、证明或者其他方便,导致发生骗取出口退税的,对其应按照《税收征收管理法实施细则》第九十三条的规定进行处罚。外贸综合服务企业发生参与生产企业骗取出口退税等涉税违法行为的,应依法承担相应法律责任,且36个月内不得按照本公告规定从事代办退税业务。

上述36个月,自外贸综合服务企业收到税务机关行政处罚决定(或审判机关判决、裁定文书)次月算起,具体日期以出口货物报关单注明的出口日期为准。

外贸综合服务企业发生参与生产企业骗取出口退税等涉税违法行为的,应依法承担相应法律责任,且36个月内不得按照本公告规定从事代办退税业务。

上述36个月,自外贸综合服务企业收到税务机关行政处罚决定(或审判机关判决、裁定文书)次月算起,具体日期以出口货物报关单注明的出口日期为准。

四、出口退(免)税核查的基本方法

在日常的出口退(免)税核查中,应当把握重点、抓住细节,大致归纳以下几种基本方法:

(一)查前分析,确定核查疑点

在核查前,至少要调取企业近三年的出口退(免)税情况,首先,对出口收入进行分析,对比分析出口收入的变化情况,核查企业出口收入有无突然大幅度增减的情况,如果企业有出口收入大幅度增加的年度,则骗取出口退税的疑点很大,应作为重点进行核查。其次,对企业出口报关口岸进行分类分析,尤其是对企业从敏感口岸出口情况进行分析,如果企业大量的货物自敏感口岸出口,则列为重点怀疑对象进行核查。

(二)突击调账,取得有效资料

在查前分析的基础上,要全面调取企业的账簿资料等。为了确保效果,可请公安机关参与调账。在调取账簿搜集证据过程中,除了要调取财务部门的有关资料,要重点调取储运部、销售部门、仓库等重点部门的资料。对实行微机记账的,要注意调取微机内的数据,尤其是财务部经理、储运部经理、销售部门经理微机内的数据,要重点查看、调取。

(三)确定重点,分类逐个突破

在核查过程中要重点对生产成本核算、账务往来、购货情况进行核查,并实地查看、了解企业的生产过程、工艺等有关情况。

(1)了解企业的组成情况。通过听取企业介绍、企业内部电话簿及科室内张贴的有关资料等确定企业的构成,包括下设分公司情况、分公司是否为独立核算单位、关联企业情况、内部设置情况等,做到心中有数。

(2)对进项税发票进行核查。了解企业近几年在专项核查、日常核查、金税协查中是否存在善意、恶意取得虚开发票的问题。对进项税发票进行统计分析,核查企业是否存在从高危地区大量取得进项税发票的情况。然后结合产品的构成,与购货情况进行对比,核查购货情况是否属实。

（3）核查企业的往来账。重点核查"应付账款""其他应付款"科目，核查是否存在数额较大的贷方余额，并且存在长期不付款的情况；核查是否经常发生调整账户情况，包括余额调整、串户调整等，如果存在以上情况，应重点核查。

（4）核查企业委托加工情况。核查企业委托加工业务是否同时符合以下条件，即与本企业生产的货物名称、性能相同，或者是用本企业生产的货物再委托深加工的货物；出口给进口本企业自产货物的境外单位或个人；委托方与受托方必须签订委托加工协议，且主要原材料必须由委托方提供，受托方不垫付资金，只收取加工费，开具加工费（含代垫的辅助材料）的增值税专用发票。税务人员应重点核查委托加工合同、支付加工费的有关凭证、取得的专用发票等，从外围切断企业存在产量大于生产能力的借口。需要注意的是，出口视同自产货物是否符合政策规定。

（5）组织实地核查。深入到企业的生产车间进行实地核查，要随机询问部分车间生产人员，询问生产情况以及所属单位，避免企业以租来的车间逃避核查。向车间主任、技术人员询问了解生产过程、生产工艺等，对照生产设备、生产人员情况，看与企业的产量是否符合。如果企业的实际产量大，结合核查企业的账簿、报表等，核查企业在建工程、固定资产是否增加，生产人员工资是否增加，如果没有变化，说明存在问题。

（6）核查企业生产成本核算情况。结合了解到的生产工艺，对财务成本核算进行核查，重点核查企业耗用的电力（以从供电部门取得的数据为准）等能源情况，原材料耗用情况，对有关指标进行对比分析，确定企业是否有生产能力。核查生产能力不仅指核查企业的总体生产能力，还要核查在疑点货物出口期间，被查企业能否生产出所出口的货物。

五、出口退（免）税核查的重点方向

当前，对于出口退（免）税核查的重点方向，应当从外贸企业、生产企业及供货企业等方面进行掌握。

（一）外贸出口企业核查重点

（1）是否存在发生增值税违法行为但取得退税的情形。

（2）对出口企业经海关报关进入国家批准的出口加工区、保税物流园区、保税港区等特殊区域并销售给特殊区域内单位或境外单位、个人的货物，核查企业出口货物报关单上注明的运抵国（地区）是否为中国；是否出口至保税区等特殊区域；实地核查出口报关单上注明的货代公司（物流公司）确认出口货物的真实性。

（3）是否存在假自营、真代理等"四自三不见"行为骗取出口退税行为。一是核查外贸出口企业是否存在异地报关、舍近求远报关行为（报关地、供货地、出口企业地分处相距较远的不同省份或地区；或其进项发票来自紧靠出口口岸的专业市场的），从而违规取得发票或骗取出口退税。二是核查外贸出口企业是否存在从商贸企业购进出口货物后再报关出口的行为，特别是体积小、价值高的产品，从而违规取得发票或骗取出口退税。

（4）是否存在多申报出口退税行为。重点核查外贸出口企业有无采取以下手段，造成多申报出口退税行为：一是出口与进项计量单位不一致，折合数量申报出口退税。二是同一笔出口业务或同一出口商品涉及多个供货方。三是按商品扩展码多申报退税的出口货物。四是出口换汇成本过高出口货物。五是委托加工出口货物和进料加工复出口货物未按规定办理免税证明。

（5）视同内销征税的出口货物是否申报纳税。一是核查视同内销征税出口货物的范围；二是核查视同内销征税出口货物的纳税申报情况；三是核查视同内销征税出口货物应纳增值税的计算。

（二）自营生产出口企业核查重点

（1）是否存在发生增值税违法行为但取得退税的情形。

（2）对出口企业经海关报关进入国家批准的出口加工区、保税物流园区等特殊区域，并销售给特殊区域内单位或境外单位、个人的货物，核查企业出口货物报关单上注明的运抵国（地区）是否为中国；是否出口至保税区等特殊区域；实地核查出口报关单上注明的货代公司（物流公司）确认出口货物的真实性。

（3）计税出口销售收入的准确性。一是核查计税出口销售收入依据是否与企业账面外销收入一致，是否存在少记、漏记、瞒报出口销售收入等情况。二是核查对红字冲减出口销售的"运保佣"，是否符合规定，是否存在虚设"运保佣"项目转移企业利润行为。三是核查退关退运的出口货物是否按规定冲减出口销售收入，是否存在未退运的出口货物冲减出口销售收入行为。

（4）"运保佣"项目的真实性。一是核查企业发生的运费、保费所获取的支付凭证是否真实，是否存在接受虚假票据的情况。二是核查企业发生的运费所列支的范围是否扩大、保费对应的险种是否属货物运输保险。三是核查企业佣金的支付形式、合同（协议票据）、方向（与收款人关系）和佣金率的比率是否与实际相符，是否虚设从而转移企业利润。

（5）进口保税料件核算的准确性。一是核查核实企业实际进口料件与进口报关单上注明的商品名称、数量、价值是否相符，有无高报、多报等情况。二是核查核实进口料件流向是否合理，即其进口、存储、转让、转移、销售、加工、使用、出口等是否符合海关有关管理规定。加工后的成品是否全部出口；手册核销申报的边角料、剩余料件和残次品、副产品耗用的进口料件金额与实际发生是否一致。三是核查核实进料复出口货物的进料实际单耗与报关核销单耗是否一致，对实际单耗低于报关核销单耗标准的，多余进口料件是否如实申报。四是核查核实进料深加工结转情况，对进口料件的转入、转出是否如实申报。五是核查核实有无发外加工情况，外发加工运回的边角料、剩余料件、残次品、副产品等是否如实申报，有无将加工贸易货物转卖给承揽企业。

（6）使用出口商品编码是否准确。核查出口企业在出口退税率调整前后其自产的出口货物是否使用不同的商品编码，是否存在将低退税率出口货物按高退税率商品编码申报。

（7）外购出口货物申报免抵退税是否符合规定。一是核查出口企业是否将外购货物按自产货物申报免抵退税。二是核查出口企业外购出口货物是否符合总局规定的四种视同自产货物的范围。

（三）出口货物供货企业核查重点

（1）是否存在发生增值税违法行为的情形。

（2）企业生产能力的核查。是否具有所销售货物的生产能力，生产厂房和生产设备与其生产的货物、产量是否符合逻辑。

（3）与生产、经营有关费用的核查。查明企业是否发生必须的办公费、差旅费等，水电费、办公费、差旅费的原始凭证是否合法，到相关部门了解费用发生是否真实。

（4）核查企业取得的进项是否有棉花等免税农产品。核查企业进项税金对应的货物是否是所售货物生产所需的原材料，是否存在虚开增值税发票抵扣的情况。

（5）询问工人、仓库管理人员，核实企业是否进行过相关出口产品的生产。

附　　录

一、涉税案件相关司法主要文件

1.《中华人民共和国刑法》

2.《中华人民共和国行政强制法》

3.《中华人民共和国行政处罚法》

4.《中华人民共和国刑事诉讼法（2018 年修正）》

5.《中华人民共和国公司法（2018 年修正）》

6.《中华人民共和国民事诉讼法（2017 年修正）》

7.《中华人民共和国企业破产法（2006 年）》

8.《中华人民共和国商业银行法（2015 年修正）》

9.《中华人民共和国合同法》

10.《最高人民法院关于适用〈中华人民共和国公司法〉若干问题的规定（一）》（法释〔2006〕3 号）

11.《最高人民法院关于适用〈中华人民共和国公司法〉若干问题的规定（二）》（法释〔2008〕6 号）

12.《最高人民法院关于适用〈中华人民共和国公司法〉若干问题的规定（三）》（法释〔2011〕3 号）

13.《最高人民法院关于适用〈中华人民共和国公司法〉若干问题的规定（四）》（法释〔2017〕16 号）

14.《最高人民法院关于适用〈中华人民共和国合同法〉若干问题的解释（一）》（法释〔1999〕19 号）

15.《最高人民法院关于适用〈中华人民共和国合同法〉若干问题的解释（二）》（法释〔2009〕5 号）

二、涉税案件相关税法主要文件

1.《中华人民共和国税收征收管理法》（主席令第 49 号）

2.《中华人民共和国税收征收管理法实施细则》（国务院令第 666 号）

3.《全国人民代表大会常务委员会关于惩治虚开、伪造和非法出售增值税专用发票犯罪的决定》（主席令第 57 号）

4.《最高人民法院关于适用〈全国人民代表大会常务委员会关于惩治虚开、伪造和非法

出售增值税专用发票犯罪的决定〉的若干问题的解释》(法发〔1996〕30 号)

5.《关于办理刑事案件收集提取和审查判断电子数据若干问题的规定》(法发〔2016〕22 号)

6.《最高人民法院关于适用〈中华人民共和国行政诉讼法〉的解释》(法释〔2018〕1 号)

7.《最高人民法院关于行政诉讼证据若干问题的规定》(法释〔2002〕21 号)

8.《最高法关于审理骗税刑事案件具体应用解释》(法释〔2002〕30 号)

9.《最高人民法院关于审理偷税抗税刑事案件具体应用法律若干问题的解释》(法释〔2002〕33 号)

10.《最高人民法院关于印发〈关于审理行政案件适用法律规范问题的座谈会纪要〉的通知》(法〔2004〕96 号)

11.《最高人民检察院 公安部关于印发〈最高人民检察院 公安部关于公安机关管辖的刑事案件立案追诉标准的规定(二)〉的通知》(公通字〔2010〕23 号)

12.《最高人民检察院 公安部关于印发〈最高人民检察院 公安部关于公安机关管辖的刑事案件立案追诉标准的规定(二)的补充规定〉的通知》(公通字〔2011〕47 号)

13.《行政执法机关移送涉嫌犯罪案件的规定》(国务院令第 310 号)

14.《中华人民共和国发票管理办法》(国务院令第 587 号)

15.《中华人民共和国发票管理办法实施细则》(国家税务总局令第 25 号)

16.《检举纳税人税收违法行为奖励暂行办法》(国家税务总局 财政部第 18 号令)

17.《税务行政复议规则》(国家税务总局令第 21 号)

18.《税收执法督察规则》(国家税务总局令第 29 号)

19.《增值税一般纳税人登记管理办法》(国家税务总局令第 43 号)

20.《税务部门规章制定实施办法》(国家税务总局令第 45 号)

21.《税收违法行为检举管理办法》(国家税务总局令第 49 号)

22.《国家税务总局关于修改〈税收规范性文件制定管理办法〉的决定》(国家税务总局令第 50 号)

23.《国家税务总局关于加强增值税征收管理若干问题的通知》(国税发〔1995〕192 号)

24.《国家税务总局转发〈最高人民法院关于适用《全国人民代表大会常务委员会关于惩治虚开、伪造和非法出售增值税专用发票犯罪的决定》的若干问题的解释〉的通知》(国税发〔1996〕210 号)

25.《国家税务总局 公安部关于印发〈阻止欠税人出境实施办法〉的通知》(国税发〔1996〕215 号)

26.《国家税务总局关于认真贯彻执行阻止欠税人出境实施办法的通知》(国税发〔1996〕216 号)

27.《国家税务总局关于纳税人取得虚开的增值税专用发票处理问题的通知》(国税发〔1997〕134 号)

28.《国家税务总局关于增值税一般纳税人发生偷税行为如何确定偷税数额和补税罚

款的通知》(国税发〔1998〕66 号)

29.《国家税务总局关于实行税务检查计划制度的通知》(国税发〔1999〕211 号)

30.《国家税务总局关于印发〈国家税务总局大案要案报告制度(试行)〉的通知》(国税发〔2000〕156 号)

31.《国家税务总局关于〈国家税务总局关于纳税人取得虚开的增值税专用发票处理问题的通知〉的补充通知》(国税发〔2000〕182 号)

32.《国家税务总局关于纳税人善意取得虚开的增值税专用发票处理问题的通知》(国税发〔2000〕187 号)

33.《最高人民检察院 全国整顿和规范市场经济秩序领导小组办公室 公安部 监察部关于在行政执法中及时移送涉嫌犯罪案件的意见》(高检会〔2006〕2 号)

34.《国家税务总局关于纳税人善意取得虚开增值税专用发票已抵扣税款加收滞纳金问题的批复》(国税函〔2007〕1240 号)

35.《国家税务总局关于延期申报预缴税款滞纳金问题的批复》(国税函〔2007〕753 号)

36.《国家税务总局关于未申报税款追缴期限问题的批复》(国税函〔2009〕326 号)

37.《中共中央办公厅 国务院办公厅转发国务院法制办等部门〈关于加强行政执法与刑事司法衔接工作的意见〉的通知》(中办发〔2011〕8 号)

38.《财政部 国家税务总局关于出口货物劳务增值税和消费税政策的通知》(财税〔2012〕39 号)

39.《国家税务总局关于发布〈出口货物劳务增值税和消费税管理办法〉的公告》(国家税务总局公告 2012 年第 24 号)

40.《国家税务总局关于纳税人虚开增值税专用发票征补税款问题的公告》(国家税务总局公告 2012 年第 33 号)

41.《国家税务总局关于 1 元以下应纳税额和滞纳金处理问题的公告》(国家税务总局公告 2012 年第 25 号)

42.《国家税务总局关于〈出口货物劳务增值税和消费税管理办法〉有关问题的公告》(国家税务总局公告 2013 年第 12 号)

43.《财政部 国家税务总局关于防范税收风险若干增值税政策的通知》(财税〔2013〕112 号)

44.《国家税务总局关于税务检查期间补正申报补缴税款是否影响偷税行为定性有关问题的批复》(税总函〔2013〕196 号)

45.《国家税务总局关于纳税人对外开具增值税专用发票有关问题的公告》(国家税务总局公告 2014 年第 39 号)

46.《国家税务总局关于印发〈推进税务稽查随机抽查实施方案〉的通知》(税总发〔2015〕104 号)

47.《最高人民法院研究室〈关于如何认定以"挂靠"有关公司名义实施经营活动并让有关公司为自己虚开增值税专用发票行为的性质〉征求意见的复函》(法研〔2015〕58 号)

48.《国家税务总局关于完善纳税信用管理有关事项的公告》(国家税务总局公告 2016 年第 9 号)

49.《财政部　国家税务总局关于全面推开营业税改征增值税试点的通知》(财税〔2016〕36 号)

50.《国家税务总局关于走逃(失联)企业开具增值税专用发票认定处理有关问题的公告》(国家税务总局公告 2016 年第 76 号)

51.《国家税务总局关于发布〈税务行政处罚裁量权行使规则〉的公告》(国家税务总局公告 2016 年第 78 号)

52.《关于对重大税收违法案件当事人实施联合惩戒措施的合作备忘录(2016 版)》的通知(发改财金〔2016〕2798 号印发)

53.《国务院关于建立完善守信联合激励和失信联合惩戒制度加快推进社会诚信建设的指导意见》(国发〔2016〕33 号)

54.《最高人民法院关于虚开增值税专用发票定罪量刑标准有关问题的通知》(法〔2018〕226 号)

55.《国家税务总局关于增值税一般纳税人登记管理若干事项的公告》(国家税务总局公告 2018 年第 6 号)

56.《国家税务总局关于发布〈企业所得税税前扣除凭证管理办法〉的公告》(国家税务总局公告 2018 年第 28 号)

57.《国家税务总局关于发布〈重大税收违法失信案件信息公布办法〉的公告》(国家税务总局公告 2018 年第 54 号)

58.《国家税务总局关于办理增值税期末留抵税额退税有关事项的公告》(国家税务总局公告 2019 年第 20 号)

59.《国家税务总局　财政部　海关总署关于在综合保税区推广增值税一般纳税人资格试点的公告》(国家税务总局公告 2019 年第 29 号)

60.《国家税务总局关于增值税发票管理等有关事项的公告》(国家税务总局公告 2019 年第 33 号)

61.《国家税务总局关于异常增值税扣税凭证管理等有关事项的公告》(国家税务总局公告 2019 年第 38 号)

62.《财政部　税务总局　海关总署关于深化增值税改革有关政策的公告》(财政部　税务总局　海关总署公告 2019 年第 39 号)

63.《国家税务总局关于取消增值税扣税凭证认证确认期限等增值税征管问题的公告》(国家税务总局公告 2019 年第 45 号)

64.《财政部　税务总局关于明确生活性服务业增值税加计抵减政策的公告》(财政部　税务总局公告 2019 年第 87 号)

65.《财政部　税务总局关于明确部分先进制造业增值税期末留抵退税政策的公告》(财政部　税务总局公告 2019 年第 84 号)

66.《财政部　税务总局关于明确国有农用地出租等增值税政策的公告》（财政部　税务总局公告 2020 年第 2 号）

67.《国家税务总局关于支持新型冠状病毒感染的肺炎疫情防控有关税收征收管理事项的公告》（国家税务总局公告 2020 年第 4 号）

68.《财政部　税务总局关于支持新型冠状病毒感染的肺炎疫情防控有关税收政策的公告》（财政部　税务总局公告 2020 年第 8 号）

69.《财政部　税务总局关于提高部分产品出口退税率的公告》（财政部　税务总局公告 2020 年第 15 号）